द्रव्यगुण आधार

द्रव्यगुण आधार

द्रव्यगुण के आधारभूत सिद्धान्त

सी. सी. आई. एम. द्वारा अनुमोदित द्रव्यगुण विज्ञान (प्रथम भाग) के पाठ्यक्रमानुसार

वैद्य सोनिया धीमान
बी. ए. एम. एस. एम. डी. (आयु.)
व्याख्याता (द्रव्यगुणविज्ञान)
चौधरी देवी लाल आयुर्वेद महाविद्यालय
जगाधरी, हरियाणा, भारत

JAYPEE The Health Sciences Publisher
New Delhi | London | Panama

Jaypee Brothers Medical Publishers (P) Ltd

Headquarters

Jaypee Brothers Medical Publishers (P) Ltd
4838/24, Ansari Road, Daryaganj
New Delhi 110 002, India
Phone: +91-11-43574357
Fax: +91-11-43574314
Email: jaypee@jaypeebrothers.com

Overseas Offices

J.P. Medical Ltd
83 Victoria Street, London
SW1H 0HW (UK)
Phone: +44 20 3170 8910
Fax: +44 (0)20 3008 6180
Email: info@jpmedpub.com

Jaypee Brothers Medical Publishers (P) Ltd
17/1-B Babar Road, Block-B, Shaymali
Mohammadpur, Dhaka-1207
Bangladesh
Mobile: +08801912003485
Email: jaypeedhaka@gmail.com

Jaypee-Highlights Medical Publishers Inc
City of Knowledge, Bld. 235, 2nd Floor, Clayton
Panama City, Panama
Phone: +1 507-301-0496
Fax: +1 507-301-0499
Email: cservice@jphmedical.com

Jaypee Brothers Medical Publishers (P) Ltd
Bhotahity, Kathmandu
Nepal
Phone: +977-9741283608
Email: kathmandu@jaypeebrothers.com

Website: www.jaypeebrothers.com
Website: www.jaypeedigital.com

द्रव्यगुण आधार

First Edition: **2018**

ISBN: 978-93-5270-235-0

Printed at Sanat Printers

Gram : "AYUSH"

प्रो. वैद्य के. एस. धीमान
महानिदेशक
Prof. Vd. K.S. Dhiman
Director General

केन्द्रीय आयुर्वेदीय विज्ञान अनुसंधान परिषद्
आयुष मंत्रालय
CENTRAL COUNCIL FOR RESEARCH IN AYURVEDIC SCIENCES
Ministry of AYUSH, Govt. of India

अनुशंसा

आयुर्वेदीय संहिताओं में अष्टांग आयुर्वेद की परिकल्पना का स्वरूप देखने को मिलता है। कालान्तर में विषय विशेषज्ञता की दृष्टि से सम्पूर्ण आयुर्वेद के आठ से भी अधिक विभाग आयुर्वेद मनीषियों द्वारा किये गये। केंद्रीय भारतीय चिकित्सा परिषद, (CCIM, Central Council of Indian Medicine), नई दिल्ली, ने भी आयुर्वेद के पाठ्यक्रम को सुचारु रुप से चलाने के लिए 14 पृथक्-पृथक् विभागों की सत्ता को स्वीकार किया है। द्रव्यगुण विभाग उसी व्यवस्था प्रणाली के अंतर्गत अंगीकृत एक विभाग है, जिसमें पठन-पाठन की परम्परा को निरन्तर गतिशील बनाये रखने के लिए द्रव्यगुण विषय की स्वतन्त्र पुस्तकें लिखा जाना वर्तमान समय की महती आवश्यकता है। समय की इस आवश्यकता को अनुभूत करते हुए डॉ. सोनिया धीमान, व्याख्याता, द्रव्यगुण विभाग, चौधरी देवी लाल आयुर्वेद महाविद्यालय, जगाधरी, हरियाणा, द्वारा 'द्रव्यगुण आधार' नामक पुस्तक, जिसमें द्रव्यगुण के आधारभूत सिद्धान्त प्रतिपादित हैं, का लिखा जाना प्रासंगिक प्रतीत होता है।

प्रस्तुत पुस्तक केंद्रीय भारतीय चिकित्सा परिषद्, नई दिल्ली, द्वारा आयुर्वेदाचार्य के लिये निर्धारित अद्यतम पाठ्यक्रम के सभी बिन्दुओं का समावेश करते हुए लिखी गई है। इस पुस्तक में पाठ्यसामग्री का प्रस्तुतिकरण द्रव्यगुण विषय की अन्य उपलब्ध पुस्तकों की अपेक्षा अधिक सरल, सुबोध एवं रोचक तरीके से किया गया है। विभिन्न संहिताओं के मतों का तालिकाओं के माध्यम से तुलनात्मक अध्ययन एवं महत्त्वपूर्ण बिन्दुओं पर अतिरिक्त प्रकाश डालना, पुस्तक की अपनी विशेषता है। द्रव्यों के वर्गीकरण का वर्णन आधुनिक एवं शास्त्रीय उभयमत से समीचीन उदाहरणों के साथ किया गया है। रसादि पंचक, मिश्रक वर्ग एवं आयुर्वेदिक औषधियों की कार्मुकता को आसानी से समझने के लिए यथोचित उदाहरणों, रेखाचित्रों तथा क्रमबद्धता का समावेश किया गया है। इस पुस्तक में आदर्श औषधियों, उनके प्रतिनिधि द्रव्यों, अपमिश्रणों तथा औषधीय पादपों के कृषिकरण, संग्रहण एंव संरक्षण के तरीकों पर शास्त्रीय एवं आधुनिक दोनों ही मतों से प्रचुर सामग्री उपलब्ध कराई गई है। पुस्तक के प्रत्येक अध्याय के अन्त में वस्तुनिष्ठ प्रश्नों का समावेश छात्रों को अपने ज्ञान का आत्मपरीक्षण करने का अवसर प्रदान करता है।

सारांशतः यह पुस्तक एक अनुशंसनीय पुस्तक है। पुस्तक की उपयोगिता की समीक्षा तो सुधी पाठक वृन्द ही अपने नीर-क्षीर विवेक से करेंगे तथापि लेखिका का यह प्रयास न केवल आयुर्वेद स्नातकों के लिए अपितु स्नातकोत्तर विधार्थियों के लिए भी उपयोगी सिद्ध होगा, ऐसा मेरा विश्वास है। एतद् द्वारा मैं डॉ. सोनिया धीमान के उज्जवल भविष्य की कामना करता हूँ।

(प्रो. वैद्य के. एस धीमान)

जवाहर लाल नेहरू भारतीय चिकित्सा एवं होम्योपैथी अनुसंधान भवन
61-65, सांस्थानिक क्षेत्र, सम्मुख 'डी' ब्लाक, जनकपुरी, नई दिल्ली-110058
Jawahar Lal Nehru Bhartiya Chikitsa Evam Homoeopathy Anusandhan Bhawan
61-65, Institutional Area, Opp. 'D' Block, Janakpuri, **New Delhi- 110058**
Phones : 011-28524457 **Tele-Fax :** 011-28520748 **Fax :** 011-28525959
Website : www.ccras.nic.in **E-mail** : dg-ccras@nic.in, dr_ks_dhiman@yahoo.co.in

Message

I feel privileged to write a message for the book *Dravyaguna Adhara,* written by my student Dr Sonia Dhiman. She had special interest in fundamentals of *Dravyaguna,* which have found expression in this book. The author has persistent clarity of vision and provides a concise and up-to-date information. All the chapters brought out here are relevant and synchronic.

I congratulate Dr Sonia Dhiman for bringing out this important book for the students and academicians, who are working in the field of *Dravyaguna.*

I wish, both the author and the book, a great succes!

Ashwani Upadhyaya
MD (Ayu) PhD
Head
PG Department of Dravyaguna
Rajiv Gandhi Government Post Graduate
Ayurvedic College
Paprola, Himachal Pradesh, India

Message

It was heartening to note that Dr Sonia Dhiman has written a textbook entitled as *Dravyaguna Adhara*. As the name suggests, this book encloses fundamentals of *Dravyaguna*. After reviewing the manuscript, I find that the book includes whole syllabus of Paper-I, *Dravyaguna*, mentioned by the CCIM. The book describes the subject clearly and in tabular form, and flow charts, diagrams and pictures are also given, wherever necessary. Question bank will also be helpful to the students. Applied aspects have been explained scientifically.

This book shows that the author has studied various classics, texts and modern books of Botany, pharmacognosy and pharmacology, etc. and also has taken references from Internet to update the knowledge. It shows her keen interest in studies, teaching and writing.

I wish her a great success for the book and her future!

Baldev Kumar
Director
Department of AYUSH
Panchkula, Haryana, India

आशीर्वचन एवं शुभेच्छा

आयुर्वेद शास्त्र में द्रव्यगुण विज्ञान बड़ा ही महत्वपूर्ण विषय है। आयुर्वेद का मुख्य उद्देश्य स्वस्थ व्यक्ति के स्वास्थ्य की रक्षा करना एवं रोगी के रोग का निवारण करना है। यह उद्देश्य तभी सफल होता है, जब द्रव्यों को सम्यक रूप से जान कर उनका सदुपयोग किया जाए। समस्त द्रव्य पांचभौतिक तथा औषध हैं, ऐसा कोई भी द्रव्य नहीं है, जो कि औषध न हो, तात्पर्य यह है कि द्रव्यगुण विज्ञान बहुत ही महत्वपूर्ण विषय है और चिकित्साशास्त्र में वही वैद्य सफलता पाता है, जो प्रत्येक द्रव्य को भली-भांति जानता है एवं उस द्रव्य के गुण-कर्म वीर्य विज्ञान को भली-भांति एवं पूर्ण रूप से जानता है।

CCIM के पाठ्यक्रमानुसार लेखिका ने जो *द्रव्यगुण आधार* नामक पुस्तक में अपने विचार एवं ग्रन्थों का विवेचन लिखा है, मैं इस पुस्तक को लिखने के लिए उन्हें अपना आशीर्वाद देता हूँ।

डा. सोनिया धीमान ने इस पुस्तक में अपने गुरुजनों की प्रतिभा का भी व्याख्यान किया है। विज्ञान की तीव्र प्रगति को देखते हुए यह आवश्यक है कि समय-समय पर इस पुस्तक का पुनर्विलोकन एवं निरीक्षण होता रहे और नए-नए विचारों का इस पुस्तक में समावेश होता रहे, ऐसा मेरा विचार है।

मैं फिर से लेखिका को आशीर्वाद प्रदान करते हुए यह विचार प्रस्तुत करता हूँ कि भविष्य में वह दिन-दोगुनी रात-चौगुनी उन्नति करती रहें।

Ravinder Gupta
MD (Ayu)
Dean, Ayu. Faculty
Pt BD Sharma University of Health Sciences
Rohtak, Haryana, India

आशीर्वचन एवं शुभेच्छा

द्रव्यगुणविज्ञान विषय, आयुर्वेद-शास्त्र का मूल स्तम्भ है, क्योंकि औषध के समुचित ज्ञान के बिना चिकित्सा कार्य में सफलता सम्भव नहीं है। बी. ए. एम. एस. के छात्रों के लिए इस विषय के गूढ़ सिद्धान्तों को समझना सदैव कठिन रहा है। इस विषय पर कई विद्वानों द्वारा अपने अनुभव पर आधारित पुस्तकें उपलब्ध हैं। इस क्रम में डा. सोनिया धीमान द्वारा रचित *द्रव्यगुण आधार* नामक पुस्तक छात्रों के लिए अति-उपयोगी है। पुस्तक में समस्त विषयों को अधिकांशतय: तालिका-प्रारूप में प्रस्तुत किया गया है, जिससे पुस्तक अधिक विस्तृत भी नहीं हुई है तथा विषय-वस्तु को समझना भी अधिक सरल हो गया है।

पुस्तक की पाठ्यसामग्री CCIM द्वारा अनुमोदित पाठ्यक्रम पर आधारित है जिसमें विभिन्न आचार्यों के मतों का समावेश करते हुए अपने मत की विवेचना भी की गई है।

डा. सोनिया धीमान के इस प्रयास पर मैं उन्हें हार्दिक बधाई व शुभकामनायें प्रेषित करता हूँ तथा उपरोक्त पुस्तक छात्रों के लिये उपयोगी सिद्ध हो, यह शुभेच्छा करता हूँ।

Navneet Sharma
Reader
PG Department of Dravyaguna
RGGPG Ayurveda College and Hospital
Paprola, Himachal Pradesh, India

आशीर्वचन एवं शुभेच्छा

यह एक अत्यन्त हर्ष का विषय है कि डा. सोनिया धीमान ने CCIM पाठ्यक्रम के अनुसार द्रव्यगुण के विषयों को इस पुस्तक के माध्यम से विद्वत समाज के सम्मुख लाने का प्रयास किया है।

इस पुस्तक के अवलोकन के पश्चात् यह कहा जा सकता है कि ग्रन्थ के विषयों को अत्यन्त सरल एवं सुगम भाषा में समझाया गया है। मुझे आशा है कि द्रव्यगुण के विद्यार्थियों को उनके पठन-पाठन कार्य में यह पुस्तक अवश्य उपयोगी सिद्ध होगी।

आपके उज्ज्वल भविष्य की कामना करते हुए यह आशा करते हैं कि आप भविष्य में भी लेखन जैसे उत्तम शैक्षणिक कार्यों को करती रहेगीं और उन्नति के मार्ग पर अग्रसर रहेंगी।

Rashmi Srivastava
MD (Ayu) PhD
Senior Lecturer
RGGPG Ayurveda College and Hospital
Paprola, Himachal Pradesh, India

आशीर्वचन एवं शुभेच्छा

किसी भी विषय की नई पुस्तक के प्रकाशन पर यह प्रश्न मन में अनायास ही उठ जाता है कि एक और पुस्तक क्यों? जब अनेकों अच्छी पुस्तकें इस विषय पर उपलब्ध हैं, तब द्रव्यगुण पाठ्यक्रम पर यह रचना क्या-कुछ ज्ञान देने वाली है?

अद्वितीय रूप से Tables, Charts एवं Classical compilations से भरी इस पुस्तक को पाठक खुद पढ़कर ही इसका आकलन करें।

पाठ्यक्रम अनुसरण, विषय विवेचन एवं ज्ञान परिपूर्णता के अलावा लेखिका की दृढ़ता समानान्तर एवं गौण-रूप से अनेक प्रसंगों में दृष्टिगोचर होती है, जो कि लेखिका के व्यक्तित्व का प्रतिबिम्ब है।

हृदय से शुभकामना है कि डा. सोनिया धीमान द्वारा रचित यह पुस्तक (द्रव्यगुण आधार) – द्रव्यगुण विज्ञान एवं पाठकों के मस्तिष्क को परिसंस्कृत करने में सफल हो।

Santosh Kumar Vishvakarma

MD (Ayu)

Reader

Swami Raghwendracharya Tridandi Ayurved Mahavidyalaya

Gaya, Bihar, India

प्रस्तावना

आयुर्वेद चिकित्सा-जगत् पिछले कुछ दशकों में तेजी से बढ़कर एक नये मुकाम पर पहुँच चुका है। Global acceptance और नई researches का तेजी से बढ़ना, आयुर्वेद की सम्भावनाओं और क्षमताओं को पुरजोर प्रतिस्थापित कर रहा है। परन्तु द्रव्यों का molecular model एवं आधुनिक परिपाटी पर आँकलन, चिकित्सा विज्ञान में संवर्धनात्मक होते हुए भी चिकित्सा के आधारभूत आयुर्वेद सिद्धान्तों और द्रव्यों के कार्मुकत्व विज्ञान को गौण करता हुआ प्रतीत होता है, अतः यह पुस्तक द्रव्यगुणशास्त्र को एक वैज्ञानिक एवं रोचक रूप से प्रस्तुत करने की एक कोशिश है।

द्रव्यगुणविज्ञान, आयुर्वेद के सिद्धान्तों की एक अनुस्युत कड़ी है। द्रव्यगुणविज्ञान के सिद्धान्तों को वैज्ञानिक रूप से समझना ही इस पुस्तक की रचना का ध्येय है।

विषय को समझने के सौकार्यार्थ, सम्पूर्ण पुस्तक में तालिकाओं, आरेख एवं प्रवाह संचित्रों का अधिकाधिक प्रयोग किया गया है।

चिकित्सा में द्रव्यगुण की जितनी महत्ता समग्र रूप से है, उतना ही इसके प्रत्येक घटक सिद्धान्त भी महत्वपूर्ण हैं।

प्रस्तुत पुस्तक में इस बात का पूरा धयान रखा गया है कि प्रत्येक घटक सिद्धान्तों एवं सन्दर्भो को यथार्थ रूप में रखा जाए ताकि इसकी उपादेयता एवं मौलिकता बनी रहे।

प्रत्येक अध्याय में सन्दर्भानुसार सभी आचार्यो के मतों को संग्रहीत करने का दुरुह कार्य किया गया है एवं मतान्तर को तालिकाओं में प्रस्तुत किया गया है। आधुनिक मतों को भी उद्धरित कर, निष्कर्ष वाक्यों को प्रस्तुत किया गया है। इस प्रकार प्रत्येक सन्दर्भ की संकल्पनाओं (concepts) को वैज्ञानिक रूप से समझाने की कोशिश की गई है।

कर्मविज्ञानीयाध्याय में प्रत्येक कर्म में तत्तद द्रव्यों के कार्मुकत्व को समझाने का साहसपूर्ण प्रयास किया गया है।

सभी अध्यायों के अन्त में बहुविकल्पीय प्रश्न भी दिये गये हैं तथा लघु-उत्तरीय प्रश्न के रूप में भी विषय को प्रस्तुत किया गया है। जो कि स्नातकोत्तर प्रवेश परीक्षार्थियों के लिए अतिउपयोगी साबित हो सकते हैं।

पाठयक्रम को पूर्णतः आच्छादित करने के साथ-साथ सरसता, रोचकता एवं उपादेयता, इनमें से किसी का अभाव न हो, इसकी पूरी कोशिश रही है, परन्तु किसी भी अध्याय के तथ्यों एवं मतान्तरों को अनुक्त नहीं रहने पर भी पुस्तक का क्लेवर अत्यन्त छोटा है।

आशा है पाठकों की ज्ञान पिपासा को मिटाने में यह पुस्तक सफल होगी।

वैद्य सोनिया धीमान

आभार ज्ञापन

प्रथम, उस अखण्ड एवं असीम प्रकाश पुंज–अपने ईष्ट देव को आभार ज्ञापन करती हूँ जिसने मुझे शिक्षण कार्य के लिए चुना एवं अवसर दिया कि मैं अपने ग्रहित कार्य एवं अनुभवों को ज्यादा से ज्यादा लोगों तक पहुँचाऊं।

मैं अपनी सासू माँ श्रीमती सावित्री देवी को यह पुस्तक समर्पित करती हूँ, जिनकी मेहनत, सहनशक्ति एवं सहयोग के बिना इस पुस्तक का लिख पाना मेरे लिए असम्भव था।

इस पुस्तक लेखन के प्रेरणा-स्वरूप मेरे माता-पिता श्रीमती संगीता एवं श्री जसवन्त सिंह धीमान एवं अपने समस्त गुरुजनों का भी मैं सहृदय आभार व्यक्त करना चाहती हूँ, आपके कोमल स्पर्श एवं विश्वास के बिना यह सम्भव न था।

स्तम्भ बन कर साथ खड़ा रहना एवं आईना बन कर विपरीत खड़ा रहना ही मेरे जीवन-साथी डा. अजय कुमार का परिचय है और मेरी सकारात्मकता का कारण भी है। उनके प्रति आभार व्यक्त करने के लिए मेरी शब्दावली छोटी पड़ गई है।

जिद्द और शरारतों की उम्र में इसके विपरीत समझदारी एवं धैर्य दिखाकर मेरे पुत्रों (अथर्व एवं अक्षज) ने इस पुस्तक के निर्माण विकास में अनकहे ही एक बड़ा योगदान दिया है, उनका यह त्याग ही इस पुस्तक का मुख्य स्तम्भ है। उनके प्रति भी मैं प्रेमपूर्वक आभार व्यक्त करती हूँ।

मेरी बहन मोनिका, भाई सुमित एवं ननद सुमन का साथ एवं समय-समय पर हौसला बढ़ाने के लिए मैं उनके लिए आभार प्रकट करती हूँ।

डा. सन्तोष कुमार विश्वकर्मा तथा अपने गुरुजन डा. अश्वनी उपाध्याय जी, डा. नवनीत शर्मा, डा. रविन्द्र गुप्ता तथा डा. रश्मि श्रीवास्तव जी, ने पुस्तक को पूर्ण करने में जिस प्रकार मेरा हौसला बढ़ाया, मार्गदर्शन किया तथा समय-समय पर दूरभाषिक मदद की, उसके लिए मैं हृदय से आभारी हूँ।

उन मित्रों (डा. रीना कालिया एवं डा. अंजना) का भी मैं बहुत-बहुत आभार व्यक्त करती हूँ जिन्होंने पुस्तक निर्माण काल में आने वाले उतार-चढ़ाव में मेरा साथ दिया।

मद्रण-पूर्व इस पुस्तक की समीक्षा करने के लिये वैद्य के एस धीमान एवं डा. बलदेव कुमार ने अपने बहुमुल्य समय देकर इस पुस्तक एवं मुझे कृतार्थ किया है। इनके इस कार्य के लिये मैं सदैव इनकी अभारी रहूँगी।

इस पुस्तक को सुन्दर रूप से टाइप करने के लिए मैं नागेश मेहता, दिनेश कुमार, सन्दीप पाँचाल एवं नीरज कम्बोज जी की भी आभारी हूँ। श्री जितेन्द्र पी. विज (ग्रुप चेयरमैन), श्री अंकित विज (ग्रुप प्रेसीडेंट), सुश्री रितु शर्मा (डायरेक्टर-कन्टेन्ट स्ट्रेटजी), श्रीमती सुनीता काटला (पी.ए.-ग्रुप चेयरमैन एवं प्रकाशन प्रबंधक) श्री आशुतोष श्रीवास्तव (असिस्टेंट एडिटर), श्री मनोज पाहुजा, श्री दीप कुमार डोगरा, व अन्य स्टाफ, मैसर्स जे.पी. ब्रदर्स मेडिकल पब्लिशर्स, नई दिल्ली, को इनकी प्रेरणा, सहयोग, धैर्य एवं अथक परिश्रम के लिए मैं हृदय से धन्यवाद देती हूं।

मैं प्रभु से अनुरोध करती हूँ कि हे प्रभु मेरा पथ प्रदर्शित करना ताकि फल की इच्छा किये बिना मैं कर्तव्यों का निर्वाह करती रहूँ।

वैद्य सोनिया धीमान

संक्षिप्त शब्द विवरण

अ. सं.	–	अष्टांग संग्रह
अ. हृ.	–	अष्टांग हृदय
आ. द.	–	आनन्द दर्पण
इ.	–	इन्द्रियस्थान
उ.	–	उत्तर तन्त्र, उत्तर स्थान
क.	–	कल्पस्थान
कर्पू.	–	कर्पूरादि वर्ग
का.	–	काश्यप संहिता
खि.	–	खिलस्थान
गु.	–	गुडूच्यादि वर्ग
च.	–	चरकसंहिता
चि.	–	चिकित्सा स्थान
दुग्धा.	–	दुग्धावर्ग
द्र.	–	द्रव्यादिवर्ग
द्र. गु. सू.	–	द्रव्यगुणसूत्रम्
द्र. गु. शा.	–	द्रव्यगुणशास्त्रम्
द्र. वि.	–	द्रव्यगुणविज्ञान (प्रियव्रतशर्मा)
धा. नि.	–	धान्वन्तरी निघण्टु
नि.	–	निदानस्थान
प. प्र.	–	परिभाषा प्रदीप
पू.	–	पूर्वखण्ड
प्र. पा.	–	प्रशस्तपादभाष्य – प्रशस्त पाद भाष्य
प्रि. नि.	–	प्रिय निघण्टु
भा. प्र.	–	भावप्रकाश
भै. र.	–	भैषज्यरत्नावली
म.	–	मधयखण्ड
मिश्र.	–	मिश्रकादिवर्ग
मूत्र.	–	मूत्रवर्ग
यो.	–	योगेन्द्र नाथ सेन

र. त.	–	रसतरंगिणी
र. र. समु.	–	रसरत्नसमुच्चय
र. वै.	–	रसवैशेषिक
वट.	–	वटादिवर्ग
वै. द.	–	वैशेषिक दर्शन
श. ब्रा.	–	शतपथ ब्राह्मण ग्रन्थ
शा.	–	शाग्धार संहिता
शा.	–	शारीर स्थान
शौ. अ.	–	शौनकीय अथर्ववेद
सु.	–	सुश्रुत संहिता
सू.	–	सूत्र स्थान
सि.	–	सिद्धि स्थान
हरी.	–	हरीतक्यादि वर्ग

मार्गदर्शक ग्रन्थ

इस पुस्तक के निर्माण में जिन भी लेखकों की रचनाओं से मुझे सहयोग मिला है, मैं उन सब को नमस्कार तथा धन्यवाद करती हूँ।

संस्कृत हिन्दी शब्द कोष	–	वामन शिवराम आप्टे
अमरकोष	–	प. हरगोविन्द शास्त्री
चरक संहिता	–	श्री सत्यनारायण शास्त्री
सुश्रुत संहिता	–	आयुर्वेद सन्दीपिका डा. अम्बिका दत्त शास्त्री
अष्टाग संग्रह	–	कविराज अत्रिदेव गुप्त
अष्टाग हृदय	–	डा. ब्रह्मानन्द त्रिपाठी
काश्यप संहिता	–	प हेमराज शर्मा
चक्रदत	–	डा. इन्द्रदेव त्रिपाठी
शशिलेखा ‌द्धइन्दुटीकाऋ	–	डा. ज्योतिर्मित्र
सर्वाग सुन्दरा	–	श्री कृष्ण रामचन्द्र शास्त्री
शार्ग्धार संहिता	–	डा. ब्रह्मानन्द त्रिपाठी
धान्वन्तरी निघण्टु	–	डा. प्रियव्रत शर्मा/डा गुरु प्रसाद शर्मा
भावप्रकाश संहिता	–	डा. इन्द्रदेव त्रिपाठी
भावप्रकाश निघण्टु	–	डा. कृष्ण चुनेकर
राजनिघण्टु	–	डा. इन्द्रदेव त्रिपाठी
प्रियनिघण्टु	–	आचार्य प्रियव्रत शर्मा
द्रव्यगुणसूत्रम्	–	आचार्य प्रियव्रत शर्मा
द्रव्यगुण विज्ञान	–	आचार्य प्रियव्रत शर्मा
रसतंरगिणी	–	पं काशीनाथ शास्त्री
रसरत्नसमुच्चय	–	आचार्य प्रियव्रत शर्मा
औषधि विज्ञान शास्त्र	–	डा. विश्वनाथ द्विवेदी
द्रव्यगुणसिद्धान्त	–	डा. शिवचरण धयानी
द्रव्यगुणविज्ञान	–	डा. मानसी देशपाण्डे
द्रव्यगुण आदर्श	–	डा. नरेश कुमार भार्गव
द्रव्यगुणशास्त्रम्	–	वैद्य गो. आ. फडके

Essentials of Medical Pharmacology	-	KD Tripathi
Pharmacognosy	-	CK Kokate, AP Purohit, SB Gokhale
Botany (for degree students)	-	AC Dutta
Drugs & Cosmetics Act, 1940	-	Akalank Publications
Concise Medical Physiology	-	Sujit K Chandhari

इस पुस्तक के कुछ विषयों का सन्दर्भ इंटरनेट से लिया गया है ताकि इसे नवीन युग के आधार पर लिखा जा सके।

विषय सूची

अध्याय 1

द्रव्यगुणशास्त्रविज्ञानीयाध्याय

द्रव्यगुण परिचय

व्युत्पत्तिः- द्रव्य + गुण = द्रव्यगुण

निरूक्तिः-

द्रव्य (Drug)	**द्रव्य** **प्रादपदिक संज्ञा** — **धातुरूप संज्ञा** द्रु + अव्य = द्रव्य द्रु गतौ धातु + यत् प्रत्यय – द्रव्य = ज्ञान, गमन, मोक्ष, प्राप्ति **द्रुं द्रौषः द्रौषश्च द्रुमः।** द्रु = द्रौष = द्रुमः = वृक्ष। **द्रु वृक्षं तस्य अव्यव विकारो वा द्रव्यम्॥** वृक्ष (plant), वृक्ष के अव्यव (parts of plants) और विकार (formulations) द्रव्य कहलाते हैं।
Drug:	The word drug is derived from the French word ***Drogue*** which means a **dry herb**. • प्रादपदिक एवं धातुरूप संज्ञा के आधार पर द्रव्यगुण में द्रव्य शब्द से वृक्षों आदि का ज्ञान प्राप्त करना समझा जा सकता है। आधुनिक विज्ञान के आधार पर भी drug का अर्थ dry herb होता है, अत: द्रव्य से हम medicinal plants समझ सकते हैं। **The word *dravya* in *dravyaguna* deals with naming (नाम) and identification (रूप) of drugs.**
गुण (Properties of the drug)	**गुणशब्देन चेह धर्मवाचिना रसवीर्यविपाकप्रभावा: सर्व एव गृह्यन्ते॥** (च॰ सू॰ 1/51-चक्रपाणि) गुण शब्द धर्मवाची है, अत: मात्र गुण शब्द से द्रव्य के रस, विपाक, प्रभाव तथा गुण सभी का ग्रहण करना चाहिए। **The word *guna* in *drvayaguna* deals with properties (*raspanchaka*) of *dravya* (drug).**
कर्म (Pharmacotherapeutics)	द्रव्य में आश्रित गुणों के द्वारा ही द्रव्य अपना कर्म करने में समर्थ होता है, अत: द्रव्य के गुणों का ज्ञान प्राप्त करके ही हम उसके कर्म का ज्ञान प्राप्त कर सकते हैं या द्रव्य के कर्म को देखकर उसके गुणों का अनुमान कर सकते हैं।

जारी है...

जारी है...

प्रयोग (Use of the drug)	द्रव्य, गुण एवं कर्म का ज्ञान प्राप्त करके, युक्तिपूर्वक द्रव्य का आयुर्वेद शास्त्र के प्रयोजन की पूर्ति के लिए प्रयोग किया जा सकता है।

अतः मात्र द्रव्यगुण शब्द ही निम्नलिखित विषयों को सम्मिलित कर लेता है–

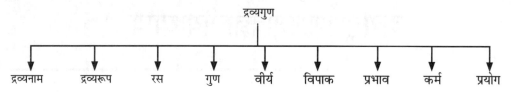

द्रव्यगुण

द्रव्यनाम | द्रव्यरूप | रस | गुण | वीर्य | विपाक | प्रभाव | कर्म | प्रयोग

Hence *Dravyaguna* deals with detailed study of medicinal plants.

द्रव्यगुणशास्त्र की परिभाषा

- **द्रव्याणां गुणकर्माणि प्रयोगा विविधास्तथा। सर्वशो यत्र वर्ण्यन्ते शास्त्रं द्रव्यगुणं हि तत्॥** (द्र॰ वि॰/1)
  द्रव्यों के गुण, कर्म एवं प्रयोग का विविध रूप से सम्पूर्ण ज्ञान जिस शास्त्र में वर्णित हो, उसे द्रव्यगुण शास्त्र कहते हैं।
- **यस्मिन् तन्त्रे द्रव्याणां वर्णनम् पूर्णरूपेण कथ्यते। तत् शास्त्रम् द्रव्यगुणशास्त्रम् विजानात्॥**
  जिस तन्त्र में द्रव्यों का वर्णन पूर्ण रूप से किया गया हो, उस शास्त्र को द्रव्यगुण जानना चाहिए।

द्रव्यगुण का इतिहास एवं महत्व

I. वैदिक काल

- **या औषधि पूर्वा जाता देवेभ्यस्त्रियुगमपुरा॥** (ऋग्वेद 10/97/1)
  औषधियों की उत्पत्ति देवताओं से भी तीन युग पहले की कही गई है।
- **वेदों में औषधिवर्णनविकास क्रम–**
  ऋग्वेद: 67 औषधियाँ (औषधासुक्त के 23 मन्त्रों में औषधियों का महत्वपूर्ण तथ्य दिया गया है।)
  यजुर्वेद: 82 औषधियाँ
  अथर्ववेद: 289 औषधियाँ
- **याषां द्योषपिता पृथ्वी माता सामुद्रमूलं वीरूद्धाम् बहु॥** (शौनकीय अथर्ववेद 8/7/2)
  औषधियों के पिता द्योष (आकाश), माता पृथ्वी तथा मूल समुद्र को कहा गया है तथा वीरूद्ध (औषधि) की बहुलता भी स्पष्ट की गई है।

  द्योषपिता: Aerial plants
  पृथ्वीमाता: Terrestrial plants
  सामुद्रमूल: Aquatic plants

अतः अधिक औषधियों का ज्ञान होने के कारण ही उनके वर्गीकरण की आवश्यकता हुई होगी एवं औषधियों का महत्व भी उनके आकाश को पिता, पृथ्वी को माता एवं समुद्र को मूल कहने से स्पष्ट होता है।

विमर्श–उपरोक्त तथ्यों से हम यह समझ सकते हैं कि वैदिककाल में औषधियों को महत्वपूर्ण समझा जाता था एवं उनके ज्ञान का भी विकास हो रहा था, तभी तो उनके वर्गीकरण की आवश्यकता हुई एवं सम्पूर्ण संसार (आकाश, पृथ्वी एवं जल) को औषधियों की उत्पत्ति का स्थान माना गया।

II. संहिता काल

- **हिताहितं सुखं दुःखमायुस्तस्य हिताहितम्। मानं च तच्च यत्रोक्तमायुर्वेदः स उच्यते।।** (च॰ सू॰ 1/41)
  चार प्रकार की आयु के लिए हितकर, अहितकर, सुखकर, दुःखकर द्रव्यों के गुणकर्मों आदि का ज्ञान द्रव्यगुण के द्वारा ही सम्भव है।
- **प्रयोजनं चास्य स्वस्थस्य स्वास्थ्यरक्षणमातुरस्य विकारप्रशमनं च।।** (च॰ सू॰ 30/26)
  स्वास्थ्य की रक्षा के लिए आहार एवं आतुर के विकार प्रशमन के लिए औषध का ज्ञान होने से ही आयुर्वेद का प्रयोजन सम्भव है, जो द्रव्यगुणशास्त्र से ही प्राप्त होता है।
- **भिषग्द्रव्याण्युपस्थाता रोगी पादचतुष्टयम्। गुणवत् कारणं ज्ञेयं विकारव्युपशान्तंये।।** (च॰ सू॰ 9/3)
  आयुर्वेद का कर्ता–भिषक् तथा करण–द्रव्य है। आचार्य चरक ने द्रव्य को चतुष्पाद में सम्मिलित किया है, जिससे वह औषध की महत्वत्ता को सिद्ध करते हैं।
- **आयुर्वेद के लक्षणों में द्रव्यगुण का वर्णनः– यतश्चायुष्याण्यनायुष्याणि च द्रव्यगुणकर्माणि वेदयत्य–तोऽप्यायुर्वेदः । तत्रायुष्याण्यनायुष्याणि च द्रव्यगुणकर्माणि केवलेनोपदेक्ष्यन्ते तन्त्रेण।।** (च॰ सू॰ 30/23)
  आचार्य चरक ने आयुर्वेद के लक्षणों में ही द्रव्यगुण का वर्णन करते हुए, उसकी महत्वत्ता को सिद्ध किया है। उन्होंने आयुष्य तथा अनायुष्य के ज्ञान को ही आयुर्वेद कहा है तथा द्रव्यगुण से ही आयुष्य (beneficial for lifespan) तथा अनायुष्य (not beneficial) का ज्ञान प्राप्त होता है, अतः सम्पूर्ण आयुर्वेद शास्त्र में द्रव्यगुण का ही वर्णन है। आयुर्वेद शास्त्र की प्राप्ति द्रव्यगुण के ज्ञान के बिना सम्भव नहीं है। कायचिकित्सा, बालतन्त्र, ग्रहचिकित्सा, उर्ध्वांगचिकित्सा, शल्यचिकित्सा, दंष्ट्राविषचिकित्सा, जराचिकित्सा तथा वृषचिकित्सा यह आयुर्वेद के आठ अङ्ग हैं परन्तु इस सबका आधार तथा इन सभी में वर्णित द्रव्यगुणशास्त्र आयुर्वेद का अङ्गी (backbone) है।
- **हेतुलिङ्गौषधज्ञानं स्वस्थातुरपरायणम्। त्रिसूत्रं शाश्वतं पुण्यं बुबुधे यं पितामहः।।** (च॰ सू॰ 1/24)
  आचार्य चरक ने औषध का वर्णन आयुर्वेद के त्रिसूत्र में करके उसकी महत्वत्ता को सिद्ध किया है।
- **यथा विषं यथा शस्त्रं यथाग्निरशनिर्यथा तथौषधमविज्ञातं विज्ञातममृतं तथा।** (च॰ सू॰ 1/125)
  जिस तरह विष, अग्नि तथा शस्त्र शरीर का नाश करते हैं उसी तरह अविज्ञात (नहीं जानी हुई औषध) नाश करती है। विज्ञात् औषध अमृत रूप होती है। आचार्य चरक ने औषध के ज्ञान को महत्वपूर्ण कहा है तथा औषध का सम्पूर्ण ज्ञान प्राप्त करने वाले वैद्य को **तत्वविध** संज्ञा प्रदान की है।
- **औषधं ह्यनभिज्ञातं नामरूपगुणैस्त्रिभिः। विज्ञातं चापि दुर्युक्तमनर्थायोपपद्यते।।** (च॰ सू॰ 1/126)
  नाम, रूप, गुण से अज्ञात् तथा युक्तिपूर्वक प्रयोग न की गई औषध अनर्थजनक होती है, अतः औषध का ज्ञान महत्वपूर्ण कहा गया है, जो द्रव्यगुणशास्त्र से ही प्राप्त होता है।

III. निघण्टु काल

मध्यकाल से निघण्टुओं का प्रचलन आरम्भ हुआ जिसमें औषधियों का नाम, पर्यायकथन, गुण, कर्म तथा आयात–निर्यात एवं विदेशी औषधियों का वर्णन मिलता है। यथा–भावप्रकाश निघण्टु में फिरंग रोग का वर्णन प्रथम बार आया तथा उसमें प्रयुक्त होने वाली चोपचीनी जो चाईना से आयात हुई, उसका वर्णन भी प्रथम बार आया।

राजनिघण्टुकार नरहरिपण्डित ने द्रव्यगुण के महत्व को इस प्रकार वर्णित किया है–

- **निघण्टुना विना वैद्यो विद्वान् व्याकरणं विना। अभ्यासेन च धानुष्कस्त्रयो हास्यस्य भाजनम्।।** (रा॰ नि॰)
  निघण्टु के बिना वैद्य, व्याकरण के बिना विद्वान तथा अभ्यास के बिना धानुष्क, यह तीनों उपहास के पात्र बनते हैं। निघण्टुओं से द्रव्यगुण का ज्ञान प्राप्त होता है, अतः द्रव्यगुण महत्वपूर्ण बताया गया है।

- **राजनिघण्टुकार में द्रव्यगुण की प्रधानता बताते हुए अष्टांग आयुर्वेद में द्रव्यगुण को प्रथम स्थान प्रदान किया है। उनके अनुसार अष्टांग आयुर्वेद निम्नलिखित हैं–**

1. द्रव्य अभिधान	2. गद निश्चय	3. काय सौख्यं	4. शल्यादि
5. भूतविद्या	6. विषनिग्रह	7. बाल रोग	8. रसायन

IV. आधुनिक काल

- **तेषु द्रव्यगुणं प्रधानतमं, सर्वक्रियाणां तदाश्रितत्वात्।** (द्र० गु० सू० 1/5)

  द्रव्यगुण आयुर्वेद के सभी अंगों में प्रधानतम् है क्योंकि चिकित्साकर्म की सभी क्रियाएँ द्रव्यगुण पर ही आश्रित होती हैं।

- **यद्येकतस्तुलायां सर्वाङ्गाणि प्रतिष्ठिता निस्युः। तेभ्यश्चापि समेभ्यो द्रव्यगुणं स्याद् गरिष्ठं तत्॥** (द्र० वि०/5)

  यदि एक तुला में एक तरफ आयुर्वेद के आठों अंगों को रखा जाए तथा दूसरी तरफ अकेले द्रव्यगुण को रखा जाए तो वे समान होंगे।

- **आचार्य प्रियव्रत शर्मा ने षोडशाङ्गहृदयम् में अष्टांग आयुर्वेद को पुनः विभाजित करते हुए सोलह अंगों में वर्गीकृत किया है तथा द्रव्यगुण को तृतीय स्थान प्रदान किया है।**

1. मौलिक सिद्धान्त (Basic concepts)
2. शरीर (Anatomy and physiology)
3. द्रव्यगुण (Pharmacology and materia medica)
4. भैषज्यकल्पना (Pharmaceutics)
5. रसशास्त्र (Science of metals and non-metals)
6. निदान (Diagnosis and pathology)
7. कायचिकित्सा (General medicine)
8. स्वस्थवृत (Preventive and social medicine)
9. मानस रोग (Psychiatry)
10. वाजीकरण (Aphrodisiac measures)
11. अगदतन्त्र (Toxicology)
12. शल्य (Surgery)
13. शालाक्य (Supraclavicular therapy)
14. रसायन (Rejuvenation and promotive therapy)
15. कौमारभृत्य (Pediatrics)
16. प्रसूतितन्त्र (Gynecology and obstetrics)

अतः सभी कालों में द्रव्यगुण की महत्वत्ता को देखते हुए आचार्य प्रियव्रत शर्मा जी का यह कथन पूर्ण रूप से सिद्ध होता है कि आयुर्वेद के आठों अंगों के बराबर अकेला द्रव्यगुण ही है। उसके बिना आयुर्वेद का ज्ञान सम्भव नहीं है। द्रव्यगुण अङ्गी (backbone) है तथा आयुर्वेद के आठों अंगों (parts) में उसको पढ़ा जाता है।

द्रव्यगुण के अङ्ग

1. अष्टाङ्ग द्रव्यगुणः–

(i) नाम (Naming)
(ii) रूप (Identification)
} नामरूप विज्ञान (Pharmacognosy)

(iii) गुण	–	Pharmacodynamics (properties of the drug)
(iv) कर्म	–	Pharmacotherapeutics (actions of the drug)
(v) योग (युक्ति)	–	Administration of drug
(vi) प्रयोग	–	How to use drug (drug dosage, etc.)
(vii) संयोग	–	Pharmacy
(viii) कल्प	–	Formulations

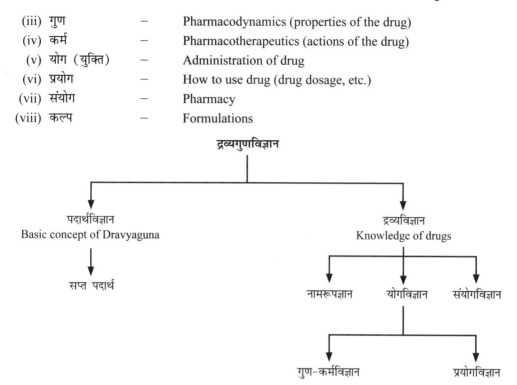

2. षड्ङ्ग द्रव्यगुणः–

षड्ङ्ग द्रव्यगुणं तद्यथा–नामरूपज्ञानं, गुणज्ञानं, कर्मज्ञानं, प्रयोगज्ञानं, योगज्ञानं, कल्पज्ञानश्चेति। (द्र॰ गु॰ सू॰ 1/6)

1. नामरूपज्ञान (Pharmacognosy)	औषध के नामकरण तथा परिचय के अध्ययन को नामरूप ज्ञान कहते है। (a) **नाम**–द्रव्यपरिचय के लिए द्रव्यों के प्रादेशिक नाम (regional), संस्कृत नाम (official), लैटिन नाम (botanical) को जानना आवश्यक है। (b) **रूप**–द्रव्य के बाह्य स्वरूप को ज्ञानेन्द्रिय से जानना तथा microscopy द्वारा सूक्ष्म रचना का ज्ञान करना द्रव्य परिचय के लिए आवश्यक है।
2. गुणज्ञान (Study of properties)	**गुणशब्देन चेह धर्म वाचिना रसवीर्यविपाकप्रभावाः सर्व एव गृह्यन्ते।** (च॰ सू॰ 1/51-चक्रपाणि) निर्गुण द्रव्य कार्यकारी नहीं होते, अतः गुणज्ञान आवश्यक है। मात्र गुण शब्द से द्रव्य के सम्पूर्ण रस, गुण, वीर्य, विपाक, प्रभाव आदि का ज्ञान प्राप्त किया जाता है।
3. कर्मज्ञान (Pharmacology)	कर्मज्ञान में द्रव्यों के विविध कर्मों का दोष-दूष्य की दृष्टि से तथा अधिष्ठानभूत शरीरतन्त्र की दृष्टि से विचार करते हैं।
4. प्रयोगज्ञान (Clinical pharmacology)	स्वस्थ एवं आतुर दोनों में द्रव्यों के विविध कर्मों के आधार पर संयुक्तिक प्रयोग करने का ज्ञान प्रयोगज्ञान कहलाता है। i.e. how to use the drug in various diseases and how to use the nutrients in balanced diet for healthy person, e.g. dose/duration of the drug and diet.

जारी है...

जारी है...

5. योगज्ञान (Study of formulations)	द्रव्यों के संयोग से औषधयोगों की जो कल्पना की जाती है, उसे योगज्ञान कहते हैं। आचार्य चरक के अनुसार बाह्य, आभ्यान्तर प्रयोगों में जो योग, संयोग एवं प्रयोग को जानता है वह **भिषग्वर** कहलाता है।
6. कल्प (Pharmaceutics)	भैषज्य कल्पना विषयकम्। क्वाथ, अवलेह, अरिष्ट, घृत, चूर्ण, तैल आदि कल्पनाओं की निर्माणविधि का ज्ञान कल्प ज्ञान कहलाता है।

अतः 6 अंगों से युक्त द्रव्यगुण, षडङ्ग शरीर की भांति सम्पूर्ण कर्मों के लिए उपयोगी होता है।

द्रव्यगुणशास्त्र के पदार्थ

व्युत्पत्ति:– पद् + अर्थ – पदार्थ = शास्त्र का अर्थ।

निरूक्ति:– पदस्य अर्थः पदार्थः। पदम् शास्त्रम् अर्थः विषयम्।

पद् शास्त्र को कहा जाता है एवं अर्थ उसका विषय होता है। किसी भी शास्त्र के विषय को पदार्थ कहते हैं।
Basic concepts of particular subject are called as *Padartha*.

- **द्रव्यगुणशास्त्र के सप्तपदार्थ:–**
  द्रव्ये रसो गुणो वीर्य विपाकः शक्तिरेव च। पदार्थाः पञ्चतिष्ठन्ति स्वं स्वं कुर्वन्ति कर्म च॥
  (भा॰ प्र॰)

  रस, गुण, वीर्य, विपाक एवं प्रभाव यह पाँचों पदार्थ द्रव्य में आश्रित होकर अपने-अपने कार्य को करते हैं, अत: सप्तपदार्थ निम्नलिखित हैं–

सप्तपदार्थ — द्रव्य · रस · गुण · वीर्य · विपाक · प्रभाव · कर्म

- **पञ्चपदार्थ विवेचन:–** पदार्थाः पञ्चतिष्ठन्ति। (भा॰ प्र॰)
  पाँच पदार्थ (रस, गुण, वीर्य, विपाक, प्रभाव) जो द्रव्य में आश्रित होकर रहते हैं तथा इन्हीं पदार्थों के कारण द्रव्य अपना कर्म करने में समर्थ होता है, अर्थात् द्रव्य के कर्म करने की शक्ति, इन पाँच पदार्थों में ही अधिष्ठित है एवं सप्तपदार्थ प्रादपदिक संज्ञा है।

- **षड्पदार्थ:–**
  रसवैशेषिक (नागार्जुन) ने प्रभाव का अन्तर्भाव वीर्य में ही कर दिया है, अत: उनके अनुसार पदार्थों की संख्या छ: है।

सप्तपदार्थों का विस्तृत वर्णन

1. द्रव्य (Drug)	यत्राश्रिता: कर्मगुणाः कारणं समवायि यत् तद् द्रव्यम्। (च॰ सू॰ 1/50) जिसमें गुण (रस, गुण, वीर्य, विपाक, प्रभाव) तथा कर्म (वमनादि कर्म) समवाय सम्बन्ध से आश्रित हों तथा जो अपने कार्य द्रव्य के प्रति समवायि कारण हो, उसे द्रव्य कहते हैं। यथा–आँवला में गुण (पचरस-अम्ल प्रधान) तथा कर्म (रक्तपित्त, प्रमेहहर, रसायन, वृष्य आदि) आश्रित हैं एवं प्रयोग होने पर आँवला इन कर्मों का आरम्भक भी होगा।

जारी है...

जारी है...

2. रस (Taste)	• **रस्यते आस्वाद्यते इति रसः।** (च॰ सू॰ 1/64-चक्रपाणि) • **रसनार्थो रसः।** (च॰ सू॰ 1/64) • **रसो निपाते द्रव्याणां।** (च॰ सू॰ 26/66) रसना (जिह्वा) के अर्थ को रस कहते हैं, उसका लक्षण आस्वाद होता है। रस द्रव्य के पांच भौतिक संगठन का द्योतक होता है तथा उसकी उपलब्धि निपात (जिह्वा स्पर्श) से होती है। यथा–मधुर रस युक्त द्रव्य से पृथ्वी तथा जल महाभूत का अनुमान होता है।
3. गुण (Property)	**अथ द्रव्याश्रिता ज्ञेया निर्गुणा निष्क्रिया गुणाः।** (कारिकावली) जो द्रव्य में आश्रित हो, स्वयं निर्गुण तथा निष्क्रिय हो, उसे गुण कहते हैं। यथा–शीत, उष्ण, गुरू, लघु आदि।
4. वीर्य (Potency)	**येन कुर्वन्ति तद्वीर्य।** (च॰ सू॰ 26/13) जिस शक्ति के द्वारा द्रव्य अपना कर्म करने में समर्थ होता है, उसे वीर्य कहते हैं। यथा–शीत, उष्ण आदि।
5. विपाक (Metabolic property)	**जाठरेणाग्निना योगाद्यदुदेति रसान्तरम्। रसानां परिणामान्ते स विपाक इति स्मृतः॥** (अ॰ हृ॰ सू॰ 9/20) जाठराग्निपाक के निष्ठाकाल (अन्त) में द्रव्यों के रसों का रसान्तर होकर, जिस रसविशेष की उत्पत्ति होती है, उसे विपाक कहा जाता है। यथा–मधुर विपाक, कटु विपाक।
6. प्रभाव (Specific potency)	**रसवीर्यविपाकानां सामान्यं यत्र लक्ष्यते। विशेषः कर्मणां चैव प्रभावस्तस्य स स्मृतः॥** (च॰ सू॰ 26/67) रस, वीर्य, विपाक आदि के समान रहने पर भी यदि किसी द्रव्य का विशेष कर्म लक्षित हो, तो वह प्रभाव के कारण होता है। यथा–दन्ती तथा चित्रक दोनों का कटु रस, कटु विपाक एवं उष्ण वीर्य होने पर भी दन्ती प्रभाव से विरेचन कर्म करती हैं।
7. कर्म (Action)	**संयोगे च विभागे च कारणं द्रव्यमाश्रितम्। कर्तव्यस्य क्रिया कर्म कर्म नान्यदपेक्षते॥** (च॰ सू॰ 1/52) जो एक साथ ही संयोग तथा विभाग में कारण हो तथा किसी अन्य कारण की अपेक्षा न करे, द्रव्याश्रित हो तथा कर्तव्य की पूर्ति के लिए की जाने वाली क्रिया को कर्म कहते हैं। यथा–वमन।

दीर्घ-उत्तरीय प्रश्न

1. **द्रव्यगुण की व्युत्पत्ति, निरूक्ति का वर्णन करते हुए, द्रव्यगुणशास्त्र को पारिभाषित करें।**
2. **द्रव्यगुणशास्त्र की महत्वत्ता को बताते हुए उसके विकासक्रम का वर्णन करें।**
3. **द्रव्यगुण के अङ्गों के नाम बताते हुए, षडङ्ग द्रव्यगुण का विस्तरित वर्णन करें।**
4. **पदार्थ शब्द का अर्थ समझाते हुए, सप्तपदार्थ, षड्पदार्थ एवं पंचपदार्थ का विवेचन करें तथा सप्तपदार्थ को विधी पूर्वक समझाएं।**

लघु-उत्तरीय प्रश्न

1. **वेदों में द्रव्यगुणशास्त्र की महत्वता स्पष्ट करें।**
2. **चरक सूत्रस्थान के भेषज चतुष्क का संक्षिप्त वर्णन करते हुए, द्रव्यगुणशास्त्र की महत्वत्ता को सिद्ध करें।**
3. **षडंग द्रव्यगुण का वर्णन करें।**

बहुविकल्पीय प्रश्न

1. "द्रु गतौ धातु" में गतौ का अर्थ क्या है?
   a. गमन   b. ज्ञान   c. मोक्ष प्राप्ति   d. उपरोक्त सभी

2. औषधसुक्त में औषधियों का महत्वपूर्ण तथ्य कितने मन्त्रों में दिया गया है?
   a. 20   b. 23   c. 27   d. 7

3. आयुर्वेद का कर्ता कौन है?
   a. भिषग्   b. द्रव्य   c. गुण   d. इनमें से कोई नही

4. राजनिघण्टुकार ने अष्टांग आयुर्वेद में द्रव्यगुण को कौन सा स्थान प्रदान किया है?
   a. प्रथम   b. तृतीय   c. चतुर्थ   d. अन्तिम

5. रसवैशेषिक (नागार्जुन) ने प्रभाव का अन्तर्भाव किसमें किया है?
   a. द्रव्य   b. वीर्य   c. गुण   d. रस

6. जिस शक्ति के द्वारा द्रव्य अपना कार्य करने में समर्थ होता है, उसे क्या कहा गया है?
   a. रस   b. गुण   c. वीर्य   d. इनमें से कोई नहीं

7. आचार्य प्रियव्रत शर्मा ने आयुर्वेद के 16 अङ्गों का वर्णन कहाँ किया है?
   a. द्रव्यगुण विज्ञान   b. अष्टांग आयुर्वेद   c. षोडशांग हृदयम्   d. द्रव्यगुण सूत्रम

8. सोलह अंगों में द्रव्यगुण को कौन सा स्थान प्राप्त है?
   a. प्रथम   b. तृतीय   c. द्वितीय   d. षष्ठ

उत्तरमाला (बहुविकल्पीय प्रश्न)

1. d   2. b   3. a   4. a   5. b   6. c   7. c   8. b

अध्याय 2

द्रव्यविज्ञानीयाध्याय

द्रव्य/Drug

व्युत्पत्तिः–

- द्रु गतौ धातु + यत् प्रत्यय – द्रव्य = वस्तु, सामग्री, पदार्थ, ज्ञान।
- द्रु + द्रव्यञ्च भव्ये = जिसमें अव्यव आश्रित होकर रहें। (वाचस्पत्यम्)

निरूक्तिः–

- **द्रवति गच्छति परिणाममिति द्रव्यम्।**
  जो द्रवण करे, गमन करे तथा परिणाम को प्राप्त हो, वह द्रव्य है।
- **द्रवति गच्छति संयोगविभागादिगुणानिति वा द्रव्यम्।**
  जो गमन करे एवं संयोग विभागादि कर्म तथा गुणों से युक्त हो, वह द्रव्य है।

परिभाषा/लक्षण

- **यत्राश्रिताः कर्मगुणाः कारणं समवायि यत् तद् द्रव्यम्।** (च॰ सू॰ 1/50)
  जिसमें कर्म और गुण आश्रित होकर रहें तथा जो अपने कार्य के प्रति समवायि कारण हो, उसे द्रव्य कहते हैं।
- **समवायि कारण–यत्समवेतं कार्यमुत्पद्यते तत्समवायिकारणम्।** (तर्कसंग्रह)
  जो अपने में समवाय सम्बन्ध से रहने वाले कार्य का आरम्भक हो, उसे समवायि कारण कहते हैं। जैसे–हरीतकी अपने में रहने वाले रसायन कर्म की आरम्भक होगी या मिट्टी अपने में रहने वाले घट की उत्पादक होगी।
- **गुणकर्मणोराश्रयः स्वकार्यं प्रति समवायि कारणञ्चद्रव्यं भवति।** (द्र॰ गु॰ सू॰/2/1)
  जो गुण तथा कर्म का आश्रय हो एवं अपने कार्य के प्रति समवायि (आभ्यान्तर एवं आरम्भक) कारण हो, वह द्रव्य है। जिस प्रकार घट की उत्पत्ति में मिट्टी समवायि (आभ्यान्तर एवं आरम्भक) कारण है, मिट्टी के कपालों का संयोग असमवायि कारण एवं दण्ड, चक्र, कुलाल आदि निमित (बाह्य) कारण हैं।
- **द्रव्यं समवायिहेतुः गुणकर्माश्रयं मतम्। तत् सामान्यविशेषाभ्यां प्रयुक्त देहिनां हितम्॥** (प्रि॰ नि॰/द्र॰/1)
  जो गुण तथा कर्म का आश्रय हो तथा अपने कार्य के प्रति समवायि कारण हो एवं सामान्य-विशेष न्याय से प्रयुक्त होने पर प्राणियों के लिए हितकर हो, वह द्रव्य कहलाता है।
- **द्रव्यलक्षणन्तु "क्रियागुणवत् समवायिकारणम्" इति।** (सु॰ सू॰ 40/3)
  जिसमें क्रिया तथा गुण दोनों रहते हों तथा जो समवायि कारण हो, वह द्रव्य कहलाता है।

- क्रियागुणवत्-क्रियाश्च गुणाश्च सन्त्यस्मिन्निति। समवायिकारणं यत्समवेतं कार्यमुत्पद्यते, यथा तन्तवः पटस्य॥

(सु. सू. 40/3-डल्हण)

जो क्रिया तथा गुण का आश्रय हो एवं अपने कार्य की उत्पत्ति में समवेत कारण हो, उसे द्रव्य कहते हैं। जिस प्रकार पट (कपड़े) के निर्माण में तन्तु समवेत कारण होते हैं।

विमर्शः- आचार्य चरक तथा सुश्रुत की परिभाषाएं दार्शनिकों के सर्वभौम मत के आधार पर बनी हैं, अतः जो गुण तथा कर्म का आश्रय है तथा अपने कार्य द्रव्यों के प्रति समवायि कारण है वह द्रव्य कहलाता है। आचार्य चरक ने इसमें पंचमहाभूतों के अतिरिक्त काल, दिक्, आत्मा और मन इन चारों कारण द्रव्यों का भी समावेश किया है। चरक की परिभाषा वैशेषिक दर्शन के अनुसार है परन्तु आचार्य सुश्रुत की परिभाषा सांख्य दर्शन के अनुसार है और वह केवल पंचमहाभूतों का ही ग्रहण करते हैं।

यत्राश्रिताः कर्म– द्रव्य कर्म का आश्रय एवं आधार है एवं कर्म संयोग तथा विभाग में कारण होता है। द्रव्य के आभ्यन्तर आण्विक स्तर पर संयोग-वियोगात्मक कार्य होता है। जैसे–पंचमहाभूतों का संयोग एवं वियोग होना। द्रव्य के गुणों एवं प्रकृति के कारण उसमें वमनादि कर्म भी आश्रित होकर रहते हैं।

Drug consists of atoms, which involve many actions to become stable, e.g. gaining, losing or sharing of electrons. These actions take place only inside the drug.

यत्राश्रिताः गुण– द्रव्यों में पंचभौतिक संघात आदि क्रियाएं होती हैं, जो द्रव्य की प्रकृति का निर्माण करती हैं। उस प्रकृति के आधार पर ही द्रव्य के गुणों का निर्माण होता है, अतः द्रव्य गुणों का आधार है।

Number, bonding and reactions of atoms in the drug are responsible for formation of its properties and potency.

समवायि कारण– द्रव्य अपने कार्य के प्रति समवायि कारण होता है अर्थात् द्रव्य में स्थित गुणों एवं कर्मों के आधार पर ही वह कार्य करता है। जैसे–मुसब्बर कटु रस एवं उष्ण वीर्य होने से कष्टार्तव में उपयोगी है, अतः वह प्रयोग होने पर कटु रस से स्रोतोशोधन करेगा एवं उष्ण वीर्य से गर्भाशयसंकोचक होगा, उसके प्रयोग से ही यह कार्य हुआ है अतः वह उसमें समवायि कारण है।

Drug will show its actions with its pharmacokinetics and pharmacodynamic properties. It can only act if it is present in the body. Hence, drug consists of atoms which show chemical reactions, these reactions are responsible for formation of properties in the drug and due to these properties, drug acts on the site of action.

द्रव्यगुणानुसार द्रव्य के लक्षण

- रसादीनां पञ्चानां भूतानां यदाश्रयभूतं तद् द्रव्यम्॥ (भा. प्र.)
  रस, गुण, वीर्य, विपाक तथा महाभूत जिसमें आश्रित होकर रहते हैं, उसे द्रव्य कहा जाता है।

- द्रव्यमाश्रयलक्षणं पञ्चानाम्। (र. वै.)
  पाँच पदार्थ (रस, गुण, वीर्य, विपाक, प्रभाव) जिसमें आश्रित होकर रहें, वह द्रव्य है।

- रसो गुणस्तथा वीर्यो विपाकः शक्तिरेव च। पञ्चानां यः समाहारः तद् द्रव्यमिति कथ्यते॥ (वाचस्पत्यभिधान)
  रस, गुण, वीर्य, विपाक, प्रभाव तथा महाभूत जिसमें आश्रित होकर रहते हैं उसे द्रव्य कहा जाता हैं।

- द्रव्यमेव रसादीनां श्रेष्ठं, ते हि तदाश्रयाः। पञ्चाभूतात्मकं तन्तु क्ष्मामधिष्ठाय जायते॥ (अ. हृ. सू. 9/1)
  द्रव्य ही रसादि से श्रेष्ठ है, क्योंकि रस, गुण, वीर्य, विपाक, प्रभाव आदि द्रव्य में ही आश्रित होते हैं। द्रव्य पंचमहाभूतों से बना है तथा पृथ्वी का आश्रय लेकर उत्पन्न होता है।

अत: नागार्जुन, भाव प्रकाश, वाचस्पत्य, वाग्भट आदि के अनुसार द्रव्य का औषधत्व स्पष्ट होता है। **इह हि औषधानि द्रव्याणि। (सुश्रुत)** अर्थात् जिसमें रस, गुण, वीर्य, विपाक, प्रभाव तथा कर्म आश्रित होते हैं, वही द्रव्य कहलाता है।

द्रव्य का पाञ्चभौतिकत्व

- **भूतेभ्यो हि परं यस्मान्नास्ति चिन्ता चिकित्सिते।** (सु॰ शा॰ 1/17)

  चिकित्सा के लिए पंचभौतिक शरीर उपयुक्त है। भूतग्राम के अतिरिक्त जो अव्यक्त आदि हैं, वे चिकित्सा में उपयोगी नहीं होते हैं। पंचमहाभूत युक्त पुरूष में पाँचभौतिक द्रव्य से ही चिकित्सा सम्भव है, अत: चिकित्सा में महाभूतों के अतिरिक्त अन्य कोई चिन्ता का विषय नहीं होना चाहिए।
- **सर्वं द्रव्यं पाञ्चाभौतिकमस्मिन्नर्थे।** (च॰ सू॰ 26/10)

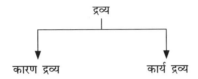

द्रव्य

कारण द्रव्य — कार्य द्रव्य

चिकित्सा कार्य में केवल कार्य द्रव्यों का ही प्रयोग होता है। निर्जीव द्रव्यों में आत्मा तथा मन नहीं होते हैं। काल एवं दिशा दोनों ही कार्य द्रव्यों की उत्पत्ति में निमित्त कारण हैं, समवायि नहीं। निर्जीव द्रव्य अन्य पंचमहाभूतों से उत्पन्न होने के कारण पाँचभौतिक होते हैं, अत: आयुर्वेद शास्त्र में द्रव्य पाँचभौतिक ही स्वीकार किए गए हैं।

- **सर्वं द्रव्यं पञ्चभिर्भूतैराकाशवाय्वग्निजलपृथिवीभिर्निष्पन्नम्। न केवलमाहारौषधद्रव्याणि अपितु शरीरमपि पाञ्चभौतिकम्।।** (द्र॰ गु॰ सू॰ 2/7)

  सभी द्रव्य, आकाश, वायु, अग्नि, जल और पृथ्वी इन पाँचों भूतों से निष्पन्न होते हैं। न केवल आहार, औषध द्रव्य अपितु शरीर भी पाँचभौतिक है।
- **पञ्चभूतात्मके देहे ह्याहार: पाञ्चभौतिक:। विपक्व: पञ्चधा सम्यग्गुणान् स्वानभिवर्द्धयेत्।।** (सु॰ सू॰ 46/533)

  शरीर और आहार दोनों ही पाँचभौतिक हैं, पाँचभौतिक आहार शरीर में जाकर पंचविध पाक (पार्थिव नाभस आदि) से पक्व होकर अपने-अपने गुणों वाले अंग या धातुओं का वर्धन करता है।
- **पञ्चभूतात्मकं द्रव्यं पञ्चविंशगुणात्मकम्। षड्रसं त्रिविपाकञ्च षड्वीर्यं सत्प्रभावकृत्।।** (प्रि॰ नि॰/द्र॰/2)

  द्रव्य पंचमहाभूतों से निष्पन्न है। यह 25 गुण (20 गुर्वादि तथा 5 शब्दादि), 6 रस, 3 विपाक, 6 वीर्य तथा अनेक प्रभाव एवं कर्मों से युक्त है।
- **पञ्चधा पञ्चभूतानामेकैकोल्बणभावत:। पार्थिवाप्यौ तैजसचश्च तथा वायव्यनाभसौ।।** (प्रि॰ नि॰/द्र॰/3)

  पंचमहाभूतों में एक-एक की उल्बणता के अनुसार द्रव्य पाँच प्रकार का होता है। यथा–पार्थिव, आप्य, तैजस, वायव्य, नाभस।
- **इह हि द्रव्यं पञ्चमहाभूतात्मकम्। तस्याधिष्ठानं पृथिवी योनिरूदकं, खानिलानलसमवायान्निर्वृत्तिविशेषौ। उत्कर्षेण तु व्यपदेश:।।** (अ॰ सं॰ सू॰ 17/3)

  प्रत्येक द्रव्य पृथ्वी आदि महाभूतों के सम्वाय सम्बन्ध से बना है। जिस महाभूत का आधिक्य होगा, उसी के नाम से उपदेश होगा। यथा–पार्थिव द्रव्य, नाभस द्रव्य आदि।

द्रव्य का अधिष्ठान	– पृथ्वी	→ आधार, आश्रय
द्रव्य की योनि	– जल	→ अणुओं का संयोग करने वाला

द्रव्य की निवृत्ति एवं विशेषता - आकाश → अवकाश से द्रव्यों के स्वरूप में विशेषता का उत्पादक
अग्नि → पाक, रूप में विशेषता का उत्पादक
वायु → काठिन्य, गमन में विशेषता तथा विशेष क्रियाओं का उत्पादक

कार्य द्रव्य में पंचमहाभूतों का अनुपात

आयुर्वेद में अनुपात निर्दिष्ट नहीं है, परन्तु वेदान्त के अनुसार कार्य द्रव्य में महाभूतों का अनुपात इस प्रकार वर्णित है–यथा–प्रार्थिव द्रव्य–(पृथ्वी 1/2 + आप 1/8 + तेज 1/8 + वायु 1/8 + नाभस 1/8)

भूतों के प्रत्यात्तम लक्षण, गुण एवं कर्म

महाभूत	लक्षण		गुण		कर्म
पृथ्वी	मूर्तत्व	खरत्व	गन्ध	गुरू	बृंहण
आप	क्लेद	द्रवत्व	रस	स्निग्ध	स्नेहन
तेज	संताप	उष्णत्व	रूप	उष्ण	स्वेदन
वायु	प्राणव्यापार	चलत्व	स्पर्श	रूक्ष	रूक्षण
नाभस	शुषिरता	अप्रतिघात	शब्द	लघु	लंघन

द्रव्यों मे पाँच महाभूतों का अनुप्रवेश

वैशैषिक दर्शन के अनुसार-

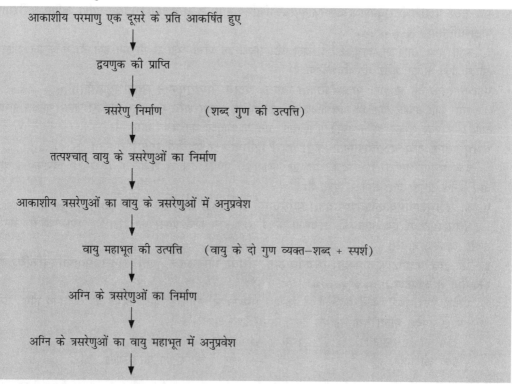

आकाशीय परमाणु एक दूसरे के प्रति आकर्षित हुए
↓
द्वयणुक की प्राप्ति
↓
त्रसरेणु निर्माण (शब्द गुण की उत्पत्ति)
↓
तत्पश्चात् वायु के त्रसरेणुओं का निर्माण
↓
आकाशीय त्रसरेणुओं का वायु के त्रसरेणुओं में अनुप्रवेश
↓
वायु महाभूत की उत्पत्ति (वायु के दो गुण व्यक्त–शब्द + स्पर्श)
↓
अग्नि के त्रसरेणुओं का निर्माण
↓
अग्नि के त्रसरेणुओं का वायु महाभूत में अनुप्रवेश
↓

जारी है...

जारी है...

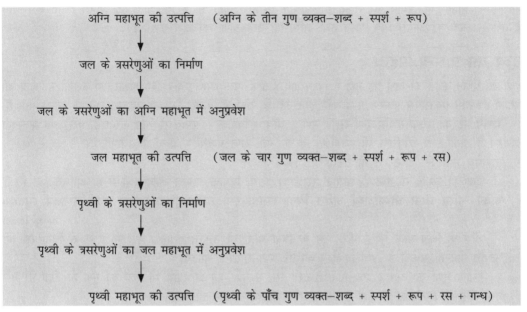

अग्नि महाभूत की उत्पत्ति (अग्नि के तीन गुण व्यक्त–शब्द + स्पर्श + रूप)

↓

जल के त्रसरेणुओं का निर्माण

↓

जल के त्रसरेणुओं का अग्नि महाभूत में अनुप्रवेश

↓

जल महाभूत की उत्पत्ति (जल के चार गुण व्यक्त–शब्द + स्पर्श + रूप + रस)

↓

पृथ्वी के त्रसरेणुओं का निर्माण

↓

पृथ्वी के त्रसरेणुओं का जल महाभूत में अनुप्रवेश

↓

पृथ्वी महाभूत की उत्पत्ति (पृथ्वी के पाँच गुण व्यक्त–शब्द + स्पर्श + रूप + रस + गन्ध)

अतः आकाश एक गुण युक्त तथा पृथ्वी पाँच गुण युक्त हुई। पाँचभौतिक इन्द्रियाँ भी इन्हीं पाँच गुणों का ग्रहण करती हैं।

द्रव्य का औषधत्व

- **अनेनोपदेशेन नानौषधिभूतं जगति किंचिद् द्रव्यमुपलभ्यते तां तां युक्तिमर्थं च तं तमभिप्रेत्य।** (च॰ सू॰ 26/12)

  इस संसार में ऐसा कोई भी द्रव्य नहीं है, जो औषधि रूप न हो। वे औषध भिन्न-भिन्न युक्ति के अनुसार तथा भिन्न-भिन्न प्रयोजन के साथ प्रयोग में लाये जाते हैं।
- **अतो न शिष्यते किञ्चिदेभ्यो यत् स्यादनौषधम्। अर्थं युक्तिं पुरस्कृत्य प्रयुक्तं सर्वमौषधम्॥** (प्रि॰ नि॰ द्र॰/6)

  पाँचमहाभूतों के बाहर कुछ भी नहीं है, अतः यदि अर्थ (प्रयोजन) एंव युक्ति के अनुसार उनका प्रयोग किया जाए तो संसार में कोई भी द्रव्य ऐसा नहीं है जो औषध रूप न हो।
- **जगत्येवमनौषधम्। न किञ्चिद्विद्यते द्रव्यं वशान्नानार्थयोगयोः।** (अ॰ हृ॰ सू॰ 9/10)

  संसार का प्रत्येक द्रव्य प्रयोजन तथा भिन्न-भिन्न योजनाओं की दृष्टि से औषध रूप होता है।
- **द्रव्यं देहिनां स्थानवृद्धिक्षयनिमित्तं पाञ्चभौतिकत्वसाधर्म्यात्॥** (द्र॰ गु॰ सू॰ 2/8)

  द्रव्य पंचभौतिकत्व का साधर्म्य होने से पुरूष के शरीर में दोषों की साम्यावस्था, वृद्धि एवं क्षय के कारण होते हैं।
- **गुणा य उक्ता द्रव्येषु शरीरेष्वपि ते तथा। स्थानवृद्धिक्षयास्तस्माद् देहिनां द्रव्यहेतुकाः।** (सु॰ सू॰ 41/16)

  द्रव्यों में जो गुण होते हैं वही गुण मनुष्य के शरीर में भी होते हैं। इसलिए प्राणियों के शरीर में दोष, धातु और मलों की स्थिति, वृद्धि तथा क्षय सेवित द्रव्यों के कारण ही होती है। शरीर के पंचभौतिक संगठन के अनुसार ही द्रव्यों का पाँचभौतिक संगठन होता है, अतः आहार एवं औषध द्रव्य ही शरीर में **सर्वदा सर्वभावानां सामान्यं वृद्धि कारणम्** तथा **ह्रास हेतु विशेषश्च** के आधार पर दोष, धातु तथा मल का स्थान, वृद्धि एवं क्षय से निमित होते हैं।

अतः सभी द्रव्य पाँचभौतिक होने से औषधरूप होते हैं। उनका सम्पूर्ण ज्ञान प्राप्त करके ही हम प्रयोजन के आधार पर युक्तिपूर्वक प्रयोग कर सकते हैं। आचार्य चरक ने कहा भी है कि जानी हुई औषध अमृत रूप होती है तथा न जानी हुई औषध विष, शस्त्र तथा अग्नि की तरह प्राणों का नाश करती है।

द्रव्य का प्राधन्य/महत्व

द्रव्य को प्रधान कहने का अर्थ यह नहीं है कि रसादि हीन हैं, परन्तु यह केवल द्रव्यगुणशास्त्र में उसकी महत्वत्ता को बताता है। उसी प्रकार रस प्रकरण में द्रव्यादि हीन नहीं है, वहाँ भी केवल रस की महत्वत्ता को ही बताया गया है।

यद्यपि यह कहा गया है कि द्रव्य रस - गुण - वीर्य - विपाक - प्रभाव से कार्य करता है, परन्तु यह कार्मुक्ता द्रव्यस्थ है, क्योंकि ये रसपंचक भी द्रव्याश्रित ही हैं, अतः सप्त पदार्थों में द्रव्य ही सर्वोपरि है।

- **द्रव्यमेव रसादीनां श्रेष्ठं, ते हि तदाश्रयाः।** (अ॰ हृ॰ सू॰ 9/1)

  द्रव्य ही रसादि से श्रेष्ठ है, क्योकि रस, गुण, वीर्य, विपाक, प्रभाव आदि द्रव्य में ही आश्रित होते हैं।
- **पाको नास्ति विना वीर्य्याद्वीर्य्यं नास्ति विना रसात्। रसो नास्ति विना द्रव्याद् द्रव्यं श्रेष्ठतमं स्मृतम्॥**

  (सु॰ सू॰ 40/18)

  वीर्य के बिना पाक की उत्पत्ति, रस के बिना वीर्य की उत्पत्ति तथा आश्रय भूत द्रव्य के बिना रस की उत्पत्ति नहीं हो सकती है, इसलिए द्रव्य को ही श्रेष्ठ समझना चाहिए।

  रसादि गुणों का आधार द्रव्य होता है तथा रस के गुणों का अभिप्राय भी द्रव्य का गुण ही होता है। गुण तथा वीर्य भी द्रव्याश्रित ही होते हैं, अतः सभी दृष्टियों से द्रव्य ही प्रधान है।
- **आचार्य सुश्रुत ने द्रव्य की प्रधानता सिद्ध करने के लिए निम्नलिखित युक्तियां दी हैं**- (सु॰ सू॰ 40/3)
  - **व्यवस्थितत्वात्** - द्रव्य रसादि की अपेक्षा व्यवस्थित (स्थिर, अपरिवर्तनशील) होता है। यथा–कच्चा आम कषाय रस, अर्धपक्व अम्ल रस तथा पक्व मधुर रस युक्त हो जाता है, परन्तु आम तो आम ही रहता है, अतः द्रव्य व्यवस्थित है।
  - **नित्यत्वात्** - नित्य पदार्थ अनित्य पदार्थ की अपेक्षा प्रधान होता है। द्रव्य नित्य क्योंकि काल, स्थान, उपसर्ग आदि के प्रभाव से रसादि में सम्पन्नता तथा हीनता होती है, जो द्रव्य में नहीं होती है। यथा–काल के प्रभाव से द्रव्य में हीन वीर्यता हो जाती है, परन्तु द्रव्य नित्य ही रहता है।
  - **पश्चेन्द्रियग्रहणात्** - द्रव्य पाँचभौतिक होता है, अतः उसका ग्रहण भी पाँचों इन्द्रियों से होता है, जबकि अन्य रसादि का ग्रहण एक या दो इन्द्रियों से ही होता है। जैसे रस का ग्रहण केवल जिह्वा से ही होता है।
  - **स्वजात्यवस्थानात्** - द्रव्य अपनी पार्थिवादि जाति में ही स्थिर रहने से प्रधान होता है। जैसे पार्थिव द्रव्य पार्थिव ही रहेगा, जलीय नहीं बनेगा तथा जलीय द्रव्य पार्थिव नहीं बनेगा।
  - **आश्रयत्वात्** - द्रव्य ही रसादि का आश्रय होता है, जिसके कारण वह स्वतन्त्र तथा अन्य परतन्त्र होते हैं, अतः द्रव्य आश्रय होने से प्रधान है।
  - **आरम्भसामर्थ्यात्** - द्रव्य को एकत्र करना, कूटना, क्वाथ बनाना आदि क्रियाओं का आरम्भ द्रव्य से ही होता है, रसादि से नहीं। यथा–शतावरी घृत के निर्माण में प्रथम शतावरी का ग्रहण करेंगे, उसके रस, गुण आदि का नहीं, अतः कार्य को आरम्भ करने की समर्थतता से द्रव्य प्रधान है।
  - **शास्त्रप्रामाण्यात्** - शास्त्रों में द्रव्य की प्रधानता का वर्णन यह प्रमाणित करता है कि द्रव्य ही प्रधान है। यथा–काकोल्यादि वर्ग, दशमूल आदि घृत ये सभी योग द्रव्यों के नाम से ही वर्णित हैं, रसादि से नहीं।
  - **क्रमापेक्षितत्वात्** - द्रव्य के अवस्थाक्रम के अनुरूप ही रस, गन्धादि गुणों की उत्कृष्टता या हीनता का क्रम निर्भर होने से द्रव्य प्रधान है। यथा–द्रव्य कच्चा हो तो दुर्बल रसादि होते हैं तथा द्रव्य परिपक्व हो तो रसादि भी प्रशस्त होते हैं।
  - **एकदेशसाध्यत्वात्** - द्रव्यों के एक देश (अंग) का उपयोग करके अनेक रोगों की चिकित्सा की जाती है, परन्तु रसादि अव्यव रहित होते हैं, अतः विभिन्न प्रयोज्यांग होने से विभिन्न व्याधियों की चिकित्सा में

समर्थता होने के कारण द्रव्य प्रधान है। यथा–स्नुही दुग्ध से अनेक गुल्म, शूल, अर्श, आधमान आदि रोगों का उपचार किया जाता है।

- **नागार्जुन ने द्रव्य के प्राधान्य की सिद्धी के लिए निम्नलिखित युक्तियां दी हैं–**
  - **तरतमयोगानुपलब्धि** - द्रव्य में तर-तम प्रत्ययों का प्रयोग नहीं होता, क्योंकि वह व्यवस्थित तथा नित्य होता है। यथा–मधुर, मधुरतर, मधुरतम या स्निग्धतर, स्निग्धतम गुणादि होते हैं परन्तु घृततर-घृततम का प्रयोग नहीं होता है।
  - **कल्प सामर्थ्य** - एक ही द्रव्य की विभिन्न कल्पनाएं बनाई जा सकती हैं। यथा–स्वरस, हिम, फाण्ट आदि परन्तु रसादि की कल्पनाएं नहीं होती।
  - **प्रतिघात सामर्थ्य** - मूर्तिमान होने से द्रव्य अवकाश (खालीस्थान) का आवरण (भरना) करता है, परन्तु रसादि अवकाश का आवरण नहीं कर सकते हैं अतः द्रव्य प्रधान है।

द्रव्य का वर्गीकरण

द्रव्य के वर्गीकरण की आवश्यकता

हमारी सभ्यता का प्राचीनतम् ज्ञात स्त्रोत वेद हैं। औषध द्रव्यों का भी प्रथम ज्ञान वहीं से प्राप्त होना आरम्भ हुआ। ऋग्वेद प्राचीनतम् वेद है, जिसमें 67 औषध द्रव्यों के 107 वर्ग हैं तथा औषधसुक्त के 23 मन्त्रों में द्रव्यों के स्वरूप, स्थान, प्रयोग का वर्णन किया गया है। यजुर्वेद में 82 औषध द्रव्यों का वर्णन है। अथर्ववेद में 289 औषध द्रव्यों का वर्णन है एवं उसमें निम्नलिखित सूत्र में औषधियों के वर्गीकरण एवं उनकी आवश्यकता का वर्णन किया गया है–**याषां द्योषपितां पृथ्वी माता सामुद्रमूलं वीरूद्धां बहु।** अर्थात् जिनकी माता पृथ्वी (Terrestrial plants), पिता द्योष (Aerial plants), मूल समुद्र (Aquatic plants) हैं, वह औषधियाँ संख्या में बहुत हैं। अतः वैदिक काल में औषधियों के ज्ञान का विकास हो रहा था, तभी तो उनके वर्गीकरण की आवश्यकता हुई होगी। तत्पश्चात् ब्राह्मण ग्रन्थों एवं उपनिषदों में अन्य नये द्रव्यों का उल्लेख आया एवं संहिताकाल में ज्ञात द्रव्यों की संख्या अधिक बढ़ गई, अतः द्रव्यों की पहचान एवं ज्ञान में समस्या होने लगी। अतः उनका वर्गीकरण आवश्यक हो गया।

वर्गीकरण का महत्व एवं इतिहास

द्रव्य के वर्गीकरण से द्रव्यों का वैज्ञानिक दृष्टि से अधययन होता है एवं द्रव्यों की पहचान में सुगमता होती है, जो सफल चिकित्सा का साधन है।

द्रव्यगुणशास्त्र की दृष्टि से द्रव्यवर्गीकरण के इतिहास में मुख्यतः 3 सोपान हैं–

1. वैदिक कालीन; 2. संहिता कालीन; 3. निघण्टु कालीन

1. **वैदिक कालः** वैदिक वाङ्मय में निम्नलिखित आधार पर द्रव्य का वर्गीकरण उपलब्ध है–
   - **ऋग्वेद के पुरूषसुक्त में द्रव्यों के दो वर्ग किए गए हैं–**

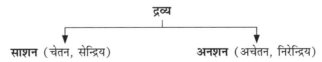

- **स्वरूप के आधार पर औदभिद् द्रव्यों के चार वर्ग किए गए हैं–**

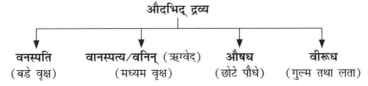

– **ब्राह्मण ग्रन्थों में औदभिद् द्रव्यों के तीन वर्ग किए गए हैं–**

औदभिद् द्रव्य

- **वनस्पति**
- **वानस्पत्य**
- **औषध**

– **उपनिषद ग्रन्थों में वनस्पति जगत के दो वर्ग किए गए हैं–**

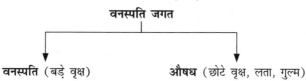

वनस्पति जगत

- **वनस्पति** (बड़े वृक्ष)
- **औषध** (छोटे वृक्ष, लता, गुल्म)

– **प्रयोग के आधार पर औदभिद् द्रव्यों के चार वर्ग किए गए हैं–**

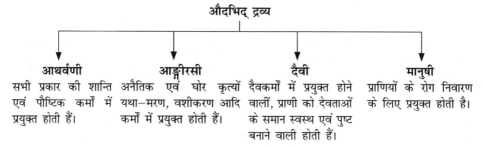

औदभिद् द्रव्य

- **आथर्वणी**: सभी प्रकार की शान्ति एवं पौष्टिक कर्मों में प्रयुक्त होती हैं।
- **आङ्गीरसी**: अनैतिक एवं घोर कृत्यों यथा–मरण, वशीकरण आदि कर्मों में प्रयुक्त होती हैं।
- **दैवी**: दैवकर्मों में प्रयुक्त होने वालीं, प्राणी को देवताओं के समान स्वस्थ एवं पुष्ट बनाने वाली होती हैं।
- **मानुषी**: प्राणियों के रोग निवारण के लिए प्रयुक्त होती है।

2. **संहिता कालः** बृहत्त्रयी में मुख्यता रचनात्मक एवं कर्मात्मक रूप में द्रव्यों का वर्गीकरण निम्नलिखित आधार पर किया गया है–कार्यकारण भेद से, चेतन अचेतन भेद से, उत्पत्ति भेद से, प्रयोग भेद से, रस भेद से, वीर्य भेद से, योनि भेद से, विपाक भेद से, दोष कर्म भेद से, उद्‌भव भेद से, आकृति भेद से, वय भेद से, कर्म भेद से।
3. **निघण्टु कालः** निघण्टुकारों ने द्रव्यों के कर्मात्मक वर्गीकरण को ही प्रधान माना है, जिसका आधार संहिताओं में ही है। सुश्रुत का अनुसरण करते हुए अधिकांश निघण्टुकारों ने कर्म साधर्म्य के आधार पर द्रव्यों के वर्ग बनाए तथा प्रधान द्रव्य के आधार पर इन वर्गों का नामकरण किया। जैसे–धन्वन्तरी निघण्टु ने ज्वरहर द्रव्यों का प्रथम वर्ग बनाया है, जिसका नाम गुडूच्यादि वर्ग रखा है।

द्रव्य के वर्गीकरण का विस्तृत वर्णन

द्रव्य के वर्गीकरण का आधार

- कार्यकारण के आधार पर
- चेतन–अचेतन के आधार पर
- उत्पत्ति के आधार पर
- प्रयोग के आधार पर
- रस के आधार पर

- वीर्य के आधार पर
- विपाक के आधार पर
- कर्म के आधार पर
- योनि के आधार पर
- औद्भिद द्रव्य वर्गीकरण–
  – आकृति के आधार पर
  – उद्भव के आधार पर
  – भोजन ग्रहण के आधार पर
  – वय के आधार पर
  – कुल के आधार पर
- **कार्यकारण के आधार पर** (च॰ सू॰ 1/48)

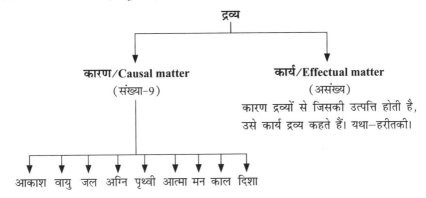

द्रव्य

- **कारण/Causal matter**
  (संख्या-9)
  - आकाश
  - वायु
  - जल
  - अग्नि
  - पृथ्वी
  - आत्मा
  - मन
  - काल
  - दिशा
- **कार्य/Effectual matter**
  (असंख्य)
  कारण द्रव्यों से जिसकी उत्पत्ति होती है, उसे कार्य द्रव्य कहते हैं। यथा–हरीतकी।

- **चेतन-अचेतन के आधार पर**

  सेन्द्रियं चेतनं द्रव्यं, निरिन्द्रियमचेतनम्। (च॰ सू॰ 1/48)

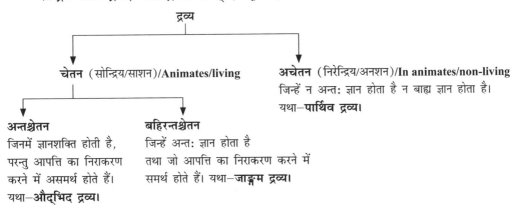

द्रव्य

- **चेतन** (सोन्द्रिय/साशन)/**Animates/living**
  - **अन्तश्चेतन**
    जिनमें ज्ञानशक्ति होती है, परन्तु आपत्ति का निराकरण करने में असमर्थ होते हैं। यथा–**औद्भिद द्रव्य।**
  - **बहिरन्तश्चेतन**
    जिन्हें अन्त: ज्ञान होता है तथा जो आपत्ति का निराकरण करने में समर्थ होते हैं। यथा–**जाङ्गम द्रव्य।**
- **अचेतन** (निरेन्द्रिय/अनशन)/**In animates/non-living**
  जिन्हें न अन्त: ज्ञान होता है न बाह्य ज्ञान होता है। यथा–**पार्थिव द्रव्य।**

अन्तश्चेतन के प्रत्यक्षीकरण के उदाहरण (च॰ सू॰ 1/48-चक्रपाणि)

– **चक्षुरेन्द्रिय का अनुमान** – सूर्य की दिशा परिवर्तन के साथ-साथ सूर्यमुखी फूल की दिशा बदलती है।

– **श्रोत्रेन्द्रिय का अनुमान** – लवली मेघगर्जना सुनकर फलवती होती है।

- **गन्धेन्द्रिय का अनुमान** – बिजौरा निम्बु गीदड़ की चर्बी की गन्ध से अतीव फल देता है।
- **रसनेन्द्रिय का अनुमान** – मछली की चर्बी के परिसेचन से बैंगन में फलाधिक्य होता है।
- **स्पर्शनेन्द्रिय का अनुमान** – स्त्रियों द्वारा किए गए पादाघात से अशोक वृक्ष प्रसन्न होकर पुष्पित होता है।

• **उत्पत्ति/निष्पत्ति/भौतिकसङ्गठन के आधार पर**

सर्वं द्रव्यं पाञ्चभौतिकमऽस्मिन्नर्थे। (च॰ सू॰ 26/10)

सभी द्रव्य पाँचभौतिक होते हैं, परन्तु द्रव्य में जिस महाभूत की प्रधानता होती है उसी के गुणों की अभिव्यक्ति होती है।

द्रव्य वर्ग	इन्द्रियार्थ	रस	विपाक	गुण	कर्म
प्रार्थिव (च॰ सू॰ 26/10.1) (सु॰ सू॰ 41/4) (अ॰ हृ॰ सू॰ 9/5)	गन्ध	मधुर	गुरू	गुरू, खर, विशद, स्थूल, स्थिर, कठिन, मन्द, सर, सान्द्र	उपचय, संघात, गौरव, स्थैर्य, अधोगति स्वभाव
आप्य (च॰ सू॰ 26/10.2) (सु॰ सू॰ 41/5) (अ॰ हृ॰ सू॰ 9/6)	रस	मधुर, ईषत्कषाय-अम्ललवण	गुरू	द्रव, स्निग्ध, पिच्छिल, गुरू, सर, सान्द्र मन्द, शीत, मृदु	क्लेदन, स्नेहन, विष्यन्दन, बन्धन, मार्दव, प्रह्लादन
तैजस (च॰ सू॰ 26/10.3) (सु॰ सू॰ 41/6) (अ॰ हृ॰ सू॰ 9/7)	रूप	कटु, ईषदम्ल-लवण	लघु	उष्ण, तीक्ष्ण, खर, सूक्ष्म, लघु, रूक्ष, विशद	दहन, पाचन, कान्ति, वर्ण्य, प्रकाशन ताप, उर्ध्वगति स्वभाव
वायव्य (च॰ सू॰ 26/10.4) (सु॰ सू॰ 41/7) (अ॰ हृ॰ सू॰ 9/8)	स्पर्श	कषाय, ईषत्तिक्त	लघु	लघु, शीत (शिशिर), रूक्ष, सूक्ष्म खर, विशद, विकासी, व्यवायी	विरूक्षण, ग्लानि, आशुकारी, विचारण, वैशद्यकर, कर्षण, लाघव
आकाशीय (च॰ सू॰ 26/10.5) (सु॰ सू॰ 41/8) (अ॰ हृ॰ सू॰ 9/9)	शब्द	अव्यक्त	लघु	मृदु, विविक्ति (अव्यव रहित), विशद, श्लक्ष्ण, लघु, सूक्ष्म, व्यवायी	मार्दव, शौषिरता, विवरण, लाघव

• **प्रयोग के आधार पर**

तद्द्विविधम् आहारौषधभेदात्। (द्र॰ गु॰ सू॰ 2/2)

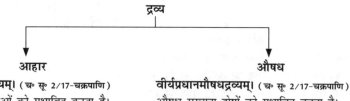

द्रव्य

आहार

रस प्रधानमाहारद्रव्यम्। (च॰ सू॰ 2/17-चक्रपाणि)

आहार मुख्यत: धातुओं को प्रभावित करता है।

औषध

वीर्यप्रधानमौषधद्रव्यम्। (च॰ सू॰ 2/17-चक्रपाणि)

औषध मुख्यता दोषों को प्रभावित करता है।

परन्तु आहार द्रव्य भी दोषों को प्रभावित करते हैं तथा औषध द्रव्य भी धातुओं का उपकार करते हैं। देह पोषण के निमित्त जिसका आहारण किया जाए उसे आहार कहते हैं, अर्थात् जिसका मुख्य कार्य शरीर का पोषण करना हो, वह आहार है तथा औषधियों से जो निष्पन्न हो, उसे औषध कहा जाता है, अर्थात् जिसका मुख्य कार्य व्याधि का उपचार करना हो, वह औषध है।

- **रस के आधार पर**

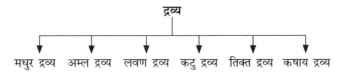

द्रव्य

मधुर द्रव्य | अम्ल द्रव्य | लवण द्रव्य | कटु द्रव्य | तिक्त द्रव्य | कषाय द्रव्य

मधुर द्रव्य

मधुर स्कन्ध (च॰ वि॰ 8/139)	जीवक, ऋषभक, जीवन्ती, वीरा, तामलकी, काकोली, क्षीरकाकोली, मुद्गपर्णी, माषपर्णी, शालपर्णी, पृश्निपर्णी, असनपर्णी, मधुपर्णी, मेदा, महामेदा, कर्कटश्रृंगी, छिन्नरूहा, छिन्ना, अतिछिन्ना, श्रावणी, महाश्रावणी, सहदेवा, विश्वदेवा, शुक्ला, क्षीरशुक्ला, बलाऽतिबला, विदारी, क्षीरविदारी, श्रुद्रसहा, महासहा, ऋष्यगन्धा, श्वगन्धा बृश्चीर, पुनर्नवा, बृहती, कण्टकारी, उरूबुक, मोरट, श्वदंष्ट्रा, संहर्षा, शतावरी, शतपुष्पा, मधूकपुष्पी यष्टीमधु, मधूलिका, मृद्वीका, खर्जूर, परूषक, आत्मगुप्ता, पुष्करबीज, कशेरूक, राजकशेरूक, राजादन, कतक, काश्मर्य, शीतपाकी, ओदन, ताल, खजूर, मुस्तक, ईक्षु, इक्षुवालिका, दर्भ, कुश, काश, शालि, गुन्द्रा, इत्कट, शरमूल, राजक्षवक, ऋष्यप्रोक्ता, द्वारदा, भारद्वाजी, वनत्रपुषी, अभीरूपत्री, हंसपदी, काकनासिका, कुलिंगाक्षी, क्षीरवल्ली, कपोतवल्ली, कपोलवल्ली, सोमवल्ली, गोपवल्ली, मधुवल्ली।
मधुर वर्ग (सु॰ सू॰ 42/18)	काकोल्यादि वर्ग, क्षीर, घृत, वसा, मज्जा, शाली, षष्टिक, गोधूम, माष, श्रृंगाटक, कसेरूक, त्रपुस, उर्वारूक, कर्कारूक, अलाबू, कालिन्दक, निर्मली, गिलोड़्य, प्रियाल, पुष्करबीज, काश्मर्य, मधूक, द्राक्षा, खर्जूर, राजादन, ताल, नारिकेल, इक्षुविकार, बला, अतिबला, आत्मगुप्ता, विदारी, पयस्या, गोक्षुर, क्षीरमोरट, मधूलिका, कुष्माण्ड।
मधुर स्कन्ध (अ॰ सं॰ सू॰ 18/20)	घृत, मधु, तैल, क्षीर, मेद, मज्जा, इक्षुविकार, द्राक्षा, अक्षोटक, खर्जूर, मोचरस, चोच, पनस, सिंचितका, प्रियाल, राजादन, खर्जूरी, तालमस्तक, काश्मर्य, मधूक, परूषक, तामलकी, वीरा, विदारीकन्द, शतावरी, तवक्षीरी, जीवक, ऋषभक, क्षीरशुक्ला, मधूलिका, आत्मगुप्ता, बला, अतिबला, विश्वदेवा, सहदेवा, शालपर्णी, पृश्निपर्णी, महासहा, क्षुद्रसहा, ऋद्धि, वृद्धि, श्रावणी, महाश्रावणी, छत्रा, अतिछत्रा, ऋष्यप्रोक्ता, ऋष्यगन्धा, अश्वगंधा, श्वदंष्ट्रा, मृणालिका, पुष्करबीज,श्रृंगाटक, कशेरूक, कतक, कनक, बिम्बी, प्रपौण्डरीक, जीवनीयगण, तृणपंचमूल।

अम्ल द्रव्य

अम्ल स्कन्ध (च॰ वि॰ 8/140)	आम्र, आम्रातक, लकुच, करमर्द, वृक्षाम्ल, अम्लवेतस, कुवल, बदर, दाडिम, मातुलुंग, गण्डीर, आँवला, नन्दीक, शीतक, तिन्तिडीक, दंतशठ, ऐरावतक, कोशाम्र, धन्वन, आम्रातक, अश्मन्तक, चांगेरी, इमली (चतुर्विद्ध), कोल (द्विविध), आसवद्रव्य, सुरा, सौवीर, तुषोदक, मैरेय, मेदक, मदिरा।
अम्ल वर्ग (सु॰ सू॰ 42/19)	दाडिम, आमलक, मातुलुंग, आम्रातक, कपित्थ, करमर्द, बदर, कोल, प्राचीन आँवला, तिन्तिडीक, कोशाम्र, भव्य, पारावत, वत्रेफल, लकुच, अम्लवेतस, दन्तशठ, दधि, तक्र, सुरा, शुक्त, सौवीरक।
अम्ल स्कन्ध (अ॰ सं॰ सू॰ 18/21)	दाडिम, आमलक, आम्र, आम्रातक, कोशाम्र, मातुलुंग, नींबू, वृक्षाम्ल, अम्लिका, अम्लवेतस, कुवल, लकुच, पारावत, भव्य, करमर्द, धव, धन्वन, कोल, बदर, ऐरावत, कपित्थ, दन्तशठ, प्राचीनामलक, नारंगी, तिलकण्टक, रूप्य, दधि, मस्तु, तक्र, धान्याम्ल, मद्य, शुक्त।

लवण द्रव्य

लवण स्कन्ध (च॰ वि॰ 8/141)	सैन्धव, सौवर्चल, काल, विड्, पाक्य, आनूप, कूप्य, वालुक, एल, मौलक, सामुद्र, रोमक, उद्भिद, औषर, पाटेयक, पांशुज।
लवण वर्ग (सु॰ सू॰ 42/20)	सैन्धव, सौवर्चल, विड्, पाक्य, रोमक, सामुद्र, पक्वनमक, यवक्षार, ऊषर, सुवर्जिक्षार।
लवण स्कन्ध (अ॰ सं॰ सू॰ 18/22)	सैन्धावादि, क्षारादि, त्रपु, सीसा।

कटु द्रव्य

कटु स्कन्ध (च॰ वि॰ 8/142)	पिप्पली, पिप्पलीमूल, हस्तिपिप्पली, चव्य, चित्रक, श्रंगवेर, मरिच, अजमोदा, आर्द्रक, विडङ्ग, तुम्बुरू, पीलु, तेजोवती, एला, कुष्ठ, भल्लातकास्थि, हिंगुनिर्यास, मूलक, सर्षप, लशुन, करंज, शिग्रु, मधुशिग्रु, खरपुष्पा, भूस्तृण, सुमुख, सुरस, कुठेरक, अर्जक, गण्डीर, कालमालक, पर्णास, फणिज्झक, क्षार, मूत्र, पित्त, क्षवक।
कटु वर्ग (सु॰ सू॰ 42/21)	पिप्पल्यादिगण, सुरसादिगण, सालसारादिगण, शिग्रु, मधुशिग्रु, मूलक, लशुन, सुमुख, शीतशिव, कुष्ठ, देवदारू, हरेणु, बाकुची, चण्डा, गुग्गुल, मुस्तक, लांगली, शुकनासा, पीलू।
कटु स्कन्ध (अ॰ स॰ सू॰ 18/24)	मरिच, हिंगु, तेजोवती, हस्तिपिप्पली, विडंग, भल्लाताकास्थि, मूलक, सरसों, लशुन, पलाण्डु, करंज, मनःशिला, हरताल, देवदारू, कुष्ठ, एला, सुरसा, चोरक, हरेणु, मूत्र, पित्त कुठेरकादि, हरितवर्ग, पंचकोल।

तिक्त द्रव्य

तिक्त स्कन्ध (च॰ वि॰ 8/143)	चन्दन, नलद, कृतमाल, नक्तमाल, नीम, तुम्बरू, इन्द्रयव, हरिद्रा, दारूहरिद्रा, मुस्तक, मूर्वा, किराततिक्त, कटुक, रोहिणी, त्रायमाण, कारवेल्लिका, करीर, करवीर, केंबुक, कठिल्लक, वृष, मण्डूकपर्णी, कर्कोटकी, वार्तुक, कर्कश, काकमाची, काकोदुम्बर, सुषवी, अतिविषा, पटोल, कुलक, पाठा, गुडूची, वेत्राग्र, वेतस, विकंकत, बकुल, सोमवल्कल, सप्तपर्ण, सुमन, अर्क, बाकुची, वचा, तगर, अगरू, बालक, उशीर।
तिक्त वर्ग (सु॰ सू॰ 42/22)	आरग्वधादिगण, गुडूच्यादिगण, मण्डूकपर्णी, वेत्र, करीर, हरिद्राद्वय, इन्द्रयव, वरूण, स्वादुकण्टक, सप्तपर्ण, बृहतीद्वय, शंखनी, द्रवन्ती, त्रिवृत, कृतवेधन, कर्कोटकी, कारवेल्लक, वार्ताक, करीर, करवीर, सुमन, शंखपुष्पी, अपामार्ग, त्रायमाण, अशोकरोहिणी, वैजयन्ती, सुवर्च्चला, पुनर्नवा, वृश्चिकाली, ज्योतिष्मति।
तिक्त स्कन्ध (अ॰ स॰ सू॰ 18/23)	अगरू, तगर, उशीर, बालक, चन्दन, नलद, कृतमाल, नक्तमाल, अपामार्ग, हरिद्राद्वय, मुस्तक, मूर्वा, मदनफल, अजश्रृंगी, त्रायमाण, कुटकी, किराततिक्त, करवीर, विशाला, सुषवी, अतिविषा, यवासा, ज्योतिष्मति, पाठा, विकंकत, अर्क, मदार, काकमाची, वचा, वरूण, वत्सक, वैजयन्ती, वेतस, सप्तपर्ण, सोमवल्कल, सुमन, कांस्य-लोह आदि, पटोल वर्ग।

कषाय द्रव्य

कषाय स्कन्ध (च॰ वि॰ 8/144)	प्रियंगु, अनन्तमूल, आम्रास्थि, अम्बष्ठकी, कटवंग, लोध्र, मोचरस, धतकी, पद्मक, कमल, जामुन, आम्र, प्लक्ष, वट, कपीतन, उदुम्बुर, अश्वत्थ, भल्लातकास्थि, अश्मन्तक, शिरिष, शिंशपा, सोमवल्कल, तिन्दुक, प्रियाल, बदर, खदिर, सप्तपर्ण, अश्वकर्ण, स्यन्दन, अर्जुन, इरिमेद, एलवालुक, परिपेलव, कदम्ब, शल्लकी, जिंगनी, काश, कशेरूक, कटफल, वंश, अशोक, शाल, धव, राल, सर्ज, भुर्जपत्र, शणपुष्पी, खरपुष्पा, गुग्गुल, शमी, माचीक, वरक, तुग, अजकर्ण, स्फूर्जक।

जारी है...

जारी है...

कषाय वर्ग (सु॰ सू॰ 42/23)	न्यग्रोधदिगण, अम्बष्ठादिगण, प्रियंगवादिगण, रोघ्रादिगण, सालसारादिगण, त्रिफला, शल्लकी, जम्बु, आम्र, बकुल, तिन्दुकफल, कतक, शाक, पाषाणभेद, करूवक, कांचनार, जीवन्ती, चिल्ली, पालंकया, सुनिष्णक, नीवार, धान्यादि, मुद्गादि वैदल द्रव्य।
कषाय स्कन्ध (अ॰ स॰ सू॰ 18/25)	हरीतकी, प्रियंगु, अनन्ता, क्षोद्र, लोघ्र, कटवंग, कटफल, धव, धन्वन, धात्री, धातकीपुष्प, पद्मा, पद्मक, नागकेसर, कुमुद, उत्पल, तुग, तिन्दुक, कदम्ब, उदुम्बर, जम्बु, आम्र, प्लक्ष, वट, विभीतक, विकंकत, जामुन, आम्र, कपित्थ, अश्वत्थ, मोचरस, समंगा, सोमवल्कल, सप्तपर्ण, असन, प्रवाल, गैरिक, मृणाल।

- **वीर्य के आधार पर**

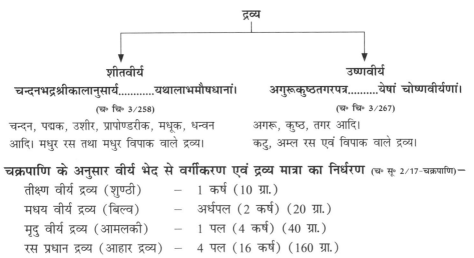

द्रव्य

शीतवीर्य

चन्दनभद्रश्रीकालानुसार्य...........यथालाभमौषधानां।

(च॰ चि॰ 3/258)

चन्दन, पद्मक, उशीर, प्रापोण्डरीक, मधूक, धन्वन आदि। मधुर रस तथा मधुर विपाक वाले द्रव्य।

उष्णवीर्य

अगुरूकुष्ठतगरपत्र.........येषां चोष्णवीर्यणां।

(च॰ चि॰ 3/267)

अगरू, कुष्ठ, तगर आदि।
कटु, अम्ल रस एवं विपाक वाले द्रव्य।

चक्रपाणि के अनुसार वीर्य भेद से वर्गीकरण एवं द्रव्य मात्रा का निर्धरण (च॰ सू॰ 2/17-चक्रपाणि)—

तीक्ष्ण वीर्य द्रव्य (शुण्ठी)	–	1 कर्ष (10 ग्रा.)
मधय वीर्य द्रव्य (बिल्व)	–	अर्धपल (2 कर्ष) (20 ग्रा.)
मृदु वीर्य द्रव्य (आमलकी)	–	1 पल (4 कर्ष) (40 ग्रा.)
रस प्रधान द्रव्य (आहार द्रव्य)	–	4 पल (16 कर्ष) (160 ग्रा.)

- **विपाक के आधार पर**

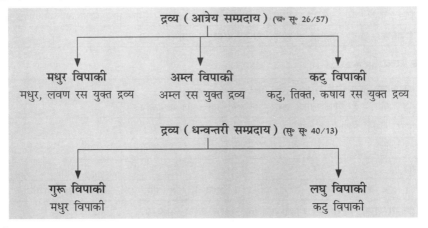

द्रव्य (आत्रेय सम्प्रदाय) (च॰ सू॰ 26/57)

मधुर विपाकी
मधुर, लवण रस युक्त द्रव्य

अम्ल विपाकी
अम्ल रस युक्त द्रव्य

कटु विपाकी
कटु, तिक्त, कषाय रस युक्त द्रव्य

द्रव्य (धन्वन्तरी सम्प्रदाय) (सु॰ सू॰ 40/13)

गुरू विपाकी
मधुर विपाकी

लघु विपाकी
कटु विपाकी

- **कर्म के आधार पर**
  - **शमनं कोपनं स्वस्थहितं द्रव्यमिति त्रिधा।** (अ॰ हृ॰ सू॰ 1/16)
  - **किञ्चिद्दोषप्रशमनं किञ्चिद्धातुप्रदूषणम्। स्वस्थवृत्तौ मतं किञ्चिन्त्रिविधं द्रव्यमुच्येत।** (च॰ सू॰ 1/68)

- **धातु प्रदूषण/कोपक द्रव्य**

यहाँ धातु शब्द से तात्पर्य "**धारणात् धातवः**" है, अतः सप्त धातु तथा त्रिदोष जब साम्यावस्था में शरीर को धारण करते हैं, तब वे धातु कहलाते हैं। उनको दूषित करने वाले द्रव्य धातु प्रदूषण या कोपक कहलाते हैं। यथा–विष, यव, मन्दक दधि आदि।

वातप्रकोपक द्रव्य (सु॰ सू॰ 21/19-20)

गुण	**रूक्षः शीतो लघुः सुक्ष्मश्चलोऽथ विशदः खरः।** (च॰ सू॰ 1/59) रूक्ष, शीत, लघु, सुक्ष्म, चल, विशद, खर आदि गुण वात प्रकोपक हैं।
रस	कटु, तिक्त, कषाय।
वीर्य	शीत वीर्य।
विपाक	लघु।
आहार	शुष्कशाक, वल्लूर, वरक, उद्यालक, कोरदूष, श्यामाक, नीवार, मूंग, मसूर, तुवर, हरेणु, मटर, निष्वाप।
विहार	बलवान के साथ लड़ना, अधिक मैथुन, अधिक व्यायाम करना, अति अध्ययन, फ्रंचे से गिर पड़ना, दौड़ना, मोच, कुदना, तैरना, चलना, रात में जागना, भार उठाना आदि।
समय	मेघकाल, अधिक हवा, वर्षा ऋतु, प्रभात समय, अपराह्न, भोजन पचने के पश्चात्।

पित्तप्रकोपक द्रव्य (सु॰ सू॰ 21/21-22)

गुण	**सस्नेहमुष्णं तीक्ष्णं च द्रवमम्लं सरं कटु।** (च॰ सू॰ 1/60) संस्नेह, उष्ण, तीक्ष्ण, द्रव, सर, कटु आदि गुण पित्तकोपक हैं।
रस	कटु, अम्ल, लवण।
वीर्य	उष्ण वीर्य।
विपाक	लघु।
आहार	तैल, पिण्याक, कुलत्थ, सर्षप, अतसी, हरितशाक, गोधा, मत्स्य, अविकमांस, दधि, तक्र, कूर्चिका, मस्तु, सौवीरक, सुरा, अम्लफल, कट्वर।
विहार	शोक, क्रोध, भय, परिश्रम, उपवास, विदग्ध पदार्थों का सेवन, भ्रमण तथा मैथुन आदि।
समय	उष्णकाल, शरद, मध्याह्न, अर्धरात्री, भोजन पचने के समय।

कफप्रकोपक द्रव्य (सु॰ सू॰ 21/23-24)

गुण	**गुरूशीतमृदुस्निग्धमधुरस्थिरपिच्छिलाः।** (च॰ सू॰ 1/61) गुरू, शीत, मृदु, पूर्ण स्निग्ध, स्थिर, पिच्छिल आदि गुण कफकोपक हैं।
रस	मधुर, अम्ल, लवण।
वीर्य	शीत वीर्य।
विपाक	गुरू।
आहार	जौ, हायनक, नैषध इत्कट, उड़द, दही, दूध, खिचडी, खीर, मीठे फल, वल्ली फल, अभिष्यन्दि पदार्थ।
विहार	दिन में शयन, किसी प्रकार का शारीरिक श्रम न करना, आलस्य।
समय	शीतकाल, वसन्त, पूर्वाह्न दिन के पूर्व भाग में, प्रदोष समय, भोजन ग्रहण काल में।

- **दोष प्रशमन/शमन द्रव्य–**

दोष शब्द से विकृत दोष–दूष्य का ग्रहण किया जाता है। जो द्रव्य दूषित/प्रकूपित हुए दोषों तथा धातुओं को अपने प्रभाव से प्रशमन/शान्त करके साम्यावस्था में लाएं, वह शमन कहलाते हैं। यथा–आंवला अपने अम्लादि रस से पित्तादि दोषों को दूषित न करता हुआ, अपने द्रव्य प्रभाव से तीन दोषों का शमन करता है।

वातशामक द्रव्य

गुण	**विपरीतगुणैर्द्रव्यैर्मारूतः संप्रशाम्यति।** (च॰ सू॰ 1/59) उष्ण, स्निग्ध, गुरू, स्थूल, स्थिर, पिच्छिल एवं श्लक्षण आदि गुण वातसंशमन हैं।
रस	**मधुराम्लवणा वातघ्नाः।** (सु॰ सू॰ 42/4)–मधुर, अम्ल, लवण रस वातघ्न हैं।
वीर्य	**तत्र, उष्णस्निग्धौ वातघ्नौ।** (सु॰ सू॰ 41/15)–उष्ण, स्निग्ध वीर्य वातशामक हैं।
विपाक	**गुरूपाको वातपित्तघ्नाः।** (सु॰ सू॰ 41/15)–गुरू विपाक वातशामक है।

पित्तशामक द्रव्य

गुण	**विपरीतगुणैः पित्तं द्रव्यैराशु प्रशाम्यति।** (च॰ सू॰ 1/60) गुरू, शीत, मृदु, पिच्छिल आदि गुण पित्तसंशमन हैं।
रस	**मधुरतिक्तकषायाः पित्तघ्नाः।** (सु॰ सू॰ 42/4)–मधुर, तिक्त, कषाय रस पित्तघ्न हैं।
वीर्य	**शीतमृदुपिच्छिलाः पित्तघ्नाः।** (सु॰ सू॰ 41/15)–शीत, मृदु, पिच्छिल वीर्य पित्तशामक हैं।
विपाक	**गुरूपाको वातपित्तघ्नः।** (सु॰ सू॰ 41/15)–गुरू विपाक पित्तशामक है।

कफशामक द्रव्य

गुण	**श्लेष्मणः प्रशमं यान्ति विपरीतगुणैर्गुणाः।** (च॰ सू॰ 1/61) लघु, उष्ण, तीक्ष्ण, रूक्ष, चल, विशद आदि गुण कफसंशमन हैं।
रस	**कटुतिक्तकषायाः श्लेष्मघ्नाः।** (सु॰ सू॰ 42/4)–कटु, तिक्त, कषाय रस कफघ्न हैं।
वीर्य	**तीक्ष्णरूक्षविशदाः श्लेष्मघ्नाः।** (सु॰ सू॰ 41/15)–तीक्ष्ण, रूक्ष, विशद वीर्य कफशामक हैं।
विपाक	**लघुपाकः श्लेष्मघ्नः।** (सु॰ सू॰ 41/15)–लघु विपाक कफशामक है।

- **स्वस्थहित/स्वस्थवृत द्रव्य**–

जो द्रव्य स्वास्थ्य के लिए हितकर, किंचित व्याधि प्रतिरोधक एवं उपद्रव रहित हों, वह स्वस्थहित या स्वस्थवृत द्रव्य कहलाते हैं। चक्रपाणि–जो द्रव्य समधातु की न वृद्धि करें, न क्षय करें तथा रसादि के स्त्रोतों के अनुकूल होकर धातुओं की साम्यावस्था को बनाए रखें, वह स्वस्थहितकर द्रव्य कहलाते हैं।

आचार्य चरक के अनुसार निम्नलिखित स्वस्थहित द्रव्य हैं–

लोहितशालयः शूकधान्यानां पथ्यतमत्वे श्रेष्ठतमा भवन्ति.....................हिततमानामाहारविकाराणां प्राधान्यतो द्रव्याणि व्याख्यातानि भवन्ति। (च॰ सू॰ 25/38)

शूकधान्य	–	रक्तशालि	स्थावरस्नेह	–	तिलतैल
शमीधान्य	–	मुद्ग	आनूपमृगवसा	–	वराहवसा
जल	–	आन्तरिक्ष	मत्स्यवसा	–	चुलुकीवसा
लवण	–	सैन्धव	जलचरवसा	–	पाक हंसवसा
शाक	–	जीवन्ती	विष्किरवसा	–	कुक्कुटवसा
पक्षीमांस	–	लावमांस	शाखाखाद्यपशुमेद	–	अजामेद

बिलेशयमांस	– गोधामांस	फल	– मृद्वीका
मत्स्यमांस	– रोहितमत्स्य	ईक्षु विकार	– शर्करा
मृगमांस	– ऐणमृगमांस	क्षीर	– गोदुग्ध
घृत	– गोघृत	कन्द	– श्रृंगवेर

- **शोधन–शमन के आधर परः**

  शोधनं शमनं चेति समासादौषधं द्विधा। (अ॰ सं॰ सू॰ 1/47)

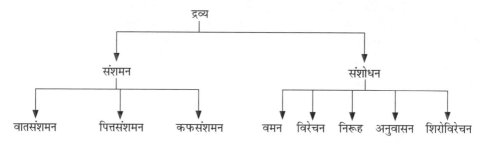

संशोधन द्रव्य

जो द्रव्य प्रकूपित दोषों को शरीर से बाहर निकालते हैं, वह संशोधन कहलाते हैं।

संशोधन द्रव्यों का वर्गीकरण

सुश्रुत (4)

1.	उर्ध्वभागहर	**मदनकुटज .... कोविदारादीनां मूलानि।** (सु॰ सू॰ 39/3) मदन, कुटज, सर्पष, करंज, श्वेतवचा, वचा आदि।
2.	अधोभागहर	**त्रिवृताश्यामादन्ती...............पुतीकारग्वधयोः पत्राणि।** (सु॰ सू॰ 39/4) त्रिवृत, द्रवन्ती, दन्ती, चित्रक, अर्क, पूतिकरंज आदि।
3.	उभयतोभागहर	**कोशातकी सप्तला...............एषां स्वरसा इति।** (सु॰ सू॰ 39/5) कोशातकी, सप्तला, शंखिनी आदि का स्वरस।
4.	शिरोविरेचन	**पिप्पलीविडङ्ग...............शकृद्रसमूत्रे मलाविति।** (सु॰ सू॰ 39/6) पिप्पली, विडंग, गोमूत्र आदि।

चरक (5)

1.	वमन	**मदनं मधुकं...............धामार्गवाणि च।** (च॰ सू॰ 2/7) मदनफल, मुलहठी, नीम, जीमूत, पिप्पली आदि।
2.	विरेचन	**त्रिवृतां त्रिफलां...............द्राक्षां द्रवन्तीं निचुलानि च।** (च॰ सू॰ 2/9-10) त्रिवृत, त्रिफला, आँवला, दन्ती, सप्तला, वचा आदि।
3.	शिरोविरेचन	**अपामार्गस्य बीजानि.............ज्योतिष्मतीं नागरं च दद्याच्छीर्षविरेचने।** (च॰ सू॰ 2/3-5) अपामार्ग, पिप्पली, मरिच, विडंग, शिग्रु, सर्पष आदि।
4.	आस्थापन	**पाटलां...............पलाशं कतृणं चैव स्नेहांश्च लवाणानि च।** (च॰ सू॰ 2/12-13) पाटला, अग्निमन्थ, बिल्व, श्योनाक, स्नेह, लवण आदि।
5.	अनुवासन	**अत एवौषधगणात्...............सङ्कल्प्यमनुवासनम्।** (च॰ सू॰ 2/14) आस्थापन के द्रव्यों की तेल तथा घृत में कल्पना करना।

- **योनि के आधार पर**

  तत्पुनस्त्रिविधं ज्ञेयं जाङ्गमौद्भिदपार्थिवम्।। (च॰ सू॰ 1/68)

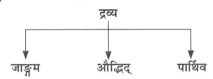

द्रव्य
जाङ्गम
औद्भिद्
पार्थिव

- **पार्थिव द्रव्य–पृथिव्या विकारः पार्थिवम्।** (च॰ सू॰ 1/68-चक्रपाणि)

  जो पृथ्वी के विकार (खनिज) होते हैं, वह पार्थिव कहलाते हैं।

पार्थिव द्रव्य के प्रकार

1. प्राकृतिक	भूमि में प्रकृतिकावस्था में मिलने वाले स्वतन्त्र तत्वों को प्राकृतिक भौम कहते हैं। यथा–रस, उपरस, महारस, रत्न, उपरत्न आदि। Naturally occurring substances in the earth. They are inorganic solid (except elements), e.g. diamond, bismuth, etc.
2. कृत्रिम	जो तत्व प्राकृतिक खनिजों पर विभिन्न रासायनिक क्रियाएं करके प्राप्त किए जाते हैं, वह कृत्रिम भौम कहलाते हैं। They are synthetic inorganic substances, e.g. iron, bronze, etc.

- **जाङ्गम द्रव्य–जाङ्गम गच्छतीति जङ्गमं तस्य भावः जाङ्गमम्।** (च॰ सू॰ 1/68-चक्रपाणि)

  जो एक स्थान से दूसरे स्थान में गमन कर सकते हों, वह जांगम कहलाते हैं। उनसे प्राप्त द्रव्यों को जांगम द्रव्य कहते हैं। यथा–मधु, गोरस, पित्त, वसा, मज्जा, रक्त, विण, मूत्र, चर्म, रेतस, अस्थि, स्नायु आदि।

जाङ्गम द्रव्य के प्रकार

जङ्गमाः खल्वपि चतुर्विधाः जरायुजाण्डजस्वेदजोद्भिज्जाः। (सु॰ सू॰ 1/38)

जांगम द्रव्य चार प्रकार के होते हैं–जरायुज, अण्डज, स्वेदज, उद्भिज्ज।

1. जरायुज	**परिभाषा–गर्भावरणं जरायुः।** (डल्हण)–जो प्राणी गर्भाशय में जरायु से आवृत होते हैं। **उदाहरण–तत्र पशुमनुष्यव्यालादयो जरायुजाः।** (सु॰ सू॰ 1/39)–मनुष्य, पशु, व्याल आदि। **जरायुज द्रव्य**–गोरोचन, कस्तुरी आदि।
2. अण्डज	**परिभाषा**–जो जीव अण्डे से जन्म लेते हैं। **उदाहरण–खगसर्पसरीसृप्रभृतयोऽण्डजाः।** (सु॰ सू॰ 1/39)–पंछी, सर्प, मत्स्य आदि। **अण्डज द्रव्य**–लावमांस, कुकुटाण्ड आदि।
3. स्वेदज	**परिभाषा**–जो जीव मनुष्य, पशुओं आदि के स्वेद से या भूवाष्प से उत्पन्न हों। **उदाहरण–कृमिकीटपिपीलिकाप्रभृतयः स्वेदजाः।** (सु॰ सू॰ 1/39)–कृमि, कीट, पिपीलिका। **स्वेदज द्रव्य**–कर्कटशृंगी, माजुफल आदि।
4. उद्भिज्ज	**परिभाषा–उद्भिद्य पृथिवीं जायन्ते इति उद्भिज्जाः।** जो जीव पृथ्वी में रूक कर पुनः पृथ्वी को भेद कर बाहर आएं। **उदाहरण–इन्द्रगोपमण्डूकप्रभृतय उद्भिज्जाः।** (सु॰ सू॰ 1/39)–इन्द्रगोप, मण्डूक आदि।

- **औद्भिद् द्रव्य–उद्भिद्य पृथिवीं जायते इति उद्भिद् तत्र भवम् औद्भिदम्।** (च॰ सू॰ 1/68-चक्रपाणि)

  जो पृथ्वी को फाड़कर उत्पन्न हो, उसे औद्भिद् कहते हैं।

औद्भिद् द्रव्यों का वर्गीकरण

आकृति के आधर पर

चरकानुसार

औद्भिदं तु चतुर्विधम्। वनस्पतिर्वीरूधश्च वानस्पत्यस्तथौषधिः। (च॰ सू॰ 1/72-73)

औद्भिद द्रव्य चार प्रकार के होते हैं यथा–वनस्पति, वानस्पत्य, औषधि तथा वीरूध

1. वनस्पति	**परिभाषा–फलैर्वनस्पतिः।** जिसमें केवल फल दृष्टिगोचर हों, परन्तु फूल विकसित न हो। **उदाहरण**–गुलर, वट आदि बड़े वृक्ष।
2. वानस्पत्य	**परिभाषा–पुष्पैर्वानस्पत्यः फलैरपि।** जिसमें फल और फूल दोनों दृष्टिगोचर हों। **उदाहरण**–आम, जामुन, महुआ आदि।
3. औषधि	**परिभाषा–ओषध्यः फलपाकान्ताः।** जिसका फल पक जाने पर अन्त हो जाए। **उदाहरण**–गोधूम, यव आदि।
4. वीरूध	**परिभाषा–प्रतानैर्वीरूधः।** जो फैले, वह वीरूध है। इसमें लता तथा गुल्म का ग्रहण कर सकते हैं। **उदाहरण**–गुडूची आदि।

सुश्रुतानुसार

तासां स्थावराश्चतुर्विधः– वनस्पत्यो, वृक्षा, वीरूश्च ओषधय इति। (सु॰ सू॰ 1/37)

औद्भिद द्रव्य चार प्रकार के होते हैं यथा–वानस्पत्य, वृक्ष, वीरूध तथा औषध।

1. वानस्पत्य	**परिभाषा**–• **अपुष्पाः फलवन्तो वनस्पत्यः।** (डल्हण) • **अविद्यमानपुष्पाइति।** (डल्हण) • **येषां पुष्पमन्तरेणैव फलजन्मेति।** (हराणचन्द्र) जिनमें पुष्पकाल कम हो अर्थात् पुष्प जल्दी ही फल में परिवर्तित हो जाए तथा दृष्टिगोचर न हों। **उदाहरण**–वट, उदुम्बर आदि।
2. वृक्ष	**परिभाषा–पुष्पफलवन्तो वृक्षाः।** जिसके पुष्प तथा फल दोनों व्यक्त हों। **उदाहरण**–आम्र आदि।
3. वीरूध	**परिभाषा–प्रतानवत्यः स्तम्बिन्यश्च वीरूश्चः।** जो फैलने वाले या गुल्म स्वरूप होते हैं। अतः इसमें तृण, वल्ली, गुल्म, लता का समावेश होता है। **उदाहरण**–त्रपुष, अलाबु आदि।
4. ओषध	**परिभाषा–फलपाकनिष्ठा ओषधय इति।** जो फलों के पकने तक ही जीवित रहे। **उदाहरण**–गोधूम आदि।

चरक		**सुश्रुत**	**चरक**		**सुश्रुत**
वनस्पति	=	वानस्पत्य	वीरूध	=	वीरूध
वानस्पत्य	=	वृक्ष	औषधि	=	ओषध

द्रव्यगुणसूत्रम के अनुसार

औद्भिदं पुनश्चतुर्विधं–वृक्षलतागुल्मक्षुपभेदात्। (द्र॰ गु॰ सू॰ 2/4)

औद्भिद द्रव्य चार प्रकार के होते हैं। यथा–वृक्ष, लता, गुल्म तथा क्षुप।

1. वृक्ष (Tree)	**परिभाषा–वृक्षते आवृणोति भूमिं, व्रश्च्यते छिद्यते वा वृक्षः। क्रियते लोकैः फलाद्यर्थं ततोऽपि वृक्षः।** जो भूमि को आवृत करे, जिसका छेदन किया जाए तथा फलादि की इच्छा से जिसका बीजारोपण किया जाए, वह वृक्ष है। **उदाहरण**–हरीतकी, आम्र आदि।
2. लता (Weak plants)	**परिभाषा–लतंति वेष्टते इति लता।** जो अवेष्टित करती हो, उसे लता कहते हैं। **लता के निम्नलिखित भेद हैं-**
a. प्रसारणी (Creepers)	**प्रसरणाद भूमिं छादयति।** यह प्रसरणशील होने से भूमि को अच्छादित करती है। **उदाहरण**–दूर्वा, प्रसारणी आदि।
b. आरोहणी (Twiners)	**आरोहणात् वृक्षादीनाच्छादयति।** यह आरोही होने से वृक्ष आदि को आच्छादित करती है। **उदाहरण**–द्राक्षा, ताम्बुल आदि।
c. वल्ली (Lianes)	**वल्ली तु लताभेद एव वल्लनादतितरां सर्वतो वेष्टनात्।** लता की अपेक्षा अधिक तथा सर्वत्र अवेष्टित करने के कारण इसे वल्ली कहते हैं। **उदाहरण**–गुडूची, त्रिवृत आदि।
3. गुल्म (Shrub)	**परिभाषा–गुल्मोऽस्पष्टकाण्डः।** जिसके काण्ड (Stem) अस्पष्ट हो, (एक से अधिक काण्ड हो) वह गुल्म है। **उदाहरण**–करमर्द आदि।
4. क्षुप (Herb)	**परिभाषा–क्षुपः ह्रस्वशाखाशिफः।** जिसकी शाखाऐं तथा मूल ह्रस्व हों, वह क्षुप है। **उदाहरण**–बला आदि।

Classification on the Basis of Form of the Plants

- **Herb:** It is a small plant having green, delicate and short stem. Its age is less, e.g. wheat, gram, etc.
  In some herbaceous plants, underground part of stem is greatly reduced, but an aerial branch with flowers at the top arises from underground parts at the time of reproduction, such stem is called as scape, e.g. onion, aloe vera, etc.

Herb

Herb with scape

- **Shrub:** It is longer than herb. It is woody and branched. Due to much branching usually its main stem is not clearly demarcated, e.g. china rose, etc.

Shrub

- **Tree:** It is longer, harder and more woody than shrub.

Types of Trees

- Tall trees $\geq$ 50 ft.
- Medium trees 20–50 ft.
- Small trees 15–20 ft.

Caudex: Its stem is unbranched and usually bears a crown of leaves at the apex, e.g. date palm, coconut.

Excurrent: Lower part of its stem is thicker which gradually tapers above. Branches arise from main stem in acropetal succession and plant appears conical, e.g. pinus.

Deliquescent: The apical bud of its main stem dies after sometime. Branches and sub-branches spread in different directions, e.g. Tamrindus, Ficus.

Culm: Its nodes and internodes are extremely clear and internodes are usually hollow. These types of plants are grasses and cannot be considered as herb, shrub or trees, e.g. bamboos.

Caudex | Excurrent | Caudex | Culm

Climber: These plants with weak stem climb on some support with the help of some of their organ specialized for that purpose.

Types of Climbers

A. **Stem climber:**
   a. **Twiner:** In these plants, weak stem twins around the support, e.g. *Ipomoea.*
   b. **Lianas:** In these plants, hard and woody stem twins around the support, e.g.*Tinospora.*

Twiner | Lianas

B. **Tendril climbers:** Some plants climb on some support with the help of their tendrils. Different organs are modified into tendrils in different plants.
   Types of tendril climbers:
   a. **Leaf tendril climbers:** Whole leaf is modified into tendril, e.g. *Lathyrus.*
   b. **Leaflet tendril climbers:** Some upper leaflets of leaf are modified into tendrils, e.g. *Pisum sativum.*
   c. **Petiole tendril climbers:** Some petioles are modified into tendrils, e.g. *climatus.*
   d. **Leaf apex tendril climbers:** Leaf apex is modified into tendril, e.g. *Gloriosa.*
   e. **Stipule tendril climbers:** Stipule is modified into tendril, e.g. *Smilax china.*
   f. **Apical bud tendril climbers:** Apical bud is modified into tendril, e.g. *Vitis.*
   g. **Axillary bud tendril climbers:** Axillary bud is modified into tendril, e.g. *Passiflora.*
   h. **Inflorescence axis tendril climbers:** Inflorescence axis is modified into tendril, e.g. *Antigonan.*
C. **Rootlet climbers:** In these plants, some adventitious roots are produced on nodes, which develop adhesive disc at their apices. This disc secretes the substance which fixes the plant to the support, e.g. betel vine.
D. **Prickle climbers:** In these plants, small prickles are present which can easily be separated from plants, leaving scar on the stem, e.g. rose, calamus.
E. **Spine climbers:** In these plants, stipules are modified into spines, which cannot be separated from stem easily, e.g. *Berberis.*

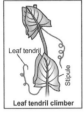 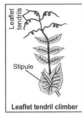    

F. Hook climbers: In these plants, leaf hooks are present, which help them in climbing on the support, e.g. *Bignonia*.

G. Thorn climbers: In these plants, stem is modified into thorns, e.g. *Pyracantha* (five thorns).

Classification of Angiosperms on the Basis of Nature of Stem

- **Erect:** Most trees, shrubs and some herbs have stronger stem and; therefore, they can stand erect.
- **Creepers (Prostate):** These plants creep on the surface of soil because their stem is weak, long and thin. Leaves are produced upon nodes, from axil of which branches arise. Adventitious roots also arise from nodes. Some internodes break here and independent plants are produced from there, e.g. *Oxalis*.
- **Trailers:** They are like creepers but adventitious roots do not arise from nodes. Completely horizontal trailer is called as **procumbent**, e.g. *Basella*. If apical region is raised above, then they are called as **decumbent**, e.g. *Lindenbergia*.

 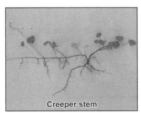  

उद्भव स्थान के आधार पर/Classification on the Basis of Habitat

- **Aquatic plants/जलज**—The plants that have adapted to live in aquatic environment are called as aquatic plants.

  Types of aquatic plants:

  a. **Marine hydrophytes/सामुद्रोद्भव**—These plants grow in salty water (sea), e.g. marine algae, *Thalassia*.

  b. **Nonmarine hydrophytes/ताजाजलोद्भव**—These plants grow in fresh water (pools, rivers, etc), e.g. *Trapa natans*, *Nelumbo nucifera*.

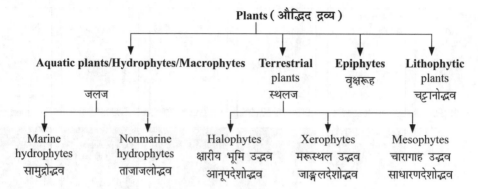

- **Terrestrial plants/स्थलज**–These plant grows in/on/from land.
  Types of terrestrial plants:
  a. **Halophytes/क्षारीयभूमि उद्भव**–The plant that grows in water of high salinity such as saline semidesert, mangrove swamps, marshes and sea shores, e.g. artiplex (salt bush), switch grass.
  b. **Xerophytes/मरूस्थल उद्भव**–The plant that has adapted to survive in an environment with little water such as desert, e.g. Aloe vera, joshna tree.
  c. **Mesophytes/चारागाह उद्भव**–The plant which is adapted to neither a particularly dry nor particularly wet environment, e.g. *Goldenrod, Rosa multiflora.*
- **Epiphytic plants/वृक्षरूह**–Plants that grow harmlessly upon another plants (trees) and drive their nutrition from air, rain and debris, e.g. mosses, liver worts, orchid.
- **Lithophytic plants/चट्टानोद्भव**–The plants which are living on rocks, e.g. orchid, ferns, algae, *Nepenthes campanulata, Didmocarpus pedicellata.*

भोजन ग्रहण के आधार पर/ Classification on the Basis of Habits of Food

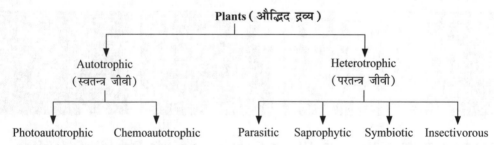

- **Autotrophic plants/स्वतन्त्रजीवी**–They manufacture their food (organic matter) from inorganic matter.
  Types of autotrophic plants:
  a. **Photoautotrophic:** They prepare food by photosynthesis, e.g. mango.
  b. **Chemoautotrophic:** They synthesize their food by utilizing the energy produced in chemical reactions, e.g. bacteria.
- **Heterotrophic plants/परतन्त्रजीवी**–They are unable to photosynthesize their food and are also unable to take their water and minerals directly from soil or unable to synthesize proteins.

Types of hetrotropic plants:

a. **Parasitic:** Plants that derive some or all of their nutritional requirements from another living plants, e.g. *Viscum album*, *Cuscuta saline*, etc.

b. **Saprophytic:** Plants which get food from dead organic matter, e.g. slime moulds, fungi, etc.

c. **Symbiotic:** Plants which are dependent on each other for food, e.g. lichens (trentopohila).

d. **Insectivorous:** Plants that derive some or most of their nutrients from trapping and consuming animals, insects, etc. For example, *Venus flytrap*, *Nepenthes bicalcarata*.

वय के आधार पर/Classification on the Basis of Lifespan:

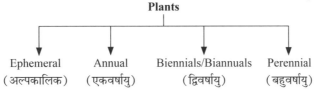

Plants
- Ephemeral (अल्पकालिक)
- Annual (एकवर्षायु)
- Biennials/Biannuals (द्विवर्षायु)
- Perennial (बहुवर्षायु)

- **Ephemeral/अल्पकालिक:** Such plants complete their life cycle from seed to seed within 4–6 weeks. In these plants, seeds germinate with first shower, they grow, develop flowers, fruits and seeds by the end of rain and again come in seed stage just after the rain, e.g. *Phyllanthus*, *Artemesia*, etc.

- **Annual/एकवर्षायु:** In these plants, entire life cycle from seed to seed is completed within one year (season). They are mainly herbs, e.g. wheat, rice, gram.

- **Biennials/Biannuals/द्विवर्षायु:** These plants complete their life cycle in two years. In first year they develop roots, stems, leaves and during second year they develop flowers, fruits and seeds. These plants are usually herbs, e.g. radish, turnip, carrot, aconite, etc.

- **Perennial/बहुवर्षायु:** Shrubs, trees and some herbs remain alive for years. Their life does not come to an end even after production of seeds. These plants produce flowers, fruits and seeds continuously, e.g. mango, sicus, etc.

कुल के आधार पर/Classification on the Basis of the Family:

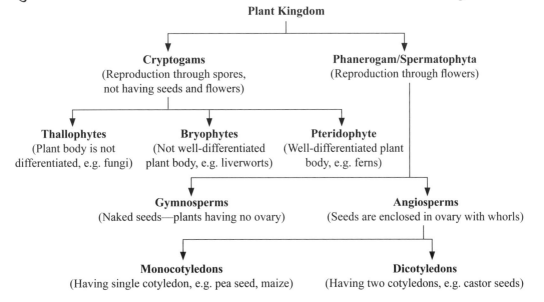

Plant Kingdom

- **Cryptogams** (Reproduction through spores, not having seeds and flowers)
- **Phanerogam/Spermatophyta** (Reproduction through flowers)

- **Thallophytes** (Plant body is not differentiated, e.g. fungi)
- **Bryophytes** (Not well-differentiated plant body, e.g. liverworts)
- **Pteridophyte** (Well-differentiated plant body, e.g. ferns)

- **Gymnosperms** (Naked seeds—plants having no ovary)
- **Angiosperms** (Seeds are enclosed in ovary with whorls)

- **Monocotyledons** (Having single cotyledon, e.g. pea seed, maize)
- **Dicotyledons** (Having two cotyledons, e.g. castor seeds)

Taxonomical Classification

				Example
वानस्पतिक दृष्टि	–	Plant kingdom	–	Plant kingdom
भाग	–	Phylum	–	Spermatophyta
विभाग	–	Division	–	Angiosperm
श्रेणी	–	Class	–	Dicotyledons
वर्ग	–	Order	–	Rosales
जाति (कुल)	–	Family	–	Fabaceae
उपजाति	–	Subfamily	–	Papilionaceae
उपजाति	–	Genus	–	*Glycyrrhiza, Myroxylon*
विशिष्ट	–	Species	–	*Glycyrrhiza glabra, Myroxylon balsamum*

बृहत्त्रयी में द्रव्य वर्गीकरण

बृहत्त्रयी में द्रव्यों का वर्गीकरण एक स्थान पर उपलब्ध नहीं है।

बृहत्त्रयी में द्रव्य वर्गीकरण के आधार

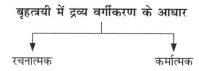

- रचनात्मक
- कर्मात्मक

रचनात्मक आधार

रचनात्मक वर्गीकरण पूर्णतः संहिताकाल से प्रारम्भ हुआ है। संहिताकारों ने प्रथम आहार द्रव्यों तत्पश्चात औषध द्रव्यों को प्रयोज्य अंगों के आधार पर वर्गीकृत किया है। निघण्टुकारों ने भी रचनात्मक वर्गीकरण को आधार मान कर द्रव्य वर्गीकरण किया, जैसे–राजनिघण्टु ने बड़े वृक्ष, मध्यम वृक्ष तथा लताओं आदि के विभिन्न वर्ग बनाए हैं।

चरक संहिता में रचनात्मक वर्गीकरण

दीर्घञ्जीवितीयाध्याय (च॰ सू॰ 1/75-77, 115-117)	• 16 मूलिनि द्रव्य • 19 फलिनी द्रव्य • 3 क्षीरी एवं 3 वल्कल शोधन वृक्ष
अन्नपानविधिमध्याय (च॰ सू॰ 27)	**आहार द्रव्यों के 12 वर्ग** 1. शूकधान्यवर्ग – शाली, यव, गोधूम आदि। 2. शमीधान्यवर्ग – मुद्ग, माष आदि। 3. मांसवर्ग – 8 उपवर्ग- प्रसह आदि। 4. शाकवर्ग – पत्र, कन्द, फल आदि। 5. फलवर्ग – नारिकेल, मृद्विका आदि। 6. हरितवर्ग – आर्द्रक, नींबू आदि। 7. मद्यवर्ग – आसव, अरिष्ट आदि। 8. जलवर्ग – आन्तरिक्षजल, नादेयजल आदि। 9. गोरसवर्ग – दुग्ध, दधि, घृत आदि। 10. इक्षुवर्ग – गुड़, खाण्ड, शर्करा आदि। 11. कृतान्नवर्ग – मण्ड, पेया, विलेपी आदि। 12. आहारोपयोगिवर्ग – तैल, लवण, हिंगु आदि।

जारी है...

जारी है...

रोगभिषग्जितीय-विमानाध्याय (च॰ वि॰ 8/151)	**शिरोविरेचन द्रव्यों को आश्रय भेद से 7 उपवर्गों में विभाजित किया है।** 1. फल - अपामार्ग, पिप्पली, मरिच आदि। 2. पत्र - तुलसी, हरिद्रा आदि। 3. मूल - अर्क, अर्लक आदि। 4. कन्द - हरिद्रा, आर्द्रक आदि। 5. पुष्प - मदनफल, नीम आदि। 6. निर्यास - देवदारू, अगरू आदि। 7. त्वक् - तेजपत्र, शिग्रु आदि।

सुश्रुत संहिता में रचनात्मक वर्गीकरण

द्रव्यसङ्ग्रहणीयमध्याय (सु॰ सू॰ 38)	**पञ्चपञ्चमूल** बृहत्पंचमूल, लघुपंचमूल, वल्लीपंचमूल, कण्टकपंचमूल, तृणपंचमूल।
द्रवद्रव्यविधिमध्याय (सु॰ सू॰ 45)	**द्रवद्रव्य–10 वर्ग** 1. जल वर्ग 2. क्षीर वर्ग 3. दधि वर्ग 4. तक्र वर्ग 5. घृत वर्ग 6. तैल वर्ग 7. मधुवर्ग 8. इक्षुवर्ग 9. मद्य वर्ग 10. मूत्र वर्ग
अन्नपानविधिमध्याय (सु॰ सू॰ 46)	**अन्नद्रव्य–13 वर्ग** 1. शालि वर्ग 2. कुधान्यवर्ग 3. वैदलवर्ग 4. मांस वर्ग 5. शाक वर्ग 6. फल वर्ग 7. पुष्प वर्ग 8. कन्द वर्ग 9. लवण वर्ग 10. क्षारवर्ग 11. धातुवर्ग 12. रत्नवर्ग 13. कृतान्न वर्ग
स्थावरविषविज्ञानीयमध्याय (सु॰ क॰ 2)	**विष का अधिष्ठान भेद से वर्गीकरण** मूलविष - गुञ्जा; पत्रविष - विषपत्रिका; फलविष - वेणुका पुष्पविष - कदम्ब; त्वकविष - आन्त्रपाचक; सारविष - सैरीयक निर्यासविष - नन्दन; क्षीरविष - स्नूही; धातुविष - फेनाश्म कन्दविष - वत्सनाभ

अष्टाङ्ग हृदय में रचनात्मक वर्गीकरण

आहार द्रव्यों का रचनात्मक वर्गीकरण सुश्रुत की पद्यती पर ही किया गया है।

द्रवद्रव्यविज्ञानीयमध्याय (अ॰ हृ॰ सू॰ 5)	**आहार द्रव्य में द्रवद्रव्य के 7 वर्ग** 1. जलवर्ग 2. क्षीरवर्ग 3. इक्षुवर्ग 4. मधुवर्ग 5. तैलवर्ग 6. मद्यवर्ग 7. मूत्रवर्ग
अन्नस्वरूपविज्ञानीय–मध्याय (अ॰ हृ॰ सू॰ 6)	**अन्न द्रव्यों के 13 वर्ग** **6 आहार**: शूकधान्यवर्ग, शिम्बिधान्यवर्ग, कृतान्नवर्ग, मांसवर्ग, शाकवर्ग, फलवर्ग **7 औषध**: लवणवर्ग, त्रिफला, त्रिकटु, पंचकोल, त्रिजात, चतुर्जात, पंचमूल

जारी है...

जारी है...

द्रव्यादिविज्ञानीयमध्याय (अ॰ हृ॰ सू॰ 9/5-9)	**द्रव्य के 5 प्रकार** पार्थिव, वायव्य, नाभस, आग्नेय, आप्य।
रसभेदीयमध्याय (अ॰ हृ॰ सू॰ 10/23-32)	**द्रव्य के 6 प्रकार** द्रव्यों के 6 स्कन्ध षड्रसों के आधार पर दिए गए हैं। रस द्रव्य के पंचभौतिक संगठन का प्रतिनिधित्व करते हैं, अतः वह रचनात्मक वर्गीकरण है।

कर्मात्मक आधार

कर्म समानता के आधार पर द्रव्यों को वर्गीकृत करने की परम्परा मुख्यतः संहिताकाल से ही विकसित हुई। चरक संहिता में कर्म के आधार पर वर्गीकृत द्रव्यों का नामकरण भी कर्मपरक ही किया गया है। यथा–दीपनीय, लेखनीय आदि। सुश्रुत संहिता ने कर्म के आधार पर द्रव्यों को एकत्रित वर्णित तो किया, परन्तु नामकरण प्रधान द्रव्य के आधार पर किया है। यथा–स्तम्भन कर्म करने वाले द्रव्यों के वर्ग का नाम प्रधान द्रव्य रोध्र होने से रोध्रादि गण रखा गया है।

चरक संहिता में कर्मात्मक वर्गीकरण

1. च॰ सू॰/2/(3-14)	अपामार्गतण्डुलीयमध्याय	पंचकर्म उपयोगी द्रव्य।
2. च॰ सू॰/4/(8-18)	षड्विरेचनशताश्रितीयाध्याय	50 महाकषाय में 274 द्रव्यों का वर्णन।
3. च॰ सू॰/5/(71-80)	मात्राशितीयाध्याय	दन्तधावन, मुखशोधन कर्म।
4. च॰ सू॰/21/23-24, 29-33, 52-53	अष्टौनिन्दितीयाध्याय	लंघन, बृंहण, निद्राजनन, निद्राहर द्रव्य।
5. च॰ सू॰ 22 (12-17)	लङ्घनबृंहणीयाध्याय	चि॰ के 6 वर्ग-लंघन बृंहण, रूक्षण, स्नेहन, स्वेदन के द्रव्य।
6. च॰ सू॰ 23 (10-39)	संतर्पणीयाध्याय	संतर्पण द्रव्य, अपतर्पण द्रव्य।
7. च॰ सू॰ 25/38-40	यज्जःपुरूषीयाध्याय	20 हिततम तथा 20 अहिततम द्रव्य, 157 अग्रय द्रव्य।
8. च॰ वि॰ 6/16-18	रोगानीकविमानाध्याय	दोषकर्म के आधार पर वर्गीकरण।
9. च॰ शा॰ 6/11	शरीरविचयशारीराध्याय	वातकोपन, पित्तकोपन, कफकोपन द्रव्य, शुक्रजनन, मूत्रजनन, पुरीषजनन द्रव्य।
10. च॰ शा॰ 8/9-69	जातिसूत्रीयशारीराध्याय	गर्भोपघातकर, गर्भस्थापन, गर्भवृद्धिकर, गर्भप्रसूतिहर, गर्भानुलोमन, अपरापातन, नाभीपाकहर, रक्षोघ्न, शुक्रल द्रव्य।
11. च॰ चि॰ 01	रसायन अध्याय	रसायन द्रव्यों का वर्णन।
12. च॰ चि॰ 02	वाजीकरण अध्याय	वाजीकरण द्रव्यों का वर्णन।
13. च॰ चि॰ 23	विषचिकित्सा अध्याय	विषहर द्रव्यों का वर्णन।

सुश्रुत संहिता में कर्मात्मक वर्गीकरण

1. सु॰ सू॰ 5	अग्रोपहरणीयमध्याय	व्रण धूपन द्रव्यों का वर्णन।
2. सु॰ सू॰ 14	शोणितवर्णनीयमध्याय	रक्तस्रावक, रक्तस्रावावरोधक द्रव्य।

जारी है...

जारी है...

3. सु॰ सू॰ 15	दोषधातुमलक्षयवृद्धिविज्ञानीयमध्याय	अतिस्थौल्यनाशन, कार्श्यनाशन द्रव्य।
4. सु॰ सू॰ 19	व्रणितोपासनीयमध्याय	व्रणपूयवर्धन द्रव्य।
5. सु॰ सू॰ 20	हिताहितीयमध्याय	पथ्यतम् आहार द्रव्य।
6. सु॰ सू॰ 21	व्रणप्रश्नमध्याय	वात, पित, कफ कोपन द्रव्य।
7. सु॰ सू॰ 36	मिश्रकमध्याय	वात, पित, कफ शोफनाशक, शोथ पाचन, शोथ दारण, व्रणशोधन, व्रणधूपन, व्रणरोपण, व्रणपीड़न द्रव्य।
8. सु॰ सू॰ 38	द्रव्यसङ्ग्रहणीयमध्याय	37 गण (काकोल्यादि) का वर्णन
9. सु॰ सू॰ 39	संशोधनमसंशमनीयमध्याय	उर्ध्वभागदोषहर, अधोभागदोषहर, उभ्यभागदोषहर, शिरोविरेचन, संशमन द्रव्य।
10. सु॰ शा॰ 4	गर्भव्याकरणनामशारीर	निद्राजनन, अतिनिद्रानाशक द्रव्य।
11. सु॰ शा॰ 10	गर्भिणीव्याकरणशारीर	अपरापातन, स्तनयजनन, गर्भसंघ में उपयोगी, गर्भस्रावशोधक, कुमारशरीरवृद्धिकर, कुमारस्मृतिवर्धक, कुमारबुद्धिवर्धक द्रव्य।
12. सु॰ चि॰ 6	अर्शचिकित्साध्याय	अर्शनाशन द्रव्य।
13. सु॰ चि॰ 7-13	अश्मरीचिकित्सा आदि अध्याय	अश्मरीनाशन, भगन्दरनाशन, कुष्ठनाशन, प्रमेहनाशन, विद्रद्धिनाशन द्रव्य।
14. सु॰ चि॰ 26	क्षीणबलीयवाजीकरणचिकित्साध्याय	वाजीकरण द्रव्य।
15. सु॰ चि॰ 27-30	सर्वोपधातशमनीयरसायन आदि अध्याय	रसायन द्रव्य।
16. सु॰ क॰ 5	सर्पदष्टविषचिकित्साकल्प अध्याय	एकसर योग में सर्प विषघ्न द्रव्य।
17. उत्तर तंत्र		अग्रय द्रव्य।

अष्टाङ्ग हृदय में कर्मात्मक वर्गीकरणः–सुश्रुत संहिता का अनुसरण किया है।

अ॰ हृ॰ सू॰ 1/24	आयुष्कामीयमध्याय	शोधन एवं शमन द्रव्य।
अ॰ हृ॰ सू॰ 6 (159-171)	अन्नस्वरूपविज्ञानीयमध्याय	मिश्रक वर्ग वर्णन–त्रिजातक, चतुर्जातक आदि।
अ॰ हृ॰ सू॰ 15 पंचकर्म (1-4) वात पित्त नाशक (5-7) मिश्रक (8-46)	शोधनादिगणसंग्रहमध्याय	1. वमन, विरेचन, निरूह, शिरोविरेचन द्रव्य = 4 वर्ग। 2. वात, पित्त, कफ नाशक द्रव्य = 3 वर्ग। 3. मिश्रक गण = 26 वर्ग। कुल वर्ग = 33 वर्ग। मिश्रक गण के 26 वर्गों में- • जीवनीय गण (चरकोक्त-जीवनीय महाकषाय) • 25 (सुश्रुतोक्त-38वां अध्याय)

दीर्घउत्तरीय प्रश्न

1. **द्रव्य शब्द की व्युत्पत्ति, निरूक्ति तथा दार्शनिक एवं द्रव्यगुणोक्त परिभाषा का सविस्तार से वर्णन करें।**
2. **द्रव्य का पाञ्चभौतिकत्व एवं औषधत्व स्पष्ट करते हुए, महाभूतों के अनुप्रवेश का वर्णन करें।**

3. द्रव्य के प्राधान्य का विस्तार से वर्णन करें।

4. द्रव्यों के वर्गीकरण की आवश्यकता, महत्वत्ता तथा इतिहास का वर्णन करते हुए द्रव्यवर्गीकरण के विभिन्न आधारों का उल्लेख करें।

5. बृहत्रयी में द्रव्यों के रचनात्मक तथा कर्मात्मक वर्गीकरण का वर्णन करें।

6. योनि भेद से द्रव्यवर्गीकरण करें।

लघु-उत्तरीय प्रश्न

1. जाङ्गम द्रव्यों के प्रकारों का वर्णन करें।

2. औद्भिद् द्रव्यों के वर्गीकरण को आकृति के आधार पर स्पष्ट करें।

3. Define types of trees and climbers.

बहु-विकल्पीय प्रश्न

1. द्रव्य क्या है?

a. जो द्रवण करे b. जो गमन करे c. जो परिणाम को प्राप्त हो d. उपरोक्त सभी।

2. रसादि किसमें आश्रित होते हैं?

a. द्रव्य b. कर्म c. गुण d. किसी में नहीं।

3. आचार्य चरक ने मूलिनी द्रव्यों की संख्या कितनी कही है?

a. 16 b. 19 c. 27 d. 7

4. आहार, औषध आदि द्रव्यों का निर्माण किससे हुआ है?

a. काल से b. पंचमहाभूतों से c. पंचतन्मात्राओं से d. उपरोक्त सभी से

5. आयुर्वेद में इन्द्रियाँ कैसी मानी गई हैं?

a. भौतिक b. रसायनिक c. वीर्यवान d. इनमें से कोई नहीं

6. चिकित्सा करते समय सबसे महत्वपूर्ण एवं चिन्ता करने योग्य विषय क्या है?

a. रस b. औषध का विपाक c. महाभूत d. रोगी का गुण

7. द्रव्य का अधिष्ठान क्या है?

a. जल b. आकाश c. पृथ्वी d. उपरोक्त सभी

8. भावप्रकाश के अनुसार नाभस द्रव्य का प्रत्यात्तम लक्षण क्या है?

a. खरत्व b. चलत्व c. उष्णत्व d. अप्रतिघात

9. पुरूष सुक्त में द्रव्यों का वर्गीकरण किस प्रकार से है?

a. कारण एवं कार्य b. साशन एवं अनशन c. प्राकृतिक एवं कृत्रिम d. जांगम एवं स्थावर

10. अष्टाङ्गहृदय के अन्नद्रव्य विज्ञानीयमध्याय में अन्न द्रव्य को किस-किस वर्ग में विभाजित किया है?

a. आहार वर्ग b. औषध वर्ग c. आहार व औषध वर्ग d. किसी में नहीं

11. अन्नपानविधिअध्याय (सुश्रुत) में अन्न द्रव्यों को कितने वर्गों में विभाजित किया गया है?

a. 12 b. 11 c. 13 d. 14

12. चरक सूत्र स्थान में वर्णित महाकषायों में कुल कितने द्रव्यों का वर्णन मिलता है?

a. 50 b. 250 c. 54 d. 274

13. लक्षण मृदोद्भिद पौधे उगते हैं।

a. खरी जगह में b. रेगिस्तान में c. चट्ट्रानों में d. पानी में

14. उद्भिज क्या है?

a. जरायु से उत्पन्न b. स्वेद से उत्पन्न c. अण्डे से उत्पन्न d. पृथ्वी को भेद कर आते हैं

उत्तरमाला (बहुविकल्पीय प्रश्न)

1. d **2.** a **3.** a **4.** b **5.** a **6.** c **7.** c **8.** d
9. b **10.** c **11.** c **12.** d **13.** a **14.** d

अध्याय 3

गुणविज्ञानीयाध्याय

गुण/Properties of the Drug

व्युत्पत्ति

- गुण धातु + अच् प्रत्यय - गुण = स्वभाव, विशेषता, लक्षण।
- "गुण आमन्त्रणे" धातु - गुण = जिसके द्वारा द्रव्य आमन्त्रित करे।

निरूक्ति

- **गुण्यते आमन्त्र्यते लोक अनेन इति गुणः।**

  जिसके द्वारा द्रव्य लोगों को आमन्त्रित करता है, उसे गुण कहते हैं।
- **आकृष्यन्ते जना यस्तु द्रव्यं प्रति बलादिव। गुर्वादयश्च विषया गुणाख्या रज्जवो यथा।।** (प्रि॰ नि॰/द्र॰/9)

  जिनके द्वारा लोग द्रव्य के प्रति हठात् आकृष्ट होते हैं वे गुण कहलाते हैं। गुण का अर्थ रज्जु भी है, अतः जिस प्रकार रस्सी से बाँधकर खींचा जाता है, वैसे ही गुण भी लोगों को बाँधकर खींचता है। द्रव्यगुणशास्त्र का कर्ता द्रव्य तथा करण गुण है क्योंकि द्रव्य ही क्रिया करने में समर्थ होता है तथा उसकी यह समर्थता उसमें आश्रित गुणों के कारण होती है। यह गुण ही उस द्रव्य के कर्म करने में कारण होते हैं तथा इनके द्वारा ही लोक (जन) उस द्रव्य के प्रति आकर्षित होते हैं।

परिभाषा/लक्षण

- **द्रव्याश्रय्यगुणवान् संयोगविभागेष्वकारणमनपेक्षोगुणः।** (वै॰ द॰ 1/1/16)

  जो द्रव्याश्रित हो, अगुणवान् (गुण से रहित) एवं संयोग-विभाग में कारण न हो (निष्क्रिय) उसे गुण कहते हैं।
- **अथ द्रव्याश्रिता ज्ञेया निर्गुणा निष्क्रिया गुणाः।** (कारिकावली)

  जो द्रव्याश्रित, गुण और क्रिया से रहित हो उसे गुण कहते हैं।

  विमर्शः

  - **द्रव्याश्रित**–जो द्रव्य में आश्रित होकर रहें या जिनका आधार द्रव्य हो।
  - **अगुणवान्/निगुर्ण**–गुण कोई स्वतन्त्र द्रव्य नहीं है, अतः गुण-गुण में नहीं रह सकता इसलिए गुण "निर्गुण" या "अगुणवान्" होता है।
  - **निष्क्रिय**–गुण स्वयं कोई क्रिया नहीं कर सकता, जो कर्म होगा वह द्रव्य के द्वारा ही होगा, क्योंकि गुण द्रव्य में आश्रित होता है। वह केवल उस कर्म में कारण हो सकता है। यथा–आमलकी एक द्रव्य है, उसमें

शीत गुण समवाय सम्बन्ध से रहता है एवं वह रक्तपित्तहर कर्म का भी आश्रय है तथा यह कर्म शीत गुण के कारण होता है। शरीर में रक्तपित्तहर कर्म आमलकी के ग्रहण से होगा, जो शीत गुण के कारण ग्रहण की जाएगी एवं संयोग विभाग आदि कर्म में कारण होगी।

- **समवायी तु निश्चेष्टः कारणं गुणः।** (च॰ सू॰ 1/51)

  जो द्रव्य का समवायी हो, निश्चेष्ट एवं कर्म (ग्रहण) में कारण हो, वह गुण कहलाता है।

  विमर्शः

  – **समवायी**–गुण द्रव्य में आश्रित होता है। जिस प्रकार द्रव्य का गुण से समवाय सम्बन्ध होता है, उसी प्रकार गुण का भी द्रव्य से समवाय (नित्य) सम्बन्ध होता है, अतः गुण द्रव्य का समवायी होता है।

  – **निश्चेष्ट**–गुण द्रव्य में रहता है, अतः द्रव्य का ग्रहण होने पर गुण कोई चेष्टा नहीं करता है।

  – **कारण**–उस गुण के कारण ही द्रव्य ग्रहण किया जाता है। यथा–गुलाब पुष्प में सुन्दर रूप एवं गन्ध गुण है, वह पुष्प में समवाय सम्बन्ध से रहते हैं। जब पुष्प का ग्रहण करते हैं, तब वे कोई चेष्टा नहीं करते न ही यह कहते हैं कि हमारा ग्रहण करो परन्तु उन्हीं के कारण उस पुष्प को ग्रहण किया जाता है।

- **विश्वलक्षणा गुणाः।** (र॰ वै॰ 1/168)

  विश्व (विभिन्न) लक्षणों वाला गुण होता है। अर्थात् द्रव्यों के लक्षणों में भिन्नता उसके गुणों के कारण होती है।

- **द्रव्यसमवेतोऽसमवायिकारणं गुणः।** (द्र॰ गु॰ सू॰ 3/1)

  जो द्रव्य में समवाय सम्बन्ध से आश्रित तथा स्वयं कार्य के प्रति असमवायि कारण हो वह गुण है। यथा–पट के निर्माण में तन्तुओं का संयोग कारण है, यहाँ संयोग रूपी गुण असमवायि कारण है।

- **कर्मभिस्त्वनुमीयन्ते नानाद्रव्याश्रया गुणाः।** (सु॰ सू॰ 46/521)

  नाना द्रव्यों में आश्रित गुणों का ज्ञान उनके कर्मों से अनुमेय (जाना जाता) होता है।

गुणों का वर्गीकरण एवं संख्या

गुण संख्या

न्यायदर्शन	–	24	सुश्रुत संहिता	–	22
वैशेषिक दर्शन	–	17	अष्टांगसंग्रह	–	27
चरक संहिता	–	41	अष्टांगहृदय	–	20

गुण वर्गीकरण

- **चरक (4 वर्ग)–सार्था गुर्वादयो बुद्धिः प्रयत्नान्ताः परादयः गुणाः प्रोक्ताः।** (च॰ सू॰ 1/41)

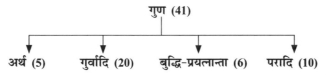

गुण (41)
- **अर्थ (5)**
- **गुर्वादि (20)**
- **बुद्धि-प्रयत्नान्ता (6)**
- **परादि (10)**

- **द्रव्यगुण सूत्रम (4 वर्ग)–गुणा एकचत्वारिंशत्–कायिकाः, सात्त्विकाः, भौतिकाः, यौगिकश्चः।** (द्र॰ गु॰ सू॰ 3/2)

गुण (41)
- **कायिक** (गुर्वादि) 20
- **सात्त्विक** (आत्मगुण) 6
- **भौतिक** (वैशेषिक) 5
- **यौगिक** (परादि) 10

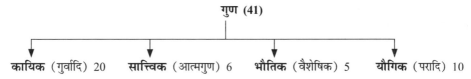

- **चक्रपाणि (3 वर्ग)–अनेन त्रिविधाऽपि वैशेषिकाः सामान्याः आत्मगुणाश्चेद्रिन्यः।**

गुण (41)

- **वैशेषिकगुण** (शब्दादि विषयों को भूतों का विशिष्ट गुण कहा गया है)
  - **शब्दादिगुण** (5)
- **सामान्यगुण** (पृथ्वी आदि भूतों में सामान्य होने के कारण)
  - **गुर्वादिगुण** (20)
  - **परादिगुण** (10)
- **आत्मगुण** (आत्मा के गुण)
  - **आत्मगुण** (6)

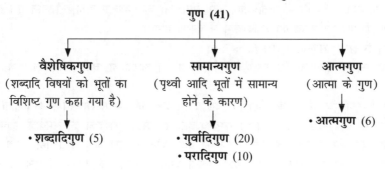

- **प्रशस्तपाद (3 वर्ग)–**

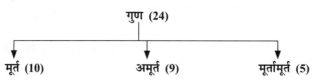

गुण (24)

- **मूर्त (10)**
- **अमूर्त (9)**
- **मूर्तामूर्त (5)**

- **2 वर्ग–**

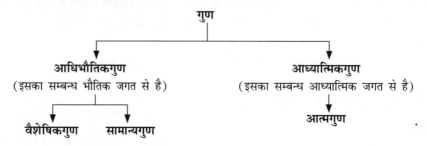

गुण

- **आधिभौतिकगुण** (इसका सम्बन्ध भौतिक जगत से है)
  - **वैशेषिकगुण**
  - **सामान्यगुण**
- **आध्यात्मिकगुण** (इसका सम्बन्ध आध्यात्मिक जगत से है)
  - **आत्मगुण**

गुर्वादि गुण

गुर्वादि गुण की संज्ञाएं

- **शारीरगुण (गंगाधर)**–शारीर धातुओं से विशेष सम्बन्ध होने के कारण।
- **कर्मण्यगुण (नागार्जुन)**–शीत-उष्ण, स्निग्ध-रूक्ष, विशद-पिच्छिल, तीक्ष्ण-मृदु।
- **कायिकगुण (द्रव्यगुणसूत्रम्)**–विशेष कार्य से सम्बन्धित होने के कारण।

गुर्वादिगुणों का विभिन्न संहिताओं में वर्णन

- **गुर्वादयस्तु–गुरूलघुशीतोष्णस्निग्धरूक्षमन्दतीक्ष्णस्थिरसरमृदुकठिनविशदपिच्छिलश्लक्ष्णखरस्थूल–सूक्ष्मासान्द्रद्रवा विंशतिः।** (च॰ सू॰ 1/41-चक्रपाणि)
- **आचार्य सुश्रुत** (सू॰ 46/522-531) **ने 20 गुण कहे हैं, परन्तु पहले दस गुणों का वर्णन करके अन्य दस गुणों का वर्णन करता हूँ ऐसा कहकर 12 गुणों का वर्णन किया है, अतः पहले दस गुणों को प्रधान एवं अन्य 12 गुणों को गौण माना जा सकता है।**

प्रवाह संचित्र

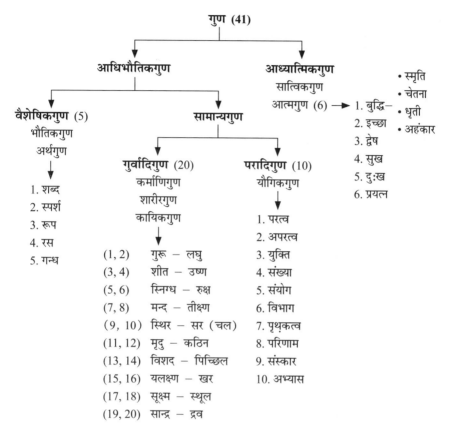

- **गुरूमन्दहिमस्निग्धश्लक्ष्णसान्द्रमृदुस्थिराः। गुणाः ससूक्ष्मविशदा विंशतिः सविपर्ययाः॥** (अ॰ हृ॰ सू॰ 1/18)
- **गुरूमन्दहिमस्न्रिग्धश्लक्ष्णसान्द्रमृदुस्थिराः। गुणाः ससूक्ष्मविशदा विंशति सविपर्ययाः। इन्द्रियार्था व्यावायी च विकासी चापरे गुणाः॥** (अ॰ सं॰ सू॰ 1/38-39)
- **गुरूः स्निग्धश्च तीक्ष्णश्च रूक्षो लघुरिती क्रमात्। धराम्बुवह्निपवनव्योम्नां प्रायो गुणाः स्मृताः।** (शा॰ पू॰ 2/24)
- **सुश्रुते तु गुणा एते विंशतिस्तान ब्रुवे शृणु।** (भा॰ प्र॰ मिश्र॰ 6/204)
- **शीतोष्णस्निग्धरूक्षविशदपिच्छिलगुरूलघुमृदुतीक्ष्णः गुणाः कर्मण्याः।** (र॰ वै॰)

चरक 20	गुरू-लघु, शीत-उष्ण, स्निग्ध-रूक्ष, मन्द-तीक्ष्ण, स्थिर-सर, मृदु-कठिन, विशद-पिच्छिल, श्लक्ष्ण-खर, सूक्ष्म-स्थूल, सान्द्र-द्रव।
शार्ङ्गधर 5	गुरू, स्निग्ध, तीक्ष्ण, रूक्ष, लघु। सभी गुणों का अन्तर्भाव इन्हीं पाँचभौतिक गुणों में बताया है।
सुश्रुत 20+2	पर (10)–शीत-उष्ण, स्निग्ध-रूक्ष, पिच्छिल-विशद, तीक्ष्ण-मृदु, गुरू-लघु। अपर (12)–द्रव-सान्द्र, श्लक्ष्ण-कर्कश, सुगन्ध-दुर्गन्ध, सर-मन्द, व्यवायी, विकासी, आशुकारी, सूक्ष्म।

जारी है...

जारी है...

वृद्धवाग्भट्ट 20+2	गुरू-लघु, मन्द-तीक्ष्ण, हिम-उष्ण, स्निग्ध-रूक्ष, श्लक्ष्ण-खर, सान्द्र-द्रव, मृदु-कठिन, स्थिर-सर, सूक्ष्म-स्थूल, विशद-पिच्छिल। व्यवायी, विकासी।
भा॰ प्र॰ 20+2	गुरू-लघु, स्निग्ध-रूक्ष, तीक्ष्ण-श्लक्ष्ण, स्थिर-सर, पिच्छिल-विशद, शीत-उष्ण, मृदु-कर्कश, स्थूल-सूक्ष्म, द्रव-शुष्क, आशु-मन्द, व्यवायी, विकासी।
र॰ वै॰ 10	गुरू, लघु, शीत, उष्ण, स्निग्ध, रूक्ष, मृदु, तीक्ष्ण, पिच्छिल, विशद।

- **भावमिश्र ने सुश्रुत के अनुसार ही गुणों का वर्णन किया है परन्तु कहीं-2 पर दोनों के गुण युग्म में अन्तर मिलता है। यथा–**

सुश्रुत	भा॰ प्र॰
मृदु - तीक्ष्ण	तीक्ष्ण - श्लक्ष्ण
द्रव - सान्द्र	द्रव - शुष्क
श्लक्ष्ण - कर्कश	मृदु - कर्कश
सर - मन्द	आशु - मन्द

नोट–मुख्यत: गुर्वादि गुणों की संख्या 20 ही है।
- व्यवायी का अन्तर्भाव हेमाद्रि ने द्रवगुण में तथा कुछ आचार्यों ने सर गुण में किया है।
- विकासी का अन्तर्भाव हेमाद्रि ने खर गुण में तथा कुछ आचार्यों ने तीक्ष्ण गुण में किया है। व्यवायी, विकासी को द्रव्यगुणशास्त्र कर्म मानता है।
- सुगन्ध का अन्तर्भाव मन्द गुण में तथा दुर्गन्ध का तीक्ष्ण गुण में होता है।
- दुर्गन्ध, विस्त्र का अन्तर्भाव तीक्ष्ण गुण में होता है।
- आशुकारी का अन्तर्भाव चल, तीक्ष्ण तथा सूक्ष्म गुण में होता है।

गुर्वादि गुणों का विस्तृत वर्णन

1, 2	गुरू (Heaviness)	लघु (Lightness)
परिभाषा	**यस्य द्रव्यस्य बृंहणे कर्मणि शक्तिर्गुरू:।** (अ॰ हृ॰ सू॰ 1/18-हेमाद्रि) जिस द्रव्य में बृंहण करने की शक्ति होती है वह गुरू कहलाता है।	**यस्य लङ्घने शक्ति स: लघु:।** (अ॰ हृ॰ सू॰ 1/18-हेमाद्रि) जिस द्रव्य में लङ्घन करने की शक्ति होती है वह लघु कहलाता है।
भौतिक स्वरूप	**गुरूत्वं जलभूम्यो: पतनकर्मकारणं।** (प्र॰ पा॰ भा॰) यह द्रव्यों के अध:पतन में कारण होता है।	गुरूत्व का अभाव, उत्साह, दौर्बल्य, उर्ध्वभागहर।
कार्मुक स्वरूप	• **साटोपलेपबलकृद्।** (सु॰ सू॰ 46/525) • **गुरूपुष्टिश्लेष्मकृच्चिरपाकि च।** गुरूत्व उत्पन्न करना, चिरपाकी, उपलेपन, ह्लादन, बल्य।	**लघुशीघ्रपाकि च।** लघुत्व उत्पन्न करना, लघुपाकी।
भौतिक संगठन	**गौरवं पार्थिवमापयश्च** (र॰ वै॰ 3/116) पृथ्वी + जल महाभूत प्रधान ।	**लघवमन्यदीयम्** (र॰ वै॰ 3/117) आकाश + वायु + अग्नि महाभूत प्रधान ।

जारी है...

जारी है...

कर्म	• **साटोपलेपबलकृद् गुरूस्तर्पणबृंहणः।** (सु० सू० 46/525) • **गुरू वातहरं पुष्टिश्लेष्मकृच्चिरपाकि च।** (शा० पू० 2/25)	• **लघुस्तद्विपरीतः स्याल्लेखनो रोपणस्तथा।** (सु० सू० 46/525) • **लघु पथ्यं परं प्रोक्तं कफघ्नं शीघ्रपाकि च।** (शा० पू० 2/27)
दोष	वातहर, कफवर्धक।	कफघ्न, वातवर्धक।
धातु	धातुवर्धक, पुष्टिकारक।	लंघन, कृशताकारक, लेखन।
मल	मलवृद्धिकर व स्त्रोतोपलेप।	बृद्धविणमूत्र, स्त्रोतोशोधक, अग्निवर्धक,
शारीरिक	बृंहण, तर्पण, बल्य।	व्रणरोपक, बलहानि, सोषिर्यकर उत्साहकर व
मानस	ग्लानिकर व अवसादकर।	स्फूर्तिकर।
उदाहरण	माष, मुशली, मधुर रस, शीतवीर्य।	मुद्ग, लाजा आदि।

3, 4	**शीत (Coldness)**	**उष्ण (Heat)**
परिभाषा	**यस्य द्रव्यस्य स्तम्भने शक्ति सः हिमः।** (अ० हृ० सू० 1/18-हेमाद्रि) जिस द्रव्य में स्तम्भन करने की शक्ति होती है वह शीत कहलाता है।	**यस्य स्वेदने शक्ति सः उष्णः।** (अ० हृ० सू० 1/18-हेमाद्रि) जिस द्रव्य में स्वेदन करने की शक्ति होती है वह उष्ण कहलाता है।
भौतिक स्वरूप	**शीतो दाहजित्।** (सु० सू० 46/522) दाह शामक।	**उष्णस्तद्विपरीतः** (सु० सू० 46/522) दाह वृद्धिकर।
कार्मुक स्वरूप	**शीतद्रव्यं देहे शैत्यमुत्पादयति।** (द्र० गु० शा०) शरीर में उष्णता को कम करता है।	**उष्ण द्रव्यं शरीरे औष्ण्यमुत्पादयति।** (द्र० गु० शा०) शरीर में उष्णता को बढ़ाता है।
भौतिक संगठन	**शीताम्बुगुणभूयिष्ठः** (सु० सू० 41/15) जल महाभूत प्रधान।	**तीक्ष्णोष्णावग्नेयौ।** (सु० सू० 41/15) अग्नि महाभूत प्रधान।
कर्म	• **शीताः पित्तघ्नाः।** (सु० सू० 41/15) • **ह्लादनः स्तम्भनः शीतो मूर्च्छातृट्-स्वेददाहजित्।** (सु० सू० 46/522) • **शीतस्तु ह्लादनः स्तम्भी मूर्च्छातृट्-स्वेददाहनुत्।** (भा० प्र०) • **शीतद्रव्यं सुखमुत्पादयति, ओजो वर्धयति, मूर्च्छातृड्स्वेददाहानपनयति, रक्तं स्कन्दयति छर्दतीसारविषरक्त-स्त्रावान् स्तम्भयंति रक्तपित्तयोः प्रसादनं च।** (द्र० गु० शा०)	• **उष्ण स्निग्धौ वातघ्नौ।** (सु० सू० 41/15) • **उष्णस्तद्विपरीतः स्यात् पाचनश्च विशेषतः।** (सु० सू० 46/522) • **उष्णो भवति शीतस्य विपरीतस्तु पाचनः।** (भा० प्र०) • **उष्ण द्रव्यं अन्नादीन् पचति, मूर्च्छातृड्स्वेद -दाहान् जनयति, शरीरगतं दोषसंघातं विष्यन्दयति बहिः क्षिपति च।** (द्र० गु० शा०)
दोष	पित्तघ्न, वातश्लेष्मकर।	पित्तवर्धक, वातश्लेष्महर।
धातु	धातुवर्धक, रक्तस्तम्भक।	धातुक्षयकर, रक्तस्त्रावप्रवर्तक।
मल	मूत्रल, स्वेद व पुरीष स्तम्भक।	पुरीष व स्वेद प्रर्वतक।
शारीरिक	ओजोवर्धक, मूर्च्छा, तृष्णा, स्वेद, दाहशामक, रक्तस्कन्दक, छर्दि, अतिसार, विष, रक्त, स्त्रावस्तम्भक।	पाचन, मूर्च्छा, तृष्णा, स्वेद, दाहवर्धक, शरीरगत दोष संघात को तोड़कर उनका विषयन्दन करके बाहर निकालने वाला।
मानस	सुखोत्पादक, मनह्लादकर (प्रसन्नता)।	दुःखोत्पादक।
उदाहरण	चन्दन, दूर्वा, मधुर, तिक्त, कषाय रस।	चित्रक, हिंगु, अगुरू, कटु, अम्ल, लवण रस।

5, 6	स्निग्ध (Unctuousness)	रूक्ष (Nonunctuousness/dryness)
परिभाषा	**यस्य क्लेदने शक्ति सः स्निग्धः।** (अ॰ हृ॰ सू॰ 1/18-हेमाद्रि) जिस द्रव्य में क्लेदन करने की शक्ति होती है वह स्निग्ध कहलाता है।	**यस्य शोषणे शक्ति सः रूक्षः।** (अ॰ हृ॰ सू॰ 1/18-हेमाद्रि) जिस द्रव्य में शोषण करने की शक्ति होती है वह रूक्ष कहलाता है।
भौतिक स्वरूप	स्निग्धता, आर्द्रता उत्पन्न करने वाला, चक्षु तथा स्पर्श से गाह्य।	स्निग्धता का अभाव करने वाला, चक्षु तथा स्पर्श से गाह्य।
कार्मुक स्वरूप	**स्नेहमार्दवकृत् स्निग्धो** (सु॰ सू॰ 46/523) शरीर में स्नेह, मृदुता, आर्द्रता, बल, वर्ण उत्पन्न करता है।	**रूक्षस्तद्विपरीतः।** (सु॰ सू॰ 46/523) शरीर में रूक्षता, शुष्कता, कठिनता उत्पन्न करता है।
भौतिक संगठन	**पृथिव्यम्बुगुणभूयिष्ठः स्नेहः।** (सु॰ सू॰ 41/15) पृथ्वी + जल महाभूत प्रधान ।	**वायुगुणभूयिष्ठं रौक्ष्यम्।** (सु॰ सू॰ 41/15) वायु महाभूत प्रधान ।
कर्म	• **स्निग्धं वातहरं श्लेष्मकारि वृष्यं बलावहम्।** (शा॰ पू॰ 2/25) • **स्नेहमार्दवकृत् स्निग्धो बलवर्णकर-स्तथा।** (सु॰ सू॰ 46/523) • **तत्तु शरीरं क्लेदयति स्नेहयति बृहयति, तर्पयति च। तरूणान् धातून् चोत्पादयति। बलं बर्धयति वर्णं प्रसादयति इन्द्रियाणि दृढीकरोति जरां नाशयति आयुर्वर्धयति च। शकृन्मूत्रवातान् सूखेन वहिः क्षिपति।** (द्र॰ गु॰ शा॰)	• **तीक्ष्णरूक्षविशदाः श्लेष्मघ्नाः।** (सु॰ सू॰ 41/15) • **रूक्षस्तद्विपरीतः स्याद् विशेषात् स्तम्भनः खरः।** (सु॰ सू॰ 46/523) • **तत् शरीरं शोषयति रूक्षयति कर्षयति ग्लपयति च प्रायः। धातून् शोषयति। बलं क्षपयति, वर्णं विनाशयति इन्द्रियाणि शिथिलीकरोति, वार्धक्यमुत्पादयति आयुः क्षपयति च। शकृन्मूत्रवातान् विबन्धयति।** (द्र॰ गु॰ शा॰)
दोष	वातघ्न, श्लेष्मकर।	वातवर्धक, श्लेष्महर।
धातु	बलवर्धक, वाजीकरण, वृष्य।	बलनाशक, धातुशोषक,
मल	मलमूत्र का सुखपूर्वक प्रवर्तक।	मूत्र, पुरीष, स्वेद, वात विबन्धक।
शारीरिक	शरीर में आद्रता, स्नेहन, बृंहण, तर्पण नवीन धातुओं का उत्पादक, बल्य, वर्ण्य, इन्द्रियप्रसादक, इन्द्रियद्रढीकारक, जरानाशक, आयुवर्धक।	शरीर शोषक, रूक्षक, कर्षणकर, बलह्रासकर, वर्णविनाशक, इन्द्रिय शैथिल्यकर, आयुह्रासकर, जरा उत्पादक।
उदाहरण	वसा, तिल, एरण्ड, मधुर, अम्ल, लवण।	यव, गुगुल, कटु, तिक्त, कषाय रस।

7, 8	मन्द (Dullness)	तीक्ष्ण (Sharpness)
परिभाषा	**यस्य शमने शक्ति सः मन्दः।** (अ॰ हृ॰ सू॰ 1/18-हेमाद्रि) जिस द्रव्य में शमन करने की शक्ति होती है वह मन्द कहलाता है।	**यस्य शोधने शक्ति सः तीक्ष्णः।** (अ॰ हृ॰ सू॰ 1/18-हेमाद्रि) जिस द्रव्य में शोधन करने की शक्ति होती है वह तीक्ष्ण कहलाता है।
भौतिक स्वरूप	शनैः शनै अल्प कार्य करने वाला, चक्षु इन्द्रिय द्वारा ग्राह्य।	तीव्रता से प्रभूत कार्य करने वाला, स्पर्श इन्द्रिय द्वारा ग्राह्य।

जारी है...

जारी है...

कार्मुक स्वरूप	विषम दोषों का शमन एवं शरीरस्थौल्य उत्पन्न करने वाला।	शोधन कर्म करने वाला एवं कार्शय उत्पन्न करने वाला।
भौतिक संगठन	पृथ्वी + जल महाभूत प्रधान।	**तीक्ष्णो गुण आग्नेयः।** (द्र॰ गु॰ शा॰) अग्नि महाभूत प्रधान।
कर्म दोष धातु मल शारीरिक	• **कफं वर्धयति वातं पितं च शमयति।** (द्र॰ गु॰ शा॰) • **मन्दो यात्राकरः स्मृतः।** (सु॰ सू॰ 46/529) • **मन्दस्तु धातून् बृंहयति। मन्दस्तु दोषान् शमयति। धातुपाकात् शरीरं रक्षयति दाहं च नाशयति।** (द्र॰ गु॰ शा॰) • **मन्दः सकलकार्येषु शिथिलोऽल्पोपि-जायते।** (भा॰ प्र॰) कफवर्धक, वातपित्तशामक। धातुवर्धक, स्थौल्यकर, धातुपाककर। मलनिःसरण में सहायक नहीं होता। दाहशामक, शरीररक्षाकर, शैथिल्यकर।	• **पित्त प्रकोपयति कफं वातं च हन्ति।** (द्र॰ गु॰ शा॰) • **दाहपाककरस्तीक्ष्णः स्त्रावणो।** (सु॰ सू॰ 46/525) • **तीक्ष्णं द्रव्यं दोषधातुमलसंघातान् विच्छिनत्ति। उर्ध्वमार्गेण अधो मार्गेण वा दोषान् बहिः क्षिपति दोषान् धातून्वा पचति, धातुपाकाद् व्रणं जनयति। व्रणाद् रसरक्तलसीकादीन् बहिः स्त्रावयति। दाहं च जनयति दुःखं चोत्पादयति। धातून विच्छेदयति च।** (द्र॰ गु॰ शा॰) पित्तकर व वातकफहर। धातुह्रासकर, शरीरलेखक। मल प्रर्वतक। दोषधातुमलसंघात भेदक, व्रणजनक, रक्तरसलसिका का बहिःस्त्रावक, दाहपाककर।
उदाहरण	कुष्माण्ड, आमलकी, मधुर, तिक्त, कषाय रस।	भल्लातक, मरिच, अम्ल, लवण, कटु रस।

9, 10	**स्थिर (Immobility)**	**सर (चल) (Mobility)**
परिभाषा	**यस्य धारणे शक्ति सः स्थिरः।** (अ॰ हृ॰ सू॰ 1/18-हेमाद्रि) जिस द्रव्य में धारण करने की शक्ति होती है वह स्थिर कहलाता है।	**यस्य प्रेरणे शक्ति सः चलः।** (अ॰ हृ॰ सू॰ 1/18-हेमाद्रि) जिस द्रव्य में प्रेरण करने की शक्ति होती वह सर (चल) कहलाता है।
भौतिक स्वरूप	• **द्रव्यस्यैकस्थाने स्थितिः स्थिरत्वम्** (द्र॰ गु॰ शा॰) • **केशश्मश्रुलोमास्थिनखदन्तसिरास्नायु धमनीरेतः प्रभृतीनि स्थिराणि।** (सु॰ शा॰ 3/31) जिसके कारण द्रव्य एक ही स्थान में स्थिर रहे। अस्थि, नख दन्त आदि स्थिर हैं।	**सरो व्याप्तिशीलः।** (द्र॰ गु॰ शा॰) गतिमान, व्यापक (फैलने वाला) गुण खर या चल कहलाता है।
कार्मुक स्वरूप	**स्थिरो वातमलस्तम्भी।** (भा॰ प्र॰) वायु, मल, मूत्र का स्तम्भन करने वाला।	**सरोऽनुलोमनः प्रोक्तोः।** (सु॰ सू॰ 46/529) वायु, मल, मूत्र का प्रर्वतक (अनुलोमक) होता है।
भौतिक संगठन	**पार्थिवगुणबाहुल्यात् स्थिरः।** (द्र॰ गु॰ शा॰) पृथ्वी महाभूत प्रधान।	जल महाभूत प्रधान (सुश्रुत) वायु महाभूत प्रधान (प्रियव्रत शर्मा)

जारी है...

जारी है...

कर्म दोष धातु मल	• **स्थिरं द्रव्यं दोषधातुमलान् शरीरे दीर्घ-कालं स्थापयति धारयति च। स्थिर-द्रव्याद् धातूनां मलेषु परिवर्तनमाशु न भवति। हृदयस्य प्रस्पन्दनं चलनं वा स्थिरेण भवति। धातुपोषणं च सम्यक् भवति।** (द्र॰ गु॰ शा॰) • **स्थिरत्वात् पक्वाशयस्य प्रस्पंदनं न वर्धते। पक्वाशयगतवातस्य प्रकोपो न भवति किन्तु कफस्य वृद्धिर्भवति, तेन पुरीषस्य वातस्य चाधोमार्गेण प्रवर्त्तनं न भवति।** (द्र॰ गु॰ शा॰) कफवर्धक। धातुवर्धक, स्थैर्यकर। बद्धविणमूत्रमारूत।	**सरत्वात् द्रव्यं शरीरे धातुषु चाशुप्रसरति। व्यानं च प्रकोपयति। व्यानप्रकोपात् हृदयस्य चलनं वर्धते। तेन रसरक्तादि धातूनां परिवर्तनमभिसरणं वा वर्धते। क्वचित् सरत्वात् पक्वाशयस्य चलनं वर्धते। वातस्य पित्तस्य च प्रकोपो भवति तेन वातस्य पुरीषस्य च अधः प्रवृत्तिराशु भवति।** (द्र॰ गु॰ शा॰) वातवर्धक। धातुओं का लेखक, रसरक्तादि का प्रसारक। पक्वाश्य की गति बढाकर मलप्रवर्तक।
उदाहरण	शालपर्णी, सुधा, पृथुक।	स्वर्णपत्री, कुटकी।

11, 12	**मृदु (Softness)**	**कठिन (Hardness)**
परिभाषा	**यस्य श्लथने शक्ति सः मृदुः।** (अ॰ हृ॰ सू॰ 1/18-हेमाद्रि) जिस द्रव्य में श्लथन (कोमल) करने की शक्ति होती है वह मृदु कहलाता है।	**यस्य दृढने शक्ति सः कठिनः।** (अ॰ हृ॰ सू॰ 1/18-हेमाद्रि) जिस द्रव्य में दृढता (कठोरता) उत्पन्न करने की शक्ति होती है वह कठिन कहलाता है।
भौतिक स्वरूप	**मांसशोणितमेदोमज्जहृन्नाभियकृत्प्ली-हान्त्रगुदप्रभृतीनि मृदुनि।** (सु॰ शा॰ 3/31) स्पर्श में कोमलता की प्रतीती करता है। मांस, रक्त, मेद, मज्जा, हृदय, नाभि आदि मृदु अंग हैं।	स्पर्श में कठोरता की प्रतीती करता है। द्रव्य में अव्यवों का पूर्ण सङ्घात होना कठिन कहलाता है।
कार्मुक स्वरूप	शिथिलता या कोमलता उत्पन्न करता है।	शरीर एवं धातुओं में दृढता उत्पन्न करता है।
भौतिक संगठन	**तोयाकाशगुणभूयिष्ठं मृदुद्रव्यम।** (द्र॰ गु॰ शा॰) जल + आकाश महाभूत प्रधान।	**कठिनं द्रव्यं पृथिवीगुणभूयिठं।** (द्र॰ गु॰ शा॰) पृथ्वी महाभूत प्रधान।
कर्म दोष धातु मल शारीरिक	**पित्तं शमयति कफं च वर्धयति। रक्तप्रसादनं मांसप्रसादनं च करोति।** (द्र॰ गु॰ शा॰) कफवर्धक, पितशामक। धातु शैथिल्यकर, उपलेपक, बल्य, रक्तप्रसादन, मांसप्रसादक। मलप्रवर्तक। व्रणरोपक, दाहशामक, स्त्रावनाशक, सुखोत्पादक।	**कफं नाशयति वातं च वर्धयति शरीरशैथिल्यं च दूरी करोति।** (द्र॰ गु॰ शा॰) वातवर्धक, कफनाशक। धातुवहन में अवरोध उत्पन्न कर कार्शय उत्पन्न करता है। मलशोषक। शैथिल्यहर, दृढीकर।
उदाहरण	द्राक्षा, घृत।	प्रवाल, मुक्ता, खदिर।

13, 14	**विशद (Clean/clearness)**	**पिच्छिल (Sliminess)**
परिभाषा	**यस्य क्षालने शक्ति सः विशदः।** (अ॰ हृ॰ सू॰ 1/18-हेमाद्रि) जिस द्रव्य में क्षालन (पिच्छिलता नष्ट) करने की शक्ति हो वह विशद कहलाता है।	**यस्य लेपने शक्ति सः पिच्छिलः।** (अ॰ हृ॰ सू॰ 1/18-हेमाद्रि) जिस द्रव्य में लेपन (पिच्छिलता) उत्पन्न करने की शक्ति हो वह पिच्छिल कहलाता है।

जारी है...

जारी है...

भौतिक स्वरूप	**विशदो क्लेदाचूषणः।** (सु॰ सू॰ 46/524) जिससे द्रव्य में चिपकाव (लुआव) न हो।	जिसके कारण से द्रव्य स्पर्श करने पर चिपकने लगता है तथा तन्तुल होता है।
कार्मुक स्वरूप	• **क्लेदच्छेदकरः ख्यातो विशदो व्रणरोपणः।** (भा॰ प्र॰) • **आशयानां शून्यत्वं रिक्तत्वमिव करोति।** (द्र॰ गु॰ शा॰) क्लेदशोषक, व्रणरोपक तथा आश्यों को रिक्त करने वाला।	• **आशयानां पूरणं करोति, गौरवं चोत्पादयति।** (द्र॰ गु॰ शा॰) बलवर्धक, लेपन, आशयपूरक, अव्यव संयोजक तथा गौरव उत्पन्न करने वाला।
भौतिक संगठन	**क्षितिसमीरणगुणभूयिष्ठं वैशद्यम्।** (सु॰ सू॰ 41/15) पृथ्वी + वायु महाभूत प्रधान।	**शीतपिच्छिलावम्बुगुणभूयिष्ठौ।** (सु॰ सू॰ 41/15) जल तहाभूत प्रधान।
कर्म	• **व्रणं शोषयति, रोपयति, शरीरं कर्षयति, सन्धिबन्धान् शिथिली करोति, शुक्रं क्षपयति, असंधानकरः कफं नाशयति वातं च वर्धयति।** (द्र॰ गु॰ शा॰) • **विशदो विपरीतोऽस्मात् क्लेदाचूषण-रोपणः।** (सु॰ सू॰ 46/524)	• **व्रणानुपलेपयति रक्तातिसारे पित्तातिसारे दोषाणामतियोगं जयति, शरीरं बृंहयति, संधिबन्धान् संश्लेषयति शुक्रं वर्धयति क्षतक्षीणानां बलम् च यच्छति। कफं वर्धयति पित्तं च शमयति।** (द्र॰ गु॰ शा॰) • **पिच्छिलो जीवनो बल्यः सन्धानः श्लेष्मलो गुरूः।** (सु॰ सू॰ 46/524)
दोष	वातवर्धक, कफनाशक।	कफवर्धक।
धातु	धातुलेखक, शुक्रक्षपणकर।	धातुवर्धक, शुक्रवर्धक।
मल	मलशोषक।	मलोत्सर्गकर।
शारीरिक	व्रणशोषक, व्रणरोपक, शरीरकर्षणकर, शैथिल्यकर, सन्धाननाशक।	रक्तातिसारहर, पित्तातिसारहर, बृंहण, बल्य, संश्लेषक, व्रणोपलेपक।
उदाहरण	निम्ब, खदिर, लवण।	श्लेष्मांतक, कोकिलाक्षबीज, इसबगोल।

15, 16	**श्लक्ष्ण (Smoothness)**	**खर (Roughness)**
परिभाषा	**यस्य रोपणे शक्ति सः श्लक्ष्णः।** (अ॰ हृ॰ सू॰ 1/18–हेमाद्रि) जिस द्रव्य में रोपण करने की शक्ति होती है वह श्लक्ष्ण कहलाता है।	**यस्य लेखने शक्ति सः खरः।** (अ॰ हृ॰ सू॰ 1/18–हेमाद्रि) जिस द्रव्य में लेखन करने की शक्ति होती है वह खर कहलाता है।
भौतिक स्वरूप	**श्लक्ष्णः पिच्छिलवज्ज्ञेयः।** (सु॰ सू॰ 46/527) जिससे द्रव्य चिकना, सुखदस्पर्श (संगेमरमर जैसा) वाला होता है। श्लक्ष्ण पिच्छिल गुण के समान है, परन्तु इसमें निम्नलिखित भेद हैं– <table><tr><th>श्लक्ष्ण</th><th>पिच्छिल</th></tr><tr><td>लेपन कर्म नहीं करेगा।</td><td>लेपन कर्म करेगा।</td></tr><tr><td>स्निग्धता रहित।</td><td>स्निग्धता युक्त।</td></tr></table>	**कर्कशो विशदो यथा।** (सु॰ सू॰ 46/527) जिससे द्रव्य स्पर्श में कर्कश, रूक्ष, खुरदरा, दुःखदस्पर्श वाला होता है।

जारी है...

जारी है...

कार्मुक स्वरूप	**गंभीरान् शुद्धान् व्रणान् श्लक्ष्णो गुणो रोपयति।** (द्र॰ गु॰ शा॰) व्रणों का शोधन, रोपण तथा धातुवृद्धि करता है।	लेखनकर्म, वातवृद्धि, धातु एवं मलों का शोषण करने वाला होता है।
भौतिक संगठन	अग्नि (नागार्जुन), आकाश (चरक), जल (सुश्रुत)।	वायु (नागार्जुन), वायु + पृथ्वी (चरक), वायु + अग्नि (सुश्रुत)।
कर्म	**श्लक्ष्णः कफं वर्धयति धातुंश्च बृंहयति व्रणान् रोपयति।** (द्र॰ गु॰ शा॰)	**खरद्रव्यं धातून् लेखयति कर्षयति च। व्रणान् लेखयति, अवसादयति, खरो धातून् लेखयति वातं च वर्धयति** (द्र॰ गु॰ शा॰)
दोष	कफवर्धक।	वातवर्धक।
धातु	धातुवर्धक।	धातुओं का लेखन, कर्षणकर।
मल	मलप्रवर्तक।	मलशोषण।
शारीरिक	व्रणरोपक तथा पिच्छिल के समान कर्म करने वाला।	व्रण लेखक, अवसादक तथा विशद के समान कर्म करने वाला।
उदाहरण	शाल्मली, मधुक, घृत।	यव, वचा, मधु, कर्कोटकी फल।

17, 18	**स्थूल (Bulkiness)**	**सूक्ष्म (Fineness)**
परिभाषा	**यस्य संवरणे शक्ति सः स्थुलः।** (अ॰ हृ॰ सू॰ 1/18–हेमाद्रि) जिस द्रव्य में संवरण करने की शक्ति होती है वह स्थूल कहलाता है।	**यस्य विवरणे शक्ति सः सूक्ष्मः।** (अ॰ हृ॰ सू॰ 1/18–हेमाद्रि) जिस द्रव्य में विवरण करने की शक्ति होती है वह सूक्ष्म कहलाता है।
भौतिक स्वरूप	जो बड़े आकार का हो तथा प्रसारी न हो।	जो बहुत ही छोटे आकार का तथा प्रसारी हो।
कार्मुक स्वरूप	**स्त्रोतोविबन्धं च जनयति।** (द्र॰ गु॰ शा॰) जो स्रोतस का अवरोध करे, गुरूपाकी एवं स्थौल्यकर हो।	**स्त्रोतःस्वनुसरः स्मृतः।** (सु॰ सू॰ 46/531) स्त्रोतों को विस्तारित करने वाला, स्त्रोतो में प्रसरणशील एवं लघुपाकी हो।
भौतिक संगठन	पृथ्वी महाभूत प्रधान।	अग्नि + वायु + आकाश महाभूत प्रधान।
कर्म		
दोष	कफवर्धक; वातशामक।	वातवर्धक।
धातु	शरीर स्थौल्यता कर (धातु का सम्यक पाक नहीं होने देते हैं।)	धातुक्षय, बृंहण द्रव्य को स्त्रोतों में प्रवेश कराने में सहायक।
मल	मलोत्सर्ग में सहायक।	मल शोषक।
उदाहरण	पिष्टिक, मोदक, मांस, क्षीर, कदली।	मरिच, मद्य, तेल।

19, 20	**सान्द्र (Solidity)**	**द्रव (Liquidity/Fluidity)**
परिभाषा	**यस्य प्रसादने शक्ति सः सान्द्रः।** (अ॰ हृ॰ सू॰ 1/18–हेमाद्रि) जिस द्रव्य में शरीर के अव्यवों का प्रसादन करने की शक्ति होती है वह सान्द्र कहलाता है।	**यस्य विलोडने शक्ति सः द्रवः।** (अ॰ हृ॰ सू॰ 1/18–हेमाद्रि) जिस द्रव्य में विलोडन (व्याप्त) करने की शक्ति होती है वह द्रव कहलाता है।
भौतिक स्वरूप	**सान्द्रः स्थूलः स्याद् बन्धकारकः।** (सु॰ सू॰ 46/527) जो धन, स्थिर तथा स्थूल हो। यह चक्षु तथा स्पर्श द्वारा ग्राह्य होता है।	**द्रवत्वं स्यन्दन कर्म करणात्।** (प्र॰ पा॰ भा॰) जो सूक्ष्म, सर्वत्र व्यापत तथा संग्रह का कारण हो।

जारी है...

जारी है...

कार्मुक स्वरूप	**तेषां प्रसादनं करोति, क्लिन्नत्वात् रक्ष्यति च।** (द्र॰ गु॰ शा॰) जो आर्द्रता से रक्षा करे, शरीर का प्रसादन तथा स्थूलंता करे तथा मलादि का बंधक हो।	**द्रवः प्रक्लेदनः।** (सु॰ सू॰ 46/527) जो आर्द्रता बनाए तथा अपने में विलीन करे।
भौतिक संगठन	पृथ्वी महाभूत प्रधान।	जल महाभूत प्रधान।
कर्म		
दोष	कफवर्धक।	कफपित्तवर्धक।
धातु	धातु सन्धानकर, धातुवर्धक।	तर्पण, धातुवर्धक।
मल	मल गाढा बनाता है।	मलोत्सर्ग में सहायक (जलांश बढ़ाकर)।
उदाहरण	नवनीत, दधि, शिम्बीधान्य।	दुग्ध, जल, इक्षुरस।

अन्य गुर्वादि गुण–

व्यवायी

- **व्यवायी चाखिलं देहं व्याप्य पाकाय कल्पते।** (सु॰ सू॰ 46/529)
- **पूर्व व्याप्याखिलं कायं ततः पाकं च गच्छति। व्यवायि तद्यथा भंगा फेनं चाहिसमुद्भवम्।** (शा॰ पू॰ 4/19)

जो द्रव्य अपक्व अवस्था में अर्थात् जठराग्नि के द्वारा परिपक्व होने से पूर्व ही अपने प्रभाव द्वारा सम्पूर्ण शरीर में व्याप्त हो जाए, तत्पश्चात् पाक को प्राप्त हो, उसे व्यवायी कहते हैं।

पंचभौतिक संगठन–वायु + आकाश।

गुणकर्म–

रस	- प्रायः तिक्त	**गुण**	- लघु, सूक्ष्म
विपाक	- कटु	**दोषकर्म**	- कफवातशामक

उदाहरण–भंगा, अहिफेन, वत्सनाभ।

विकासी

- **विकासी विकसन्नेवं धातुबन्धान् विमोक्षयेत्।** (सु॰ सू॰ 46/530)
- **सन्धिबन्धांस्तु शिथिलान् यत्करोति विकासि तत्। विश्लेष्यौजश्च धातुभ्यो यथा क्रमुककोद्रवाः।** (शा॰ पू॰ 4/20)

जो सर्व शरीर में व्याप्त होकर ओज को क्षीण कर धातुओं का ह्रास तथा सन्धियों में शिथिलता उत्पन्न करे, उसे विकासी कहते हैं।

पंचभौतिक संगठन–वायु महाभूत प्रधान।

गुण–

विपाक	- कटु	**गुण**	- लघु, रूक्ष, उष्ण तीक्ष्ण

उदाहरण–वमन, विरेचनद्रव्य, मद्य, विष, सुपारी, कोद्रव।

सुगन्ध

सुखानुबन्धी सूक्ष्मश्च सुगन्धो रोचनो मृदुः। (सु॰ सू॰ 46/528)

सुगन्ध गुण सुखानुबन्धी, सूक्ष्म, रूचिकर तथा मृदु होता है यथा–ऐला, त्वक।

दुर्गन्ध

दुर्गन्धो विपरीतोऽस्माद्घृल्लासारूचिकारकः। (सु॰ सू॰ 46/528)

सुगन्ध से विपरीत, अरूचिकारक, हृल्लासकारक दुर्गन्ध गुण होता है।

आशुकारी

आशुकारी तथाऽऽशुत्वाद्धावत्यम्भसि तैलवत्। (सु॰ सू॰ 46/530)

जो जल में तेल के समान शरीर में शीघ्रता से फैल कर अपना कर्म करे, उसे आशु कहते हैं।

शुष्क

सूखा हुआ शुष्क कहलाता है, यह द्रव के विपरीत होता है। पंचभौतिक संगठन–पृथ्वी + वायु + तेज।

गुर्वादि गुणों का प्रयोजन

गुणा य उक्ता द्रव्येषु शरीरेष्वपि ते तथा। स्थानवृद्धिक्षयास्तस्माद् देहिनां द्रव्यहेतुकाः। (सु॰ सू॰ 41/16)

जो गुण द्रव्य में होते हैं, वही शरीर में होते हैं, वही गुण द्रव्य के प्रयोग से शरीर में दोष, धातु, मल की स्थान - वृद्धि - क्षय में कारण होते हैं।

परादिगुण

परापरत्वे युक्तिश्च संख्या संयोग एव च। विभागश्च पृथक्त्वं च परिमाणमथापि च। संस्कारोऽभ्यास इत्येते गुणा ज्ञेयाः परादयः। सिद्धयुपायाश्चिकित्साया लक्षणैस्तान् प्रचक्ष्महे।। (च॰ सू॰ 26/29-30)

पर, अपर, युक्ति, संख्या, संयोग, विभाग, पृथक्त्व, परिमाण, संस्कार तथा अभ्यास, ये परादिगुण चिकित्सासिद्धि के उपाय हैं।

1, 2. पर गुण, अपर गुण

- **तच्च परत्वं प्रधानत्वम्। अपरत्वम् अप्रधानत्वम्।** (च॰ सू॰ 26/31–चक्रपाणि)

  परत्व का अर्थ प्रधान है तथा अपरत्व का अर्थ अप्रधान है। एक ही जाति में जो प्रधान (उत्कृष्ट) हो वह पर है तथा जो अप्रधान (निकृष्ट) हो, वह अपर है।
- **परत्वं सन्निकृष्टत्वम् उपयोगितायामासन्नत्वम्।** (योगिन्द्रनाथसेन)

  उपयोगिता की दृष्टि से जो समीप हो वह पर कहलाता है तथा जो दूर हो, वह अपर कहलाता है।
- **एकदिक्काभ्यामेक्कालाभ्यां सन्निकृष्टविप्रकृष्टाभ्यां परमपरं च।** (कणाद)

  एक ही दिशा तथा एक ही काल में जो सनिकृष्ट है, वह पर है तथा जो विप्रकृष्ट है, वह अपर है।
- **देशकालवयोमानपाकवीर्यरसादिषु परापरत्वे।** (च॰ सू॰ 26/31)

	पर	अपर
देश	मरू	आनूप
काल	विसर्ग	आदान
वय	तरूणावस्था	अन्यावस्था
मान	शरीर का प्राकृतिक मान	अप्राकृतिक मान
पाक, वीर्य, रस	शरीर के लिए हितकर	अहितकर

चक्रपाणि ने पर को हितकर तथा अपर को अहितकर माना है। कारिकावली ने पर तथा अपर के दैशिक तथा कालिक दो भेद किए हैं।

3. युक्तिगुण

- **युक्तिश्च योजना या तु युज्यते।** (च॰ सू॰ 26/31)

  जिस वस्तु की जहां योजना (संयोग) उचित हो, उसको वहां योजित करना ही युक्ति कहलाता है। जैसे–दोषादि का विचार करके औषध की कल्पना करना युक्ति है।

- **या कल्पना यौगिकी भवति सा तु युक्तिरूच्यते, अयौगिकी तु कल्पनापि सती युक्तिर्नोच्यते, पुत्रोऽप्यपुत्रवत्।**

  (च॰ सू॰ 26/31–चक्रपाणि)

  जो कल्पना सम्यक हो वह युक्ति कहलाती है तथा जो सम्यक न हो तो युक्ति नहीं कहलाती है। जिस प्रकार पुत्र में पुत्रत्व न होने पर उसे पुत्र नहीं कह सकते हैं।

- **अनेनोपदेशेन नानौषधिभूतं जगति किंचिद् द्रव्यमुपलभ्यते तां तां युक्तिमर्थं च तं तमभिप्रेत्य।**

  (च॰ सू॰ 26/12)

  यदि युक्तिपूर्वक प्रयोग किया जाए तो संसार के सभी द्रव्य औषध रूप होते हैं, अन्यथा विष रूप होते हैं।

4. संख्या गुण

- **संख्या स्याद्गणितं।** (च॰ सू॰ 26/32)
- **गणितं गणनाव्यवहारहेतुरेकद्वित्र्यादि संख्या।** (योगेन्द्रनाथसेन)

  गणित, गणना-व्यवहार का कारण संख्या कहलाता है। एक, दो, तीन आदि को संख्या कहते हैं।

- **गणनाव्यवहारे तु हेतुः संख्याभिधीयते। गणनाव्यवहारासाधारणं कारणं संख्या।।** (कारिकावली)

  जो गणना के व्यवहार में हेतु है वह संख्या है।

- **एकत्वादिव्यवहारहेतुः संख्याः।** (तर्कसंग्रह)

  एक, दो, तीन आदि व्यवहार जिसके द्वारा होते हैं उस गुण को संख्या कहा जाता है।

- दोषविकार, द्रव्यभेद आदि संख्या से ही प्राप्त होते हैं, सम्प्राप्ति का भी एक भेद संख्या को माना गया है।

5. संयोग गुण

- **संयोगः पुनर्द्वयोर्बहूनां वा द्रव्याणां संहतीभावः।** (च॰ वि॰ 1/21.3)
- **योगः सह संयोग उच्यते द्रव्याणाम्।** (च॰ सू॰ 26/32)

  दो या दो से अधिक द्रव्यों का एक साथ मिलन संयोग कहलाता हैं। संयोग एक विशेष कार्य को करने वाला होता है, एकल द्रव्य उस विशेष कार्य को करने में असमर्थ होते हैं।

- **संयुक्तव्यवहारहेतुः संयोगः।** (तर्कसंग्रह)

  संयुक्त होने के व्यवहार में हेतु को संयोग कहते हैं।

- **अप्राप्तयोस्तु या प्राप्तिः सैव संयोग ईरितः** (कारिकावली)

  अप्राप्त वस्तुओं की प्राप्ति को संयोग कहते हैं।

संयोग के भेद

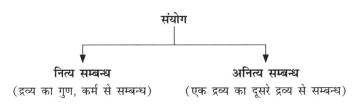

	संयोग	
नित्य सम्बन्ध		अनित्य सम्बन्ध
(द्रव्य का गुण, कर्म से सम्बन्ध)		(एक द्रव्य का दूसरे द्रव्य से सम्बन्ध)

कार्य की दृष्टि से संयोग के प्रकार

संयोग

भौतिक संयोग
संयोग हुए द्रव्यों के गुणकर्म में संयोग होने से कोई नवीनता नहीं आती है।
यथा–लवण + जल का संयोग।

रासायनिक संयोग
संयोग हुए द्रव्यों के एकत्र होने पर मिश्रण में नवीन गुणकर्म उपलब्ध होते हैं।
यथा–क्षार + अम्ल का संयोग।

कारण की दृष्टि से संयोग के प्रकार

संयोग

द्वन्द्वजकर्मज
जो दो द्रव्य परस्पर मिलें व दोनों इस मिलने में सक्रिय भाग लें। यथा–दो भेड़ों का परस्पर लड़ना।

सर्वकर्मज
जब दो से अधिक द्रव्य परस्पर मिलें व सभी सक्रिय भाग लें। यथा–तेल निकलने में सम्पूर्ण तिलों का योग होना।

एककर्मज
इस संयोग में क्रिया एक ओर ही होती है। दूसरा पक्ष निष्क्रिय होता है। यथा–पक्षी का पेड़ पर बैठना।

6. विभाग गुण

- **विभागस्तु विभक्तिः स्याद् वियोगो भागशो ग्रहः।** (च॰ सू॰ 26/33)

विभाग–विभाग विभक्ति को कहते हैं। अर्थात् संयुक्त वस्तु का अलग-अलग होना विभाग है।

वियोग–वियोग भागशोग्रह को कहते हैं, यह विभाग का पर्याय है। भाग के रूप में अलग होने को वियोग कहते हैं एवं जिसमें नियत मात्रा का ज्ञान हो, उसे वियोग कहते हैं। जैसे–किसी संयुक्त औषधि में नियत द्रव्य की मात्रा का ज्ञान किया जाए कि वह उस औषध में कितना भाग है, यह औषध कितनी मात्रा में है तथा कितनी मात्रा में बँटेगी।

विभाग

द्वन्द्वकर्मज
दो संयुक्त एवं सक्रिय भाग लेने वाले द्रव्यों का अलग होना। यथा–दो लड़ रहे भेड़ों का अलग होना।

सर्वकर्मज
दो से अधिक संयुक्त द्रव्यों का अलग होना। यथा–तेल निकलने के पश्चात् तिलों का तेल से अलग होना।

एककर्मज
संयुक्त द्रव्यों में से एक पक्ष का अलग होना। यथा–पक्षी का पेड़ से उड़ जाना।

7. पृथक्त्व गुण

- **पृथक्त्वं स्यादसंयोगो वैलक्षण्यमनेकता।** (च॰ सू॰ 26/33)

यह इससे अलग है इस ज्ञान को पृथक्त्व कहते हैं, यह एक द्रव्य को दूसरे द्रव्य से पृथक करने वाला गुण है। जैसे–हरीतकी आमलकी से भिन्न है।

पृथक्त्व के तीन लक्षण-

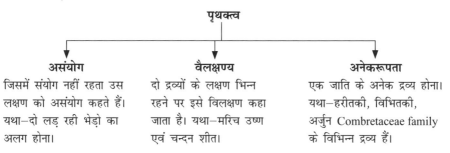

पृथक्त्व

- **असंयोग** – जिसमें संयोग नहीं रहता उस लक्षण को असंयोग कहते हैं। यथा–दो लड़ रही भेड़ो का अलग होना।
- **वैलक्षण्य** – दो द्रव्यों के लक्षण भिन्न रहने पर इसे विलक्षण कहा जाता है। यथा–मरिच उष्ण एवं चन्दन शीत।
- **अनेकरूपता** – एक जाति के अनेक द्रव्य होना। यथा–हरीतकी, विभितकी, अर्जुन Combretaceae family के विभिन्न द्रव्य हैं।

8. परिमाण गुण

- **परिमाणं पुनर्मानम्।** (च॰ सू॰ 26/34)

  जिस गुण द्वारा सभी वस्तुओं का मान-दण्ड निर्धारित किया जाता है, उसे परिमाण कहते हैं।
- **परिमितिव्यवहारकारणं परिमाणं मानं प्रस्थाढकादि।** (योगेन्द्रनाथसेन)

  परिमिति (मान, नाप, तोल) आदि व्यवहार का कारण परिमाण गुण कहलाता है।

स्वरूप के आधार पर परिमाण के भेद–

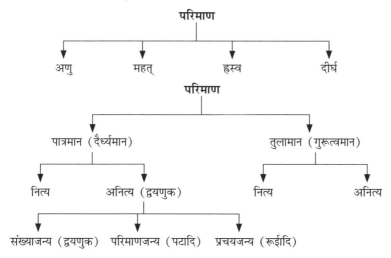

परिमाण

- अणु
- महत्
- ह्रस्व
- दीर्घ

परिमाण

- पात्रमान (दैर्ध्यमान)
  - नित्य
  - अनित्य (द्वयणुक)
    - संख्याजन्य (द्वयणुक)
    - परिमाणजन्य (पटादि)
    - प्रचयजन्य (रूईादि)
- तुलामान (गुरूत्वमान)
  - नित्य
  - अनित्य

9. संस्कार गुण

- **संस्कारः करणं मतम्।** (च॰ सू॰ 26/34)
- **संस्कारो हि गुणान्तराधानमुच्यते।।** (च॰ वि॰ 1/21.2)

  जिस गुण के कारण स्वभाविक द्रव्यों में संस्कार करके उनमें विभिन्न गुणों का आधान किया जाता है, उसे करण या संस्कार कहते हैं। अतः जिससे द्रव्य के स्वभाविक गुणों में परिवर्तन होकर विशिष्ट गुणों का अन्तर्धान हो वह संस्कार है।
- द्रव्य का संस्कार जल, अग्नि संयोग, शौच (शुद्धता), मन्थन, देश, काल, भावना और पात्र में रखने से तथा कालापकर्ष (कुछ काल बीतना) के द्वारा होता है।

आचार्य चक्रपाणि ने इसके लिए निम्नलिखित युक्तियां दी हैं–

- जल संयोग – कठिन द्रव्यों का मृदु होना, चालव का लघु होना।
- अग्निसंयोग – इमली का अम्ल से मधुर रस होना, चावल का लघु होना।
- शौच (शोधन) – विष का अमृत तुल्य बनना।
- मन्थन – घृत के साथ मथने पर दधि का शोथहर होना।
- देश – देश के अनुसार मांस के भिन्न गुण होना।
- काल – सामान्यतः गुरू चावल का एक वर्ष बीतने पर लघु होना।
- भावना – वत्सनाभ को गोमूत्र की 3 दिन तक भावना देने से वह मृत्युकारक नहीं रहता।
- कालापकर्ष – आसव आदि का सन्धान करने पर उसमें समयानुसार गुण की उत्पत्ति होती है।
- भाजन – दस दिन तक कांसे के पात्र में रखा हुआ घृत विष रूप हो जाता है।

नोट–संस्कार केवल जन्मोत्तर गुणों मे ही परिवर्तन ला सकता है स्वभाविक गुणों में नहीं।

वैशेषिक दर्शनानुसार

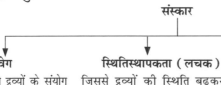

संस्कार

वेग	**स्थितिस्थापकता (लचक)**	**भावना आत्मवृति, वासना**
इस संस्कार से द्रव्यों के संयोग तथा वियोग का नाश होता है। यह मन, जल, वायु आदि में पाया जाता है।	जिससे द्रव्यों की स्थिति बढ़कर या विपरीत होकर फिर से पूर्व स्थिति को प्राप्त कर लेती है। यथा–रोग से ग्रस्त शरीर अव्यव चिकित्सा से पुनः अपनी साम्यावस्था को प्राप्त कर लेते हैं।	बार–बार जिस वस्तु का अनुभव होता है उससे उस वस्तु की भावना चित्त में बनी रहती है, उसी के द्वारा उस अनुभूत वस्तु का स्मरण होता है। शास्त्र अध्ययन के पश्चात् जो ज्ञान का अंश मन में रह जाए तथा उसका बाद में स्मरण किया जा सके, वह भावना है।

10. अभ्यास गुण

- **भावाभ्यासनमभ्यासः शीलनं सततक्रिया।** (च॰ सू॰ 26/34)

  किसी भी भावपदार्थ या द्रव्य का सतत् प्रयास करना अभ्यास कहलाता है। शीलन तथा सततक्रिया अभ्यास के पर्यायवाची शब्द हैं।
- चिरकाल तक निरन्तर सेवन से लाभ तथा गुणों की प्राप्ति होती है।

सतत् क्रिया–निरन्तर प्रयत्नशील रहने को सतत् क्रिया कहते हैं। जब तक लगातार कार्य नहीं होता, तब तक उसका अभ्यास नहीं होता। जैसे–व्यायामादि क्रिया। यदि किसी द्रव्य का एक ही समय में प्रचूर मात्रा में सेवन कर लिया जाए तो अजीर्ण आदि हानिकारक परिणाम होते हैं, परन्तु यदि उसे सतत् क्रिया के रूप में ग्रहण किया जाए तो विष भी औषध या अमृत रूप हो जाता है, अतः अभ्यास से ही सात्मय प्राप्त होता है।

परादि गुण चिकित्सासिद्धि में उपायोग

- **पर/प्रधान/हितकर**–रोग के प्रधान कारण तथा प्रधान लक्षण को जानना। औषध की उत्पत्ति में परदेश को जानना। औषध संग्रहण में पर काल (उच्च वीर्य काल) को जानना। पर प्रयोज्यांग (उच्च वीर्य वाले अंग) एवं पर मान (पर मात्रा) का प्रयोग इस गुण के द्वारा ही होता है, अतः यह चिकित्सा सिद्धि में उपायोग है।

- **अपर/अप्रधान/अहितकर**–अपर के ज्ञान से रोग, रोगी तथा औषध के अपर गुणों को जानकर, अहितकर तथा उपयोगिता की दृष्टि से दुर्गुण वाले द्रव्यों को जानकर चिकित्सा में अमहत्वपूर्ण तत्वों का त्याग कर सकते हैं, अतः अपर गुण भी चिकित्सा सिद्धि में उपयोगी है।
- **युक्ति/योजना**–युक्तिपूर्वक प्रयोग की गई औषध ही अमृत तुल्य होती हैं। यथा–दोषों के अनुसार प्रयोग की गई औषधकल्पना रोग का हरण करने में श्रेष्ठ होती है, अतः रोग, दोष, रोगी अवस्था तथा औषध वीर्य को जानकर ही युक्तिपूर्वक औषध का प्रयोग करना, यह युक्ति गुण द्वारा ही सम्भव है, अतः युक्ति गुण चिकित्सा सिद्धि में उपयोगी हैं।
- **संख्या**–दोष विकार, दोष गणना, रोग गणना, प्रकार, हेतु, संख्या, द्रव्य भेद आदि यह सभी संख्या गुण से ही प्राप्त होते हैं, सम्प्राप्ति का भी एक भेद संख्या माना गया है, अतः दोष, रोग, हेतु, द्रव्यभेद की संख्या का ज्ञान प्राप्त करवाने से संख्या चिकित्सा सिद्धि में उपयोगी है।
- **संयोग**–जब दो या दो से अधिक द्रव्यों का संयोग होता है, तो नवीन गुणों की उत्पत्ति होती है। उनका विचार कर योग (Formulations) बनाये जाते हैं, अतः संयोग भी चिकित्सा सिद्धि में उपयोगी है।
- **पृथकत्व**–एक द्रव्य को दूसरे से पृथक करने वाला गुण। यथा–हरीतकी समं धात्रीफलं किन्तु विशेषतः। रक्तपित्तप्रमेहध्नम् परम् वृष्यम् रसायानम् (भा. प्र.), अतः इस गुण से आमलकी का अपने गुणों के कारण हरीतकी से भिन्नता का ज्ञान हुआ। इस प्रकार पृथकत्व गुण चिकित्सा सिद्धि में उपयोगी है।
- **विभाग**–संयुक्त वस्तु को अलग-अलग करने का गुण। यथा–एक द्रव्य को विभिन्न भागों में बांटना। जिस प्रकार एक औषध को तैयार कर, एक दिन की मात्रा निर्धारित करते हैं, अतः विभाग एवं पृथकत्व द्रव्यों में विशेषता तथा विभक्ति का गुण होने से ये चिकित्सा सिद्धि में उपयोगी हैं।
- **परिमाण**–मान-रोगी परिमाण (Weight), रोग परिमाण (Severity), द्रव्य परिमाण (dose) को निर्धारित करता है, अतः मान चिकित्सा में एक महत्वपूर्ण गुण होने से चिकित्सा सिद्धि में उपयोगी है।
- **संस्कार**–संस्कार से द्रव्यों में गुणान्तरधान होता है। यथा–पारद में 18 संस्कारों से गुणान्तरधान होना। घृतकुमारी शीतवीर्य होने से बलवर्धन तथा अम्लपित्त में उपयोगी होती है, परन्तु संस्कारोपरान्त उष्णवीर्य होकर कष्टार्तव एवं अल्पार्तव में उपयोगी होती है। अतः संस्कार से गुणान्तरधान होने के कारण यह चिकित्सा सिद्धि में उपयोगी है।
- **अभ्यास**–सतत् क्रिया करने से ही लाभ होते हैं। यदि एक ही बार औषध का ग्रहण कर लिया जाएगा तो अजीर्ण आदि रोग होंगे। अभ्यास से विष भी सात्म्य हो जाता है। अतः अभ्यास चिकित्सा सिद्धि में एक महत्वपूर्ण गुण है।

इति स्वलक्षणैरूक्ताः गुणाः सर्वे परादयः। चिकित्सा यैरविदितैर्न यथावत् प्रवर्तते। (च॰ सू॰ 26/35)

इस प्रकार परादि गुण के लक्षणों का वर्णन कर दिया गया है। इन गुणों को यदि चिकित्सक नहीं जानता हो तो उचित रूप से चिकित्सा नहीं कर सकता है।

वैशेषिक गुण/शब्दादि गुण/अर्थगुण/भौतिक गुण

गुण	इन्द्रिय	महाभूत	उदाहरण
शब्द	श्रोत्रेन्द्रिय	आकाश	कटुका का कट्ट की आवाज से टूटना।
स्पर्श	स्पर्शनेन्द्रिय	वायु	पारिजात पत्र का खर स्पर्श।
रूप	चर्क्षुन्द्रिय	अग्नि	मण्डूकपर्णी के पत्र का मेढ़क जैसा होना।
रस	रसनेन्द्रिय	जल	निम्ब का रस तिक्त होना।
गन्ध	घ्राणेन्द्रिय	पृथ्वी	विट्खदिर की विड्् जैसी गन्ध होना।

- प्रत्यक्ष ज्ञान में इनका विशेष महत्व है।
- रोगी परीक्षा में यह सहायक होते हैं।
- शब्दादि गुणों के हीन, मिथ्या एवं अतियोग से व्याधि उत्पन्न होती है।

यह गुण हेतु, लिंग और औषध इस त्रिस्कन्ध आयुर्वेद में चिकित्सक के ज्ञान के लिए सहायक होते हैं।

आत्म गुण/आध्यात्मिक गुण/सात्विक गुण

इच्छा द्वेषः सुखं दुःखं प्रयत्नश्चेतना धृतिः। बुद्धिः स्मृतिरहङ्कारो लिङ्गानि परमात्मनः। (च॰ शा॰ 1/72)

- **इच्छा–सुखादिच्छा।** (आ॰ द॰ 4/2/1)

  किसी भी विषय में राग, अनुरक्ति जागृत होने को इच्छा कहते हैं।
- **सुख–आत्मनेन्द्रियार्थमनः सन्निकर्षादिष्टानिष्टफलसुखदुःखः।** (आ॰ द॰ 4/2)

  आत्मा, मन एवं इन्द्रियार्थ के सन्निकर्ष से जो अनुकूल फल प्राप्त होता है वह सुख कहलाता है।
- **दुःख**–आत्मा, मन एवं इन्द्रियार्थ के सन्निकर्ष से जो प्रतिकूल फल प्राप्त होता है उसे दुःख कहते हैं।
- **द्वेष–दुःखनिमितो द्वेषः।**

  दुःख के कारण विषयों के प्रति जो विराग होता है, वह द्वेष है।
- **प्रयत्न–प्रयत्नादि कर्म चेष्टितमुच्यते।** (च॰ सू॰ 1/49)

  कर्म करने की उत्साहपूर्वक चेष्टा को प्रयत्न कहते हैं।
- **बुद्धि–**
  - **समं बुद्धिर्हि पश्यति।** (च॰ शा॰ 1/99)
  - **उचिता बुद्धिः समं यथाभूतं यस्मात्पश्यति।** (चक्रपाणि)

  जिससे प्रत्येक पदार्थ का यथावत् ज्ञान हो, उसे बुद्धि कहते हैं।
- **चिकित्सा उपयोग–**
  - सदाचार रसायन सेवन में इनका प्रयोग होता है।
  - मानस रोगों की चिकित्सा में इनका प्रयोग होता है।
  - प्रज्ञापराध के सम्बन्ध में इनका प्रयोग होता है।

गुण का प्राधान्य/महत्व

- रस, वीर्य आदि सभी को गुण माना गया है यह गुण प्रधान हैं। नागार्जुन ने गुण के प्राधान्य में निम्न युक्तियाँ दी हैं–
  - **रसाभिभव**–गुण रसों को दबाकर अपना कार्य करते हैं। यथा बृहत्पंचमूल का रस तिक्त होने पर भी वह उष्ण गुण से वातहर है।
  - **रसानुग्रह**–गुणानुग्रह होने से रस के कर्म में उत्कर्ष आ जाता है यथा–पिप्पली मृदु एवं गुरू होने से कटु द्रव्यों में श्रेष्ठ है। अनुग्रह करने वाला प्रधान होता है अतः गुण प्रधान है।
  - **विपाककारणत्व**–द्रव्यों का विपाक गुणों पर आधारित होता है। यथा–शीत, स्निग्ध, गुरू द्रव्यों का गुरू विपाक तथा लघु, रूक्ष, तीक्ष्ण द्रव्यों का लघु विपाक होता है।
  - **संख्याबाहुल्य**–संख्या में बहुत होने के कारण गुण प्रधान हैं, यथा–रस-6, विपाक-2, वीर्य-2, परन्तु गुण-41 होते हैं।
  - **प्रयोगबाहुल्य**–गुणों का अनेक रूप में प्रयोग होता है। यथा–शीत, उष्ण, स्निग्धादि गुणों का अभ्यंग, लेपन, स्नेहन, स्वेदन आदि अनेक रूप में प्रयोग होता है परन्तु रस का केवल मुख द्वारा ही प्रयोग होता है।
  - **कर्मबाहुल्य**–रसादि के साथ रहकर गुणों के अनेक कर्म दृष्टिगोचर होते हैं।
  - **विषयबाहुल्य**–गुणों के अधिक विषय होते हैं क्योंकि गुण द्रव्याश्रित हैं एवं द्रव्य अनेक हैं; अतः गुणों के विषय भी अनेक होंगे।

- **उपदेश**–शास्त्रों में गुणों को प्रधान रूप से वर्णित किया गया है, अत: आप्तोपदेश से गुण प्रधान है।
- **अपदेश**–गुण से ही द्रव्य लोक को अपनी तरफ आकर्षित करता है एवं गुण से ही द्रव्य का परिचय दिया जाता है। यथा–गुलाब सुन्दर एवं सुगन्धित है।
- **अनुमान**–अनुमान व्यवहार का आधार होने के कारण गुण प्रधान है। यथा–शीत-उष्ण आदि गुणों के कर्मों का अनुमान लगाया जा सकता है। यथा–शीत गुण पित्तघ्न कर्म करेगा, उष्ण गुण पाचन, वातघ्न कर्म करेगा इत्यादि।

दीर्घ-उत्तरीय प्रश्न

1. गुणों के वर्गीकरण तथा संख्या को चलचित्र द्वारा स्पष्ट करें।
2. गुर्वादि गुणों की विभिन्न संज्ञाओं का वर्णन करते हुए, उनका विस्तरित वर्णन करें।
3. परादि गुणों का वर्णन करते हुए, उनका चिकित्सा सिद्धि में उपयोग होना स्पष्ट करें।

लघु-उत्तरीय प्रश्न

1. गुरू तथा लघु गुण का वर्णन करें।
2. गुण शब्द की निरूक्ति तथा परिभाषा को स्पष्ट करें।

बहुविकल्पीय प्रश्न

1. गुर्वादि गुणों की संख्या कितनी है?
   a. 10   b. 20   c. 15   d. 5
2. परादि गुणों की संख्या कितनी है?
   a. 10   b. 15   c. 13   d. 9
3. गुरू गुण का मुख्य कर्म क्या है?
   a. बृंहण   b. लंघन   c. क्षालन   d. उष्णता
4. गुणों की कुल संख्या कितनी है?
   a. 41   b. 31   c. 20   d. 25
5. कविराज गंगाधर सेन ने गुर्वादि गुणों को क्या संज्ञा प्रदान की है?
   a. कर्मणि   b. शारीर   c. मानस   d. सामान्य
6. 'पर' का अर्थ क्या होता है?
   a. प्रधान   b. अप्रधान   c. दोनों   d. कोई नहीं
7. सूक्ष्म गुण का मुख्य कर्म क्या है?
   a. विवरण   b. क्षालन   c. शोधन   d. रोपण
8. परिमाण कितने प्रकार का होता है?
   a. 5   b. 3   c. 2   d. 6
9. व्यवायी, विकासी गुण किस आचार्य ने बताए हैं?
   a. चरक   b. सुश्रुत   c. नागार्जुन   d. वाग्भट्ट
10. आचार्य चरक ने गुणों की संख्या किस स्थान में वर्णित की है?
    a. चिकित्सा   b. कल्प   c. सिद्धि   d. सूत्रस्थान

उत्तरमाला (बहुविकल्पीय प्रश्न)

1. b   **2.** a   **3.** a   **4.** a   **5.** b   **6.** a   **7.** a   **8.** c   **9.** b   **10.** d

अध्याय 4

रसविज्ञानीयाध्याय

रस/Taste of the Drug

व्युत्पत्ति–रस धातु + अच् वा घ प्रत्यय - रस = स्वाद, तरल पदार्थ, प्रेम, जायका।

निरूक्ति–रस आस्वादने। (वाचस्पतयम्)

जिसका आस्वादन किया जाए, वह रस कहलाता है।

1. **तत्र 'रस' गतौ धातुः अहरहर्गच्छतीत्यतो रसः।** (सु॰ सू॰ 14/13)

   गत्यर्थक 'रस' धातु से रस शब्द बना है, जो दिन-रात गतिशील रहे उसे रस कहते हैं। सुश्रुतोक्त रस शरीर की आद्य धातु का बोधक है।
2. **रसनात्सर्वधातूनां रस इत्यभिधीयते।** (र॰ र॰ समु॰)

   जो सभी लोह आदि धातुओं को रसन (अपने में विलीन) कर ले, उसे रस कहते हैं। यह रस पारद का बोधक है।
3. **रसति शरीरे आशु प्रसरति इति रसः।**

   जो कल्पना शरीर में शीघ्र फैल जाए, उसे रस कहते हैं। यह निरूक्ति स्वरस कल्पना की बोधक है।
4. **रस्यते आस्वाद्यते इति रसः।** (च॰ सू॰ 1/64-चक्रपाणि)

   रसनेन्द्रिय द्वारा जिस विषय का ग्रहण हो तथा जिसका लक्षण आस्वाद हो, उसे रस कहा जाता है।

   रसना का विषय ही द्रव्यगुणोक्त रस है।

परिभाषा/लक्षण

- **रसनार्थो रसस्तस्य।** (च॰ सू॰ 1/64)

  जो रसना का विषय है, वह रस है।
- **रसो रसनाग्राह्यः।** (प्र॰ पा॰)

  जिह्वा के द्वारा औषधादि द्रव्यों के स्वाद गुण का जो बोध होता है, उसे रस कहते हैं।
- **रसनेन्द्रियग्राह्यवृत्ति गुणत्वावान्तर जातिमत्वं रसत्वं।** (शिवदाससेन)

  जिह्वा द्वारा ग्राह्य रस ही द्रव्यों के गुणों का आधार होता है।
- **रसनेन्द्रियग्राह्यो योऽर्थः सः रसः।** (शिवदत्त)

  जो विषय रसनेन्द्रिय द्वारा ग्राह्य है, वह रस है।
- **रस्यते आस्वाद्यते इति रसः।** (च॰ सू॰ 1/64-चक्रपाणि)

  जिसका आस्वादन किया जाए (जिह्वा द्वारा स्वाद लिया जाए), उसे रस कहते हैं।

- **रसस्तुरसनाग्राह्यो मधुरादिरनेकधा।** (कारिकावली)
  रसना के द्वारा जो मधुरादि अनेक रूप में ग्रहण किया जाए, उसे रस कहते हैं।
- **रसनेन्द्रियग्राह्यो द्रव्याश्रित आस्वादलक्षणों रसः इति लक्षणं फलति।** (द्र॰ गु॰ सू॰/4/1)
  रसनेन्द्रियगाह्य, द्रव्याश्रित, आस्वाद यह लक्षण जिसमे हों, वह रस कहलाता है।

रसों की संख्या

आकाशीय जल सौम्य, लघु तथा अव्यक्त रस युक्त होता है। जब वह पृथ्वी पर गिरता है तो पंचमहाभूतों के विकारों के गुण से युक्त होकर जांगम-स्थावर प्राणियों को तृप्त करता है। तब उन मूर्तिमान शरीरों में छः रस व्यक्त होते हैं, अतः आप्य रस की छः संख्या हो जाती है। (च॰ सू॰ 26/39)

- **स्वादुरम्लोऽथ लवणः कटुकस्तिक्त एव च। कषायश्चेति षट्कोऽयं रसानां संग्रहः स्मृतः॥** (च॰ सू॰ 1/65)
- **रसाः स्वाद्वम्ललवणतिक्तोषणकषायकाः। षड् द्रव्यमाश्रितास्ते च यथापूर्वं बलावहाः॥** (अ॰ हृ॰ सू॰ 1/14)
- **रसाः षट् मधुराम्ललवणकटुतिक्तकषायाः।** (द्र॰ गु॰ सू॰ 4/3)

चरक	वाग्भट	द्र॰ गु॰ सू॰	उदाहरण
स्वादु	**स्वादु**	**मधुर**	– इक्षु, शतावरी, कोकिलाक्ष।
अम्ल	**अम्ल**	**अम्ल**	– अम्लवेतस, नारंग, बीजपूरक।
लवण	**लवण**	**लवण**	– सामुद्र, सैन्धव, विड्।
कटु	**तिक्त**	**कटु**	– मरिच, सोंठ, पिप्पली।
तिक्त	**उष्ण**	**तिक्त**	– पंचतिक्त।
कषाय	**कषाय**	**कषाय**	– जामुन, आम, रोध्रादि गुण।

नोट–वाग्भट ने 6 रसों को यथापूर्व बलवर्धक कहा है। अर्थात् कषाय से उष्ण, उष्ण से तिक्त, तिक्त से लवण, लवण से अम्ल तथा अम्ल से स्वादु अधिक बलशाली है।

अर्वाचीन (Modern) मतानुसार रसों की संख्या–प्रधानतः चार प्रकार के रस माने हैं–

1. मधुर – Sweet   2. अम्ल – Sour   3. लवण – Salt   4. तिक्त – Bitter
   कषाय – Astringent   कटु – Pungent

रसों की संख्या विषयक सम्भाषा (च॰ सू॰ 26/7-10)–**चरक सूत्रस्थान अध्याय 26 "आत्रेयभद्रकाप्यीयाध्याय" पर रससंख्याविनिश्चयात्मक सम्भाषा हुई–**

रस संख्या	आचार्य	विषय	पुर्नवासु आत्रेय द्वारा खण्डन
1.	भद्रकाप्य	जल	जल आधार है और रस आधेय है।
2.	शाकुन्तेय	छेदनीय, उपशमनीय	ये रस के कर्म हैं, रस नहीं।
3.	मौदगुल्य	छेदनीय, उपशमनीय, साधारण	ये रस के कर्म हैं। छेदनीय, उपशमनीय का मिश्रण होने से साधारण कर्म होता है।
4.	कौशिक हिरण्याक्ष	स्वादु हित, अस्वादु हित, स्वादु अहित, अस्वादु अहित	स्वादु, अस्वादु ये दोनों भक्तरूचि एवं द्वेष पर आधारित हैं तथा हित, अहित ये दोनों प्रभाव हैं।
5.	कुमारशिरा भरद्वाज	प्राथिवरस, आप्यरस, आग्नेयरस, वायव्यरस, नाभसरस	ये द्रव्य के भेद हैं, रस के नहीं।

जारी है...

जारी है...

रस संख्या	आचार्य	विषय	पुर्नवासु आत्रेय द्वारा खण्डन
6.	वार्योविद	गुरू, लघु, स्निग्ध, रूक्ष, शीत, उष्ण	यह गुण हैं, रस नहीं।
7.	वैदेहराज निमि	मधुर, अम्ल, लवण, कटु, तिक्त, कषाय, क्षार	क्षार द्रव्य है, जो अनेक रस युक्त होता है।
8.	बडिश धामार्गव	मधुर, अम्ल, लवण, कटु, तिक्त, कषाय, क्षार, अव्यक्त	अव्यक्त अवस्था मान्य नहीं है। अव्यक्तावस्था तो रस की योनि जल तथा अनुरस में होती है।
असंख्य	काङ्कायन	द्रव्यों, गुणों, कर्मों तथा स्वादों की विशेषता अपरिमिति है, इन्हीं के अनुसार रसों की कल्पना की जाती है, अतः रस भी असंख्य होते हैं।	जिस प्रकार दोषों के संसर्ग होने में असंख्यता होने पर भी दोष तीन ही हैं, उसी प्रकार रस की असंख्यता होने पर भी रस छः ही हैं।
6.	पुनर्वासु आत्रेय	रस छः ही होते हैं। यथा–मधुर, अम्ल, लवण, कटु, तिक्त, कषाय।	

शंका–मधुरस्कन्ध में वर्णित घृत, तैल आदि में द्रव्यों के गुण तथा स्वाद आदि की भिन्नता होने से रसों की संख्या 6 मान्य नहीं है, अतः रसों को असंख्य मानना चाहिए अथवा एक ही स्वाद लक्षण वाला रस मानना चाहिए।

(अ० सं० सू० 17/31-35)

समाधान–महाभूतों के उत्कर्ष-अपकर्ष के कारण जो अन्तर प्रतीत होता है वह संकीर्ण है, उससे तारतम्य हो सकता है परन्तु जाति एक होती है। एक प्रकार के रस वाले द्रव्यों में कर्म भी समान ही प्रतीत होते हैं। अतः गुणसामान्य, जातिसामान्य के कारण रस 6 ही होते हैं। नागार्जुन ने रस की संख्या 6 होने की पुष्टि के लिए प्रत्यक्ष तथा आप्तोपदेश प्रमाण को आधार बनाया है।

रस की उपलब्धि

- **रसो निपाते द्रव्याणाम् उपलभ्यते।** (च० सू० 26/66)
- **स च निपातोपलभ्यः।** (द्र० गु० सू० 4/2)
- **प्रत्यक्षतोऽनुमानादुपदेशतश्च रसानामुपलब्धिः।** (र० वै०)

रस की उपलब्धि 3 प्रकार से होती है–

1. प्रत्यक्ष – निपात (रसना योग)
2. अनुमान – द्रव्यों के कर्मों से अनुमान
3. आप्तोपदेश – शास्त्रों में वर्णन से

- **निपात**–किसी भी द्रव्य का जिह्वा इन्द्रिय से संयोग होना, निपात कहलाता है। जब किसी द्रव्य का निपात रसनेन्द्रिय से होता है तब रस का ज्ञान होता है, यह प्रत्यक्षगम्य है।
- **अनुमान**–मधुर रस स्नेहन, प्रीणन, आह्लादन कर्म करता है, अम्ल रस रोचन कर्म करता है। इस प्रकार कर्म से हम यह अनुमान लगा सकते हैं कि उक्त द्रव्यों का कौन सा रस होगा।

- **आप्तोपदेश**–शास्त्रों में वर्णित लक्षणों तथा कर्मों से हम रस की उपलब्धि कर सकते हैं। यथा–विष-उपविष के रसों की उपलब्धि आप्तोपदेश द्वारा होती है। जैसे–वत्सनाभ के कटु, तिक्त रस की उपलब्धि शास्त्रों में वर्णन से ही होती है।

रस एवं अनुरस

- **तस्मान्नैकरसं द्रव्यं भूतसङ्घातसम्भवात्। नैकदोषास्ततो रोगास्तत्र व्यक्तो रसः स्मृतः। अव्यक्तो अनुरसः किञ्चिदन्ते व्यक्तोऽपि चेष्यते॥** (अ॰ हृ॰ सू॰ 9/3)

  कोई भी द्रव्य एक रस युक्त नहीं होता, उसमें अनेक रस होते हैं क्योंकि पंचमहाभूतों के संघात से द्रव्य बनता है। (रस शब्द यहाँ धर्मवाची है-हेमाद्रि) जिस प्रकार कोई भी रोग एक दोष से उत्पन्न नहीं होता उसमें अन्य दोषों का भी सहयोग होता है।

  द्रव्यों में जो स्वाद व्यक्त (स्पष्ट) होता है उसको रस कहते हैं तथा जो अव्यक्त (अस्पष्ट) रहता है या अन्त में कुछ व्यक्त होता है, उसे अनुरस कहते हैं।

- **व्यक्तः शुष्कस्य चादौ च रसो द्रव्यस्य लक्ष्यते। विपर्ययेणानुरसो रसो नास्तीह सप्तमः॥** (च॰ सू॰ 26/27)

  शुष्क (सूखे) द्रव्य का जिह्वा से संयोग होने पर जो व्यक्त (स्पष्ट) हो, वह रस ही उस द्रव्य का मुख्य रस होता है, जो द्रव्य के आर्द्र हो जाने पर प्रतीत होता है वह अनुरस कहलाता है।

  अतः जिस की प्रतीती आदि में हो, वह रस होता है तथा जिसकी प्रतीती अन्त में हो, वह अनुरस कहलाता है। रस केवल छः ही होते हैं, अनुरस को सातवाँ रस ना समझें।

रस	अनुरस
व्यक्त–हरीतकी का कषाय रस।	**अव्यक्त**–हरीतकी का मधुर अनुरस।
शुष्कावस्था में स्थायी–पिप्पली का कटु रस।	**आद्रावस्था में स्थायी**–पिप्पली का मधुर रस।
आदि में प्रतीति–कांजी, तक्र का अम्ल रस।	**अन्त में प्रतीति**–कांजी, तक्र का तिक्त रस।
द्रव्य में स्थित प्रधान महाभूतों से उत्पत्ति।	द्रव्य में स्थित गौण महाभूतों से उत्पत्ति।

रसों की पाञ्चभौतिक्ता

आकाश – शब्द
वायु – शब्द + स्पर्श
अग्नि – शब्द + स्पर्श + रूप
जल – शब्द + स्पर्श + रूप + रस
पृथ्वी – शब्द + स्पर्श + रूप + रस + गन्ध

महाभूतों में क्रमशः उतरोत्तर एक-एक गुण की वृद्धि होती है, जिससे रस की योनि (जल) स्पष्ट होती है। भूतों के परस्पर अनुग्रह, अनुप्रवेश तथा संसर्ग होने से सर्वभूतों में गुणों का सान्निध्य रहता है परन्तु जिसका उत्कर्ष (बाहुल्य) होता है उसी के नाम से उस रस का ग्रहण होता है एवं जिसका अपकर्ष रहता है उसका उस नाम से ग्रहण नहीं होता है। (सु॰ सू॰ 42/3)

रसनार्थो रसस्तस्य द्रव्यमापः क्षितिस्तथा। निर्वृत्तौ च विशेषे च प्रत्ययाः खादयस्त्रयः॥ (च॰ सू॰ 1/64)

रस की योनि – जल
रस का आधार – जल + पृथ्वी, द्रव्य
रस की उत्पत्ति – जल + पृथ्वी
रस का विशेषज्ञान (मधुर है आदि) – आकाश + वायु + अग्नि

षड् रसों के पंचभौतिक संगठन

- **सोमगुणातिरेकान्मधुरो रसः, पृथिव्यग्निभूयिष्ठत्वादम्लः, सलिलाग्निभूयिष्ठत्वाल्लवणः, वाय्वग्नि भूयिष्ठत्वात्कटुकः, वाय्वाकाशातिरिक्तत्वात्तिक्तः, पवनपृथिवीव्यतिरेकात् कषाय इति।** (च॰ सू॰ 26/40)
- **तत्र भूम्यम्बुगुणबाहुल्यान्मधुरः, भूम्यग्निगुणबाहुल्यादम्लः, तोयाग्निगुणबाहुल्याल्लवणः, वाय्वग्निबाहुल्यात्कटुकः, वाय्वाकाशगुणबाहुल्यात्तिक्तः पृथिव्यानिलगुणबाहुल्यात्कषाय इति।** (सु॰ सू॰ 42/4)
- **क्ष्माम्भोऽग्निक्ष्माम्बुतेजः खवाय्वग्न्यनिलगोनिलैः। द्वयोल्बणैः क्रमाद्भूतैर्मधुरादिरसोद्भवः।**

(अ॰ हृ॰ सू॰ 10/1)

- **पार्थिवाप्यो मधुरः, आग्नेयाप्योऽम्लः, आग्नेयपार्थिवो लवणः, वायव्याग्नेयः कटुः, आकाशीयवायव्यस्तिक्तः वायव्यपार्थिवः कषायश्चेति।** (द्र॰ गु॰ सू॰ 4/4)

रस	चरक	सुश्रुत	वाग्भट	द्र॰ गु॰ सू॰	र॰ वै॰
मधुर	जल + पृथ्वी	पृथ्वी + जल	पृथ्वी + जल	पृथ्वी + जल	पृथ्वी + जल
अम्ल	पृथ्वी + अग्नि	पृथ्वी + अग्नि	पृथ्वी + अग्नि	अग्नि + जल	जल + अग्नि
लवण	जल + अग्नि	जल + अग्नि	जल + अग्नि	अग्नि + पृथ्वी	अग्नि + जल
कटु	वायु + अग्नि	वायु + अग्नि	अग्नि + वायु	वायु + अग्नि	अग्नि + वायु
तिक्त	वायु + आकाश	वायु + आकाश	आकाश + वायु	वायु + आकाश	आकाश + वायु
कषाय	वायु + पृथ्वी	वायु + पृथ्वी	पृथ्वी + वायु	वायु + पृथ्वी	पृथ्वी + वायु

नोट–अम्ल तथा लवण रस के पंचभौतिक संगठन का उल्लेख करते हुए यद्यपि आचार्य प्रियव्रत शर्मा, चरक संहिता विद्योतिनी हिन्दी टीका आदि में सुश्रुतानुसार अम्ल रस का पंचभौतिक संगठन जल + अग्नि एवं लवण रस को पृथ्वी + अग्नि महाभूत प्रधान कहा है, परन्तु सुश्रुत संहिता के प्रकाशित ग्रन्थों में सुश्रुत ने चरक के समान ही सभी रसों के पंचभौतिक संगठन का उल्लेख किया है।

अम्ल तथा लवण रस की पंचभौतिकता में मतभेद के तथ्य–यद्यपि बृहत्त्रयी में अम्ल रस का पंचभौतिक संगठन पृथ्वी + अग्नि है तथा लवण रस का पंचभौतिक संगठन जल + अग्नि है, परन्तु आचार्य प्रियव्रत शर्मा जी ने अम्ल को अग्नि + जल तथा लवण को अग्नि + पृथ्वी महाभूत प्रधान माना है। हमें पंचभौतिक संगठन का निर्धारण अनुमान प्रमाण द्वारा करना चाहिए। आचार्य नागार्जुन ने भी भूतनिर्धारण के लिए अनुमान प्रमाण को आधार माना है, अतः अम्ल एवं लवण रस के भौतिक संगठन का निर्धारण गुण, कर्म के आधार पर ही होगा। चरक द्वारा 6 गुणों के आधार पर प्रवर, अवर, मध्य भेद से रसों की कोटि निर्दिष्ट की गई है, उसी के आधार पर रसों के भौतिक संगठन का निर्धारण करना चाहिए।

अतः अम्ल तथा लवण रस के भौतिक संगठन के निर्धारण के लिए निम्नलिखित युक्तियाँ हैं–

- **गुण के आधार पर निर्धारण–**

अम्ल रस - स्निग्धतर, उष्णतर, लघु
लवण रस - स्निग्ध, उष्ण, गुरू

गुण	लवण रस	अम्ल रस	भूत निर्धारण
स्निग्ध उष्ण गुरू, लघु	कम अधिक गुरू	अधिक कम लघु	अम्ल - जल + अग्नि लवण - अग्नि + पृथ्वी लवण - पृथ्वी + अग्नि (गुरू) अम्ल - जल + अग्नि (लघु)

- **दोष धातु तथा मलों पर कर्म के आधार पर निर्धारण–**

  दोष → अम्ल, लवण - कफवर्धक, वातघ्न, पित्तवर्धक

  धातु → अम्ल - रसरक्तमांसमेदअस्थिमज्जावर्धक, शुक्रह्रासकर

  लवण - सर्वधातुह्रासकर

  मल → अम्ल, लवण - सृष्टविण्मूत्रमारूत

  दोष–धातु–मलों पर कर्म के आधार पर अग्नि महाभूत का अनुमान तो होता है, परन्तु पृथ्वी व जल का सन्निवेश किसमें होगा, इसका अनुमान नहीं लगाया जा सकता है।

गुणों के आधार पर– अम्ल रस - जल + अग्नि

लवण रस - अग्नि + पृथ्वी

आप्त के आधार पर– अम्ल रस - पृथ्वी + अग्नि

लवण रस - जल + अग्नि

गुणों के आधार पर प्रियव्रत शर्मा जी के मत की पुष्टि हो रही है अतः अम्ल रस जल + अग्नि महाभूत प्रधान एवं लवण रस अग्नि + पृथ्वी महाभूत प्रधान ही निर्धारित हो रहा है।

रसों के पंचभौतिक संगठन का निर्धारण

- **ते निर्धार्यन्ते अनुमानात्।** (र॰ वै॰)

  रसों का पांचभौतिक संगठन द्रव्य में उपस्थित गुणों तथा उनके कर्मों का बीज है अतः रसों का दोष, धातु, मल, अग्नि व स्त्रोतस पर कर्म का अवलोकन करके, भूतसन्निवेश का अनुमान लगाया जाता है।

रस	गुण/कर्म	पंचमहाभूत अनुमान
मधुर रस	कफ, रस, शुक्र की वृद्धि पित्त का ह्रास	– जल महाभूत – पृथ्वी महाभूत
अम्ल रस	कफवर्धक पित्तवर्धक, अग्निवर्धक	– पृथ्वी महाभूत – अग्नि महाभूत
लवण रस	पित्तवर्धक, कफवर्धक	– अग्नि + जल महाभूत
कटु रस	वातपित्तवर्धक, अग्निवर्धक	– वायु + अग्नि महाभूत
तिक्त रस	आमजन्य रोगों में स्त्रोतो शोधक, कफनाशक वातवर्धक	– आकाश महाभूत – वायु महाभूत
कषाय रस	वातवर्धक, पित्तशामक, अतिसारहर	– पृथ्वी + वायु महाभूत

पंचभौतिक संगठनों के आधार पर रसों की गति से भी उक्त महाभूतों का अनुमान होता है–

वायु, अग्नि – कटु, तिक्त रस – उर्ध्वगति

पृथ्वी, जल – मधुर रस – अधोगति

मिश्रित महाभूत – कषाय, अम्ल, लवण रस – उभयगति

शंका–केवल इन्हीं महाभूतों के संयोग से रस की उत्पत्ति क्यों होती है, अन्य संयोग से क्यों नहीं होती। यथा–जल + आकाश?

समाधान–स्वभावदोष–अर्थात् यह महाभूतों का स्वभाव है कि वो किसी विशिष्ट महाभूत से ही संयोग होने पर विशिष्ट रस की उत्पत्ति करेंगे। यथा पृथ्वी + जल का संयोग होने पर मधुर रस की उत्पत्ति होती है, यही कारण है कि महाभूतों के 6 विशिष्ट द्वन्द्वों से रसों की उत्पत्ति होती है अन्य की नहीं। (चक्र॰)

ऋतुओं के आधार पर रसोत्पत्ति

- **एवमेषां रसानां षट्त्वमुपपन्नं न्यूनातिरेकविशेषान्महाभूतानां भूतानामिव स्थावरजङ्गमानां नानावर्णाकृतिविशेषाः, षड्तुकत्वाच्च कालस्योपपन्नोमहाभूतानां न्यूनातिरेकविशेषः॥** (च॰ सू॰ 26/40)

  छः रसों की उत्पत्ति में महाभूतों की न्यूनता और प्रधानता कारण होती है। जिस प्रकार स्थावर तथा जाङ्गम प्राणियों में पंचमहाभूतों के गुणों की न्यूनता तथा प्रधानता से गौर, कृष्ण आदि वर्ण एवं आकृति विशेष की उत्पत्ति होती है, उसी प्रकार रसों की उत्पत्ति भी होती है। काल की 6 ऋतुएँ होती हैं, उनके अनुसार पंचमहाभूतों में न्यूनता तथा प्रधानता आना स्वाभाविक ही है, अतः ऋतुओं की संख्या 6 होने से रसों की संख्या भी 6 होती है।

  षड् ऋतु तथा काल के प्रभाव से महाभूतों के गुणों में न्यूनता तथा प्रधानता आना स्वाभाविक है, अतः गुण विष्मता वाले महाभूतों के संयोग से आप्य रस विदग्ध होकर पृथक-पृथक मधुरादि रसों की उत्पत्ति करता है। (अ॰ सं॰ सू॰ 18/3)

अष्टाङ्ग संग्रह के टीकाकार इन्दु ने तत्-तत् ऋतु में महाभूत उत्पत्ति तथा रसोत्पत्ति का वर्णन किया है-

- **कालस्य संवत्सराख्यस्य षड्तुकत्वाद्रसस्यापि षड्भेदत्वम्। तथा च शिशिरे वाय्वाकाशयोराधिक्या-द्रसस्य तिक्तता, वसन्ते वायुपृथिव्योः कषायता, ग्रीष्मेऽग्निवाय्वोः कटुता, वर्षास्वग्निपृथिव्योरम्लता, शरद्यग्न्युदकयोर्लवणता, हेमन्ते पृथिव्युदकयोर्मधुरतेति प्राधान्याद् व्यपदेशः। तेनान्यर्तूद्भवानामपि रसानां यथोक्तमहाभूतद्वयाधिक्यमेव कारणं विज्ञेयम्।** (अ॰ सं॰ सू॰ 18/3-इन्दु)

ऋतु	रसोत्पत्ति	महाभूताधिक्य
शिशिर	तिक्त	वायु + आकाश
वसन्त	कषाय	वायु + पृथ्वी
ग्रीष्म	कटु	वायु + अग्नि
वर्षा	अम्ल	पृथ्वी + अग्नि
शरद	लवण	जल + अग्नि
हेमन्त	मधुर	जल + पृथ्वी

शंका–किन्ही वस्तुओं में ऋतु के विपरीत भी रस देखा जाता है ऐसा क्यों?
समाधान–

- **इन्दु–प्रधान्याद् व्यपदेशः तेनान्यर्तूद्भवानामपि रसानां यथोक्तमहाभूतद्वयाधिक्यमेव कारणं विज्ञेयम्।**

  उन–2 ऋतुओं में कथित महाभूतों की आधिक्य प्रधानता होती है, किन्तु अन्य ऋतुओं में भी हो सकता है, अतः ऋतु विपरीत रस का प्रादुर्भाव देखा जाता है।
- **चक्रपाणि**–ऋतुओं के अतिरिक्त अहोरात्र के कारण भी महाभूतों का न्यूनाधिक्य होता है, यही कारण है कि कुछ वस्तुओं में रसान्तर का प्रादुर्भाव देखा जाता है। बीज का अपना भाव होगा तत्पश्चात् उसमें ऋतु में उत्पन्न रस का प्रभाव पड़ेगा। ऋतुओं के कारण महाभूतों में न्यूनातिरेक तथा महाभूतों के न्यूनाधिक्य के कारण ऋतुओं में उत्पन्न रसों में भेद होता है।

रस उत्पत्ति/निवृत्ति क्रम

डा॰ शिवचरण ध्यानी जी की पुस्तक द्रव्यगुण सिद्धान्त में इसका वर्णन किया गया है।

सृष्टि उत्पत्ति क्रम

आकाशाद् वायुः, वायोरग्नि, अग्नेरापः अद्भ्यः पृथ्वी।

इस क्रम से महाभूतों की उत्पत्ति कही गयी है तथा इसके विपरीत क्रम में प्रलय होता है।

स्थिति	प्रलय
आकाश → वायु की उत्पत्ति	पृथ्वी → जल में
वायु → अग्नि की उत्पत्ति	जल → अग्नि में
अग्नि → जल की उत्पत्ति	अग्नि → वायु में
जल → पृथ्वी की उत्पत्ति	वायु → आकाश में वीलीन होते हैं।

या

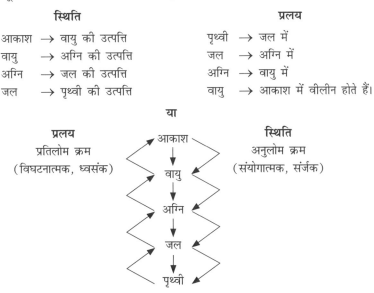

प्रलय	स्थिति
प्रतिलोम क्रम	अनुलोम क्रम
(विघटनात्मक, ध्वसंक)	(संयोगात्मक, संजक)

आकाश
↓
वायु
↓
अग्नि
↓
जल
↓
पृथ्वी

इसी प्रकार दो महाभूतों में रासायनिक प्रक्रिया (Chemical reactions) हुई होगी तथा रसों की उत्पत्ति हुई होगी।

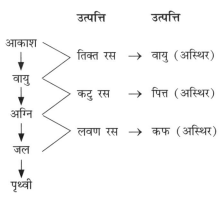

उत्पत्ति   उत्पत्ति

आकाश
↓
वायु   तिक्त रस → वायु (अस्थिर)
↓
अग्नि   कटु रस → पित्त (अस्थिर)
↓
जल   लवण रस → कफ (अस्थिर)
↓
पृथ्वी

कफ ने निर्माण, पित्त ने पाचन, वायु ने गति की होगी तब जीवन प्रारम्भ हुआ होगा परन्तु उसमें स्थिरता नहीं होगी। लवण से बनने वाला कफ तरल होगा, अतः cell wall टूट जाती होगी। कफ को घन बनाने के लिए प्रकृति ने प्रक्रिया आगे बढ़ाई होगी तथा जल व पृथ्वी का संयोग हुआ होगा।

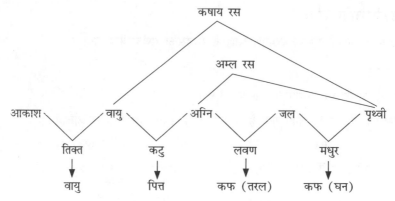

कफ (घन) को स्थायित्व प्रदान हुआ होगा तथा cell wall मजबूत बनी होगी। पृथ्वी और आकाश में कोई मेल (संयोग) सम्भव नहीं हुआ होगा, क्योंकि एक स्थूल हैं दूसरा सूक्ष्म है, एक सीमित है दूसरा असीम है, एक अणु है दूसरा विभू है। अतः पृथ्वी ने अम्ल रस अग्नि से मिल कर बनाया होगा तथा वायु से मिलकर कषाय रस बनाया होगा। पृथ्वी के संयोग से वायु, पित्त तथा कफ को स्थायित्व मिला होगा।

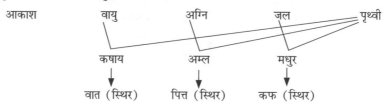

रस का रूपान्तरण

द्रव्य में स्थित रस का विभिन्न परिस्थिति वश रूपान्तर हो जाता है तथा द्रव्य अन्य रस युक्त हो जाता है। इसके लिए निम्नलिखित युक्तियां हैं–

- **काल स्थिति–अन्यथात्वगमनं स्थानात्।** (र॰ वै॰ सू॰ 29)

  किसी द्रव्य को कुछ काल तक रखने से उसके रस में रूपान्तर हो जाता है। यथा–चावल का भात मधुर रस होता है, परन्तु कुछ समय तक रखने से वह अम्ल रस युक्त हो जाता है।

- **पात्र स्थिति–स्थानं अधिकरणं भाजनं तद्धेतोरपि रसान्तरं भवति।** (भा॰ प्र॰)

  किसी पात्र विशेष में रखने से द्रव्य का रस पात्र के अनुसार बदल जाता है। यथा–कांस्य पात्र में अम्ल दधि को रखने से वह कटु रस युक्त हो जाता है।

- **संयोग–संयोगतः।** (र॰ वै॰ सू॰ 30)

  किसी द्रव्य विशेष के संयोग से द्रव्य का रस बदल जाता है। यथा–चूने के संयोग से अम्ल इमली मधुर रस युक्त हो जाती है।

- **पाक–अग्नेः पाकात्।** (र॰ वै॰ सू॰ 30)

  अग्नि में पाक होने से अनेक द्रव्यों का रस बदल जाता है। यथा–इमली का पाक होने से वह मधुर रस हो जाती है।

- **आतप–आतपात्।** (र॰ वै॰ सू॰ 31)

  धूप में सुखाने से कुछ द्रव्यों का रस बदल जाता है। यथा–तुम्बरू कषाय रस युक्त होता है परन्तु धूप में सुखाने से वह मधुर रस युक्त हो जाता है।

- **भावना–भावनया।** (र॰ वै॰ सू॰ 32)
  किसी द्रव्य विशेष के साथ द्रव्य को भावना देने से उसके रस में रूपान्तर होता है। यथा–तिल कषाय, तिक्त, मधुर होते हैं, उन्हें यष्टीमधु की भावना देने से वह मधुर रस युक्त हो जाते हैं।
- **देश–देशः।** (र॰ वै॰ सू॰ 32)
  देश विशेष में उत्पन्न द्रव्यों के रस में भिन्नता होती है। यथा–आंवला कहीं पर मधुर, कहीं पर अम्ल, कहीं पर कषाय रस प्रधान होता है।
- **काल–कालाभ्याम्।** (र॰ वै॰ सू॰ 32)
  काल के प्रभाव से रस में रूपान्तर आता है। यथा–कदली फल कषाय रस युक्त होता है, परन्तु काल के प्रभाव से मधुर रस युक्त हो जाता है।
- **परिणाम–परिणामतः।** (र॰ वै॰ सू॰ 33)
  द्रव्य का रूपान्तर होने से उसका रस भी बदल जाता है। यथा–दुग्ध-मधुर रस युक्त होता है उसका रूपान्तर हुए दधि का रस अम्ल हो जाता है।
- **उपसर्ग–उपसर्गात्।** (र॰ वै॰ सू॰ 34)
  कृमि आदि का उपसर्ग होने पर भी द्रव्य का रस विकृत हो जाता है। यथा–इक्षु रस में कृमि लगने से तिक्तता या अम्लता उत्पन्न होती है।
- **विक्रिय–विक्रियातः।** (र॰ वै॰ सू॰ 35)
  कुछ विशिष्ट क्रियाओं से द्रव्य का रस बदल जाता है। यथा–कटहल को हाथ में मलने से वह अम्ल हो जाता है।

षड् रसों के लक्षण

मधुर आदि रसों का प्रयोग करने पर जो क्रियाएं मुख तथा स्थानिक रूप में होती हैं, उनके अनुसार रसों के लक्षण निर्धारित किए जाते है।

1. मधुर (स्वादु) रस

- **स्नेहनप्रीणनाह्लादमार्दवैरूपलभ्यते। मुखस्थो मधुरश्चास्यं व्याप्नुवंल्लिम्पतीव च।।** (च॰ सू॰ 26/74)
- **मक्षिकोपसर्पणेन शरीरमाधुर्यं।** (च॰ वि॰ 4/7)
- **तत्र, यः परितोषमुत्पादयति प्रह्लादयति तर्पयति जीवयति मुखोपलेपं जनयति श्लेष्माणं चाभिवर्द्धयति स मधुरः।।** (सु॰ सू॰ 42/11)
- **तेषां विद्याद्रसं स्वादुं यो वक्त्रमनुलिम्पति। आस्वाद्यमानो देहस्य ह्लादनोऽक्षप्रसादनः। प्रियः पिपीलिका-दीनाम्।** (अ॰ हृ॰ सू॰ 10/2)
- **तेषां स्वादुरास्वाद्यमानो मुखमुपलिम्पतीन्द्रियाणि प्रसादयति देहं प्रह्लादयति षट्पदपिपीलिकामिष्टतमः।** (अ॰ सं॰ सू॰ 18/5)

स्नेहन	–	स्निग्धता उत्पन्न करना।
प्रीणन, तर्पण	–	शरीर का तर्पण करके सुख उत्पन्न करना।
आह्लादन	–	आनन्द उत्पन्न करना।
माद्रव	–	मृदुता उत्पन्न करना।
मुखमाधुर्य	–	मुख में मधुरता उत्पन्न करना।
व्याप्नुवलिम्पती	–	मुख में शीघ्र फैलकर, लेप जैसा प्रतीत होता है।
परितोषकर	–	शरीर व मन की तुष्टि करना।

श्लेष्मवर्धक	–	कफवर्धक
इन्द्रिय प्रसादन	–	इन्द्रिय को प्रसन्न करना।
षट्पदपिपीलिकाइष्टतम	–	कीड़े-मकौड़ों को प्रिय होना।
अक्षप्रसादयति	–	मन में प्रसन्नता उत्पन्न करना।
मक्षिकोपसर्पण	–	मक्खियों का मधुर रस युक्त शरीर पर बैठना।

2. अम्ल रस

- **दन्तहर्षान्मुखास्रावात्स्वेदनान्मुखबोधनात्। विदाहाच्चास्यकण्ठस्य प्राश्यैवाम्लं रसं वदेत्।** (च॰ सू॰ 26/75)
- **यो दन्तहर्षमुत्पादयति मुखः स्त्रावं जनयति श्रद्धाश्चोत्पादयति सोऽम्लः।** (सु॰ सू॰ 42/11)
- **अम्लः क्षालयते मुखम्। हर्षणो रोमदन्तानामक्षिभ्रुवनिकोचनः।** (अ॰ हृ॰ सू॰ 10/3)
- **अम्लस्तु जिह्वामुद्वेजयत्युरःकण्ठं विदहति मुखं स्रावयत्यक्षिभ्रुवं सङ्कोचयति दर्शनाद्धर्षयति रोमाणि च।** (अ॰ सं॰ सू॰ 18/5)

दन्तहर्ष	–	दाँत खट्टे करना।
मुखं स्त्रावयति	–	मुख में स्राव उत्पन्न करना।
क्षालयते मुखम्	–	मुख को भीतर से धो डालना।
दर्शनात् हर्षयति रोमाणि	–	देखने मात्र से ही रोमो में हर्ष उत्पन्न करना।
अक्षिभ्रुनिकोचन	–	आँख तथा भौंह को संकुचित करना।
स्वेद	–	स्वेद उत्पन्न करना।
मुखबोधनात्	–	पहले खाए हुए रस का प्रक्षालन कर, भोज्य पदार्थ के रस का ज्ञान कराना।
शृद्धांचोत्पादयति	–	भोज्यपदार्थ के सेवन की इच्छा को उत्पन्न करना।
जिह्वा उत्तेजयति	–	जिह्वा को उत्तेजित करना।
उरः कुष्ठः विदहति	–	उरः व कण्ठ में दाह उत्पन्न करना।

3. लवण (पटु) रस

- **प्रलीयन् क्लेदविष्यन्दमार्दवं कुरूते मुखे। यः शीघ्रं लवणो ज्ञेयः स विदाहान्मुखस्य च॥** (च॰ सू॰ 26/76)
- **यो भक्तरूचिमुत्पादयति कफप्रसेकं जनयति मार्दवं चापादयति स लवणः।** (सु॰ सू॰ 42/11)
- **लवणः स्यन्दयत्यास्यं कपोलगलदाहकृत्।** (अ॰ हृ॰ सू॰ 10/3)
- **लवणो मुखं विष्यन्दयति कण्ठकपोलं विदहत्यन्नं प्ररोचयति।** (अ॰ सं॰ सू॰ 18/5)

प्रलीयन, क्लेदन	– खाने के बाद शीघ्र ही मुख में लालास्राव उत्पन्न करना।
विष्यन्दन	– मुखशोधक।
मृदुता, मार्दव	– मृदुता उत्पन्न करना।
विदाहन्मुखस्य, कण्ठकपोलविदाह	– मुख, कपोल, कण्ठ में दाह उत्पन्न करना।
कफप्रसेक	– कफ को स्त्रावित करना।
भक्तरूचि, अन्नपरोचयति	– भोजन में रूचि उत्पन्न करना।

4. कटु (उष्ण) रस

- **संवेजयेद्यो रसानां निपाते तुदतीव च। विदहन्मुखनासाक्षिसंस्रावी स कटुः स्मृतः।** (च॰ सू॰ 26/77)
- **यो जिह्वाग्र बाधते उद्वेगं जनयति शिरो ग्रह्णीते नासिकाश्चस्रावयति स कटुकः।** (सु॰ सू॰ 42/11)

- **उद्वेजयति जिह्वाग्रं कुर्वश्चिमिचिमां कटुः। स्रावयत्यक्षिनासास्यं कपोलौ दहतीव च।** (अ॰ हृ॰ सू॰ 10/5)
- **कटुको भृशमुद्वेजयति जिह्वाग्रं चिमिचिमायति कण्ठकपोलं स्रावयति मुखाक्षिनासिकं विदहति देहम्।।** (अ॰ सं॰ सू॰ 18/4)

निपाते तुदतीव	–	निपात मात्र से सूई के चूभने की सी वेदना उत्पन्न करना।
विदहन्मुखनासाक्षिसंस्रावी	–	आँख, नासा तथा मुख में विदाह तथा स्त्राव उत्पन्न करना।
कपोल दाह	–	गालों में दाह उत्पन्न करना।
विदहति देह	–	शरीर में विदाह उत्पन्न करना।
उद्वेजयति जिह्वाग्रं	–	जिह्वा में झनझनाहट उत्पन्न करना।
शिरोग्रहती	–	सिर को भारीपन से जकड़ देना।
चिमचिमाहट	–	जिह्वा, मुख, कण्ठ, कपोल में चिमचिमाहट उत्पन्न करना।

5. तिक्त रस

- **प्रतिहन्ति निपाते यो रसनं स्वदते न च। स तिक्तो मुखवैशद्यशोषप्रह्लादकारकः।।** (च॰ सू॰ 26/78)
- **यो गले चोषमुत्पादयति मुखवैशद्यं जनयति। भक्तरूचिं चापादयति हर्षश्च स तिक्तः।** (सु॰ सू॰ 42/11)
- **तिक्तो विशदयत्यास्यं रसनं प्रतिहन्ति च।** (अ॰ हृ॰ सू॰ 10/4)
- **तिक्तो विशदयति वदनं विशोधयति कण्ठं प्रतिहन्ति रसम्** (अ॰ सं॰ सू॰ 18/4)
- **तिक्तस्य हर्षणम् हरिमत्ता शैत्यम् आस्येगलद्वारं शोषणं च।** (र॰ वै॰)

प्रतिहन्ति निपाते यो रसनं	–	जिह्वा के तुरन्त संयोग होने पर अन्य रसों के बोधन की शक्ति को नष्ट करना।
स्वदते न च	–	जिह्वा को प्रिय न होना।
मुखवैशद्यता, शोष, प्रह्लादन	–	मुख की पिच्छिलता नष्ट, शोष तथा प्रह्लादन उत्पन्न करना।
गलचोष	–	गले में चूषण के सामान वेदना उत्पन्न करना।
भक्तरूचि	–	खाने में रूचि उत्पन्न करना।
हर्ष	–	हर्ष उत्पन्न करना।
हरिमता शैत्य	–	मुख में शीतता उत्पन्न कराना।
विशोधयति कण्ठम्	–	कण्ठ साफ करना।
गल द्वार शोषण	–	गले के द्वार का शोषण करना।

6. कषाय (तुवर) रस

- **वैशद्यस्तम्भजाडयैर्यो रसनं योजयेद्रसः। बध्नातीव च यः कण्ठं कषायः स विकास्यपि।** (च॰ सू॰ 26/79)
- **यो वक्त्रं परिशोषयति जिह्वां स्तम्भयति कण्ठं बध्नाति हृदयं कर्षति पीडयति च स कषायः।** (सु॰ सू॰ 42/11)
- **कषायो जडयेज्जिह्वां कण्ठस्रोतोविबन्धकृत।** (अ॰ हृ॰ सू॰ 10/6)
- **कषायस्तु जडयति जिह्वां बध्नाति कण्ठं पीडयति हृदयम्।** (अ॰ सं॰ सू॰ 18/5)
- **मुखपरिशोषं श्लेष्मसम्वृत्तिः गौरवं स्तम्भश्च।।** (र॰ वै॰)

वक्त्रं परिशोषयति	–	मुख का शाोषण करना।
जिह्वावैशद्यस्तम्भजड़ता	–	जिह्वा में स्तम्भता, जड़ता, वैशद्यता उत्पन्न करना।
विकासी	–	सन्धिशैथिल्य उत्पन्न करने वाला।
बन्धनाति कण्ठं	–	कण्ठ के बन्ध होने की प्रतीति उत्पन्न करना।
हृदयं कर्षति, पीड़यति	–	हृदय के दबने, खींचने जैसी अनुभूति उत्पन्न करना।

जाड्यजिह्वा	–	जिह्वा की अन्य रसों के ज्ञान की प्राप्ति के लिए कुछ समय तक असमर्थता बनाना।
कण्ठस्त्रोतोविबन्ध	–	कण्ठ और स्त्रोतों को अवरूद्ध करना।
श्लेष्मसम्वृत्ति	–	क्लेदक कफ को गाढ़ा करना।

रसों के गुण

- **गुणा गुणाश्रया नोक्तास्तस्माद्रसगुणान् भिषक्। विद्याद्द्रव्यगुणान् कर्तुरभिप्रायाः पृथग्विधाः॥**

(च॰ सू॰ 26/36)

गुण, गुण के आश्रयभूत होकर नहीं रहते हैं इसलिए जहां रस के गुणों का उपदेश हो, वहाँ द्रव्य के गुण समझना चाहिए।

- **गुर्वादयो गुणा द्रव्ये पृथिव्यादौ रसाश्रये। रसेषु व्यपदिश्यन्ते साहचर्योपचारतः।** (अ॰ हृ॰ सू॰ 9/4)

गुर्वादि गुण, रस, पृथ्वी आदि महाभूत ये सभी द्रव्य में आश्रित होकर रहते हैं, रसों में उनका होना केवल साहचर्य (साथ) होने से औपचारिक रूप में कहा जाता है, वस्तुतः वह द्रव्य के ही गुण होते हैं।

रूक्ष-स्निग्ध के अनुसार

रूक्ष–

- **कटुतिक्तकषाया रूक्षा।** (सु॰ सू॰ 42/6)
- **रौक्ष्यात् कषायो रूक्षाणामुत्तमो मध्यमः कटुः तिक्तोऽवरः।** (च॰ सू॰ 26/33)
- **तिक्तः कटुः कषायश्च रूक्षा बद्धमलास्तथा।** (अ॰ हृ॰ सू 10/37)
- **कषायकटुतिक्ता रूक्षाः।** (द्र॰ गु॰ सू॰ 4/11)

स्निग्ध–

- **तत्र मधुराम्ललवणाः स्निग्धा।** (सु॰ सू॰ 42/6)
- **स्निग्धानां मधुरः परः, मध्योऽम्लो लवणश्चान्त्यो रसः स्नेहान्निरूच्यते।** (च॰ सू॰ 26/53)
- **पट्वम्लमधुराः स्निग्धाः सृष्टविण्मूत्रमारूताः।** (अ॰ हृ॰ सू॰ 10/38)
- **मधुराम्ललवणाः स्निग्धा।** (द्र॰ गु॰ सू॰ 4/11)

रस	सुश्रुत	चरक	वाग्भट	द्र॰ गु॰ सू॰
मधुर	स्निग्ध	स्निग्धतम्	स्निग्धतम्	स्निग्धतम्
अम्ल	स्निग्ध	स्निग्धतर	स्निग्धतर	स्निग्धतर
लवण	स्निग्ध	स्निग्ध	स्निग्ध	स्निग्ध
कटु	रूक्ष	रूक्षतर	रूक्षतर	रूक्षतर
तिक्त	रूक्ष	रूक्ष	रूक्ष	रूक्ष
कषाय	रूक्ष	रूक्षतम्	रूक्षतम्	रूक्षतम्

शीत-उष्ण के अनुसार

शीत–

- **तत्र मधुरतिक्तकषायाः सौम्याः।** (सु॰ सू॰ 42/6)
- **मध्योत्कृष्टावराः शैत्यात् कषायस्वादुतिक्तकः।** (च॰ सू॰ 26/53)
- **तिक्तः कषायो मधुरस्तद्वदेव च शीतलाः।** (अ॰ हृ॰ सू॰ 10/37)
- **मधुरकषायतिक्ताः शीताः।** (द्र॰ गु॰ सू॰ 4/11)

उष्णा–

- **कट्वम्ललवणा आग्नेयाः।** (सु॰ सू॰ 42/6)
- **उष्णानामुष्णत्वाल्लवणः परः, मध्योऽम्लः कटुकश्चान्त्यः।** (च॰ सू॰ 26/53)
- **रसाः कट्वम्ललवणा वीर्येणोष्णा यथोत्तरम्।** (अ॰ हृ॰ सू॰ 10/36)
- **लवणाम्लकटुका उष्णाश्चेति।** (द्र॰ गु॰ सू॰ 4/11)

रस	सुश्रुत	चरक	वाग्भट	द्र॰ गु॰ सू॰
मधुर	शीत	शीततर	शीततम्	शीततम्
अम्ल	उष्ण	उष्णतर	उष्णतर	उष्णतर
लवण	उष्ण	उष्णतम्	उष्णतम्	उष्णतम्
कटु	उष्ण	उष्ण	उष्ण	उष्ण
तिक्त	शीत	शीत	शीत	शीत
कषाय	शीत	शीततम्	शीततर	शीततर

गुरू-लघु के अनुसार

गुरू–

- **तत्र मधुराम्ललवणाः स्निग्धा गुरवश्च।** (सु॰ सू॰ 42/6)
- **स्वादुर्गुरूत्वादधिकः कषायाल्लवणोऽवरः।** (च॰ सू॰ 26/53)
- **पटोः कषायस्तस्माच्च मधुरः परमं गुरूः।** (अ॰ हृ॰ सू॰ 10/38)
- **मधुरकषायलवणाः गुरवः।** (द्र॰ गु॰ सू॰ 4/11)

लघु–

- **कटुतिक्तकषाया रूक्षा लघवश्च।** (सु॰ सू॰ 42/6)
- **अम्लात् कटुस्ततस्तिक्तो लघुत्वादुत्तमोत्तमः। केचिल्लधूनामवरमिच्छिन्ति लवणं रसम्।** (च॰ सू॰ 26/53)
- **लघुरम्लः कटुस्तस्मात् तस्मादपि च तिक्तकः।** (अ॰ हृ॰ सू॰ 10/38)
- **तिक्तकट्वम्लाः लघवः।** (द्र॰ गु॰ सू॰ 4/11)

रस	सुश्रुत	चरक	वाग्भट	द्र॰ गु॰ सू॰
मधुर	गुरू	गुरूतम्	गुरूतम्	गुरूतम्
अम्ल	गुरू	लघु	लघु	लघु
लवण	गुरू	गुरू, लघु (हीन)	गुरू	गुरू
कटु	लघु	लघुतर	लघुतर	लघुतर
तिक्त	लघु	लघुतम्	लघुतम्	लघुतम्
कषाय	लघु	गुरूतर	गुरूतर	गुरूतर

रसों के वीर्य

तत्र कट्वम्ललवणा वीर्येण यथोत्तरमुष्णाः। तिक्तकषायमधुराः शीताः। (अ॰ सं॰ सू॰ 17/9)

रसों के निम्नलिखित वीर्य होते हैं। जो उतरोत्तर अधिक बलशाली होते हैं–

शीत वीर्य – तिक्त, कषाय, मधुर।

उष्ण वीर्य – कटु, अम्ल (हिमस्पर्श), लवण

रसों के विपाक

कटुतिक्तकषायाणां विपाकः प्रायशः कटुः। अम्लोऽम्लं पच्यते, स्वादुर्मधुरं लवणस्तथा॥ (च॰ सू॰ 26/57)

मधुर विपाक – मधुर, लवण रस।
अम्ल विपाक – अम्ल रस।
कटु विपाक – कटु, तिक्त, कषाय रस।

षड् रसों के कर्म

मधुर रस

- **तत्र मधुरो रसः शरीरसात्मयाद्रसरूधिरमांसमेदोस्थिमज्जौजःशुक्रभिवर्धन आयुष्यः षडिन्द्रियप्रसादनो बलवर्णकरः पित्तविषमारूतघ्नस्तृष्णादाहप्रशमनस्त्वच्यः केश्यः कण्ठयोबल्यः प्रीणनो जीवनस्तर्पणो बृंहणः स्थैर्यकरः क्षीणक्षतसंधानकरो घ्राणमुखकण्ठौष्ठजिह्वाप्रह्लादनो दाहमूर्च्छाप्रशमनः।** (च॰ सू॰ 26/42.1)
- **तत्र, मधुरो रसो रसरक्तमांसमेदोऽस्थिमज्जौजःशुक्रस्तन्यवर्धनश्चक्षुष्यः केश्यो वर्ण्यो बलकृत्सन्धानः शोणितरसप्रसादनोबालवृद्धक्षतक्षीणहितः षट्पदपिपीलिकानामिष्टतमस्तृष्णामूर्च्छादाहप्रशमनः षडिन्द्रिय-प्रसादनः कृमिकफकरश्चेति।** (सु॰ सू॰ 42/12)
- **आजन्मसात्म्यात् कुरूते धातूनां प्रबलं बलम्। बालवृद्धक्षतक्षीणवर्णकेशेन्द्रियौजसाम्। प्रशस्तो बृंहणः कण्ठयः स्तन्यसन्धानकृदुरूः। आयुष्यो जीवनः स्निग्धः पित्तानिलविषापहः॥** (अ॰ हृ॰ सू॰ 10/7-8)
- **मधुरो वातपित्तघ्नः श्लेष्मकृद् बल्यो मलानुलोमनः।** (द्र॰ गु॰ सू॰ 4/5)

नाड़ीसंस्थान	–	षड्इन्द्रियप्रसादन, प्रह्लादन, मेध्य, तर्पण, स्थैर्यकर।
पाचनसंस्थान	–	तृष्णाप्रशामक, अनुलोमक, क्रिमिकारक।
रक्तवहसंस्थान	–	रक्तवर्धन।
प्रजननसंस्थान	–	शुक्र स्तन्यवर्धक, गर्भस्थापक।
उर्ध्वजत्रुगतसंस्थान	–	कण्ठय, नासा-मुख-कण्ठ-औष्ठप्रजादक, चक्षुष्य।
मूत्रवहसंस्थान	–	मूत्रल।
त्वचा	–	त्वच्य, केश्य, दाहशामक, वर्ण्यं
सात्मयीकरण	–	शरीरसात्मयक, धातुवर्धक, आयुष्य, प्रीणन, जीवन, क्षतक्षीणसन्धानकर, बृंहण, ओजोवर्धक, दाह, मूर्च्छाप्रशामक, विषघ्न, बल्य, बालवृद्धहितकर।

अम्ल रस

- **अम्लो रसो भक्तं रोचयति, अग्निं दीपयति, देहं बृंहयति, ऊर्जयति, मनो बोधयति, इन्द्रियाणि दृढीकरोति, बलं वर्धयति, वातमनुलोमयति, हृदयं तर्पयति, आस्यमास्त्रावयति, भुक्तमपकर्षयति, क्लेदयति, जरयति, प्रीणयति।** (च॰ सू॰ 26/42.2)
- **अम्लोऽग्निदीप्तिकृत जरणः पाचनो दीपनः पवननिग्रहोऽनुलोमनः कोष्ठविदाही बहिश्शीतः क्लेदनः प्रायशो हृद्यश्चेति।** (सु॰ सू॰ 42/13)
- **अम्लोऽग्निदीप्तिकृत् स्निग्धो हृद्यः पाचनरोचनः। उष्णवीर्यो हिमस्पर्शः प्रीणनः क्लेदनो लघुः। करोति कफपित्तास्रं मूढवातानुलोमनः।** (अ॰ हृ॰ सू॰ 10/10)
- **अम्लः कफपित्तकृद् वातघ्नः शुक्रहा मलानुलोमनो दीपनपाचनो।** (द्र॰ गु॰ सू॰ 4/6)

नाड़ीसंस्थान	–	मनःप्रसादक, हृद्य, इन्द्रिय को दृढ़ीकारक, प्रीणन।

पाचनसंस्थान	–	लालास्त्रावक, भक्तरोचक, दीपन, पाचन, मलानुलोमक, वायु का निग्राहक, कोष्ठविदाही, क्लेदक, भक्तमपकर्षयति (खाए हुए अन्न को खींचकर आमाश्य तक पहुँचाना)।
रक्तवहसंस्थान	–	हृदय तर्पण, रक्तपित्तकारक।
प्रजननसंस्थान	–	शुक्रघ्न, मूढ़गर्भ-अनुलोमक।
मूत्रवहसंस्थान	–	मूत्रल।
सात्मयीकरण	–	वातानुलोमक, बृंहण, बल्य, उष्ण वीर्य (हिम स्पर्श), ऊर्जा उत्पादक।

लवण रस

- **लवणो रसः पाचनः क्लेदनो दीपनश्च्यावनश्छेदनो भेदनस्तीक्ष्णः सरो विकास्यधःस्त्रंस्यवकाशकरो वातहरः स्तम्भबन्धसंघातविधमनः सर्वरसप्रत्यनीकभूतः, आस्यमास्त्रावयति कफं विष्यन्दयति, मार्गान् विशोधयति, सर्वशरीरावयवान् मृदुकरोति, रोचयत्याहारम्, आहारयोगी।** (च॰ सू॰ 26/42.3)
- **लवणः संशोधनः पाचनो विश्लेषणः क्लेदनः शैथिल्यकृदुष्णः सर्वरसप्रत्यनीको मार्गविशोधनः सर्वशरीरावयवमाद्रवकरश्चेति।** (सु॰ सू॰ 42/14)
- **लवणः स्तम्भसङ्घातबन्धविध्मापनोऽग्निकृत्। स्नेहनः स्वेदनस्तीक्ष्णो रोचनश्छेदभेदकृत्।** (अ॰ हृ॰ सू॰ 10/12-13)
- **लवणः कफपित्तकृद् वातघ्नः शुक्रहाऽनुलोमनो दीपनपाचनो विष्यन्दी।** (द्र॰ गु॰ सू॰ 3/7)

नाड़ीसंस्थान	–	सर्वरसप्रत्यनिकभूत (सभी रसों का नाश करने वाला)।
पाचनसंस्थान	–	पाचन, दीपन, क्लेदक, भेदन, सर, भक्तरोचक, आहारयोगि, विबन्धनाशक, अनुलोमक, लालास्त्रावक।
प्रजननसंस्थान	–	शुक्रघ्न।
श्वसनसंस्थान	–	छेदन।
सन्धि	–	सन्धिविश्लेषक, शैथिल्यकर।
स्त्रोतस	–	मार्गशोधक, कफविष्यन्दक, सर्वशरीरावयमृदुकारक।
बाह्य	–	स्तम्भननाशक, स्नेहन, स्वेदनकारक।
सात्मयीकरण	–	च्यावन (प्रत्येक अव्यव को अपने स्थान से पृथ्क करना), विकासी, अधः स्रंसण, अवकाशकारी, संशोधन, दोषसंघातनाशक।

कटु रस

- **कटुको रसो वक्त्रं शोधयति, अग्निं दीपयति, भुक्तं शोषयति, घ्राणमास्त्रावयति, चक्षुर्विरेचयति स्फुटीकरोतीन्द्रियाणि, अलसकश्वयथूपचयोदर्दाभिष्यन्दस्नेहस्वेदक्लेदमलानुपहन्ति, रोचयत्यशनं, कण्डू-र्विनाशयति, व्रणानवसादयति, क्रिमीन् हिनस्ति, मांसं विलिखति, शोणितसङ्घातं भिनत्ति, बन्धांश्छिनत्ति, मार्गान् विवृणोति, श्लेष्माणं शमयति।** (च॰ सू॰ 26/42.4)
- **कटुको दीपनः पाचनो रोचनः शोधनः स्थौल्यालस्यकफकृमिविषकुष्ठकण्डूपशमनः सन्धिबन्ध - विच्छेदनोऽवसादनः स्तन्यशुक्रमेदसामुपहन्ता चेति।** (सु॰ सू॰ 43/15)
- **कटुर्गलामयोदर्दकुष्ठालसकशोफजित्। व्रणावसादनः स्नेहमेदःक्लेदोपशोषणः। दीपनः पाचनो रूच्यः शोधनोऽन्नस्य शोषणः। छिनत्ति बन्धान् स्त्रोतांसि विवृणोति कफापहः।** (अ॰ हृ॰ सू॰ 10/17)

- **कटु: वातपित्तकृच्छ्लेष्मघ्नः शुक्रहा बद्धविण्मूत्रो दीपनः।** (द्र॰ गु॰ सू॰ 4/8)

नाड़ीसंस्थान	– स्फूटिकरोति इन्द्रियाणि (इन्द्रियोत्तेजक), संज्ञास्थापन।
पाचनसंस्थान	– अलसक नाशक, क्रिमी नाशक, दीपन, पाचन, रूचिवर्धक, विबंधकर, आहार शोषक।
रक्तवहसंस्थान	– शोणितसंघातभेदक, हृदयोत्तेजक।
मेद मांस	– स्थौल्यनाशक, मेद-क्लेदोपशोषक उपशोषक, मांस लेखक।
सन्धि	– सन्धिबन्धविच्छेदक।
उर्ध्वजत्रुगतसंस्थान	– मुख शोधक, नासा स्त्रावक, चक्षु विरेचक, अभिष्यन्दहर।
स्त्रोतस	– मार्ग विवरण।
श्वसनसंस्थान	– कफघ्न, गलरोगनाशक।
प्रजननसंस्थान	– शुक्रनाशक, आर्तवजनक, स्तन्यनाशक।
त्वचा	– कुष्ठघ्न, कण्डूघ्न, उदर्दघ्न, व्रणावसादक, स्नेहन, स्वेदनहर।
सात्मयीकरण	– विषघ्न, धातुनाशक, दोषबन्धछेदन, शोधन, आलस्यहर, शोफहर।

तिक्त रस

- **तिक्तो रसः स्वयमरोचिष्णुरप्यरोचकघ्नो विषघ्नः, क्रिमिघ्नो मूर्च्छादाह कण्डूकुष्ठतृष्णाप्रशमनस्त्व-ङ्मांसयोः स्थिरीकरणो ज्वरघ्नो दीपनः पाचनः स्तन्यशोधनो लेखनः क्लेदमेदोवसामज्जलसीकापूय-स्वेदमूत्रपुरीषपित्त-श्लेष्मोपशोषणो।** (च॰ सू॰ 26/42.5)
- **तिक्तश्छेदनो रोचनो दीपनः शोधनः कण्डूकोठतृष्णामूर्च्छाज्वरप्रशमनः स्तन्यशोधनो विण्मूत्रक्लेदमेदो-वसापूयोपशोषणचेति।** (सु॰ सू॰ 42/16)
- **तिक्तः कफपित्तघ्नो वातकृच्छोषणः स्त्रोतःशोधनः।** (द्र॰ गु॰ सू॰ 4/9)

नाड़ीसंस्थान	– मूर्च्छानाशक, मेध्य
पाचनसंस्थान	– स्वयं अरोचक परन्तु अरूचिनाशक, दीपन, पाचन, तृष्णा निग्राहक, पुरीषशोषक, क्रिमिघ्न
रक्तवहसंस्थान	– रक्तभारशामक, रक्तप्रसादक
श्वसनसंस्थान	– कफनाशक, कण्ठविशोधक, छेदन
स्त्रोतस	– स्त्रोतोशोधक
प्रजननसंस्थान	– अवृष्य, स्तन्यशोधक
मांस	– मांसलेखक, स्थिरीकरण
त्वचा	– दाह-कण्डू-कुष्ठ-कोठ शामक, त्वक स्थिरीकरण
सात्मयीकरण	– लेखन, विषघ्न, जवरघ्न, शोधन, क्लेद - मेद - वसा - मज्जा - लसिका - पूय - स्वेद - मूत्र - पुरीष - पित्त - कफशोषक

कषाय रस

- **कषायो रसः संशमनः संग्राही सन्धानकरः पीडनो रोपणः शोषणः स्तम्भनः श्लेष्मरक्तपित्तप्रशमनः, शरीरक्लेदस्योपयोक्ता।** (च॰ सू॰ 26/43)
- **कषाय सङ्ग्राहको रोपणः स्तम्भनः शोधनो लेखनः शोषणः पीडनः क्लेदोपशोषणचेति।** (सु॰ सू॰ 42/17)

- **कषायः पित्तकफहा गुरूरस्रविशोधनः। पीडनो रोपणः शीतः क्लेदमेदोविशोषणः। आमसंस्तम्भनो ग्राही रूक्षोऽति त्वक्प्रसादनः।** (अ॰ हृ॰ सू॰ 10/20)
- **कषायः कफपित्तघ्नो वातकृत् स्तम्भनोऽग्निसादनः।** (द्र॰ गु॰ सू॰ 4/10)

पाचनसंस्थान	–	पुरीषस्तम्भक, पित्तसंशमन, संग्राही, अग्निमन्दक।
रक्तवहसंस्थान	–	सन्धानीय, हृदयपीडन, रक्तस्तम्भक, रक्तपित्तशामक, रक्तशोधक।
श्वसनसंस्थान	–	कफघ्न।
त्वचा	–	व्रणपीड़न, व्रणरोपक, क्लेदशोषक, त्वचा प्रसादक।
सात्मयीकरण	–	संशमन, सर्वधातुशोषक, लेखन, प्रीणन, संधानकर, मेदोशोषक।

रसों का दोषों पर कर्म

रस	वात	पित्त	कफ
मधुर	शमन	शमन	कोपन (श्रेष्ठतम्)
अम्ल	शमन	कोपन	कोपन
लवण	शमन	कोपन	कोपन
कटु	कोपन	कोपन (श्रेष्ठतम्)	शमन (श्रेष्ठतम्)
तिक्त	कोपन	शमन	शमन
कषाय	कोपन (श्रेष्ठतम्)	शमन	शमन

रसों का धातुओं पर कर्म

रस	रस	रक्त	मांस	मेद	अस्थि	मज्जा	शुक्र
मधुर	वृद्धि	वृद्धि	वृद्धि	वृद्धि	वृद्धि	वृद्धि	वृद्धि
अम्ल	वृद्धि	वृद्धि	वृद्धि	वृद्धि	वृद्धि	वृद्धि	क्षय
लवण	क्षय	क्षय	क्षय	क्षय	क्षय	क्षय	क्षय
कटु	क्षय	क्षय	लेखन	क्षय	क्षय	क्षय	क्षय
तिक्त	क्षय	क्षय	लेखन	शोषण	क्षय	शोषण	क्षय
कषाय	शोषण	शोषण	लेखन	शोषण	क्षय	शोषण	क्षय

रसों का मलों पर कर्म

सृष्टविण्मूत्रमारूत	मधुर, अम्ल, लवण
बद्धविण्मूत्रमारूत	कटु, तिक्त, कषाय

रसों के अपवाद

रस	सामान्य कर्म	अपवाद
मधुर	पित्तवर्धक	मधु, मिश्री, जांगलमांस, पुरानाधान्य, यव, गोधूम, मुद्ग।
अम्ल	पित्तवर्धक	दाडिम, आमलक
लवण	पित्तवर्धक, नेत्रों के लिए हानिकारक	सैन्धव
कटु	वातवर्धक, शुक्रनाशक	शुण्ठी, पिप्पली, रसोन

जारी है...

जारी है...

रस	सामान्य कर्म	अपवाद
तिक्त	वातवर्धक शुक्रनाशक	गुडूची, पटोल, वेत्राम्
कषाय	शीत, स्तम्भन	हरीतकी

रसों के अतियोग एवं अयोग

रस	अतियोग	आयोग
मधुर च॰ सू॰ 26/42.1 अ॰ हृ॰ सू॰ 10/9 सु॰ सू॰ 42/12 द्र॰ गु॰ सू॰ 4/5	मुखमाधुर्य, स्थौल्य, मार्दव, आलस्य, अतिस्वप्न, गौरव, अन्नाभिलाषा, अग्निदौर्बल्य, मुखकण्ठमांसवृद्धि, श्वास, कास, प्रतिश्याय, अलसक, शीतज्वर, आनाह, वमन, संज्ञास्वर, प्राणनाश, गलगण्ड, गण्डमाला, श्लीपद, शोफ, गुद, बस्ति धमनीगल में लेप आदि रोग, अभिष्यन्द, कफज रोग, प्रमेह, मेदज रोग, सन्यास, अर्बुद्ध आदि कफज रोगोत्पति, कृमि उत्पत्ति।	वातपैत्तिक रोग (द्र॰ गु॰ सू॰ 4/5)
अम्ल च॰ सू॰ 26/42.2 अ॰ हृ॰ सू॰ 10/11 सु॰ सू॰ 42/13 द्र॰ गु॰ सू॰ 4/6	दन्तहर्ष, तृष्णा, अक्षिसम्मेलन, रोमों में रोमाञ्च, कफ क्लेदन, पित्तवृद्धी, रक्त दूषित, मास विदाह, शरीर शैथिल्य, क्षीण-क्षत-कृश दुर्बल में शोथोत्पत्ति, क्षत, अभिहत, दष्ट-दग्ध-भग्न-शून-च्यूत आदि का पाक, कण्ठ-उरः-हृदय का दहन, अम्लपित्त, तिमिर, भ्रम, कण्डु, पाण्डु, विसर्प, विस्फोट, शोफ, ज्वर आदि रोगोत्पत्ति।	अग्निमांद्यादि रोग (द्र॰ गु॰ सू॰ 4/6)
लवण च॰ सू॰ 26/42.3 अ॰ हृ॰ सू॰ 10/13 सु॰ सू॰ 42/14 द्र॰ गु॰ सू॰ 4/7	वातरक्त, खलित्य, पालित्य, वल्ली, तृष्णा, कुष्ठ, विष, विसर्प, बलह्रास, कण्डु, कोठ, शोफ, वैवर्ण्य, पुंस्तवोपघात, इन्द्रियोत्पात, मुख-अक्षिपाक, रक्तपित्त, अम्लिका (हृदयदाह), शोथ, रक्तवर्धक (Hypertension), मूर्च्छा आदि रोगोत्पत्ति।	अग्निमांद्यादि रोग एवं वातविकार (द्र॰ गु॰ सू॰ 4/7)
कटु च॰ सू॰ 26/42.4 अ॰ हृ॰ सू॰ 10/19 सु॰ सू॰ 42/15 द्र॰ गु॰ सू॰ 4/8	पैत्तिक व्याधि, भ्रम, मद, गल-तालु-ओष्ठ शोष, दाह, सन्ताप बलह्रास, कम्प, तोद, भेदकृत, कर-चरण-पार्श्व-पृष्ठ शूल, तृष्णा, शुक्रक्षय, मूर्च्छा, आकुञ्चन, पुंसत्वहानि, ग्लानि, अवसाद, कर्षण, नमयति (टेढ़ा होना), तमोत्पत्ति, कण्ठ, दाहोत्पत्ति।	कफज रोग (द्र॰ गु॰ सू॰ 4/8)
तिक्त च॰ सू॰ 26/42.5 अ॰ हृ॰ सू॰ 10/16 सु॰ सू॰ 42/16 द्र॰ गु॰ सू॰ 4/9	सप्तधातु शोषण, स्त्रोस खरत्व, बलह्रास, कर्शन ग्लानि, मोह, भ्रम, मुखशोष, वातरोग, शरीराव्यव मन्यास्तम्भक आक्षेप, अर्दित, शिरशूल, तोद, भेद, छेदन, आस्यवैरस्य उत्पत्ति।	कफपित्तरक्तज विकार (द्र॰ गु॰ सू॰ 4/9)
कषाय च॰ सू॰ 26/43 अ॰ हृ॰ सू॰ 10/21 सु॰ सू॰ 42/17 द्र॰ गु॰ सू॰ 4/10	मुखशोष, हृदय पीड़न, आध्मान, वचनशक्तिकम, स्त्रोतोवरोद्ध, कृष्णवर्ण, पुंसत्वहानि, जराउत्पत्ति, विष्टम्भ, वातमूत्रपुरीषरेत-ससंग्रहण, ग्लानि, कर्षण, तृष्णा, स्तम्भन पक्षाघात, हनुग्रह अपतानक, अर्दित, वातविकार, विष्टम्भ, हृतपीड़ा, मन्यास्तम्भ, गात्रस्फूरण, चुमचुमायन, आकुञ्चन, आक्षेपण आदि उत्पत्ति।	कफपित्तज रोग (द्र॰ गु॰ सू॰ 4/10)

औषध में रसों का प्रयोगक्रम

वातज व्याधि

- **वातिके लवणः पूर्व संयोगादवचारितः। अम्लादनन्तरं पश्चात् प्रयुक्रो मधुरो रसाः।** (का॰ खि॰ 6/3-33)
  वातिक व्याधि में क्रम से लवण - अम्ल - मधुर रस का प्रयोग किया जाता है।

आदि ↓	**लवण–वातिके लवणः पूर्वं सयोगादवचारितः। प्रक्लेदिभावाज्जयति विबन्धो मातरि श्वनः। निहन्ति शैत्यमुष्णत्वाद् गुरूत्वाच्चापि लाघवम्।** (का॰ खि॰ 6/31) लवण प्रक्लेदी धर्म से वायु के बन्ध का, उष्णता से शीतता का, तथा गुरूता से लघुता का नाश करता है।
मध्य ↓	**अम्ल–तथैवाम्लो रसः पश्चात् तस्मिन्नेवावचारितः। जडीकृतानि स्त्रोतांसि तैक्ष्ण्यादुद्घाटय मारूतम्। अनुलोमयति क्षिप्रं स्निग्धोष्णत्वाद् विमार्गगम्।** (का॰ खि॰ 6/32-33) अम्लरस अपने तीक्ष्ण, उष्ण गुण से स्त्रोतोविशोधन तथा स्निग्ध, उष्ण गुण से विमार्ग गमन हुई वायु का अनुलोमन करता है।
अन्त	**मधुर–अम्लादनन्तंर पश्चात् प्रयुक्तो मधुरो रसः। वायोर्लघुत्वं वैशद्यं रूक्षत्वं च व्यपोहति। गुरूत्वात् पिच्छिलत्वाच्च स्निग्धात्वाच्च यथाबलम्।** (का॰ खि॰ 6/34) मधुर रस अपने गुरू, पिच्छिल एवं स्निग्धा गुणों से वायु के लघु, विशद एवं रूक्ष गुणों को कम करता हुआ वायु का शमन करता है।

पित्तज व्याधि

- **तिक्तस्वादुकषायाः स्युः क्रमशः पैत्तिके हिताः।** (का॰ खि॰ 6/27-28)
  पैत्तिक व्याधि में क्रम से तिक्त – मधुर – कषाय रस का प्रयोग किया जाता है।

आदि ↓	**तिक्त–आमान्वयत्यावत् पित्तस्य पूर्व तिक्तोऽवचारितः। पाचयत्याशु तं पक्वं।।** (का॰ खि॰ 6/27-28) शीतता की उत्तमता को बढ़ाते हुए तिक्त रस आमपित्त का शीघ्र ही परिपाक करता है।
मध्य ↓	**मधुर–ततस्तु मधुरो रसः। शैत्यात् गुरूत्वात् स्नेहाच्च माधुर्याच्च नियच्छति।** (का॰ खि॰ 6/29) मधुर रस के शीत, गुरू, स्निग्ध एवं माधुर्य गुण से पक्वपित्त का शमन होता है।
अन्त	**कषाय–तद्द्रवत्वविघातार्थं कषायश्चावचारितः। रौक्ष्याद् विशोषिभावाच्च विशोषयति तेजसम्।** (का॰ खि॰ 6/29) कषाय रस अपने रूक्ष एवं शोषण गुण से पित्त के द्रवत्व का शोषण करके पित्त का शमन करता है।

कफज व्याधि

- **कटुतिक्तकषायांस्तु रसान् प्राज्ञो यथाक्रमम्। योगतः कफजे व्याधौ भैषज्यमवतारयेत्।।** (का॰ खि॰ 16/24)
  कफज व्याधि में क्रम से कटु – तिक्त – कषाय रस का प्रयोग किया जाता है।

आदि ↓	**कटु–प्रयुक्तः कटुकः पूर्वं पैच्छिल्यं गौरवं च तत् श्लेष्मणस्तं निहन्त्याशु।** (का॰ खि॰ 16/24) कटु रस कफ की पिच्छिलता एवं गुरूता को नष्ट करता है।
मध्य ↓	**तिक्त–तिक्तः तस्मादनन्तरम् ह्रासयत्यास्यमाधुर्य कफं संशोषयत्यपि।** (का॰ खि॰ 16/25) तिक्त रस मुख के माधुर्य को नष्ट करके कफ का शोषण करता है।
अन्त	**कषाय–संगृहणाति कषायश्च स्नेहं चास्यावकर्षति।** (का॰ खि॰ 16/26) कषाय रस कफ के स्नेहांश को नष्ट करके उसकी अति प्रवृत्ति को कम करता है।

आहार में रसों का प्रयोगक्रम

सामान्य अवस्था

- **पूर्वं मधुरमश्नीयान्मध्येऽम्ललवणौ रसौ। पश्चाच्छेषान् रसान् वैद्यो भोजनेष्ववचारयेत्।** (सु॰ सू॰ 46/466)
  आहार में क्रम से मधुर – अम्ल, लवण – कटु, तिक्त, कषाय रस का प्रयोग किया जाता है।

आदि	**मधुर**–पक्वाशयगत वात शान्तयार्थ, क्लेदक कफ की वृद्धि से अन्न का क्लेदन उचित रूप से होगा। ↓
मध्य	**अम्ल, लवण**–अग्नाशयस्थ अग्नि का दीपन होने से उचित पाचनार्थ। ↓
अन्त	**कटु, तिक्त, कषाय**–पूर्वोक्त रसों के सेवन से उत्पन्न कफ के शमनार्थ तथा अग्निवर्धनार्थ।

यदि परिस्थितिवश आदि में लवण, अम्ल, कटु रस का सेवन कर लिया जाए तो अन्त में विदाह की शान्ति के लिए मधुर रस का सेवन करना चाहिए।

असामान्य अवस्था

अरूचि, अग्निमांद्य	भोजन के पूर्व लवण तथा आर्द्रक (कटु रस) का प्रयोग करना चाहिए।	अग्नि संदीपन, भक्त रूचि, जिह्वा, कण्ठ विशोधन करता है।

रसभेद विकल्प

परिभाषा

रस भेद के सूक्ष्मविचार, अशांशकल्पना को रस भेद विकल्प कहते हैं।

आयुर्वेद का लक्ष्य दोषसाम्यता है तथा चिकित्सा में दोषसाम्यता के लिए दोषानुसार रस युक्त औषध द्रव्य का प्रयोग किया जाता है।

अशांशकल्पना से दोष भेद – 63 +
रसरक्तादि धातु + मल – असंख्य
अशांशकल्पना से रस भेद – 63 + अनुरसादि – असंख्य

प्रयोजन

जैसी स्थिति दोष की रहे, उसी प्रकार के रस का प्रयोग करना चाहिए। इसी प्रकार रसभेदविकल्प दोषभेद–विकल्प के समान होते हैं।

दोषवशाद्भेषजवशाद्वा सर्वेऽपि रसा उपयोज्याः– औपयोगिका भवन्ति।

दोषावशाद्यथा, - केवलवायावम्लः, पित्तयुक्ते अम्लतिक्तौ, श्लेष्मयुक्ते अम्लकटुकावित्यादि।
भेषजवशाद्यथा - विरेचनमौषधमेकरसत्वादहृद्यं द्विरसत्रिरसादि कार्यम्। (अ॰ हृ॰ सू॰ 10/41-हेमाद्रि)

सभी रसों का प्रयोग दोष और औषध के अनुसार करना चाहिए। यथा- केवल वायु में अम्लरस, पित्त युक्त वायु में अम्ल-तिक्तरस, कफ युक्त वायु में अम्ल-कटुरस का प्रयोग करें। इसी प्रकार विरेचन औषध एक रस होने से अहृद्य होती है, अतः उसमें 2-3 रसों को मिलाकर प्रयोग करना चाहिए।

भेदश्चैषां त्रिषष्टिविधविकल्पो द्रव्यदेशकालप्रभावाद्भवति। (च॰ सू॰ 26/14)

द्रव्य, देश, अवस्था और काल के प्रभाव से रसों के विकल्प वाले 63 भेद होते हैं।

द्रव्य प्रभाव – द्रव्यगत प्रकृति के प्रभाव से द्रव्यों के रसों में विशेषता उत्पन्न होती है। यथा - पृथ्वी जल युक्त द्रव्य मधुर रस होते हैं।

देश प्रभाव – देश प्रभाव से भी रस विकल्प होते हैं। यथा - आम्रफल एक स्थान में मधुर परन्तु दूसरे स्थान में अम्ल हो जाता है।

कालभेद प्रभाव – द्रव्यगत रस के संगठन पर काल का भी प्रभाव होता है। यथा – नित्यकाल पर परिपक्व फल उचित रसों से युक्त परन्तु विपरीत काल में परिपक्व होने से वह पूर्ण रस युक्त नहीं होते हैं।

अवस्था भेद प्रभाव – अवस्था भेद के प्रभाव से भी रस विकल्प होता है। यथा – आम्रफल बाल्यावस्था में कषाय रस युक्त तथा पक्वावस्था में मधुर रस युक्त होता है।

भेद अंशांश कल्पना

एक रस युक्त भेद	–	6
दो रस युक्त भेद	–	15
तीन रस युक्त भेद	–	20
चार रस युक्त भेद	–	15
पांच रस युक्त भेद	–	6
छः रस युक्त भेद	–	1
		63

एक रस के छः भेद

1. मधुर – गोदुग्ध, द्राक्षा, इक्षु
2. अम्ल – तिन्तिडक, वृक्षाम्ल
3. लवण – सैन्धव
4. कटु – पिप्पली, चव्य
5. तिक्त – पर्पट, निम्ब
6. कषाय – वट, उदुम्बर

दो रसों के पन्द्रह भेद

1. मधुराम्ल – कपित्थ
2. मधुरलवण – उष्ट्रीदुग्ध
3. मधुरकटु – श्रंगाल मांस
4. मधुरतिक्त – गन्धविरोजा
5. मधुरकषाय – तिल तैल
6. अम्ललवण – क्षारमृतिका
7. अम्लकटु – चुक्र
8. अम्लतिक्त – सुरा
9. अम्लकषाय – हथिनीदधि
10. लवणकटु – गौमूत्र
11. लवणतिक्त – सीसा
12. लवणकषाय – समुन्द्रफेन
13. कटुतिक्त – कर्पूर
14. कटुकषाय – भल्लातक
15. तिक्तकषाय – हस्तिनीघृत

तीन रसों के बीस भेद

1. मधुराम्ललवण – हाथी का मांस
2. मधुराम्लकटु – शल्यक मांस
3. मधुराम्लतिक्त – गोधूम
4. मधुराम्लकषाय – तक्र
5. मधुरलवणकटु – कपोत मांस
6. मधुरलवणतिक्त – शम्बुक मांस
7. मधुरलवणकषाय – कमल नाल
8. मधुरकटुतिक्त – केतकी फल
9. मधुरकटुकषाय – एरण्ड तैल
10. मधुरतिक्तकषाय – वानर मांस
11. अम्ललवणकटु – शिलाजीत
12. अम्ललवणतिक्त – हाथी का मूत्र
13. अम्ललवणकषाय – हथिनी का दधि
14. अम्लकटुतिक्त – सुरा
15. अम्लकटुकषाय – अम्लवेतस
16. अम्लतिक्तकषाय – सुरा
17. लवणकटुतिक्त – अविमूत्र
18. लवणकटुकषाय – भल्लातक, साँभर, नमक
19. लवणतिक्तकषाय – समुद्रफेन
20. कटुतिक्तकषाय – अगुरू तैल

चार रसों के पंद्रह भेद

1.	मधुराम्ललवणकटु	–	गोमूत्र युक्त शिलाजतु
2.	मधुराम्ललवणतिक्त	–	घोड़ी का दूध
3.	मधुराम्ललवणकषाय	–	तक्र (सैंधव युक्त)
4.	मधुराम्लकटुतिक्त	–	लहसुन युक्त सुरा
5.	मधुराम्लतिक्तकषाय	–	उदुम्बरफल
6.	मधुराम्लकटुकषाय	–	एरण्ड तैल (कांजी युक्त)
7.	मधुरलवणतिक्त कटु	–	बैंगनफल
8.	मधुरलवणकटुकषाय	–	गोमूत्र युक्त तिल तैल
9.	मधुरलवणतिक्तकषाय	–	चित्रक
10.	मधुरकटुतिक्तकषाय	–	तिल, गुग्गुल
11.	अम्ललवणकटुतिक्त	–	हथिनी के दधि से बनी सुरा
12.	अम्ललवणकटुकषाय	–	हथिनी का दधि
13.	अम्ललवणतिक्तकषाय	–	लवण युक्त शुष्क मांस
14.	अम्लकटुतिक्तकषाय	–	कच्ची मूली
15.	लवणकटुतिक्तकषाय	–	बिल्व फल

पाँच रसों के छः भेद

1.	मधुराम्ललवणकटुतिक्त	–	करौंदा+बैंगन
2.	मधुराम्ललवणकटुकषाय	–	त्रिकटु+यव क्षार
3.	मधुराम्ललवणतिक्तकषाय	–	औदभिद् लवण+तक्र
4.	मधुराम्लकटुतिक्तकषाय	–	हरीतकी, आमलकी तक्र
5.	मधुरलवणकटुतिक्तकषाय	–	रसोन
6.	अम्ललवणकटुतिक्तकषाय	–	भल्लातक

छः रसों का एक भेद

1. मधुराम्ललवणकटुतिक्तकषाय – काले हिरण का मांस

तस्मान्नैकरसं द्रव्यं भूतसलतसम्भवात्। नैकदोषास्ततो रोगास्तत्र। (अ॰ हृ॰ सू॰ 9/3)

एक रस वाला द्रव्य कभी नहीं होता, जिस प्रकार एक दोष वाला रोग नहीं होता, क्योंकि वह महाभूतसङ्घात द्वारा उत्पन्न होते हैं।

रस का प्राधान्य/महत्व

द्रव्य में रस ही प्रधान गुण है, इसके लिए निम्नलिखित युक्तियां है–

- **अधिकार–रसनाधिकारात् (र॰ वै॰)** प्राणों का आधार आहार है और आहार षड्रसों के अधीन है। चिकित्सार्थ शोधन, शमन औषधियां भी रस के ही अधीन हैं।
- **उपदेश–उपदेशात् (र॰ वै॰)** शास्त्र में रसों के द्वारा ही दोष साम्य का निर्देश किया गया है। यथा–मधुर, अम्ल, लवण रस वातशामक कहे गए हैं।
- **अनुमान–अनुमानात् (र॰ वै॰)** रस के द्वारा द्रव्य के कर्मों का अनुमान किया जाता है। यथा–मधुर रस युक्त द्रव्य कफवर्धक होगा।

- **आगम–आगमाच्च (र॰ वै॰)** ऋषि प्रणीत शास्त्रों में द्रव्यों का निर्देश रसवाचक है। यथा-यज्ञ के लिए कुछ मधुर लाओ।
- **उपसंहार–तेनोपसंहारात् (र॰ वै॰)** इसी से द्रव्यो का उपसंहार किया जाता है। यथा मधुर स्कन्ध के द्रव्य।
- **व्यापत्ति निमित्तता–तद्व्यापत्तौ शेषव्यापत्तेः। (र॰ वै॰)** रस के विकृत होने से द्रव्य भी विकृत होता है, अतः रस द्रव्य की विकृति का आधार है।
- **अपदेश–अपदेशात् (र॰ वै॰)** रस से द्रव्य की विशेषता को बताता है। यथा–मधुरवचन आदि।
- **अनेकविषयत्व–बहुविषयत्वनानाविषयत्वात् (र॰ वै॰)** रस के विषयवस्तु द्रव्य अनेक होते हैं। यथा मधुर स्कन्ध में अनेक द्रव्य वर्णित हैं।
- **प्रवृतिनिमित्तता**–आहार द्रव्यों में रूचि या प्रवृत्ति उत्पन्न करने के लिए रस प्रधान है।
- **आशुकारित्व**–रस का कर्म जिह्वा के साथ द्रव्य का संयोग होते ही प्रारम्भ हो जाता है। यथा–मधुर रस का उपलेपन कर्म
- **गुणव्यपदेश–गुणवैशेष्यव्यपदेशात्** वीर्य, विपाक आदि का निर्धारण रस के आधार पर ही होता है, अतः रस प्रधान है।

दीर्घ-उत्तरीय प्रश्न

1. **रस शब्द की निरूक्तियों का वर्णन करते हुए, द्रव्यगुणशास्त्रोक्त रस की परिभाषा को स्पष्ट करें।**
2. **रसों की संख्या विष्यक सम्भाषा का वर्णन करते हुए, रसों की संख्या का आयुर्वेद एवं अर्वाचीन मतानुसार निर्धारण करें।**
3. **रसों की पंचभौतिक्ता का उल्लेख करते हुए, षडरसों के पंचभौतिक संगठन का विभिन्न आचार्यों के मतानुसार वर्णन करें।**
4. **ऋतुओं के आधार पर रसोत्पत्ति तथा रस की उत्पत्ति निवृत्ति क्रम का वर्णन करें।**
5. **षड् रसों के लक्षणों तथा कर्मों का वर्णन करें।**

लघु-उत्तरीय प्रश्न

1. **षड् रसों के अयोग तथा अतियोग से उत्पन्न लक्षणों का वर्णन करें।**
2. **रस तथा अनुरस में भेद स्पष्ट करें।**
3. **आहार तथा औषध में रसों के प्रयोगक्रम का वर्णन करें।**
4. **रस भेद विकल्प क्या है?**
5. **रस के विभिन्न रूपान्तरण का वर्णन करें।**

बहुविकल्पीय प्रश्न

1. **द्रव्यगुणोत्तफ रस किस अर्थ में प्रयुक्त होता है?**
   a. रस (धातु) b. रस (पारद) c. रस (कल्पना) d. रस (अस्वाद)
2. **भद्रकाप्य के मतानुसार रसों की संख्या कितनी है?**
   a. एक b. दो c. तीन d. चार
3. **इनमें से कौन सा रस का लक्षण है?**
   a. व्यक्त b. शुष्कावस्था में स्थाई c. आदि में प्रतीती d. All of these
4. **शरद ऋतु में किस रस की उत्पत्ति होती है?**
   a. लवण b. कटु c. तिक्त d. कषाय

5. षट्पदपिपीलिकाभिष्टितम् किस रस का लक्षण है?

   a. तिक्त   b. अम्ल   c. मधुर   d. कषाय

6. अंशांश कल्पना के अनुसार रसों के कितने भेद होते हैं?

   a. 61   b. 52   c. 63   d. All of these

7. प्रतिहन्ति निपाते यो रसनं किस रस का लक्षण है?

   a. कटु   b. मधुर   c. तिक्त   d. लवण

8. सर्वरसप्रत्यनीकभूत किस रस का कर्म है?

   a. लवण   b. कटु   c. तिक्त   d. मधुर

9. वातजरोग में रसानुसार औषध क्रम क्या है?

   a. मधुर, अम्ल, लवण   b. अम्ल, लवण, मधुर   c. लवण, अम्ल, मधुर   d. लवण, मधुर, अम्ल

10. अंशांश कल्पना के अनुसार चतुष्करस वाले रस कितने हैं?

   a. 6   b. 15   c. 20   d. 21

उत्तरमाला (बहुविकल्पीय प्रश्न)

   1. d   **2.** a   **3.** d   **4.** a   **5.** c   **6.** c   **7.** c   **8.** a   **9.** c   **10.** b

अध्याय 5

विपाकविज्ञानीयाध्याय

विपाक/End Product of Metabolism

व्युत्पत्तिः- वि उपसर्ग + पच् धातु + घञ् प्रत्यय-विपाक = परिपक्व होना, परिणाम, पकना।

निरूक्ति

- **विशिष्टः जरणनिष्ठाकाले रसविशेषस्य पाकः प्रादुर्भावः विपाकः।** (प्रशस्तपाद)

  पाचन क्रिया के अन्त में उत्पन्न विशिष्ट रस को विपाक कहते हैं। पाचन के अन्त में या निष्ठाकाल में होने से इसका नाम निष्ठापाक भी है।

पर्यायः परिणाम, जरण, पाक, प्रपाक, विपाक, परिपाक, जरा, जूर्ति।

परिभाषा/लक्षण

- **जाठरेणाग्निना योगाद्यदुदेति रसान्तरम्। रसानां परिणामान्ते स विपाक इति स्मृतः॥** (अ॰ हृ॰ सू॰ 9/20)

  द्रव्य का जठराग्नि से संयोग होने पर रसों की परिणति होती है तथा पाककर्म के अन्त में जिस रसविशेष की उत्पत्ति होती है, उसको विपाक कहते हैं।

- **औदर्येण संश्लेषात् जरणनिष्ठाकाले रसविशेषः उत्पेद्यते, स विपाक इति स्मृतो।** (अ॰ हृ॰ सू॰ 9/20-अरूणदत्त)

  जब आहार का संयोग अग्नियों से होता है, तब पाचनकाल के अन्त में जिस रस विशेष की उत्पत्ति होती है, उसे विपाक कहते हैं।

- **तत्र विपाकं लक्षयति-जाठरेणेति। रसवतां द्रव्याणां, जाठराग्निना संयोगात् यद्रसान्तरमुत्पद्यते स विपाकः॥** (अ॰ हृ॰ सू॰ 9/20-हेमाद्रि)

  रसयुक्त द्रव्यों का जठराग्नि से संयोग होने पर जिस रसविशेष की उत्पत्ति होती है, उसे विपाक कहते हैं।

- **विपाकः कर्मनिष्ठया।** (च॰ सू॰ 26/66)

  आहारपाचन के पश्चात् दोष, धातु, मल की वृद्धि या ह्रास रूपी लक्षण विपाक के द्वारा होते हैं। विपाक पाचन क्रिया के अन्त में लक्षित होता है एवं शरीर में द्रव्यों के कर्मों को लक्षित करने में कारण होता है। आचार्य चरक पाक कर्म के अन्त में विपाक का प्रादुर्भाव तथा द्रव्यगत कर्मों को लक्षित करने में विपाक को कारण मानते हैं।

- **अवस्थापाकापेक्षया विशिष्टः पाकः विपाकः।** (च॰ सू॰ 26/57-शिवदाससेन)

  अवस्थापाक की अपेक्षा विशिष्ट पाक को विपाक कहते हैं।

- **जठराग्नियोगाद् आहारस्य निष्ठाकाले यो गुणः उत्पद्यते स विपाकः।** (च॰ सू॰ 26/57-चक्रपाणि)

  जठराग्नि के संयोग से पाक के अन्त में जो आहार में नवीन गुणों की उत्पत्ति होती है, उसे विपाक कहते हैं।

- **पाकः पचनं, द्रव्याणां स्वरूप रसयोः परावृत्तिः, सा च स्वरूपान्तरत्वेन रसान्तरत्वेन च परिणतिः, तस्याः विशेषो विपाकः।** (गंगाधर)

  द्रव्यों का पाचन होने पर उनके स्वरूप व रस में जो विशेष परिवर्तन होता है, उसे विपाक कहते हैं।

  स्वरूप परिवर्तनः **जाठराग्नियोगेन भुक्तानां द्रव्याणां जायमाने किट्ट सारम् रूपेण पृथक्त्वे यः सार भागो द्रव्यस्य आद्योरसाख्यो धातुः, किट्ट भागश्च मूत्र पुरीष रूपो मल धातुः तद्रसमल धातु भूत रसान्तरवद् द्रव्यान्तरत्वेन भुक्तानां परिणति विशेषोऽत्र विपाकः।**

  रस परिवर्तनः **रसान्तरत्वेन कस्य रसस्य, किं रसान्तरत्वेनउदयः परिणामः स्यादिति अत आह कटुतिक्तादि।** (गंगाधर)

  गंगाधर के अनुसार द्रव्यों का सार तथा किट्ट में विभाजन होने तथा उनके रस में भी परिवर्तन होकर परिणाम को प्राप्त होने को विपाक कहते हैं।

- **परिणामलक्षणो विपाकः।** (र॰ वै॰)

  जो पाचन के अन्त में हुए आहार के परिणाम को लक्षित करे, वह विपाक है।

- **विपाकः प्रधानमिति। कस्मात्? सम्यङ्मिथ्याविपाकत्वात्। इह सर्वद्रव्याण्यभ्यवहृतानि सम्यङ्मिथ्याविपक्वानि गुणं दोषं वा जनयन्ति।** (सु॰ सू॰ 40/10)

  आचार्य सुश्रुत भी विपाक की प्रधानता बताते हुए कहते हैं कि द्रव्य के सम्यग् विपाक से शरीर में उसके गुणों की तथा मिथ्याविपाक से दोषों की उत्पत्ति होती है।

- **विपाकः पाकनिष्ठाजन्या द्रव्यपरिणतिः।** (द्र॰ गु॰ सू॰/5/1)

  ग्रहण किए हुए द्रव्य का पाचन क्रिया के अन्त में जो चरम परिणाम होता है, उसे विपाक कहते हैं। जठराग्नि पाक के पश्चात् भूताग्नि तथा धात्वाग्नि पाक होता है इन पाकों में भी जो निष्ठापाक (अन्तिम) है वह विपाक हो सकता है। मद्य, विष आदि व्यवायी हैं उनमें जठराग्नि पाक नहीं होता, उनकी परिणति भूताग्नि पाक द्वारा ही होती है।

- **द्रव्यगुणशास्त्रम् के अनुसार**—अग्नि के संयोग से भुक्त द्रव्य का शरीरसुखानुबन्धनार्थ रूपान्तर तथा रसान्तर होता है। द्रव्य का सम्पूर्ण ज्ञान केवल रस ज्ञान से नहीं होता, जिह्वा निपात से रस का ज्ञान होता है, अग्नि के संयोग से कुछ रसों में कोई परिवर्तन नहीं होता परन्तु कुछ रसों का रसान्तर होता है, वह शरीर पर होने वाले कर्म से लक्षित होता है। यथा—मधुर रस अग्नि संयोग से मधुर ही रहेगा ऐसा आवश्यक नहीं है। मधु निपात से मधुर परन्तु अग्नि संयोग से कटु हो जाता है। जो उसके कर्षण कर्म से लक्षित होता है अतः मधु का विपाक कटु माना जाता है। द्रव्य का रसान्तरित रस, रस धातु के साथ सम्पूर्ण शरीर में भ्रमण करता है तथा धात्वाग्नि के साथ संयोग करके पुनः पाक को प्राप्त होता है तथा धातु गुण सामान्य से तत् धातु की वृद्धि तथा विशेष धातु का ह्रास करता है।

अवस्थापाक एवं निष्ठापाक (विपाक)

पाकः—स्थूलात् सूक्ष्मस्य परिवर्तनं पाकः भवति। (च॰ वि॰ 2/18-चक्रपाणि)

स्थूल आहार का दोष, धातु, मल तथा इन्द्रियों का पोषण करने के लिए सूक्ष्म में परिवर्तन होना पाक कहलाता है।

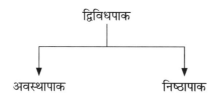

अवस्थापाक

1. प्रथमावस्थापाक

- **अन्नस्य भुक्तमात्रस्य षड् रसस्य प्रपाकतः। मधुराद्यात् कफो भावात् फेनभूत उदीर्यते॥** (च॰ चि॰ 15/9)
  भोजन के तत्काल बाद षड्रसयुक्त आहार का प्रपाक होता है तथा मधुर रस की एवं फेनभूत कफ की उत्पत्ति होती है।
- **मधुरो हृदयादूर्ध्वं रसः कोष्ठे व्यवस्थितः। ततः संवर्धते श्लेष्मा शरीरबलवर्धनः॥** (च॰ चि॰ 15/9-चक्रपाणि)
  कफ का स्वाभाविक स्थान आमाशय है, अतः वहाँ आए हुए अन्न का कफ के साथ मिश्रण होता है तथा वह मधुर रस युक्त हो जाता है एवं मल रूप कफ की वृद्धि होती है।

2. द्वितीयावस्थापाक

- **परं तु पच्यमानस्य विदग्धस्याम्लभावतः। आशयाच्च्यवमानस्य पित्तमच्छमुदीर्यते॥** (च॰ चि॰ 15/10)
  पच्यमानावस्था को प्राप्त होते ही आहार विदग्ध होकर पित्तस्थान में जाता है, तब अम्ल रस युक्त होता है एवं वहाँ से पित्त का स्त्राव होकर शरीर में पित्त की वृद्धि होती है।
- **नाभीहृदयमध्ये च रसस्त्वम्लो व्यवस्थितः। स्वभावेन ततः पित्तं मनुष्याणां विवर्धते॥** (च॰ चि॰ 15/10-चक्रपाणि)
  नाभी तथा हृदय के मध्य में पित्ताशय होता है जो पित्त का स्वाभाविक स्थान है तथा पित्त का रस अम्ल है। अतः आहार पच्यमानावस्था में विदग्ध होकर पच्यमानाशय में जाकर अम्लीभूत होता है एवं स्वभाव से पित्त की वृद्धि होती है।

3. तृतीयावस्थापाक

- **पक्वाशयं तु प्राप्तस्य शोष्यमाणस्य वह्निना। परिपिण्डितपक्वस्य वायुः स्यात्कटुभावतः॥**
  (च॰ चि॰ 15/11)
  पक्वाशय को प्राप्त होकर आहार अग्नि के द्वारा शोषित होकर पिण्डित होता है। पक्वाशय वायु का स्वाभाविक स्थान है एवं वायु का रस कटु है, अतः आहार कटु रस युक्त होकर वात की वृद्धि करता है।
- **अधो नाभ्यास्तु खल्वेकः कटुकोऽवस्थितो रसः। प्रायः श्रेष्ठतमस्तत्र प्राणिनां वर्धतेऽनिलाः॥**
  (च॰ चि॰ 15/11-चक्रपाणि)
  कटु रस नाभी के अधो भाग में व्यवस्थित होता है, वहाँ जाकर आहार कटु रस युक्त होता है एवं प्राणियों में अनिल (वात) का वर्धन करता है।

निष्ठापाक/विपाक

- **विपाकस्तु रसमलविवेकः समकालो। भिन्नकाल एवावस्थापाकैः समं इति न विराधः॥** (चक्रपाणि)

  विपाक की उत्पत्ति रसमलविवेक (रस तथा किट्ट विभाजन) के काल में होती है इससे भिन्न को अवस्थापाक जानें।
- **तस्मात् विपाकास्त्रिविधो रसानां नात्र संशयः।** (च॰ चि॰ 15/11-चक्रपाणि)

  विपाक भी त्रिविध होता है, जिसमें इन्हीं तीन रसों की उत्पत्ति होती है, परन्तु अवस्थापाक में उत्पन्न रसों को उससे भिन्न जानें।

अवस्थापाक (Stages of digestion)	विपाक (Final product of digestion)
• महास्त्रोत की अवस्था के वशीभूत होकर मधुर, अम्ल, कटु रस की उत्पत्ति जब प्रत्येक आहार एवं औषध में होती है, उसे अवस्थापाक कहते हैं।	महास्त्रोत की अवस्था से स्वतन्त्र जब प्रत्येक द्रव्य का रसान्तर हो तथा अन्त में या तो मधुर या अम्ल या कटु रस की उत्पत्ति होती है उसे विपाक कहते हैं।
• अवस्थाभेद से सभी द्रव्यों में क्रमशः मधुर, अम्ल, कटु रस की उत्पत्ति होती है।	प्रत्येक द्रव्य में अपना विशिष्ट पाक विपाक कहलाता है।
• भुक्त द्रव्य का प्रथम पाक अवस्थापाक है।	भुक्त द्रव्य का अन्तिम पाक विपाक है।
• यह आमाशय (प्रथमावस्थापाक), पच्यमानाशय (द्वितीयावस्थापाक) तथा पक्वाशय (तृतीयावस्थापाक) में सम्पन्न होता है।	रस एवं किट्ट के विभाजन के समय होने वाला द्रव्य का विशिष्ट पाक विपाक है।
• (शरीरबलवर्धन, श्लेष्मवर्धन), पित्तवर्धन, वायुवर्धन यह कर्म क्रमशः तीनों अवस्थापाकों में होते हैं।	प्रत्येक द्रव्य में विशिष्ट रस के उत्पत्ति होकर वह रसादि धातु के साथ सम्पूर्ण शरीर में फैल कर तत् तत् धातु की वृद्धि एवं क्षय करता है।
• मल रूप दोषों (कफ, पित्त, वात) की उत्पत्ति अवस्था पाकों में होती है।	धातु रूप दोषों (कफ, पित्त, वात) की उत्पत्ति विपाक में होती है।
• केवल जठराग्नि पाक द्वारा ही अवस्थापाक होता है।	जठराग्नि, भूताग्नि, धात्वाग्नि द्वारा होने वाला अन्तिम पाक है।
• यह प्रत्यक्षगम्य है।	यह अनुमानगम्य है।

प्रवाह संचित्र

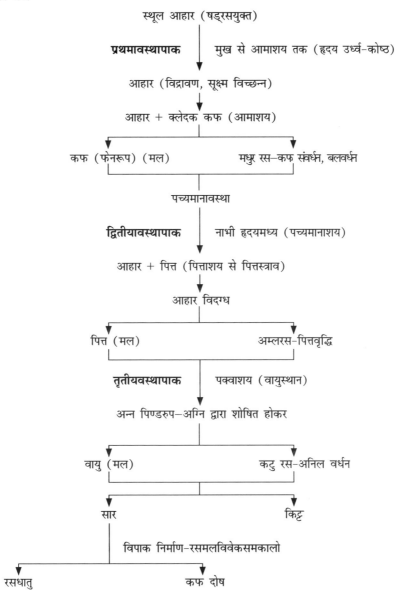

स्थूल आहार (षड्रसयुक्त)
प्रथमावस्थापाक
मुख से आमाशय तक (हृदय उर्ध्व-कोष्ठ)
आहार (विद्रावण, सूक्ष्म विच्छन्न)
आहार + क्लेदक कफ (आमाशय)
कफ (फेनरूप) (मल)
मधुर रस–कफ संवर्धन, बलवर्धन
पच्यमानावस्था
द्वितीयावस्थापाक
नाभी हृदयमध्य (पच्यमानाशय)
आहार + पित्त (पित्ताशय से पित्तस्त्राव)
आहार विदग्ध
पित्त (मल)
अम्लरस–पित्तवृद्धि
तृतीयवस्थापाक
पक्वाशय (वायुस्थान)
अन्न पिण्डरुप–अग्नि द्वारा शोषित होकर
वायु (मल)
कटु रस–अनिल वर्धन
सार
किट्ट
विपाक निर्माण–रसमलविवेकसमकालो
रसधातु
कफ दोष

विपाक रसधातु के साथ मिलकर सम्पूर्ण शरीर में भ्रमण कर अपना कार्य करता है।

विपाक का स्वरूप

आहार द्रव्य का विपाक

- **अह्रियते इति आहारः।**
  जो द्रव्य गले द्वारा ग्रहण हो वह आहार है, अतः आहार शब्द से अन्न-पान तथा औषध द्रव्य सबका ग्रहण होता है।
- **अत्र रसशब्दः रसादिधातून् लक्षयति तेनात्र धात्वग्निपाकस्य मुख्यता, वीर्यशब्दश्च गुणवाचकः अतः गुणात्मकं भूताग्निपाकं द्योतयति।** (द्र॰ गु॰ सू॰/5/1)
  रस शब्द रसादि धातु का बोधक है, अतः आहार का विशिष्ट पाक धात्वाग्नि पाक होगा तथा वीर्य शब्द गुण वाचक है, अतः औषध द्रव्य का विशिष्ट पाक भूताग्नि पाक होगा।
- **नाभिस्तनान्तरं जन्तोरामाशय इति स्मृतः। अशितं खादितं पीतं लीढं चात्र विपच्यते।। आमाशयगतः पाकमाहारः प्राप्य केवलम्। पक्वः सर्वाशयं पश्चाद्धमनीभिः प्रपद्यते।।** (च॰ वि॰ 2/17-18)
  नाभि और स्तन के मध्य में आमाशय होता है, वहीं पर चार प्रकार के आहार का पाक होता है। जब आमाशय में गए हुए आहार का पाक हो जाता है, तब सम्पूर्ण शरीर में आहार रस धमनियों द्वारा भ्रमण करता है।
- **भौमाप्याग्नेयवायव्याः पञ्चोष्माणः सनाभसाः। पञ्चाहारगुणान्स्वान्पार्थिवादीन्पचन्ति हि।।** (च॰ चि॰ 15/13)
  पाँच प्रकार की भूताग्नियां आहार के पार्थिव आदि गुणों को पचाति हैं तथा शरीर में तत् तत् गुणों की वृद्धि होती है। यथा-पार्थिवाग्नि से आहार के पार्थिव अंश का पाचन होगा तथा शरीर में पार्थिव धातु (मांसादि) की वृद्धि होगी।
- **जाठरेणाग्निना पूर्वं कृते संघातभेदे। पश्चाद् भूताग्नयः पञ्च स्वं स्वं द्रव्यं पचन्ति हि।।** (च॰ चि॰ 15/13 चक्रपाणि)
  पूर्व में जठराग्नि आहार के संघात का भेदन करती है, उसके पश्चात पाँचभूतानियां अपने-अपने द्रव्यों का पाचन करती हैं।
- **पञ्चभूतात्मके देहे ह्याहारः पाञ्चभौतिकः। विपक्वः पञ्चधा सम्यग् गुणान् स्वानभिवर्द्धयेत्।** (सु॰ सू॰ 46/533)
  आहार का पाँच प्रकार की भूताग्नियों से विशिष्ट पाक होता है तथा आहार शरीर में अपने-अपने गुण वाले शारीरिक अंगों या धातुओं का अभिवर्धन करता है। वास्तव में द्रव्य तथा शरीर दोनों ही पांचभौतिक होने के कारण, भूतपरिणाम ही चरम परिणाम है तथा धात्वाग्नि एवं जठराग्नि पाक सहायक हैं।

पाक का फल

विविधमशितं पीतं लीढं खादितं जन्तोर्हितमन्तरग्निसन्धुक्षितबलेन यथास्वेनोष्मणा सम्यग्विपच्यमानं काल-वदनव स्थितसर्वधातुपाकमनुपहतसर्वधातूष्ममारूतस्त्रोतः केवलं शरीरमुपचयबलवर्णसुखायुषा योजयति शरीरधातूनूर्जयति च।। (च॰ सू॰ 28/3)

अनेक प्रकार के हितकर आहार का सेवन करने पर जठराग्नि के बल से अपनी-अपनी पांचभौतिक अग्नि द्वारा पाक होकर काल की तरह पूर्ण धातुओं को प्राप्त होता हुआ तथा वहां न रूकता हुआ सम्पूर्ण शरीर को उपचय (वृद्धि) बल, वर्ण, सुख और आयु से युक्त करता है तथा शारीरिक धातुओं को उर्जा प्रदान करता है।

औषध द्रव्य का विपाक

- **रसप्रधानमाहारद्रव्यम्, वीर्यप्रधानमौषधद्रव्यमिति।** (चक्रपाणि)
  रस प्रधान आहार द्रव्य तथा वीर्य प्रधान औषध द्रव्य होते हैं। रस शब्द रसादि धातु को लक्षित करता है एवं वीर्य शब्द गुणवाचक है, यही आहार एवं औषध में भेद है।

- **भौतिकेनाग्निना योगाद्यदुदेति गुणान्तरम्। द्रव्याणां परिणामान्ते स विपाक इति स्मृतः॥** (द्र० गु० सू०/5/1)

  भौतिक अग्नि के संयोग होने पर अन्त में जो परिणाम द्रव्यों में स्वरूप गुणान्तर उत्पन्न होता है, उसे विपाक कहते हैं।

आहार द्रव्य	• सामान्य पाक–जठराग्नि, भूताग्नि	• विशिष्ट पाक–धात्वाग्नि
औषध द्रव्य	• सामान्य पाक–जठराग्नि	• विशिष्ट पाक–भूताग्नि
व्यवायी द्रव्य (मद्य, विष)		• विशिष्ट पाक–भूताग्नि

औषध द्रव्यों पर जठराग्नि का स्वाभाविक कार्य होने के पश्चात् भूताग्नि द्वारा परिणमन होता है तथा वह प्रसाद और मल भाग में विभाजित होते हैं, वस्तुतः शरीर और द्रव्य दोनों ही पांचभौतिक हैं।

अवस्थापाक एवं STAGES OF METABOLISM में समन्वय

	अवस्थापाक	**Stages of Metabolism**
प्रथमावस्थापाक	हृदयोर्ध्व भाग में आहार मधुर रस युक्त होता है।	Digestion of carbohydrates starts from mouth by salivary amylase present in saliva and completes in duodenum by pancreatic amylase secreted with pancreatic juices.
द्वितीयावस्थापाक	पच्यमानाशय में आहार पित्तयुक्त होकर अम्लीभूत होता है।	**Secretion of bile and pancreatic juices:** • Digestion of fats is done by pancreatic lipase and bile in duodenum. • Digestion of protein starts in stomach by pepsin but main digestion starts in small intestine by pancreatic proteases.
तृतीयावस्थापाक	पक्वाशयगत आहार पिण्डीभूत होता है।	Colon is main site of water absorption hence stool becomes hard.

विपाक एवं END PRODUCT OF METABOLISM में समन्वय

विपाक	**End product of metabolism**
मधुर विपाक	Carbohydrates—Glucose
अम्ल विपाक	Protein—Amino acids
कटु विपाक	Fats—Fatty acids

विपाक का कार्यक्षेत्र एवं उपलब्धि

- **चरक के अनुसारः** प्रपाक शब्द अवस्थापाक के लिए कहा गया है।
  विपाकः कर्मनिष्ठया–विपाक को अन्तिम पाक कहा गया है।
- **गंगाधर के अनुसारः** आहार रस के गुणस्वरूप विपाक की स्थिति मानी है।
- **शिवदाससेन के अनुसारः** अवस्थापाक की अपेक्षा विशिष्ट पाक को विपाक कहा जाता है।
- **रसवैशेषिक के अनुसारः**

  परिणामलक्षणो विपाकः।

  जो किसी द्रव्य के परिणाम को लक्षित करे, वह विपाक है।

- **चक्रपाणि के अनुसारः**
  - **कर्मनिष्ठयेति कर्मणो निष्ठा निष्पत्तिः कर्मनिष्ठा क्रियापरिसमाप्तिः।** (च॰ सू॰ 26/66-चक्रपाणि)

  विपाक का ज्ञान पाककर्म के निष्ठाकाल (समाप्ति) में होता है। अर्थात् पाककर्म की परिसमाप्ति होने पर विपाक के द्वारा जब शरीर में दोष, धातु, मल की क्षय-वृद्धि आदि लक्षित होती है तब अनुमान प्रमाण द्वारा विपाक का ज्ञान होता है।

  - **विपाकस्तु रसमलविवेकः समकालो। भिन्नकाल एवावस्थापाकैः समं इति न विराधः॥**

  विपाक की उत्पत्ति रसमलविवेक (रस तथा किट्ट विभाजन) के काल में होती है इससे भिन्न को अवस्थापाक जानें।

अतः विपाक द्रव्य का अन्तिम परिणाम है जिसका आगे रस और अवस्था में परिवर्तन नहीं होता है।

विपाक के प्रकार

विपाक के प्रकारों में निम्नलिखित मत हैं:

- षड्विधविपाकवाद–यथारसविपाकवाद, अनियतविपाकवाद (योगेन्दरनाथसेन आदि आचार्य)
- पंचविधविपाकवाद (सुश्रुत)
- चत्वारविपाकवाद (पराशर)
- त्रिविधविपाकवाद (चरक, वाग्भट)
- द्विविधविपाकवाद (सुश्रुत, नागार्जुन)

षड्विधविपाकवाद

1. **यथारसविपाकवाद (योगेन्दरनाथसेन आदि आचार्य):**

   तत्राहुरन्ये प्रतिरसं पाक इति। (सु॰ सू॰ 40/11)

   मधुरो मधुरस्याम्लोऽम्लस्यैवं सर्वेषामिति केचिदाहुः। दृष्टान्तं चोपदिशन्ति-यथा तावत् क्षीरमुखागतं। पच्यमानं मधुरमेव स्यात्तथा शालियवमुद्गादयः प्रकीर्णाः स्वभावमुत्तरकालेऽपि न परित्यजन्ति तद्वदिति॥

   (सु॰ सू॰ 40/12)

   आचार्य सुश्रुत कहते हैं कि कुछ आचार्य षड्विधविपाक (यथारसविपाक) को मानते हैं। उनके अनुसार मधुर रस का मधुर विपाक, अम्ल रस का अम्ल विपाक, लवण रस का लवण विपाक, कटु रस का कटु विपाक, तिक्त रस का तिक्त विपाक, कषाय रस का कषाय विपाक होता है। दृष्टान्त–ऊखा (पात्र) मे पका हुआ दूध प्रारम्भ से अन्त तक मधुर ही रहता है। यव, मुद्ग, शालि आदि खेत में बोने से लेकर अंकुरित होकर पकने तक स्वभाव का परित्याग नहीं करते हैं उसी प्रकार रस भी पकने पर अपने स्वभाव को नहीं छोड़ते हैं।

   खण्डनः

   - **वाग्भट–यथारसं जगुः पाकाः षट् केचित्तद्रसाम्प्रतम्। यत्स्वादुर्व्रीहिरम्लत्वं न चाम्लमपि दाडिमम्। याति तैलं च कटुतां कटुकाऽपि न पिप्पली। यथारसत्वे पाकानां न स्यादेवं विपर्ययः॥**

   (अ॰ सं॰ सू॰ 17/37-38)

   यदि मधुर रस का मधुर विपाक आदि होते हैं, तो निम्नलिखित अपवाद कैसे हो सकते हैं?

मधुर व्रिहि	–	अम्ल विपाक	कटु पिप्पली	–	मधुर विपाक
अम्ल दाडिम	–	मधुर विपाक	तिक्त पटोल	–	मधुर विपाक
मधुर तैल	–	कटु विपाक	अम्ल आमलकी	–	मधुर विपाक

   इससे सिद्ध होता है कि यथारसविपाक नहीं होता।

– **नागार्जुन–भिन्नलक्षणत्वात् आस्वाद् ग्राह्यो रसः परिणामलक्षणो विपाकः इति।** (र॰ वै॰ 4/31)

रस तथा विपाक के लक्षण भिन्न होते हैं। रस आस्वाद ग्राह्य एवं प्रत्यक्षगम्य है तथा विपाक परिणाम ग्राह्य एवं अनुमानगम्य है। यदि रस के सदृश विपाक होता है तो उसके वर्णन की आवश्यकता नहीं होनी चाहिए।

2. **अनियतविपाकवाद (योगेन्दरनाथसेन आदि आचार्य)–**

केचिद्वदन्ति-अबलबन्तो बलवतां वशमायान्तीति। एवमनवस्थितिः; तस्मादसिद्धान्त एषः।। (सु॰ सू॰ 40/12)

सुश्रुत संहिता में वर्णन है कि कुछ आचार्य कहते हैं कि इन रसों में जो बलहीन होते हैं वो बलवान के वश में हो जाते हैं। इस सम्प्रदाय के अनुसार भी विपाक की संख्या 6 ही होती है, परन्तु किस रस का क्या विपाक होगा, यह कहना कठिन है।

खण्डन–सुश्रुत ने इसका खण्डन करते हुए कहा है कि जिस प्रकार यथारस ग्राह्य नहीं है उसी प्रकार अनियतविपाक वाद भी ग्राह्य नहीं है तथा इस मत में तो अनवस्थता तथा अनियमितता भी सिद्ध होती है जो वैज्ञानिक दृष्टि से ग्राह्य नहीं है अतः यह भी स्वीकार्य नहीं है।

पंचविधविपाकवाद (सुश्रुत)

पञ्चभूतात्मके देहे ह्याहारः पाञ्चभौतिकः। विपक्वः पञ्चधा सम्यग् गुणान् स्वानभिवर्द्धयेत्।। (सु॰ सू॰ 46/533)

सुश्रुत ने आहार के पांचविधविपाक माने हैं यथा-पार्थिव, आप्य, वायव्य, आग्नेय, नाभस। जो पंचमहाभूतों के सिद्धान्त पर आधारित है। उनके अनुसार शरीर एवं आहार दोनों पंचभूतात्मक होते हैं तथा आहार, पाँच प्रकार की भूताग्नि द्वारा ही पाक होता है, अतः विपाक 5 प्रकार का होता है।

खण्डन–पंचविधविपाक द्विविधविपाक का ही एक रूप है यह दोनों ही भौतिक विपाक के भिन्न-भिन्न रूप हैं। महाभूत भी गुरु एवं लघु में विभाजित होकर दो ही प्रकार के हो जाते हैं, अतः यह एक ही सिक्के के दो पहलू हैं।

चत्वारविपाकवाद/रसविपाकवाद (पराशर)

पाकास्त्रयो रसानामम्लोऽम्लं पच्यते कटुः कटुकम्। चत्वारोऽन्ये मधुरं संसृष्टरसास्तु संसृष्टम्।।
कटुतिक्तकषायाणां कटुको येषां विपाक इति पक्षः। तेषां पित्तविधाते तिक्तकषायौ कथं भवतः।।

(अ॰ सं॰ सू॰ 17/19-20-पराशर)

आधार	–	त्रिदोष
अम्लरस	–	अम्ल विपाक
कटु रस	–	कटु विपाक
मधुर, लवण, तिक्त, कषाय	–	मधुर विपाक
संसृष्ट (मिश्रित) रस	–	संसृष्ट विपाक

तथा इन्होनें तिक्त कषाय का कटु विपाक होने में सन्देह व्यक्त किया है कि यदि ऐसा है तो तिक्त, कषाय रस पित्तहरण कर्म किस प्रकार कर सकते हैं?

खण्डन–तिक्त, कषाय रस में पित्तहृत्व के लिए मधुर विपाक आवश्यक नहीं है वहां पर रस द्वारा भी कार्य हो सकता है। यथा–निम्ब में तिक्त रस तथा कटु विपाक है परन्तु वह पित्तहर है यह कार्य तिक्त रस द्वारा ही होता है, अतः जहाँ कटु विपाक अधिक बलवान होता है वहाँ पर वह पित्तकर होता है।

- संसृष्ट रस में भी बलवान रस के आधार पर ही उस द्रव्य का विपाक होता है वहाँ पर मिश्रित विपाक नहीं होते, अतः यह नियम मान्य नहीं है।

त्रिविधविपाकवाद (चरक, वाग्भट)

- **आचार्य चरक के अनुसार त्रिविध विपाक:**
कटुतिक्तकषायाणां विपाक: प्रायश: कटु:। अम्लोऽम्लं पच्यते, स्वादुर्मधुरं लवणस्तथा॥ (च॰ सू॰ 26/58)

कटु, तिक्त, कषाय रस	–	प्राय: कटु विपाक
अम्ल रस	–	प्राय: अम्ल विपाक
मधुर, लवण	–	प्राय: मधुर विपाक

खण्डन–आत्रेय सम्प्रदाय ने तीन प्रकार का विपाक माना है परन्तु इस सन्दर्भ में प्रायश: शब्द लगाकर अपवाद को सूचित किया गया है क्योंकि नियम के अनुसार कटु रस का विपाक कटु है परन्तु पिप्पली का विपाक मधुर है, जो अपवाद है।

- **शिवदाससेन भी त्रिदोष को विपाक की निष्पत्ति में कारण मानते हुए त्रिविध विपाक मानते हैं।**

कफ, कफवात	–	मधुर विपाक
कफ, पित्त	–	अम्ल विपाक
पित्त	–	कटु विपाक

खण्डन: यह संगत नहीं है क्योंकि विपाक दोषावस्था का कारण है, कार्य नहीं है।

आचार्य प्रियव्रत शर्मा जी के अनुसार त्रिविध विपाक –

- स च त्रिधा रसभेदात् दोषप्रभावतश्च-मधुरोऽम्ल: कटुकश्चेति। अत्र मधुरो गुरु:, कटुको लघुरिति। अम्ल पाको लघुपाके एव अन्तर्भवति॥ (द्र॰ गु॰ सू॰/5/2)

रसभेद तथा दोषप्रभाव के आधार पर यह विपाक को तीन प्रकार का मानते हैं–

1. मधुर	–	गुरु	–	वातशामक	–	पित्तशामक	–	कफवर्धक
2. अम्ल	–	लघु	–	वातशामक	–	पित्तवर्धक	–	कफवर्धक
3. कटु	–	लघु	–	वातवर्धक	–	पित्तवर्धक	–	कफशामक

द्विविधविपाकवादियों द्वारा त्रिवधिविपाक का खण्डन

- सुश्रुत–तत्तु न सम्यक्, भूतगुणादागमाच्चान्योऽम्लो विपाको नास्ति। पित्तं हि विदग्धमम्ल–तामुपैत्यग्नेर्मन्दत्वात्। यद्येवं लवणोऽप्यन्य: पाको भविष्यति, श्लेष्मा हि विदग्धो लवणतामुपैतीति॥ (सु॰ सू॰ 40/11)

आचार्य सुश्रुत ने त्रिविधविपाक का खण्डन करते हुए कहा है कि पांचमहाभूतों के गुणों से तथा आगम से अन्य अम्ल विपाक सिद्ध नहीं होता है। पित्त का प्राकृतिक रस कटु है तथा अग्निमन्दता के कारण पित्त विदग्ध होकर अम्ल रस हो जाता है, अत: अम्लता आवस्थिक है प्राकृतिक नहीं है। यदि अम्ल को विपाक माना जाए तो लवण को भी चौथा विपाक मानना होगा क्योंकि कफ की विदग्धावस्था लवण है, परन्तु ऐसा नहीं है अत: अम्ल को विपाक नहीं मानना चाहिए।

समाधान–आचार्य चरक के अनुसार अम्ल रस पित्त का प्राकृतिक रस है, अत: आत्रेय सम्प्रदाय ने त्रिविध विपाक को ही माना, परन्तु सुश्रुत के अनुसार अम्ल रस पित्त की विदग्धावस्था के कारण उत्पन्न होता है, इसलिए सुश्रुत को शंका उत्पन्न हुई होगी।

- **नागार्जुन**–उनके अनुसार दो ही प्रकार का विपाक होता है त्रिविध विपाक नहीं हो सकता है, जिसके कारण निम्नलिखित हैं–

1. **पाचनकाल की दृष्टि से दो ही प्रकार के काल हैं–**
   - चिरकाली–गुरु विपाक
   - अचिरकाली–लघु विपाक

2. **गुण की दृष्टि से दो ही प्रकार के विपाक होते हैं–**
   - गुरु विपाक
   - लघु विपाक
3. **रस की दृष्टि से दो ही प्रकार का विपाक होता है–**

विपाक	दोष	महाभूत
मधुर	कफ	जल, पृथ्वी
कटु	वातपित्त	वायु, अग्नि, आकाश

द्विविधविपाकवाद (सुश्रुत, नागार्जुन)

- **सुश्रत के अनुसार–आगमे हि द्विविध एव पाको मधुरः कटुकश्च। तयोर्मधुराख्यो गुरुः, कटुकाख्यो लघुरिति। तत्र पृथिव्यप्तेजोवाय्वाकाशानां द्वैविध्यं भवति गुणसाधर्म्याद् गुरुता लघुता च। पृथिव्यापश्च गुर्व्यः, शेषाणि लघूनि तस्माद् द्विविध एव पाक इति।** (सु॰ सू॰ 40/13)

  आचार्य सुश्रुत ने कहा है कि आगम (शास्त्र) ने दो प्रकार के विपाक को स्वीकार किया है यथा मधुर एवं कटु तथा मधुर को गुरु एवं लघु को कटु बताया है अतः उन्होनें आगम तथा पांचमहाभूत के अनुसार विपाक को दो प्रकार का माना है एवं गुण साधर्म्य से महाभूतों के भी दो ही भेद माने हैं–
  - मधुर विपाक – गुरु विपाक
  - कटु विपाक – लघु विपाक
  - गुरु – पृथ्वी + जल
  - लघु – तेज + वायु + आकाश
- **आचार्य प्रियव्रत शर्मा जी के अनुसार–द्विधा च गुणभेदात् गुरुर्लघुश्चेति।** (द्र॰ गु॰ सू॰ 5/2)

  गुण के आधार पर विपाक दो प्रकार का होता है,
  यथा–गुरु एवं लघु।
- **नागार्जुन के अनुसार–गुणा विपाकयोः कारणम्, शीतस्निग्धगुरुपिच्छिला गुरुविपाकस्य, लघुरुक्ष-विशदतीक्ष्णा लघुविपाकस्येति।** (र॰ वै॰)
  - शीत, स्निग्ध, गुरु, पिच्छिल गुणयुक्त द्रव्य – गुरु विपाक
  - लघु, रुक्ष, विशद, तीक्ष्ण गुणवत द्रव्य – लघु विपाक

  द्वौ, दैविध्यदर्शनात् परिणामस्य। यथा खदिरसारादीनि चिरादग्निसंयोगे परिणामं गच्छन्ति पल्लादिन्यचिरादिति।

  (र॰ वै॰ 1/50)

  आहार का परिणाम दो प्रकार का होता है। यथा–चिरपाकी (खदिरसार आदि) एवं अचिरपाकी (पल्लादि)। परिणाम के कारण ही महाभूतों के गुण भी होते हैं।

  खण्डन–चिरपाक तथा अचिरपाक तो अवस्थापाक है यह विपाक कैसे हो सकता है?

  समाधान–नागार्जुन विपाक में अवस्थापाक का भी समावेश करते हैं तथा परिणाममात्र को विपाक कहते हैं। आत्रेय सम्प्रदाय परिणाम को नहीं परन्तु परिणामान्त को विपाक मानते हैं। यथा–रसानाम् परिणामन्ते स विपाक इति स्मृतः।

त्रिविध तथा द्विविध विपाकवाद का समन्वय

चरक व सुश्रुत आचार्य दोनों ही मधुर तथा कटु को विपाक कहते हैं परन्तु चरक मुख्य रूप से तथा सुश्रुत गौण रूप से कहते हैं, मतभेद के स्थल पर केवल अम्लविपाक है। चरक, पित्त का प्राकृतिक रस अम्ल तथा कटु को मानते हैं अतः उन्होंने अम्ल को विपाक माना है; परन्तु सुश्रुत अम्ल को पित्त की विदग्धावस्था-जन्य रस मानते हैं अतः उन्हें शंका उत्पन्न हुई अम्ल रस का विपाक कैसा होता है, यह सुश्रुत ने भी स्पष्ट नहीं किया है।

अम्ल रस-पृथ्वी (गुरु) + अग्नि (लघु)

अम्ल विपाक के गुरु लघु होने में मतमतान्तर–

आचार्य	गुण
गंगाधर, प्रियव्रत शर्मा	लघु
योगेन्द्रनाथसेन, शिवदाससेन, चक्रपाणि	गुरु

अम्ल विपाक के गुरु लघु होने का निर्णय - कर्मनिष्ठा/परिणाम लक्षण के आधार पर निर्णय करना चाहिए।

विपाक के गुणकर्म

त्रिविध विपाक के गुणकर्म–

- **शुक्रहा बद्धविण्मूत्रो विपाको वातलः कटुः। मधुरः सृष्टविण्मूत्रो विपाकः कफशुक्रलः। पित्तकृत् सृष्टविण्मूत्रः पाकोऽम्लः शुक्रनाशनः। तेषां गुरुः स्यान्मधुरः कटुकाम्लावतोऽन्यथा।** (च॰ सू॰ 26/61-62)
- **मधुरः श्लेष्मलः सृष्टमलो धातुविवर्धनः। पित्तकृत् सृष्टविण्मूत्रः पाकेऽम्लो धातुनाशनः। धातुघ्नो बद्धविण्मूत्रो विपाके वातलः कटुः। तेषां गुरुः स्यान्मधुरः कटुकाम्लावतोऽन्यथा॥** (प्रि॰ नि॰/द्र॰/36-37)

विपाक	गुण		दोषकर्म	धातुकर्म	मलकर्म
मधुरविपाक	स्निग्ध	गुरु	कफवर्धक	शुक्रल	सृष्टविण्मूत्र
अम्लविपाक	स्निग्ध	लघु	पित्तवर्धक	शुक्रनाशन	सृष्टविण्मूत्र
कटुविपाक	रुक्ष	लघु	वातवर्धक	शुक्रनाशन	बद्धविण्मूत्र

द्विविध विपाक के गुणकर्म–

- **गुरुपाकः सृष्टविण्मूत्रतया कफोत्क्लेशेन च, लघुर्बद्धविण्मूत्रतया मारुतकोपेन च। गुरुपाको वातपित्तघ्नः, लघुपाकः श्लेष्मघ्नः॥** (सु॰ सू॰ 41/15)
- **गुरुर्विपाको बृंहणः लघुर्लङ्घनश्चेति।** (द्र॰ गु॰ सू॰/5/4)

विपाक	दोषकर्म	मलकर्म	अन्यकर्म
गुरु (मधुर)	कफवर्धक, वातपित्तहर	सृष्टविण्मूत्र	बृंहण
लघु (कटु)	वातपित्तवर्धक, कफहर	बद्धविण्मूत्र	लङ्घन

गुरु विपाक के सृष्टविण्मूत्र तथा वातहर कर्म अम्ल विपाक में मिलते हैं परन्तु पित्तवर्धक, शुक्रनाशक कर्म लघु विपाक के हैं इसे लघु विपाक मानना चाहिए।

आचार्य वाग्भट के अनुसार विपाक के गुण कर्म–

रसैरसौ तुल्यफलस्तत्र द्रव्यं शुभाशुभम्। (अ॰ हृ॰ सू॰ 9/22)

वाग्भट के अनुसार रस के सदृश ही विपाक का कर्म भी होता है यथा मधुर रस का जो कर्म होगा, वही मधुर विपाक का भी होता है, केवल अन्तर यह है कि शरीर के अन्य जो साक्षात् शारीरिक प्रभाव तथा मानसिक प्रभाव होते हैं वे विपाक के नहीं होते हैं।

विपाक का तारतम्य

कविराज गंगाधर का कथन है कि रसों की प्रवरता या अवरता के अनुसार तत्जन्य विपाक भी प्रवर, अवर होता है। (च० सू० 26-गंगाधर)

- **द्रव्यगुणविशेषेण चास्याल्पमध्यभूयस्त्वमुपलक्षयेत्।** (अ॰ सं॰ सू॰ 17/18)
  द्रव्य के गुणों की विशेषता से ही विपाक किस कोटि का होगा, इसका निर्धारण होता है। यथा–
  मधुर द्रव्य का - मधुर विपाक

मधुरतर द्रव्य का - मधुरतर विपाक

मधुरतम् द्रव्य का - मधुरतम् विपाक

इसके अनुसार विपाक के लक्षणों (दोष, धातु, मल पर कर्म) में भी अल्पता, मध्यता तथा उत्तमता समझनी चाहिए।

विपाक	उत्तम	मध्यम	अवर
मधुर कटु	मधुर रस कषाय रस	अम्ल रस कटु रस	लवण रस तिक्त रस

यदि मधुर रस का मधुर विपाक होगा तथा विण्मूत्रमोक्ष तथा कफशुक्रवृद्धि आदि जो विपाक के लक्षण हैं वे श्रेष्ठ होंगे परन्तु लवण रस का जो मधुर विपाक होगा उसके विपाक में उत्त्कृष्टता या हीनता होगी।

विपाक का प्राधान्य/महत्व

- **सुश्रुत के अनुसार–**
  विपाकः प्रधानमिति। कस्मात्? सम्यङ्मिथ्याविपाकत्वात्। इह सर्वद्रव्याण्यभ्यवहृतानि सम्यङ्मिथ्याविप-काक्नि गुणं दोषं वा जनयन्ति। (सु॰ सू॰ 40/10)
  द्रव्य के गुण एवं दोष दोनों ही द्रव्य के सम्यग् तथा मिथ्या विपाक पर निर्भर करते हैं।
- **नागार्जुन के अनुसार–**
- विपाक के आधार पर दोषों का शमन व वर्धन होता है। यथा-मधु के विपाक से कफशमन होता है।
- शरीर में धातु निर्माण क्रम विपाक के द्वारा ही होता है, अतः विपाक प्रधान है।
- सभी आहार और औषध द्रव्य अपने गुण दोष के लिए विपाक की अपेक्षा करते हैं।

रस एवं विपाक में भेद

	रस	विपाक
लक्षण	रसनार्थो रस–जिह्वा का विषय रस है।	विपाकः कर्मनिष्ठया–पाक कर्म के अन्त में उत्पन्न होने वाला रस विपाक है।
काल	रसनेन्द्रिय का संयोग होते ही रस की उपलब्धि होती है तथा यह केवल अवस्थापाक तक रहता है।	पाचन के बाद विपाक का प्रादुर्भाव होता है विपाक अवस्थापाक के पश्चात् प्रारम्भ होता है।
कर्मभेद	रस का कर्म स्थानिक रूप में होता है।	इसका कर्म सार्वदैहिक होता है।
कर्माधिष्ठान	रस के कर्म का अधिष्ठान शरीर व मानस दोनों रूप में होता है।	शरीरस्थ दोष, धातुओं एवं मलों पर कार्य होता है।
उपलब्धि	इसकी उपलब्धि प्रत्यक्ष (निपात) द्वारा होती है।	इसकी उपलब्धि शारीरिक कर्मों द्वारा अनुमान से लक्षित होती है।

दीर्घ-उत्तरीय प्रश्न

1. **अवस्थापक तथा विपाक में भेद स्पष्ट करें।**
2. **अवस्थापक को चलचित्र के रूप में समझाएँ तथा उसका सम्बन्ध, चयापचय के चरणों (Stages of metabolism) से स्थापित करें।**
3. **विपाक के प्रकारों का वर्णन करें।**

लघु-उत्तरीय प्रश्न

1. त्रिविधविपाकवाद तथा द्विविधविपाकवाद में मतभेद तथा समन्वय स्थापित करें।
2. त्रिविधविपाक तथा द्विविधविपाक के गुणकर्मों का उल्लेख करें।
3. रस एवं विपाक में भेद स्पष्ट करें।

बहुविकल्पीय प्रश्न

1. औषध द्रव्य .... प्रधान होते हैं।
a. रस b. वीर्य c. विपाक d. रस एवं वीर्य

2. गुरु विपाक किसने माना है?
a. चरक b. सुश्रुत c. वाग्भट d. काश्यप

3. सुश्रुत के अनुसार विपाक के कितने भेद हैं?
a. 5 b. 2 c. 2 एवं 5 d. असंख्य

4. निम्न में से विपाक का पर्याय नहीं है।
a. निष्ठापाक b. प्रपाक c. अवस्थापाक d. परिणाम

5. परिणामलक्षणों ....।
a. रसः b. वीर्यः c. गुणः d. विपाकः

6. चरक के अनुसार विपाक के भेद हैं-
a. मधरु, अम्ल, कटु b. कटु, तिक्त, कषाय
c. मधुर, अम्ल, लवण d. अम्ल, लवण, कटु

7. विपाक का प्रभाव किस पर होता है?
a. केवल शरीर पर b. केवल मन पर c. दोनों पर d. कोई नहीं

8. जाठरेणाग्निना योगाद्यदुदेति................का वर्णन किसने किया है?
a. वाग्भट b. सुश्रुत c. चरक d. कोई नहीं

9. विपाक की उपलब्धि किस से होती है?
a. प्रत्यक्ष b. युक्ति c. अनुमान d. सभी से

10. पिप्पली का विपाक क्या है?
a. कटु b. तिक्त c. अम्ल d. मधुर

उत्तरमाला (बहुविकल्पीय प्रश्न)

1. b **2.** b **3.** c **4.** b **5.** d **6.** a **7.** a **8.** a **9.** c **10.** d

अध्याय 6

वीर्यविज्ञानीयाध्याय

वीर्य/Active Potency of the Drug

व्युत्पत्ति

- वीर धातु + यत् प्रत्यय-वीर्य = वीरता, पराक्रम, शक्ति, सामर्थ्य, पुंसत्व।
- वीर विक्रान्तौ धातु से वीर्य शब्द निष्पन्न हुआ है।

निरुक्ति

वीरयते विक्रान्तः कर्म समर्थो भवति अनेन इति वीर्यम्।

जिस शक्ति के द्वारा द्रव्य अपना कर्म करने में समर्थ होता है उसे वीर्य कहते हैं।

पर्याय

उत्साहोऽध्यवसायः स्यात् सवीर्यातिशक्तिभाव्। (अमरकोष)

उत्साह, अध्यवसाय, शक्ति, तेज तथा शुक्र—ये वीर्य के पर्याय हैं, जो पराक्रम के सूचक हैं।

वीर्य शब्द का वैदिक काल में वर्णन एवं अर्थ—

- **या औषधयः सोमराज्ञीर्वह्वी शतविचक्षणः। ब्रहस्पति प्रसूतास्ता नो मुश्चत्वहसः।।** (शो॰ अ॰ पू॰ 6/96)

  शोन्कीय अथर्ववेद में औषध की प्रस्तुति/उत्पत्ति बृहस्पति के द्वारा बताई गई है तथा उसे सोम संज्ञा दी है एवं शत (सौ) प्रकार से औषध की परीक्षा करने को कहा गया है।

यहां वेदों के टीकाकार सायण ने शतविचक्षणः शब्द पर टीका की है-

- **शतविचक्षण—शतदर्शन। रसवीर्यविपाकेन नानाविधाज्ञानोपेता इत्यर्थः।।** (सायण)

  सायण ने कहा शतविचक्षण का अर्थ शतदर्शन है और शतदर्शना से रस, वीर्य, विपाक इन नानाविध गुणों का ग्रहण होता है, अर्थात् इन सभी गुणों के अध्ययन के द्वारा ही औषध की परीक्षा करें।
- **अपां तेजो ज्योर्तिओजो बलं च वनस्पति नामुतवीर्याणी।** (शो॰ अ॰ पू॰ 1/35/3)

  औषध के तेज, ज्योति, ओज, बल आदि को वीर्य कहा गया है।
- **ओषो नाम रसः।**

  रस शब्द वीर्य के लिए प्रयुक्त हुआ है।
- पुराणों में वीर्य शब्द शारीरिक सामर्थ्य के लिए प्रयुक्त हुआ है। **अतः इन सभी तथ्यों के अनुसार वैदिक काल में वीर्य शब्द का अर्थ औषधगत शक्ति समझा जाता था।**

परिभाषा/लक्षण

- **वीर्यं तु क्रियते येन या क्रिया। नावीर्यं कुरुते किंचित् सर्वा वीर्यकृता क्रिया।।** (च॰ सू॰ 26/65)
  वीर्य वह तत्व है जिसके द्वारा द्रव्य की क्रिया सम्पादित होती है। द्रव्य की ऐसी कोई क्रिया नहीं होती जो वीर्य के द्वारा सम्पादित न हो, अतः सभी क्रियाएं वीर्य के द्वारा ही सम्भव होती हैं।
- **येन कुर्वन्ति तद् वीर्यम्।** (च॰ सू॰ 26/13)
  जिसके द्वारा क्रिया हो वो वीर्य है या जिस शक्ति से द्रव्य अपने कर्मों का सम्पादन करता है, उसे वीर्य कहते हैं।
- **वीर्यं द्रव्यस्य तज्ज्ञेयं यद्योगात्क्रियते क्रिया। नावीर्यं क्रियते किञ्चित्सर्वा वीर्यकृता हि सा।।** (अ॰ सं॰ सू॰ 17/12)
  जिसके द्वारा द्रव्य अपना कर्म करने के योग्य बनता है उसे वीर्य कहते हैं। द्रव्य वीर्य के बिना कोई भी कार्य नहीं कर सकता, अतः सभी क्रियाएं वीर्य के द्वारा ही की जाती हैं।
- **वीर्य्यं प्रधानमिति। कस्मात्? तद्वशेनौषधकर्मनिष्पत्तेः।।** (सु॰ सू॰ 40/5)
  वीर्य प्रधान है, क्योंकि उसी के वशीभूत होकर औषध अपना कर्म करने में समर्थ होती है।
- **कर्मं लक्षणं वीर्यं।** (र॰ वै॰)
  जो कर्म को लक्षित करे, वह वीर्य है।
- **रस-विपाक-प्रभावातिरिक्ते प्रभूत कार्यकारिणी गुणे वीर्यम् इति संज्ञा।।** (चक्रपाणि)
  रस, विपाक, प्रभाव के अतिरिक्त जो प्रभूत कार्यकारी गुण होता है, वह वीर्य है।

आधुनिक मतानुसार वीर्य के लक्षण-

- **वीर्यं शक्तिः क्रियासाधनम्।** (द्र॰ गु॰ सू॰/6/1)
  वीर्य का स्वरूप शक्ति है और क्रियासाधन इसका प्रयोजन है।
- **कार्मुकद्रव्ये समवायसम्बन्धेन स्थितेयं शक्तिः। इत्यम् कार्मुकावयवः शक्तेरधिष्ठानं।।** (द्र॰ गु॰ सू॰/6/2)
  शक्ति कार्मुकद्रव्य में समवाय सम्बन्ध से रहती है, यह कार्मुकद्रव्य विशेष रूप से शक्ति का अधिष्ठान है।
- **वीर्यं शक्तिः, सा च पृथिव्यादीनां भूतानां यः सारभागस्तदतिशयरूपा बोध्या इति।।** (शिवदाससेन)
  वीर्य शक्ति है, जो पृथ्वी आदि भूतों के सार भाग (अतिशयसाररूप) में स्थित है।
- **कार्मुकद्रव्यावयवसमवेता पञ्चभूतातिशयसाररूपा व्यवहारे।** (द्र॰ गु॰ सू॰ /6/2)
  पांचमहाभूतों के अतिशयसाररूप में जिसे ग्रहण किया जाता है, उसे व्यवहार में कार्मुकावयव कहते हैं।

अतः वीर्य शक्ति रूप है, जिसका प्रयोजन क्रियासाधन होता है तथा वह कार्मुकावयव में समवाय सम्बन्ध से रहता है, कार्मुकावयव पृथ्वी आदि महाभूतों के सार भाग को कहा जाता है।

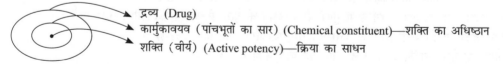

द्रव्य (Drug)
कार्मुकावयव (पांचभूतों का सार) (Chemical constituent)—शक्ति का अधिष्ठान
शक्ति (वीर्य) (Active potency)—क्रिया का साधन

वीर्य का परिचय

जिस शक्ति के द्वारा द्रव्य अपना कर्म करने में समर्थ होता है, उस शक्ति की परिभाषा वीर्य होती है। जिसे हम शीत तथा उष्ण के रूप में मानते हैं, अतः वीर्य गुणात्मक होता है। वस्तुतः द्रव्य अपना कर्म अपने गुणों के कारण करता है उन गुणों का आधार पांचभौतिक संगठन होता है, क्योंकि द्रव्य का निर्माण पंचमहाभूतों से होता है, उसमें स्थित कार्मुकावयव भी पांचभौतिक ही होते हैं तथा उन्हीं (पंचमहाभूतों के सार भाग) में स्थित यह वीर्य रूप शक्ति होती है, यही शक्ति उस द्रव्य के गुणों में स्थित होकर उसके कर्म में कारण बनती है। यदि रसादि

के अनुरुप कार्य हो तो वह वीर्यजन्य होगा अन्यथा प्रभावजन्य होगा। यथा-यदि दो द्रव्यों के समान रसपंचक होंगे परन्तु एक उत्कृष्ट कर्म दर्शाएगा तो वह उसके उच्च शक्तिरूप वीर्य के कारण होगा जिससे वह द्रव्य उस कर्म में श्रेष्ठ या अग्रय कहलाएगा।

Drug acts due to properties present in it, which are formed by active principles of the drug. These active principles have potency for particular actions. That potency which is ultimately responsible for action of drug is called as *virya*.

शंका–यदि रसादि सभी अपना-अपना कार्य करते हैं तो उनकी संज्ञा वीर्य क्यों नहीं हो जाती है?

समाधान–निम्नलिखित आठ गुणों की वीर्य संज्ञा होती है। तीक्ष्ण, मृदु, रुक्ष, स्निग्ध, लघु, गुरु, उष्ण, शीत। प्रकृष्ट शक्ति, गुणसारता, स्थिरता, शक्तियुत्कर्षता, व्यवहारमुख्यता, बहुलता, उपयोगिता, प्रबलता होने से इन 8 गुणों की संज्ञा वीर्य है, अन्य सभी गुण सामान्यगुण हैं।

रस तथा वीर्य में भेद/रस की वीर्य संज्ञा नहीं होती:

- रस में **सारत्व** नहीं होता है, जाठराग्नि के वशीभूत होकर रस का रसान्तर हो जाता है। यथा-गुडूची का रस तिक्त होता है परन्तु रसान्तर मधुर होता है।
- **एतानि वीर्याणि स्वबलगुणोत्कर्षाद्रसमभिभूयात्मकर्म कुर्वन्ति।** (सु॰ सू॰ 40/5)
  वीर्य अपने गुणोत्कर्ष से रस को पराजित करके अपने कार्य को करता है।

द्रव्य का रस	द्रव्य का वीर्य	वीर्य के प्रभाव से द्रव्य का दोषकर्म
मधुराम्ललवण (वातशामक)	रुक्षलघुशीत (वातवर्धक)	वातवर्धक
मधुरतिक्तकषाय (पित्तशामक)	तीक्ष्णोष्णलघु (पित्तवर्धक)	पित्तवर्धक
कटुतिक्तकषाय (कफशामक)	स्निग्धगुरुशीत (कफवर्धक)	कफवर्धक

उदाहरण:

द्रव्य	द्रव्यगत रस	द्रव्यगत वीर्य	वीर्य के प्रभाव से द्रव्य का दोषकर्म
बृहत पंचमूल	कषायतिक्त (वातवर्धक)	उष्ण (वातशामक)	वातशामक
पलाण्डु	कटु (वातवर्धक)	स्निग्ध (वातशामक)	वातशामक
कुलव्य	कषाय (वातवर्धक)	स्निग्ध (वातशामक)	वातशामक
इक्षु	मधुर (वातशामक)	शीत (वातवर्धक)	वातवर्धक
पिप्पली	कटु (पित्तवर्धक)	मृदु, शीत (पित्तशामक)	पित्तशामक
अम्लकी	अम्ल (पित्तवर्धक)	मृदु, शीत (पित्तशामक)	पित्तशामक
सैन्धव	लवण (पित्तवर्धक)	मृदु, शीत (पित्तशामक)	पित्तशामक
वामसाची	तिक्त (पित्तशामक)	उष्ण (पित्तवर्धक)	पित्तवर्धक
मत्स्य	मधुर (पित्तशामक)	उष्ण (पित्तवर्धक)	पित्तवर्धक
मूलक	कटु (कफशामक)	स्निग्ध (कफवर्धक)	कफवर्धक
कपित्य	अम्ल (कमवर्धक)	रूक्ष (कफशामक)	कफशामक
मधु	मधुर (कफवर्धक)	रूक्ष (कफशामक)	कफशामक

वीर्य का स्वरूप

दोष, धातु, मलों पर जो कार्य देखा जाता है वह द्रव्य में स्थित शक्ति के कारण होता है जिसे वीर्य कहते हैं, जो निम्न रूप से द्रव्य में रहता है-

- **प्रयोज्याङ्गानुसार प्रयोग**–द्रव्य के प्रत्येक अंग में स्थित शक्ति का ज्ञान करके कार्मुक शक्ति सम्पन्न प्रयोज्यांग का ग्रहण किया जाता है, अन्य अंगों का विशिष्ट कर्म के लिए शक्ति न होने के कारण विचार नहीं किया जाता। यथा–अम्लपित्त तथा बलवर्धन के लिए कुमारी स्वरस (शीत वीर्य) का प्रयोग किया जाता है तथा अल्पार्तव व कष्टार्तव में कन्यासार (उष्ण वीर्य) का प्रयोग, आम रोग में कुटज त्वक का प्रयोग, शोथ में दशमूल की मूलत्वक का प्रयोग, मेदो रोग में त्रिफला के फलों का प्रयोग किया जाता है।
- **विभिन्न प्रयोज्याङ्गों का विभिन्न ऋतुओं में संग्रहण व संरक्षण**–द्रव्य के किस अंग में, किस ऋतु में वीर्यता अधिक होगी ऐसा विचार करके द्रव्य संग्रहण किया जाता है, जिससे द्रव्य अधिक काल तक वीर्यवान रहे। जैसे–मदनफल का संग्रहण चैत्र मास के पुष्य नक्षत्र में, वासा पत्र का संग्रहण वसन्त ऋतु में करने का उल्लेख शास्त्रों में मिलता है।
- **वीर्यता अवधि**–द्रव्य तथा द्रव्यों की कल्पना (घृत, तैल, कषाय आदि) की निश्चित काल अवधि बताई गई है तत्पश्चात् वो हीन वीर्य हो जाते हैं क्योंकि वीर्य एक गुण है, द्रव्य के अस्तित्व के बिना गुण कुछ भी नहीं है जब समय के साथ द्रव्य का अस्तित्व नष्ट होने लगता है तब उसमें समवाय सम्बन्ध से स्थित वीर्य भी हीन होने लगता है।
- **विभिन्न कल्पनाओं का प्रयोग:** द्रव्यों की विभिन्न कल्पनाएं यह देखकर बनाई जाती हैं कि द्रव्य किस संस्कार से अधिक शक्तियुक्त, कार्यकारी तथा गुणयुक्त होगा।

वीर्य स्वरूप के लिए मतभेद–

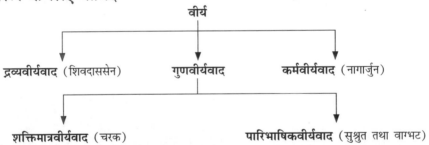

द्रव्यवीर्यवाद (शिवदाससेन)

वीर्यं शक्तिः, सा च पृथिव्यादीनाम् भूतानाम् यः सारभागस्तदतिशयरूपा बोध्या इति। (शिवदाससेन)

शिवदाससेन जी ने द्रव्य के उत्कृष्ट अंश (द्रव्यगत पंचमहाभूतों के सार अतिशयरूप अंश) को शक्ति माना है और उसी को वीर्य संज्ञा प्रदान की है।

गुणवीर्यवाद

1. शक्तिमात्रवीर्यवाद (चरक, चक्रपाणि):

अयं च वीर्यशब्दः पारिभाषिकवीर्यवचनो न भवति, किन्तु शक्तिमात्रवचनः, तेनप्रभावरसादयः सर्व एव स्वकार्यं कुर्वन्तः शक्तिपर्यायरूपवीर्यवाच्या इति ज्ञेयाः। (च॰ सू॰ 26/65-चक्रपाणि)

चक्रपाणि ने चरक पर टीका करते हुए कहा कि वीर्य शब्द पारिभाषिक वचन नहीं है, परन्तु वह शक्तिमात्र है। उस शक्ति का प्रभाव-रस, गुण, विपाक आदि जिसमें भी हो उसीके द्वारा कर्म सम्पादन होता है, अर्थात् जिसके द्वारा कार्य होता है उसी में शक्ति का अधिष्ठान होता है, वीर्य को भिन्न स्वरूप देने की आवश्यकता नहीं है।

खण्डन–

- **पारिभाषिकवीर्यवादियों द्वारा खण्डन–**जगत् में परिभाषा से ही व्यवहार सम्भव है अत: केवल शक्तिमात्र कहना उचित नहीं है, परिभाषा तो देनी ही होगी।
- **कर्मवीर्यवादियों द्वारा खण्डन–**न तो रसादि को, न ही गुण को वीर्य माना जा सकता है क्योंकि रस और गुण समान होने पर भी कर्म में विशेषता देखी जाती है, अत: वस्तुत: कर्मलक्षण शक्ति को ही वीर्य कहते हैं। यथा-निम्ब तथा श्योनाक दोनों ही तिक्त रस हैं परन्तु क्रमश: कुष्ठनाशक एवं अतिसारघ्न कर्म करते हैं, अत: उनके रस समान होने पर भी कर्म में भिन्नता है।
- रस, गुण आदि के न रहने पर भी कर्म होता है परन्तु वीर्य के अभाव में कर्म नहीं होता है। यथा-मन्त्रादि में रसादिगुण न होने पर भी कर्म लक्षित होता है। इस प्रकार अन्वयव्यतिरेक से वीर्य रसादिपदार्थों एवं गुणों से पृथक सिद्ध होता है तथा इसका स्वरूप कर्मात्मक है।

2. पारिभाषिकवीर्यवाद (सुश्रुत, वाग्भट्ट):

गुर्वाद्या वीर्यमुच्यन्ते शक्तिमन्तोऽन्यथा गुणा:। परसामर्थ्यहीनत्वाद् गुणा एवेतरे गुणा:।। (अ० सं० सू० 17/36)

गुरु, लघु आदि गुण जब उत्कृष्ट शक्ति सम्पन्न होते हैं तब इनकी संज्ञा वीर्य हो जाती है, जब हीन-शक्ति होते हैं तो गुण ही कहलाते हैं। तीक्ष्ण-मृदु, रुक्ष-स्निग्ध, लघु-गुरु, उष्ण-शीत इन आठ गुणों को वीर्य संज्ञा से पारिभाषित किया जाता है।

खण्डन–

कर्मवीर्यवादियों के अनुसार किसी वस्तु की उत्कृष्टता या हीनता से उसकी जाति या स्वरूप में अन्तर नहीं आता। यथा-नील, नीलतर, नीलतम आदि सभी अवस्थाओं में नीलत्व सामान्य ही है। उसी प्रकार उत्कृष्ट होने पर भी गुण, गुण ही रहेंगे अपनी जाति का परित्याग कर, वीर्य नहीं हो सकते हैं।

कर्मवीर्यवाद (नागार्जुन)

- **तेन कर्म करणात्।** (र० वै० 1/31)

  जो कर्म को लक्षित करे, जो कर्म करने में कारण हो, जो कर्म करने में समर्थ हो, नागार्जुन ने उसे वीर्य माना है।
- **वीर्याणि पुनश्छर्दनीयानुलोमनीय.............।** (र० वै०)

  उन्होंने छेदनीय, अनुलोमनीय आदि कर्म करने वाले को वीर्य माना है।
- **वीर्यत: कर्मसामर्थ्यं द्रव्याणां भिषजो विदु:।** (र० वै०)
- **कर्मानुमेया सम्पत्ति:।**

  द्रव्य की शक्ति को उसके कार्य करने की शक्ति से जाना जाता है, जिसे वीर्य कहते हैं।

आधुनिक मतानुसार वीर्य का स्वरूप

आधुनिक विज्ञान में द्रव्य के उत्कृष्ट अंश (Active principle) को वीर्य माना जाता है।

निष्कर्ष:

- वीर्य का स्वरूप शक्ति है।
- वीर्य रसादि से पृथक है।
- वीर्य अनेक कर्मों में कारण है।
- वीर्य द्रव्य के सार भाग में स्थित उत्कृष्ट गुण है जो शक्ति रूप है।
- वीर्य का अधिष्ठान active principle है।

वीर्य की संख्या

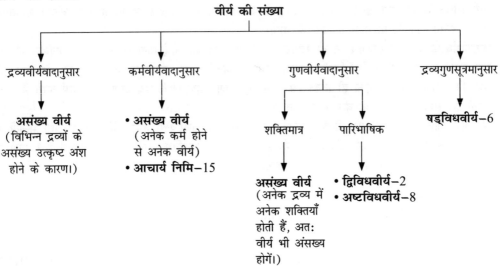

द्विविधवीर्यः

- **तच्चवीर्य्यं द्विविधमुष्णं शीतं च, अग्नीषोमीयत्वाज्जगतः॥** (सु॰ सू॰ 40/5)

  जिस प्रकार जगत् आग्नेय और सौम्य दो भागों में विभाजित है, उसी प्रकार वीर्य भी उष्ण तथा शीत दो ही प्रकार का होता है।

- **उष्णशीतगुणोत्कर्षात्तत्र वीर्यं द्विधा स्मृतम्।** (अ॰ हृ॰ सू॰ 1/16)

  वाग्भट ने उष्ण और शीत को गुणों में उत्कर्ष होने के कारण इन्हीं दोनों को वीर्य माना है।

- **नानात्मकमपि द्रव्यमग्नीषोमौ महाबलौ। व्यक्ताव्यक्तं जगदिव नातिक्रामति जातुचित्॥** (अ॰ हृ॰ सू॰ 9/17)

  द्रव्य में आश्रित सभी गुणों में बलवान वीर्य दो प्रकार का होता है क्योंकि अनेक प्रकार के शक्तिशाली द्रव्य अग्नि और सौम तत्वों का कभी उल्लंघन नहीं कर पाते, जिस प्रकार व्यक्त एवं अव्यक्त भावों वाला जगत् अग्नि एवं सोम का उल्लंघन नहीं कर सकता है।

अष्टविधवीर्य–

- **केचिदष्टविधमाहुः शीतमुष्णं स्निग्धं रुक्षं विशदं पिच्छिलं मृदु तीक्ष्णं चेति।** (सु॰ सू॰ 40/5)

  आचार्य सुश्रुत ने कहा है कि कुछ लोग वीर्य को आठ प्रकार का मानते हैं, जैसे-शीत-उष्ण, स्निग्ध-रुक्ष, विशद-पिच्छिल, मृदु-तीक्ष्ण।

  विमर्श–अष्टविध वीर्य का वर्णन करते हुए आचार्य सुश्रुत ने लिखा है कि कुछ लोग अष्टविध वीर्य मानते हैं अर्थात् उन्होंने द्विविधवीर्य को माना है एवं अष्टविध वीर्य को स्वीकार किया है। सुश्रुत ने अष्टविध वीर्य का वर्णन करते समय विशद, पिच्छिल को वीर्य माना है परन्तु अन्यों ने इसके स्थान पर गुरु और लघु को वीर्य माना है। सुश्रुत ने गुरु, लघु को वीर्य नहीं माना है क्योंकि यह उन्हें विपाक मानते हैं।

- **मृदुतीक्ष्णगुरुलघुस्निग्धरुक्षोष्णशीतलम्। वीर्यमष्टविधं केचित् केचिद् द्विविधमास्थिताः शीतोष्णमिति॥**

  (च॰ सू॰ 26/64)

  आचार्य चरक ने कहा है कि कुछ लोग अष्टविध एवं कुछ द्विविध वीर्य (उष्ण, शीत) को मानते हैं। यथा–मृदु, तीक्ष्ण, गुरु, लघु, स्निग्ध, रुक्ष, उष्ण, शीत।

विमर्श–आचार्य चरक विशद-पिच्छिल के स्थान पर गुरु लघु को वीर्य मानते हैं। इन्होने अन्यों के अष्टविध एवं द्विविध वीर्य को स्वीकार किया है परन्तु स्वयं वह शक्तिमात्रवीर्यवादी हैं।

विभिन्न आचार्यों के मतानुसार अष्टविधवीर्य–

वीर्य	चरक, अ० हृ०	अष्टांगसंग्रह	सुश्रुत
गुरु	✓	✓	×
लघु	✓	✓	×
शीत	✓	✓	✓
उष्ण	✓	✓	✓
स्निग्ध	✓	✓	✓
रुक्ष	✓	✓	✓
तीक्ष्ण	✓	✓	✓
मृदु	✓	×	✓
मन्द	×	✓	×
विशद	×	×	✓
पिच्छिल	×	×	✓

अष्टविधवीर्यवादियों का कथन है कि उत्कृष्टशक्ति सम्पन्न गुण ही वीर्य कहलाता है, किन्तु शक्ति की यह उत्कृष्टता आठ गुणों में ही मिलती है अत: वीर्य की संख्या आठ ही है। बीस गुर्वादि गुण में ये आठ ही उत्कृष्टता को क्यों प्राप्त करते हैं और इन्हीं की वीर्य संज्ञा क्यों होती है?
इस सम्बन्ध में निम्नलिखित युक्तियाँ दी गई हैं–

तेषु ये गुणाः अधिकप्रकृष्टशक्तियुक्ताः साराः स्थिराः च त एव वीर्य संज्ञां लभन्ते। (द्र० गु० शा०)

- **समग्रगुणसारता**–द्रव्य में रहने वाले सभी गुणों में सारवान यही गुर्वादि आठ गुण होते हैं। ये अधिक काल तब बने रहते हैं और जाठराग्नि के संयोग से भी इनका स्वरूप नहीं बदलता जबकि रसों में पर्याप्त परिवर्तन हो जाते हैं।
- **शक्त्युत्कर्ष**–रसादि तथा अन्य गुणों की अपेक्षा इनमें शक्ति विशेषरूप से रहती है जिससे रसादि को अभिभूत करके यह कार्य करते हैं।
- **व्यवहार मुख्यता**–व्यवहार में गुर्वादि गुणों की ही प्रधानता देखी जाती है अन्य गुणों की नहीं।
- **बहुलता**–द्रव्यों में अन्य गुणों की अपेक्षा ये गुण ही बहुलता से मिलते हैं।
- **उपयोगिता**–शरीर दृष्टि से गुर्वादि गुण अधिक उपयोगी होते हैं।
- **प्रबलता**–शक्त्युत्कर्ष के कारण प्रबलता से ये रस, विपाक तथा द्रव, सान्द्र आदि अन्य गुणों को अभिभूत कर देते हैं। यथा-किसी मधुर रस-युक्त द्रव्य में यदि तीक्ष्ण गुण हो, तो वहाँ मधुर रस के कार्य (उपलेप आदि) उत्पन्न नहीं होते हैं।

सभी गुणों की वीर्य संज्ञा नहीं होती। कठिन, श्लक्ष्ण आदि गुण निपात से अपना कार्य दर्शाते हैं, किन्तु जाठराग्नि के संयोग से वे नष्ट हो जाते हैं। उनका कार्य धातु पर प्रदर्शित नहीं होता है। यथा बिल्व, बदर आदि निपात से पिच्छिल होते हैं किन्तु रसादिधातु पर उनका पिच्छिल गुण कार्य नहीं करता क्योंकि जाठराग्नि के संयोग से उसकी शक्ति नष्ट हो जाती है, केवल वीर्य ही जाठराग्नि पाक के पश्चात् धातु पर कर्म को दर्शाता है।

- **चरक, सुश्रुत, वाग्भट ने द्विविध वीर्य का वर्णन किया है तथा अष्टविध वीर्य को स्वीकार किया है।**

षड्विधवीर्य–

वीर्यं षड्विधं-गुरुलघूष्णशीतरुक्षस्निग्धात्मकं। दोषवृद्धिक्षयनिमित्तम् षडुपक्रममूलम्॥ (द्र.गु.सू. 6/4)

छ: प्रकार की चिकित्सा के आधार पर आचार्य प्रियव्रत शर्मा ने षड्विध वीर्य माने हैं। आचार्य चरक ने वीर्य तु क्रियते येन या क्रिया से यह स्पष्ट संकेत दिया है कि वीर्य का कर्म से नियत सम्बन्ध है अत: यह चिकित्सोपयोगी है।

	वीर्य	उपक्रम	दोष प्रभाव	
1	गुरु	बृंहण	कफ	वर्धन
2	लघु	लंघन		क्षपण
3	उष्ण	स्वेदन	पित्त	वर्धन
4	शीत	स्तम्भन		क्षपण
5	रुक्ष	रुक्षण	वात	वर्धन
6	स्निग्ध	स्नेहन		क्षपण

आचार्य निमि के अनुसार वीर्य के भेद–

आचार्य निमि ने उत्कृष्ट कर्मों के आधार पर 15 वीर्य बतलाए हैं –

1. अधोभागहर – पृथ्वी + जल
2. ऊर्ध्वभागहर – अग्नि + वायु
3. उभयतोभागहर – पृथ्वी + अग्नि + वायु
4. संग्राहिक – पृथ्वी + वायु
5. संशमन – वायु + जल + पृथ्वी
6. दीपन – पृथ्वी + अग्नि
7. जीवनीय – पृथ्वी + जल
8. प्राणघ्न – वायु + अग्नि
9. मादन – वायु + अग्नि
10. शीतीकरण – जल
11. शोथकर – पृथ्वी + जल
12. शोथघ्न – आकाश + वायु
13. पाचन – अग्नि
14. दारण – वायु + अग्नि
15. रोपण – पृथ्वी + जल + वायु

वीर्यों में भूतोत्कर्ष/भौतिक संघठन

तेषां तीक्ष्णोष्णावग्नेयौ, शीतपिच्छिलावम्बुगुणभूयिष्ठौ, पृथिव्यम्बुगुणभूयिष्ठः स्नेहः, तोयाकाश-गुणभूयिष्ठं-मृदुत्वं, वायुगुणभूयिष्ठं रौक्ष्यम्, क्षितिसमीरणगुणभूयिष्ठं वैशद्यं। (सु.सू. 41/15)

वीर्य की निष्पत्ति भी महाभूतों से ही होती है अत: किस महाभूत के उत्कर्ष से किस वीर्य की निष्पत्ति होती है, इसका अध्ययन निम्नलिखित है–

वीर्य	भूतोत्कर्ष
शीत, पिच्छिल	जल
उष्ण, तीक्ष्ण	अग्नि
स्निग्ध	पृथ्वी + जल
रुक्ष	वायु
मृदु	जल + आकाश
विशद	पृथ्वी + वायु
गुरु	पृथ्वी + जल
लघु	अग्नि + वायु + आकाश

वीर्यों के कर्म

वीर्य	सूत्र	दोषकर्म	धातुकर्म	मलकर्म	अन्यकर्म	उदाहरण
गुरु	• गुरु पाको वातपित्तघ्नः। (सु॰ सू॰ 41/15) • गुरुस्तर्पणबृंहणः। (सु॰ सू॰ 46/525)	वात ↓ पित्त ↓	शुक्र↑	सृष्ट	उपलेपक, अग्निसादक, तर्पण, बृंहण	महिषक्षीर, माष
लघु	• लघुपाकः श्लेष्मघ्नः। (सु॰ सू॰ 41/15) • लघुः लेखनो रोपणस्तथा। (सु॰ सू॰ 46/526)	कफ↓	शुक्र↓, लेखन	बद्ध	लंघन, लेखन, रोपण, दीपन	चित्रक, मरिच
शीत	• शिशिरं पुनः। ह्लादनं जीवनं स्तम्भं प्रसादं रक्तपित्तयोः (अ॰ हृ॰ सू॰ 9/19) • शीतमृदुपिच्छिलाः पित्तघ्नाः (सु॰ सू॰ 41/15) • ह्लादनः स्तम्भनः शीतो मूर्च्छातृट्स्वेददाहजित् (सु॰ सू॰ 46/525)	पित्त↓	शुक्र↑	बद्ध	दाहशामक, तृष्णाशामक, ओजवर्धक, स्त्रोतोवरोधक, अग्निसादक, प्रह्लादन	चन्दन, उशीर
उष्ण	• तत्रोष्णं भ्रमतृड्ग्लानिस्वेददा-हाशुपाकिताः शमं च वातकफयोः करोति (अ॰ हृ॰ सू॰ 9/18) • उष्णः पाचनश्च विशेषतः (सु॰ सू॰ 46/522)	कफवात↓	शुक्र↓	सृष्ट	दहन, पाचन, मूर्च्छन, भ्रम, स्वेदन, तृष्णा, ग्लानिकर	मरिच, वत्सनाभ
स्निग्ध	• उष्णस्निग्धौ वातघ्नौ (सु॰ सू॰ 41/15) • स्नेहमार्दवकृत् स्निग्धो बलवर्णकरस्तथा (सु॰ सू॰ 46/523)	वात↓	शुक्र↑	सृष्ट, अनुलोमन	वर्ण्य, मार्दवकर, स्नेहन, बृंहण, वयःस्थापन	एरण्ड-तैल
रुक्ष	• तीक्ष्णरुक्षविशदाः श्लेष्मघ्नाः (सु॰ सू॰ 41/15) • रुक्ष स्तम्भनः खरः (सु॰ सू॰ 46/523)	कफ↓	शुक्र↓, लेखन	बद्ध	ग्राहि, स्तम्भन, व्रणपीड़न, विरुक्षण, कृशताकर	खदिर, निम्ब
मृदु	• दाहपाककरस्तीक्ष्णः स्त्रावणो मृदुरन्यथा। (सु॰ सू॰ 46/525)	पित्त↓	रक्तमास-प्रसादन	सृष्ट	आटोप, बल्य, दाहशामक, वर्ण्य, व्रणरोपक	घृत, क्षीर, नवनीत
तीक्ष्ण	• तीक्ष्णरुक्षविशदाः श्लेष्मघ्नाः (सु॰ सू॰ 41/15) • दाहपाककरस्तीक्ष्णः स्त्रावणो (सु॰ सू॰ 46/525)	कफ↓	शुक्र↓, लेखन	सृष्ट	अवदारण, स्त्रावण, दहन, पाचन	भल्लातक, चित्रक
मन्द	• मन्दो यात्राकरः स्मृतः (सु॰ सू॰ 46/529)	पित्त↓	शुक्र↑	बद्ध	यात्रा कर, शमन	गुडूची

जारी है...

जारी है...

वीर्य	सूत्र	दोषकर्म	धातुकर्म	मलकर्म	अन्यकर्म	उदाहरण
विशद	• तीक्ष्णरुक्षविशदा: श्लेष्मघ्ना: (सु॰ सू॰ 41/15) • विशदो क्लेदाचूषणरोपण: (सु॰ सू॰ 46/524)	कफ↓	शुक्र↓, लेखन	बद्ध	क्लेदाचूष्ण, विरुक्षण, रोपण	खदिर
पिच्छिल	• शीतमृदुपिच्छिला: पित्तघ्ना: (सु॰ सू॰ 41/15) • पिच्छिलो जीवनो बल्य: सन्धान: श्लेष्मलो गुरू: (सु॰ सू॰ 46/524)	पित्त↓	शुक्र↑	सृष्ट	उपलेपक, बृंहण, बल्य, पूरण, सन्धानकर	बिल्व, श्लेष्मांतक

वीर्य की सिद्धि

गुणात्मकं कर्मलक्षणं द्रव्याश्रितश्च वीर्यमिति सिद्धम्। (द्र॰ गु॰ सु॰ 6/5)

- **गुणात्मकं–गुणात्मा स्वरूपं यस्य तद् गुणात्मकम्।**
  गुण आत्मा (स्वरूप) जिसका हो वह गुणात्मक है। शिवदाससेन ने कहा है कि वीर्य शक्ति है, शक्ति निरुपाधि है, गुण उसकी उपाधि है तथा जगत् में उपाधि के साथ ही व्यवहार होता है इसलिए वीर्य गुणात्मक है।
- **कर्मलक्षणं–कर्मलक्षणं कर्मणा लक्ष्यते ज्ञायतेऽनुमीयते इत्यर्थः।** (र॰ वै॰)
  कर्म से जिसका अनुमान किया जाए। जैसे बृंहण कर्म के द्वारा इसके कारणभूत गुरु वीर्य का अनुमान होता है।
- **द्रव्याश्रित–द्रव्याश्रितत्वं तु वीर्यस्य गुणात्मकत्वेन सिद्धमेव।**
  वीर्य के गुणात्मकत्व से ही सिद्ध होता है कि वह द्रव्य में आश्रित होकर रहता है।

वीर्य की उपलब्धि

- **रसो निपाते द्रव्याणां, विपाकः कर्मनिष्ठया। वीर्यं यावदधीवासान्निपाताच्चोपलभ्यते।** (च॰ सू॰ 26/66)
- **निपाते इति रसनायोगे। अधीवासः सहावस्थानं, यावदधीवासात् यावच्छरीरनिवासात्।** (च॰ सू॰ 26/66-चक्रपाणि)
  वीर्य की उपलब्धि निपात व अधीवास से होती है, अर्थात् जिह्वास्पर्श होने से लेकर जब तक द्रव्य शरीर में निवास (अधीवास) करता है तब तक वीर्य की उपलब्धि होती है।
  वीर्य का ज्ञान प्रत्यक्ष और अनुमान दोनों प्रमाणों से होता है कुछ द्रव्यों का वीर्य प्रत्यक्ष प्रमाण द्वारा जिह्वा या त्वचा के साथ सम्पर्क होने से उपलब्ध होता है तथा कुछ द्रव्यों का शरीर में उनकी उपस्थिति (अधीवास) के कारण उत्पन्न कर्मों के द्वारा अनुमान प्रमाण से उपलब्ध होता है तथा कुछ द्रव्यों का वीर्य दोनों प्रमाणों से निपात व अधीवास द्वारा उपलब्ध होता है। यथा–

उपलब्धि	प्रमाण	उदाहरण
निपात	प्रत्यक्ष	मरिच (तीक्ष्ण)
अधीवास	अनुमान	आनूपमांस (उष्ण)
निपात, अधीवास	प्रत्यक्ष + अनुमान	मरिच (उष्ण)

- **आप्त द्वारा वीर्य की उपलब्धि एवं निर्धारण–**
  शीतं वीर्येण यद् द्रव्यं मधुरं रसपाकयोः। तयोरम्लं यदुष्णं च यद् द्रव्यं कटुकं तयोः॥ (च॰ सू॰ 26/45)
  मधुर द्रव्य का वीर्य शीत, अम्ल एवं कटु द्रव्य का वीर्य उष्ण, तिक्त, कषाय, मधुर, रस का वीर्य प्रायः शीत, कटु, अम्ल, लवण रस का वीर्य प्रायः उष्ण होता है, अतः आप्त द्वारा भी वीर्य की उपलब्धि होती है। प्रायः शब्द अपवाद का सूचक है, यथा–हरीतकी कषाय रस परन्तु उष्ण वीर्य होती है।

अष्टविधवीर्य की उपलब्धि (सु॰ सू॰ 41/15):

- गुरु – सृष्टविण्मूत्र, कफोत्क्लेशन
- लघु – बद्धविण्मूत्र, वातप्रकोप
- शीत, उष्ण – स्पर्श
- स्निग्ध, रुक्ष – चक्षु
- मृदु – स्पर्श
- तीक्ष्ण – मुख में दुःखोत्पादन
- मन्द – मलसंग्रहण
- विशद, पिच्छिल – चक्षु, स्पर्श

वीर्य की प्राधान्यता/महत्व

- **वीर्यं तु क्रियते येन या क्रिया। नावीर्यं कुरूते किंचित् सर्वा वीर्यकृता क्रिया॥** (च॰ सू॰ 26/65)
  आचार्य चरक ने सभी क्रियाओं के सम्पन्न होने में वीर्य को ही कारण माना है, अतः वीर्य प्रधान है।
- **वीर्यं प्रधानमिति। कस्मात्? तद्वशेनौषधकर्मनिष्पत्तेः। इहौषधकर्माण्यूर्ध्वाधोभागोभयभागसंशोधनसंशमन-सङ्ग्राहकाग्निदीपनपीडनलेखनबृंहणरसायनवाजीकरणक्ष्वयथुकरविलयनदहनदारणमादनप्राणघ्नविष-प्रशमनानि वीर्य्यप्राधान्याद् भवन्ति।** (सु॰ सू॰ 40/5)
  द्रव्यगत पदार्थों में वीर्य सर्वप्रधान है क्योंकि औषध द्रव्यों के विभिन्न कर्म (संशोधन, संशमन आदि) इसी की प्रधानता से होते हैं।
- **एतानि वीर्याणि स्वबलगुणोत्कर्षाद्रसमभिभूयात्मकर्म कुर्वन्ति** (सु॰ सू॰ 40/5)
  वीर्य अपने बल और गुण के उत्कर्ष के कारण रस आदि को अभिभूत करके अपने कर्म का सम्पादन करता है।
  यथा–बृहत्पंचमूल कषाय, तिक्त रस युक्त होने से वातहर होना चाहिए परन्तु उष्ण वीर्य होने के कारण वातशमन करता है।

नागार्जुन के मत से वीर्य की प्रधानता–

- वीर्यवान द्रव्य प्राधान्य – हीन वीर्य द्रव्यों की अपेक्षा वीर्यवान द्रव्यों का ही चिकित्सा में प्रयोग होता है।
- कर्मनिष्पति – वीर्य ही कर्म में कारण होता है।
- रसाभिभव – रसादि को हराकर वीर्य कार्य करता है।
- अप्तोपदेश – आप्त भी द्रव्यगत गुणों में वीर्य को प्रधान मानते हैं।

वीर्य संक्रान्ति/Transfer of Potency

आचार्य निश्चलकर ने चक्रदत्त पर रत्नप्रभा नामक टीके के पृष्ठ 38 पर सर्वप्रथम संक्रान्ति शब्द का वर्णन किया है।

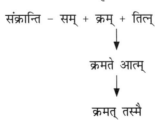

संक्रान्ति – सम् + क्रम् + तिल्

↓

क्रमते आत्म्

↓

क्रमत् तस्मै

क्रमत् = स्थानान्तर

वीर्यसंक्रान्ति = वीर्य का स्थानान्तर होना।

कल्पेषु तद्द्वारैव वीर्यसंक्रान्तिः। क्वाथादिकल्पेषु कार्मुकद्रव्यावयवद्वारैव वीर्यसंक्रान्तिर्भवति।। (द्र॰ गु॰ सू॰ 6/3)

विविध कल्पों में इसके द्वारा ही वीर्य संक्रान्ति होती है। क्वाथादि कल्पनाओं में कार्मुकद्रव्य द्वारा वीर्य संक्रान्ति होती है जब कोई द्रव्य द्रव विशेष में पकाया जाता है, तब अग्निसंयोग से कार्मुकद्रव्य अव्यव उस द्रव्य को छोड़कर द्रव में संक्रान्त (स्थानान्तर) हो जाता है, इसी क्रिया को वीर्यसंक्रान्ति कहते हैं। वीर्य के अपकर्षण से द्रव्य गतरस हो जाता है। गतरस का तात्पर्य है औषध में जो रस था वो चला गया, अतः औषध निरवीर्य हो गई यहाँ रस का अभिप्राय वीर्य से है। चरक चिकित्सास्थान 1/3/166 में गतरसशब्द च्यवनप्राशप्रसंग में आया है। अर्थात जिन औषधियों का क्वाथ कर रहे हैं उन औषधियों की शक्ति क्वाथ में चली गई औषध द्रव्य को निरवीर्य जानकर क्वाथ का ग्रहण करें। क्वाथ में द्रव की उतनी ही मात्रा लेनी चाहिए जितने में औषधिगतरस हो जाए। द्रव्य प्रायः चौथे भाग जल से गतरस हो जाता है, इसलिए क्वाथार्थ जल का चतुर्थांष शेष रखते हैं।

- अष्टांग हृदय में अर्जुनक्षीरपाक प्रसंग में वीर्यसंक्रान्ति का वर्णन मिलता है।

दीर्घ-उत्तरीय प्रश्न

1. **वीर्य शब्द की निरूक्ति का वर्णन करते हुए उसे परिभाषित करें।**
2. **वीर्य के स्वरूप में मतभेदों को स्पष्ट करते हुए उसकी संख्या का निर्धारण करें।**

लघु-उत्तरीय प्रश्न

1. **वीर्य संक्रान्ति का वर्णन करें।**
2. **वीर्य की उपलब्धि तथा सिद्धि का उल्लेख करें।**
3. **षड्विधवीर्य का वर्णन करें।**

बहुविकल्पीय प्रश्न

1. **निम्नलिखित में से वीर्य किस धातु से निष्पन्न है?**
   a. द्रुगतौ धातु b. वीर विक्रान्तौ धातु c. अच धातु + क प्रत्यय d. कोई भी नहीं
2. **चरकानुसार वीर्य का स्वरूप क्या है?**
   a. शक्तिमात्र b. कर्म c. द्रव्य का अंश d. उपरोक्त (a) व (c)
3. **द्रव्यगुणशास्त्र का कर्ता-करण किसे कहते हैं?**
   a. गुण-कर्म b. प्रभाव-गुण c. वीर्य-रस d. द्रव्य-वीर्य
4. **आचार्य निमि के अनुसार वीर्य की संख्या कितनी है?**
   a. 15 b. 20 c. 2 d. 8
5. **आचार्य सायण के अनुसार शतविचक्षण क्या है?**
   a. रस, वीर्य, विपाक b. द्रव्य, गुण, रस c. वीर्य, गुण, प्रभाव d. इनमें से कोई नहीं
6. **वीर्य संक्रान्ति का अर्थ क्या है?**
   a. वीर्य का स्थानान्तर b. वीर्य का निरवीर्य होना
   c. वीर्य का सवीर्य होना d. वीर्य की प्रधानता
7. **वीर्य की उपलब्धि कैसे होती है?**
   a. निपात b. कर्मनिष्ठा c. अधीवास d. निपात-अधीवास

8. आचार्य सुश्रुत के अनुसार वीर्य के भेद तथा उनके नाम बताएं।

    a. 4 (शीत, उष्ण, मृदु, कठोर)   b. 2 (शीत, उष्ण)

    c. 1 (शीत)   d. कोई नहीं

9. वीर्य द्रव्य के किस भाग में अधिष्ठित है?

    a. कार्मुक अंश   b. फल भाग

    c. सार भाग (पंचभौतिक सार)   d. उपरोक्त (a) व (c)

10. गुणरूप वीर्यवाद के भेदों के नाम बताएं।

    a. कर्मरूपवीर्यवाद तथा शक्तिमात्रवीर्यवाद   b. शक्तिमात्रवीर्यवाद तथा पारिभाषिकवीर्यवाद

    c. द्रव्यरूपवीर्यवाद तथा पारिभाषिकवीर्यवाद   d. कोई नहीं

उत्तरमाला (बहुविकल्पीय प्रश्न)

1. b   2. a   3. d   4. a   5. a   6. a   7. d   8. b

9. d   10. b

अध्याय 7

प्रभावविज्ञानीयाध्याय

प्रभाव/Specific Potency

व्युत्पत्ति–

भू धातु + घञ् प्रत्यय-प्रभावः = स्वभाव

प्रभाव में पूर्व पद का लोप होता है, अतः प्रभाव का अर्थ है द्रव्यप्रभाव।

निरुक्ति–

- **प्रकृष्टो भावः प्रभावः।**
  द्रव्य के विशेष कार्य करने वाले भाव को प्रभाव कहते हैं।
- **प्रभवति सामर्थ्यविशिष्टं भवति द्रव्यमनेनेति प्रभावः।** (च॰ सू॰ 26/67-चक्रपाणि)
  द्रव्य के विशिष्ट कर्म करने के विशिष्ट सामर्थ्य (शक्ति) को प्रभाव कहते हैं।

परिभाषा/लक्षण

- **सर्वातिशायी द्रव्यस्वभावः प्रभाव इत्याम्नातः॥** (अ॰ सं॰ सू॰ 17/13)
  सब (रस, गुण, वीर्य, विपाक) का अतिक्रमण करने वाले द्रव्य के स्वभाव को प्रभाव कहते हैं।
- **रसवीर्यविपाकादिगुणातिशायी द्रव्यस्य स्वभावो यः, स प्रभावः॥** (अ॰ हृ॰ सू॰ 9/26-अरूणदत्त)
  रस, वीर्य, विपाक, गुणादि का अतिक्रमण करने वाले द्रव्यों के स्वभाव को प्रभाव कहते हैं।
- **रसादिसाम्ये यत् कर्म विशिष्टं तत् प्रभावजम्।** (अ॰ हृ॰ सू॰ 9/26)
  द्रव्यों में रसादि सामान्य होने पर भी किसी एक द्रव्य के कर्म में विशिष्टता का कारण प्रभाव होता है।
- **रसवीर्यविपाकानां सामान्यं यत्र लक्ष्यते। विशेषः कर्मणां चैव प्रभावस्तस्य स स्मृतः॥** (च॰ सू॰ 26/67)
  द्रव्यों के रस, वीर्य, विपाक आदि सामान्य होने पर भी जब किसी द्रव्य का विशेष कर्म लक्षित हो तो उसका कारण प्रभाव होता है।
- **प्रभावं लक्षयति-रसादिसाम्य इति। द्वयोर्द्रव्ययो रसादिसाम्ये सत्यप्येकस्य यद्विशिष्टं कर्म दृश्यते, तत्प्रभावजम्। तत्र यो द्रव्यधर्मो हेतुः, स प्रभाव इत्यर्थः।** (अ॰ हृ॰ सू॰ 9/26-हेमाद्रि)
  जब दोनों द्रव्यों के रसादि साम्य होने पर भी एक द्रव्य विशिष्ट कर्म को दर्शाता है, वह प्रभाव के कारण होता है। प्रभाव ही उस द्रव्य के धर्म हेतु होता है।
- **द्वयोर्द्रव्ययो रसादीनां साम्ये सति, यदेकं द्रव्यमन्यत्कर्म कुरुते, अन्यत्पुनरन्यद्विशिष्टं कर्म, तत् प्रभावजं प्रभावाज्जातमिति ज्ञेयम्। अयमस्य द्रव्यस्य प्रभाव इति विशिष्टकर्मकारणान्निश्चीयत इत्यर्थः॥**
  (अ॰ हृ॰ सू॰ 9/26-अरुणदत्त)

किन्हीं दो द्रव्यों के रसादि साम्य होने पर भी, यदि एक द्रव्य विशिष्ट कर्म दिखाए तो उसका कारण प्रभाव होता है। प्रभाव ही द्रव्य की अनिश्चित् कर्मावस्था का कारण होता है।

प्रभाव के उदाहरण

- **दन्ती रसाद्यैस्तुल्याऽपि चित्रकस्य विरेचनी। मधुकस्य च मृद्वीका, घृतं क्षीरस्य दीपनम्।** (अ॰ हृ॰ सू॰ 9/26)
- **कटुकः कटुकः पाके वीर्योष्णश्चित्रको मतः। तद्वद्दन्ती प्रभावात्तु विरेचयति मानवम्॥ विषं विषघ्नमुक्तं यत् प्रभावस्तत्र कारणम्। उर्ध्वानुलोमिकं यच्च तत् प्रभावप्रभावितम्। मणीनां धारणीयानां कर्म यद्विविधात्मकम्। तत् प्रभावकृतं तेषां, प्रभावोऽचिन्त्य उच्यते॥** (च॰ सू॰ 26/68-70)
- **लशुनो वातकफकृन्न तु तैरेव यद्गुणैः। मिथोविरुद्धान्वातादीन्लोहिताद्या जयन्ति यत्। कुर्वन्ति यवकाद्याश्च तत्प्रभावविजृम्भितम्। शिरीषादि विषादिघ्नं स्वप्नाद्यं तद्विवृद्धये। शल्याकर्षणपुंजन्मरक्षायुर्धीवशादिकम्। दर्शनाद्यैरपि विषं यन्नियच्छति चागदः। विरेचयति यद् वृष्यमाशु शुक्रं करोति वा।** (अ॰ सं॰ सू॰ 17/47-50)

द्रव्य	प्रभाव
• दन्ती/चित्रक-कटुरस, कटुविपाक, उष्णवीर्य	दन्ती का विरेचन कर्म
• मधुक/द्राक्षा-मधुररस, मधुरविपाक, शीतवीर्य	मधुक का वमन कर्म
• घृत/क्षीर-मधुररस, मधुरविपाक, शीतवीर्य	घृत का दीपन कर्म
• विष	विषघ्न
• शिरिष	विषघ्न
• निद्रा	विषवर्धक
• बादल	विषवर्धक
• वमन, विरेचन द्रव्य	वमन, विरेचन कर्म
• मणी धारण	विविध कर्म
• लशुन-कटुरस, कटुविपाक	वातकफशामक
• लशुन-स्निग्ध, गुरु	वातकफशामक
• रक्तशाली	परस्पर विरोधी वात, पित्त, कफ का शमन
• यवक	परस्पर विरोधी वात, पित्त, कफ का प्रकोप
• शल्य	कर्षण
• वृष्य द्रव्य	शुक्र का आशु विरेचन
• धात्री	त्रिदोषशामक
• लकुच	त्रिदोषकारक
• सहदेवी की जड़	ज्वरहर
• अन्य कर्म	• पुरुष सन्तान की प्राप्ति
	• लड़ाई में रक्षा
	• वशीकरण

प्रभाव का स्वरूप

- **प्रभावोऽचिन्त्य उच्यते।** (च॰ सू॰ 26/70)

  प्रभाव चिन्ता का विषय नहीं है।

- **प्रभावोऽचिन्त्य उच्यते रसवीर्यविपाक कार्य तयाचिन्त्य इत्यर्थे। रसादिकार्यत्वेन यद्नधारयुत्तम् सक्येत तत् प्रभावाकृतमिति सूच्यति।।** (च॰ सू॰ 26/70–चक्रपाणि)

  प्रभाव के कारण हुए विशिष्ट कर्म की चिन्ता नहीं करनी चाहिए, परन्तु रस, वीर्य, विपाक से उत्पन्न कार्य चिन्त्य होते हैं, अतः प्रभाव द्वारा किया गया कर्म रस, गुण, वीर्य, विपाक के द्वारा किए गये कर्म की तरह स्पष्ट नहीं किया जा सकता। प्रभाव को आगम के उपदेश से ही ग्रहण करें, वह अचिन्त्य है।

- **रसवैशेषिक ने वीर्य के लिए अनवधारणीय शब्द का प्रयोग किया है–**
  रसगुणभूतसमुदायाश्रयः एषाम् अनवधारणीयः तथा रसभूतसमुदायान्तमन्ये वा अन्यथा वीर्यत्वात्। (र॰ वै॰ 4/24)

  द्रव्य के रसादि गुण समुदाय से अलग अनबधारणीय तथा रसादि की अपेक्षा विशिष्ट कार्य करने वाली शक्ति को प्रभाव कहते हैं।

- **सुश्रुत ने प्रभाव शब्द का प्रयोग नहीं किया। उन्होंने द्रव्यमात्मना** (सु॰ सू॰ 40/17), **अमीमांस्य** (सु॰ सू॰ 40/22) **शब्द का प्रयोग किया है–**
  अमीमांस्यान्यचिन्त्यानि प्रसिद्धानि स्वभावतः। आगमेनोपयोज्यानि भेषजानि विचक्षणैः।।
  प्रत्यक्षलक्षणफलाः प्रसिद्धाश्च स्वभावतः। नौषधीर्हेतुभिर्विद्वान् परीक्षेत कथञ्चन। सहस्त्रेणापि हेतूनां नाम्बष्ठादिर्विरेचयेत्।। (सु॰ सू॰ 40/22-24)

  कुछ औषधियाँ अपने तत् लक्षण फल (स्वाभाव) से प्रसिद्ध होती हैं, वह अमीमांस्य (तर्क का विषय नहीं) तथा अचिन्त्य (चिन्ता करने योग्य नहीं) होती हैं, उन्हें आगम (शास्त्र) के उपदेश के अनुसार ही ग्रहण करना चाहिए, उनके प्रत्यक्ष लक्षण फल को देखकर विद्वानों को परीक्षण नहीं करना चाहिए। जिस प्रकार सहस्त्र हेतुओं से भी अम्बष्ठा (पाठा) का रेचन कर्म सिद्ध नहीं होता है।

- **आचार्य चरक ने दो प्रकार के भेषज का वर्णन किया है– द्रव्यभूत भेषज, अद्रव्यभूत भेषज।**
  एतश्चैव भेषजमङ्गभेदादपि द्विविधं द्रव्यभूतम् अद्रव्यभूतं च। तत्र यदद्रव्यभूतं तदुपायाभिप्लुतम्।
  उपायो नाम भयदर्शनविस्मापनविस्मारणक्षोभणहर्षणभर्त्सनवधबन्धस्वप्नसंवाहनादिरमूर्तो।। (च॰ वि॰ 8/87)

  अद्रव्यभूत चिकित्सा प्रभाव से कार्य करती है। यथा–भयदर्शन, विस्मापन, विस्मारण, क्षोभ, हर्षण इत्यादि चिकित्साएं प्रभाव से कार्यकारी होती हैं।

- **रसेन वीर्येण गुणैश्च कर्म द्रव्यं विपाकेन च यद्विदध्यात्। सद्योऽन्यथा तत्कुरूते प्रभावाद्धेतोरतस्तत्र न गोचरोऽस्ति।।** (अ॰ सं॰ सू॰ 17/52)

  द्रव्य के स्वाभाविक कर्म रस, गुण, वीर्य, विपाक आदि के द्वारा होते हैं, परन्तु प्रभाव के कारण कर्म में सद्य परिवर्तन आता है तथा इस परिर्वतन का कोई हेतु भी दृष्टिगोचर नहीं होता है।

- **प्रभवनंप्रभावः, सामर्थ्यम्।**

1. **स्वस्वारंभक द्रव्य संयोगे समवेतानां तेषां, द्रव्यगुण-कर्मणां द्रव्य गुणयोः, सजातीयारंभकत्वात् तत्र द्रव्यात् सजातीय द्रव्यान्तरं जायते।**
2. **गुणात् सजातीय गुणान्तरं जायते।**

3. **कर्मणां तु सजातीय कर्मारंभकत्वनियममात्रत्वात् कर्मसाध्य कर्माभावाच्च, यत्र विजातीय कर्म तदारंभक द्रव्याणां कर्माण्यारभते, तद्विजातीयं कर्म खल्वचिन्त्यम्। स प्रभाव उच्यते।** (गंगाधर)

   द्रव्य, गुण, कर्म इन तीनों में द्रव्य से सजातिय द्रव्य की उत्पत्ति साध्य है, सजातिय गुण से सजातिय गुण की उत्पत्ति भी साध्य है, परन्तु यह नियम कर्म के लिए नहीं है यदि द्रव्य, गुण एवं कर्म सजातीय होंगे वहाँ वीर्यजन्य कार्य होगा, परन्तु जहाँ द्रव्य एवं गुण सजातीय हों परन्तु कर्म विजातीय हो, वहाँ कर्म प्रभावजन्य माना जाएगा, अतः वह प्रभाव को अचिन्तय वीर्य या द्रव्य का स्वभाव मानते हैं।

प्रभाव का आधुनिक काल में स्वरूप–

- **विशिष्टा शक्तिः प्रभावः।** (द्र० गु० सू०/6/6)

  द्रव्य की विशेष शक्ति प्रभाव कहलाती है।
- **इयं विशिष्टा शक्तिः विशिष्टप्रकृतिगम्या विशिष्टक्रियाजननी च। द्रव्याणां विशिष्टा प्रकृतिः स्वभावो विचित्रप्रत्ययारब्धः तेन गम्यते उपलभ्यते।।** (द्र० गु० सू०/6/6)

  यह विशिष्ट शक्ति द्रव्य की विशिष्ट प्रकृति से बनती है, जो विशिष्ट क्रिया की जननी है। द्रव्यों की विशिष्ट प्रकृति उसके स्वभाव का बीज है, जो विचित्रप्रत्ययारब्ध से उपलब्ध होती है।
- **द्रव्यप्रकृतिर्हि द्रव्यारम्भेः विशिष्टोल्लवण भूतसन्निवेशजन्यगुणविशेषैर्निर्धायते। या च द्रव्य स्वभावस्य बीजम्।।** (च० वि० 1/9-चक्रपाणि)

  द्रव्य की प्रकृति द्रव्य के आरम्भक कारण भूतसन्निवेश के विशिष्टोलवण (विशेषता) से बनती है जो विशेष गुण का निर्धारण करती है, यही द्रव्य के स्वभाव का बीज होता है।

विचित्रप्रत्ययारब्ध

विचित्रप्रत्ययारब्ध सर्वप्रथम अष्टांग हृदय सूत्रस्थान अध्याय 9 में आया है।

- **विचित्रप्रत्ययारब्धद्रव्यभेदेन भिद्यते।** (अ० हृ० सू० 9/27)

  द्रव्यों के कर्मों में जो भेद हैं, वे विचित्रप्रत्ययारब्ध के कारण हैं।
- **टीकाकारों के मतानुसार विचित्रप्रत्ययारब्ध एवं समानप्रत्ययारब्धः**

अरुणदत्त

समानप्रत्ययारब्ध	विचित्रप्रत्ययारब्ध
• **यतः कानिचिद्द्रव्याणि यैरेव महाभूतैर्यथाविधै रसादय आरब्धाः, तैरेव तथाविधैर्महाभूतैस्तदा-श्रयाण्यपि द्रव्याण्यारब्धानि। तानि रसादिसमा-नप्रत्ययारब्धान्युच्यन्ते।।** जिन द्रव्यों के आरम्भक कारण महाभूत उनमें आश्रित रसादि के आरम्भक कारण महाभूतों के समान होते हैं, वह समानप्रत्ययारब्ध कहलाते हैं। ऐसे द्रव्य रसादि के अनुकूल ही कार्य करते हैं। • द्रव्य तथा रसादि के महाभूतों में समानता कही है। • Similarity in Panchbhautic composition of drug and Panchbhautic composition of its properties.	• **कानिचित्पुनस्तदाश्रितरसादिसमारम्भकमहाभूतान्यन्यानि तदाश्रयद्रव्यारम्भकाण्यन्यानि च महाभूतानि, तैरारब्धानि तानि विचित्रप्रत्ययारब्धानि द्रव्याणि।** जिन द्रव्यों के आरम्भक कारण महाभूत उनमें आश्रित रस आदि के आरम्भक कारण महाभूतों से भिन्न होते हैं वे विचित्रप्रत्ययारब्ध कहलाते हैं। ऐसे द्रव्य रसादि के प्रतिकूल कार्य करते हैं। • द्रव्य तथा रसादि के महाभूतों में भिन्नता कही है। • Difference in Panchbhautic composition of drug and Panchbhautic composition of its properties.

हेमाद्रि

समानप्रत्ययारब्ध	विचित्रप्रत्ययारब्ध
• **क्वचिद्द्रव्ये यादृगेव भूतसङ्घातो द्रव्यस्यारम्भकः, तादृगेव रसादीनाम्। तत्समानप्रत्ययारब्धम्, तत्सामान्य-गुणान्नातिक्रामति।**	• **विचित्राः - परस्परविलक्षणाः प्रत्ययाः - कारणभूता महाभूतसङ्घाताः तैरारब्धं - यद्द्रव्यं तस्य भेदो-द्रव्यान्तरविशष्टत्वम्, तेन।** द्रव्यों में परस्पर भेद का कारण उक्त द्रव्य की विशिष्टता होती है, जो उसके कारणभूत महाभूतसंघात की परस्पर विलक्षणता से आती है। • **क्वचिदन्यादृग्भूतसङ्घातो द्रव्यस्यारम्भकोऽन्यादृग्रस-स्यान्यादृक् गुणस्येत्यादि, तद्विचित्रप्रत्ययारब्धम्॥**
जिन द्रव्यों के आरम्भक कारण (पृथ्वी आदि महाभूत सङ्घात) तथा उनमें आश्रित रसादि के आरम्भिक कारण (महाभूत सङ्घात) समान होते हैं वे समानप्रत्ययारब्ध कहलाते हैं। वही समान गुणों की उत्पत्ति में कारण होते हैं।	जिन द्रव्यों के आरम्भक कारण (पृथ्वी आदि महाभूत सङ्घात) तथा उनमें आश्रित रसादि के आरम्भक कारण (महाभूत सङ्घात) से भिन्न होते हैं वे विचित्रप्रत्ययारब्ध कहलाते हैं। वही विशेष गुणों की उत्पत्ति में कारण होते हैं।
• द्रव्य तथा रसादि के महाभूतसङ्घात में समानता कही है।	• द्रव्य तथा रसादि के महाभूतसङ्घात में भिन्नता कही है।
• **Similarity in configuration of mahabhoot in drug and its properties.**	• **Difference in configuration of mahabhoot in drug and its properties.**

- **समानप्रत्ययारब्ध तथा विचित्रप्रत्ययारब्ध के उदाहरणः**

  स्वादुर्गुरुश्च गोधूमो वातजिद्वातकृद्यवः। उष्णा मत्स्याः पयः शीतं कटुः सिंहो न शूकरः। (अ॰ हृ॰ सू॰ 9/28)

समानप्रत्ययारब्ध			विचित्रप्रत्ययारब्ध		
द्रव्य	गुण	कर्म	द्रव्य	गुण	कर्म
गोधूम	मधुर, गुरु	वातहर	यव	मधुर, गुरु	वातकृत
दुग्ध	मधुर, गुरु	शीत वीर्य	मत्स्य	मधुर, गुरु	उष्ण वीर्य
शूकरमांस	मधुर, गुरु	मधुर विपाक	सिंहमांस	मधुर, गुरु	कटु विपाक
आमलकी	अम्ल रस	सर कर्म	कपित्थ	अम्लरस	ग्राहि कर्म
धातकी पुष्प	कषाय रस	शीतवीर्य, ग्राहि कर्म	हरीतकी	कषायरस	उष्ण वीर्य, रेचन कर्म
			घृत	शीत वीर्य	दीपन कर्म
			मुद्ग	कटु विपाक	पित्तशामक
			माष	मधुर विपाक	पित्तवर्धक
			फाणित	गुरु, स्निग्ध	वातकारक
			दधि	गुरु	दीपन
			वसा	उष्ण वीर्य	अग्निसादन कर्म

- **विकृतिविषमसमवेत:**

  विकृत्या हेतुभूतया विषमः प्रकृत्यननुगुणाः समवेतो विकृतिविषमसमवेतः। (च० वि० 1/10-चक्रपाणि)

  जब दो या अधिक द्रव्यों का एक में संयोग होता है, तब वे अपने स्वाभाविक गुणों को छोड देते हैं, इसे विकृतिविषमसमवेत कहते हैं, यह भी द्रव्यप्रभाव ही है। विकृति के हेतु उन द्रव्यों की विषम प्रकृति होती है, अत: विकृतिविषमसमेवत विचित्रप्रत्ययारब्ध ही है।

प्रभाव एवं विचित्रप्रत्ययारब्ध में भेद

प्रभाव	विचित्रप्रत्ययारब्ध
• प्रभाव द्रव्य का स्वभाव है।	• विचित्रप्रत्ययारब्ध द्रव्य के स्वभाव का बीज है।
• द्रव्य जब रसादि का अतिक्रमण करके विशेष कर्म की उत्पत्ति करता है, वह प्रभाव के कारण होती है।	• द्रव्य तथा उसके रसादि के महाभूतसंघात में जब परस्पर विलक्षणता होती है उसे विचित्रप्रत्ययारब्ध कहते हैं।
• प्रभाव कर्मगत है।	• विचित्रप्रत्ययारब्ध द्रव्यगत है।
• कर्म से ही इसका ज्ञान होता है।	• रस-वीर्य-विपाक तथा कर्म से इसका ज्ञान होता है।

प्रभाव का महत्व

- सर्वातिशायी होने से प्रभाव प्रधान है। (अ० सं० सू० 17/13)
- वीर्य गुणगत होता है, प्रभाव द्रव्यगत होता है।
- **द्रव्याणि हि द्रव्यप्रभावाद्गुणप्रभावाद् द्रव्यगुणप्रभाश्चा/।।** (च० सू० 26/13)

  द्रव्यप्रभाव ही प्रभाव है जैसे दन्ती विरेचक है, गुणप्रभाव ही वीर्य है जैसे अगरु उष्णवीर्य होने से शीतज्वर में उपयोगी है। द्रव्यगुण प्रभाव जहाँ प्रभाव के साथ रसादि गुण भी कार्य करते हैं जैसे हरीतकी विरेचक होते हुए भी दीपन पाचन कर्म करती है।

नागार्जुन ने प्रभाव की प्रधानता में निम्नलिखित युक्तियाँ दी हैं-

- **अचिन्त्य** – अचिन्त्य होने से प्रभाव प्रधान है।
- **दैवप्रतिघात** – भूत नाश करने से प्रभाव प्रधान है।
- **विषप्रतिघात** – विष का नाश करने से प्रभाव प्रधान है।
- **कर्म वैशिष्टय** – रसादि साम्य होने पर भी कर्म में विशिष्टता उत्पन्न करने में प्रभाव प्रधान है।
- **अदभुत कर्म** – वशीकरण आदि, मणिमन्त्रादि के अदभुत कर्म प्रभाव द्वारा होते हैं।
- **आगम** – शास्त्रों में स्वभाव को सर्वोपरी माना गया है, अत: प्रभाव प्रधान है।

प्रभाव एवं संवयविता/Isomerism

प्रभाव	संवयविता (Isomerism)
• दो द्रव्यों के रसादि समान होने का कारण उनमें स्थित पांचमहाभूत होते हैं। जब महाभूत संघात में भिन्नता होती है तब विशेष कर्म की उत्पत्ति होती है, जो प्रभाव जन्य है। • When two drugs are similar in Panchbhautic composition but configuration is different then they will show different actions. The cause behind this is termed as *Prabhava*, e.g. *Danti* and *Chitraka* have similar properties but *Danti* shows *Virachana karama* due to *Prabhava*.	• The compounds having same molecular formula but different structural formulas are called as isomers. Isomers have same no. of different atoms but their location and configuration are different which brings difference in their action, e.g. Antazoline - antihistaminic property. Tolazoline - Adrenergic-blocking agent.

वीर्य एवं प्रभाव में भेद

वीर्य	प्रभाव
• यह अपने आश्रयभूत द्रव्य का एक गुण मात्र है। • यह चिन्त्य शक्ति स्वरूप है। • सामान्य कर्म में कारण है। • इससे साध्य कर्म की कार्यकारणभाव से व्याख्या सम्भव है। • द्रव्य का वीर्य द्रव्याश्रित गुण, रस, विपाक को हरा कर सामान्य कार्य की उत्पत्ति में कारण बनता है, परन्तु वह प्रभाव को नहीं हरा सकता है। • यह दोषप्रत्यनीक चिकित्सा का बोधक है।	• यह द्रव्य का स्वभाव है। • यह अचिन्त्य शक्ति स्वरूप है। • विशिष्ट कर्म में कारण है। • इससे साध्य कर्म की कार्यकारणभाव से व्याख्या सम्भव नहीं है। • द्रव्य का प्रभाव सर्वातिशायी स्वरूप होता है इसलिए द्रव्याश्रित रस, गुण, विपाक, वीर्य इन सभी को हरा कर विशिष्ट कार्य की उत्पत्ति में कारण बनता है। • यह व्याधिप्रत्यनीक चिकित्सा का बोधक है।

दीर्घ-उत्तरीय प्रश्न

1. प्रभाव की परिभाषा का वर्णन करते हुए, उसके उदाहरणों का वर्णन करें।

2. विचित्रप्रत्ययारब्ध तथा समानप्रत्ययारब्ध में टीकाकारों के मतानुसार भेद स्पष्ट करें।

लघु-उत्तरीय प्रश्न

1. प्रभाव तथा वीर्य में भेद स्पष्ट करें।

2. प्रभाव तथा विचित्रप्रत्ययारब्ध में भेद स्पष्ट करें।

3. प्रभाव तथा isomerism का वर्णन करें।

बहुविकल्पीय प्रश्न

1. द्रव्यों में जो भेद हैं, वह किसके कारण हैं?

a. समानप्रत्ययारब्ध b. विचित्रप्रत्ययारब्ध c. विकृतीविषमसमवेत d. इनमें से कोई नहीं

2. जब दो या दो से अधिक द्रव्यों का एक में संयोग होता है, तब वह अपने स्वाभाविक गुणों को छोड़ देते हैं, उसे क्या कहा जाता है?

a. विकृतिविषमसमवेत b. प्रत्ययारब्ध c. प्रभाव d. उपरोक्त सभी

3. नागार्जुन ने प्रभाव की प्रधानता की क्या युक्तियाँ बताई हैं?

a. अचिन्तय b. देवप्रतिघात c. विषप्रतिघात d. उपरोक्त सभी

4. दन्ती और चित्रक के रस, गुण, वीर्य समान होने पर भी दन्ती क्या प्रभावजन्य कर्म करती है?

a. वमन b. विरेचन c. नस्य d. रक्तमोक्षण

5. गोधूम और यव दोनों स्वादु (मधुर) और गुरु गुणयुक्त हैं, परन्तु फिर भी वे क्रमशः वातहर तथा वातकारक किसके कारण हैं?

a. समानप्रत्ययारब्ध b. विशिष्टलक्षण c. विकृतीविषमसमवेत d. इनमें से कोई नहीं

6. धात्री प्रभाव से कौन-सा कर्म करती है?

a. त्रिदोषशामक b. त्रिदोषकारक c. शिरोबद्ध d. उपरोक्त सभी

7. यौगिक, जिनका आण्विक सूत्र (molecular formula) समान परन्तु आण्विक संरचना या संरचनात्मक सूत्र (structural formula) भिन्न होते हैं, कहलाते हैं–

a. मेट्amर्स (Metamers) b. मेसोमर्स (Mesomers) c. आइसोमर्स (Isomers) d. इनमें से कोई नहीं।

8. विचित्रप्रत्ययारब्ध का वर्णन सर्वप्रथम किसमें आया?

a. चरक b. सुश्रुत c. अष्टांग हृदय d. अष्टांग संग्रह

उत्तरमाला (बहुविकल्पीय प्रश्न)

1. b **2.** a **3.** d **4.** b **5.** d **6.** a **7.** c **8.** c

अध्याय 8

द्रव्याश्रित रसादि गुणों का परस्पर सम्बन्ध एवं द्रव्यों की क्रियाकरण विधि

द्रव्य निम्नलिखित नियमानुसार कार्य करते हैं-

1. प्रथम नियम - रसबलाधिक्य
2. द्वितीय नियम - समानबलाधिक्य
3. तृतीय नियम - विषमबलाधिक्य
4. चतुर्थ नियम - प्रत्येक का अपना कार्य

प्रथम नियम-रसबलाधिक्य

- **शीतं वीर्येण यद् द्रव्यं मधुरं रसपाकयो:। तयोरम्लं यदुष्णं च यद् द्रव्यं कटुकं तयो:। तेषां रसोपदेशेन निर्देश्यो गुणसंग्रह:। वीर्यतोऽविपरीतानां पाकतश्चोपदेक्ष्यते।।** (च॰ सू॰ 26/45-46)
- **रसैरसौ तुल्यफलस्तत्र द्रव्यं शुभाशुभम्।** (अ॰ हृ॰ सू॰ 9/22)

रस/विपाक		**वीर्य**
मधुर रस/विपाक	-	शीत
अम्ल रस/विपाक	-	उष्ण
कटु रस/विपाक	-	उष्ण

उपरोक्त नियम समानप्रत्ययारब्ध का है, अर्थात् द्रव्यों के रस के आधार पर ही उनका वीर्य तथा विपाक निर्धारित किया जाता है तथा वे द्रव्य रस के अनुसार ही कार्य करते हैं। जिन द्रव्यों का वीर्य तथा विपाक उनके रस से विपरीत होता है, उनके गुणों का उपदेश इस प्रकार नहीं होता।

विमर्श-

शीत वीर्य द्रव्यों का रस व विपाक मधुर होता है इसलिए ऐसे द्रव्यों का रस से ही उपदेश किया जाता है अर्थात् मधुर रस में जो-जो गुण पाये जाते हैं, वे सभी शीतवीर्य तथा मधुर विपाक द्रव्यों में भी होंगे। इस नियम में द्रव्य के रस-वीर्य-विपाकादि का सम्बन्ध सामान्यत: रसबलाधिक्य से प्रस्थापित होता है, अत: जिनका वीर्य रसानुसार होता है उनके गुण, रस के ज्ञानमात्र से ही जान लेने चाहिए।

उदाहरण-

द्रव्य	रस	विपाक	वीर्य
क्षीर, घृत, द्राक्षा, शतावरी	मधुर	मधुर	शीत
शिग्रु, मरिच, चित्रक	कटु	कटु	उष्ण
अमलिका, मद्य	अम्ल	अम्ल	उष्ण

अपवाद–

यह अपवाद विचित्रप्रत्ययारब्ध को सूचित करते हैं।

आनूप मांस, वत्सनाभ	–	मधुर रस, मधुर विपाक परन्तु उष्ण वीर्य
आमलकी	–	अम्ल रस परन्तु शीत वीर्य
सैन्धव	–	लवण रस परन्तु शीत वीर्य
पिप्पली, शुण्ठी	–	कटु रस परन्तु वृष्य
अर्क, अगुरु, गुडूची	–	तिक्त रस परन्तु उष्ण वीर्य
बृहत्पंचमूल	–	कषाय, तिक्त रस परन्तु उष्ण वीर्य

द्वितीय नियम-समानबलाधिक्य

रसं विपाकस्तौ वीर्यं प्रभावस्तानपोहति। बलसाम्ये रसादीनामिति नैसर्गिकं बलम्।। (च॰ सू॰ 26/72)

जब द्रव्य में रहने वाले गुणों का बल समान होता है, तब रस को विपाक, रस-विपाक को वीर्य, रस-विपाक-वीर्य को प्रभाव नष्ट करके कर्म में कारण बनते हैं।

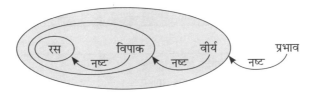

विपाक प्रबल–

द्रव्य	रस	विपाक	कर्म
मधु पिप्पली	मधुर कटु	कटु मधुर	कफ की वृद्धि न करके शमन करता है। मधुर विपाक के कारण वृष्य होती है।

वीर्य प्रबल–

द्रव्य	रस	विपाक	वीर्य	कर्म
आनूप (जलीय) मांस	मधुर	मधुर	उष्ण	उष्ण वीर्य के कारण पित्त का शमन न करके प्रकोप करता है।

प्रभाव प्रबल–

द्रव्य	रस	विपाक	वीर्य	प्रभाव
दन्ती घृत	कटु मधुर	कटु मधुर	उष्ण शीत	विरेचन (ग्राहि नहीं) अग्निदीपन (शमन नहीं)

तृतीय नियम-विषमबलाधिक्य

- **किञ्चिद्रसेन कुरुते कर्मं वीर्येण चापरम्। द्रव्यं गुणेन पाकेन प्रभावेण च किंचन्।।** (च॰ सू॰ 26/71)
- **यद्यद् द्रव्ये रसादीनां बलवत्वेन वर्तते। अभिभूयेतरांस्तत्तत्कारणत्वं प्रपद्यते। विरुद्धगुणसंयोगे भूयसाऽल्पं हि जीयते।।** (अ॰ सं॰ सू॰ 17/24)

विषम बल होने पर कोई द्रव्य रस से, कोई वीर्य से, कोई विपाक से, कोई गुण से तथा कोई प्रभाव से कार्य करते हैं। बलवान रसादि दूसरे को अभिभूत (दबा) करके कर्म में कारण बनते हैं, क्योंकि विरुद्ध गुणों का संयोग होने पर जो गुण प्रबल होता है वह अल्प गुणों को जीत लेता है।

रस प्रबलता–

द्रव्य	रस	विपाक	वीर्य	कर्म
रक्तार्कपुष्प	मधुर, तिक्त	कटु	उष्ण	रस प्रबलता से पित्तप्रकोप न कर, पित्तशामक होता है।

विपाक प्रबलता–

द्रव्य	रस	विपाक	वीर्य	कर्म
शुण्ठी	कटु	मधुर	उष्ण	मधुर विपाक से वृष्य तथा वातशामक है।

वीर्य प्रबलता–

द्रव्य	रस	विपाक	वीर्य	कर्म
हिंगु	कटु, तिक्त	कट	उष्ण	वातशामक-उष्णवीर्य के कारण
महत्पंचमूल	कषाय, तिक्त	कटु	उष्ण	वातशामक-उष्णवीर्य के कारण

प्रभाव प्रबलता–

आमलकी:-	रस	(अम्ल)	- पित्तवर्धक होनी चाहिए	किन्तु प्रभाव से त्रिदोषशामक है।
	विपाक	(मधुर)	- कफवर्धक होनी चाहिए	
	वीर्य	(शीत)	- वातवर्धक होनी चाहिए	

चतुर्थ नियम-प्रत्येक का अपना कार्य

विरूद्धा अपि चान्योन्यं रसाद्याः कार्यसाधने। नावश्यं स्युर्विधाताय गुणदोषा मिथो यथा।। (अ॰ सं॰ सू॰ 17/26)

रस, वीर्य, विपाक आदि परस्पर विरोधी होते हुए भी कार्य करने में किसी प्रकार से एक दूसरे के बीच में रुकावट उत्पन्न नहीं करते हैं। जिस प्रकार सत्व-रज-तम तथा वात-पित्त-कफ सब परस्पर विरोधी होने पर भी अपने-अपने कर्म करते हैं, उसी प्रकार द्रव्य का कुछ कर्म रस से, कुछ गुण से, कुछ विपाक से, कुछ वीर्य से, कुछ प्रभाव से होता है तथा सभी का समन्वित कर्म द्रव्य का कर्म कहलाता है, बल विरोध होने पर भी इन गुणों का अपना-अपना कर्म नष्ट नहीं होगा।

उदाहरण–

गुडूची - रस (तिक्त) - कफपित्तशामक
वीर्य (उष्ण) - वातशामक
विपाक (मधुर) - वृष्य
प्रभाव - वातरक्तशामक

- यहां पर उष्ण वीर्य से बाधित होकर तिक्त रस वातवर्धन नहीं करेगा, किन्तु अपना कर्म-कफपित्तशमन करेगा।
- मधुर विपाक से बाधित होकर तिक्त रस अवृष्य कर्म नहीं करेगा, अपितु अपना कर्म-दीपन, पाचन, कफशमन करेगा।

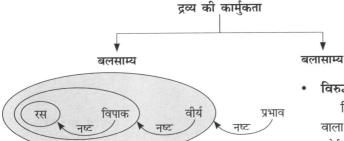

द्रव्य की कार्मुकता

बलसाम्य | **बलासाम्य**

- **विरुद्धगुण संयोगे भूयसाऽल्पं हि जीयते।**
  विरुद्ध गुण के संयोग से अल्पशक्ति वाला हार जाता है।
- कोई द्रव्य रस से, कोई वीर्य से, कोई विपाक से, कोई प्रभाव से कार्य करता है।

न तु केवलं गुणप्रभावादेव द्रव्याणि कार्मुकाणि भवन्ति; द्रव्याणि हि द्रव्यप्रभावाद् गुणप्रभावाद् द्रव्यगुणप्रभावाश्च तस्मिंस्तस्मिन् काले तत्तदधिकरणमासाद्य तां तां च युक्तिमर्थं च तं तमभिप्रेत्य यत् कुर्बन्ति तत् कर्म, येन कुर्वन्ति तद्वीर्यं, यत्र कुर्वन्ति तदधिकरणं, यदा कुर्वन्ति स कालः, यथा कुर्वन्ति स उपायः, यत् साधयन्ति तत् फलम्।। (च॰ सू॰ 26/13)

- द्रव्यप्रभाव–अचिन्त्य शक्ति–कुछ द्रव्य स्वभाव (प्रभाव) से कार्यकारी होते हैं।
- गुणप्रभाव–कुछ द्रव्य रस, वीर्य, विपाक एवं गुण के प्रभाव से कार्यकारी होते हैं।
- द्रव्यगुणप्रभाव–कुछ द्रव्य चिन्त्य एवं अचिन्त्य दोनों कार्य करते हैं।
- **Active principles like alkaloids, glycosides, etc.** जो कार्मुक द्रव्य हैं वे भी कर्म में कारण होते हैं।
- द्रव्यों का कार्य करने का सिद्धान्त सामान्य तथा विशेष होता है जिसकी व्याख्या रसपंचक से की जाती है।
- द्रव्य शरीर में जहाँ कार्य करता है वह अधिकरण होता है।
- द्रव्य जिस तरह कार्य करता है वह **Modus operandi** (उपाय) होता है।
- जो परिणाम प्राप्त होता है वह फल है।
- नानात्मज विकारों के प्रकरण में तथा शरीर के कार्यों के वर्णन में भी तं तं शरीरावयवमाविशत: आया है। अर्थात जिस-जिस अवयव में विकृति हो उस-उस अवयव में द्रव्य अपना कर्म करते हैं।

दीर्घ-उत्तरीय प्रश्न

1. द्रव्यों की क्रियाकरण विधि का विस्तार से वर्णन करें।

लघु-उत्तरीय प्रश्न

1. रसबलाधिक्य का वर्णन करते हुए, उसके अपवादों का उल्लेख करें।

2. रसं विपाकस्तौ वीर्यं .... का वर्णन करें।

बहुविकल्पीय प्रश्न

1. तुल्य बल से विपाक किसको नष्ट करके अपना कार्य करता है?

a. रस   b. वीर्य   c. प्रभाव   d. इनमें से कोई नहीं

2. बलवान गुण बलहीन को............ करके किस प्रकार कर्म में कारण बनता है?

a. पराजित करके   b. शोषण करके   c. हरण करके   d. नष्ट करके

3. मधुर रस, शीत वीर्य एवं मधुर विपाक वाले द्रव्य कौन-कौन से हैं?

a. क्षीर   b. घृत   c. द्राक्षा   d. उपरोक्त सभी

4. गुडुची के रस, वीर्य, विपाक क्रमशः क्या हैं?

a. तिक्त, उष्ण, मधुर b. मधुर, शीत, तिक्त c. उष्ण, तिक्त, मधुर d. तिक्त, मधुर, उष्ण

5. इनमें से किस का रस, वीर्य, विपाक क्रमशः मधुर, शीत, मधुर है?

a. शिग्रु, मरिच, चित्रक b. क्षीर, घृत, द्राक्षा, शतावरी

c. अमलिका d. इनमें से कोई नहीं

6. निम्न में कौन से द्रव्य वातशामक हैं?

a. गुडूची, शुण्ठी b. हिंगु, महत्पंचमूल c. उपरोक्त दोनों d. इनमें से कोई नहीं

7. अम्ल तथा कटु रस वाले द्रव्य का वीर्य प्रायः क्या होगा?

a. उष्ण b. स्निग्ध c. शीत d. मृदु

उत्तरमाला (बहुविकल्पीय प्रश्न)

1. a **2.** a **3.** d **4.** a **5.** b **6.** c **7.** a

अध्याय 9

कर्मविज्ञानीयाध्याय

कर्म/Action of the Drug

व्युत्पत्ति–कृ धातु + मनिन् प्रत्यय-कर्म = क्रिया, प्रवृत्ति।

निरुक्ति–क्रियते इति कर्म।

जो किया जाता है, वह कर्म कहलाता है, अर्थात् जो क्रिया को लक्षित करता है, वह कर्म है।

पर्याय–क्रिया, कर्म, प्रवृत्ति, यत्न, कार्यसम्मारम्भ आदि।

परिभाषा/लक्षण

- **प्रयत्नादि कर्म चेष्टितमुच्यते।** (च० सू० 1/49)
  प्रयत्नपूर्वक की गई चेष्टा कर्म कहलाती है।
- **प्रवृत्तिस्तु खलु चेष्टा कार्यार्थाः। सैव क्रिया, कर्म, यत्नः, कार्यसमारम्भश्च॥** (च० वि० 8/77)
  कार्य के विषय की पूर्ति के लिए जो चेष्टा की जाती है, उसे प्रवृत्ति कहते हैं। उसको क्रिया, कर्म, यत्न एवं कार्य समारम्भ भी कहा जाता है।
- **प्रवृत्तिर्वाग्बुद्धिशरीरारम्भ इति।** (न्यायदर्शन)
  वाणी, बुद्धि तथा शरीर के द्वारा किए गए कार्य के आरम्भ को प्रवृत्ति कहा जाता है।
- **क्रियालक्षणं कर्म।** (र० वै० सू० 1/171)
  जो क्रिया का लक्षण स्वरूप हो, वह कर्म कहलाता है।
- **एकद्रव्यमगुणं संयोगविभागेष्वनपेक्षकारणमिति कर्मलक्षणम्॥** (वै० द० 1/1/17)
  जो एकद्रव्याश्रित, गुण से शून्य, संयोग-विभाग में किसी अन्य की अपेक्षा न करे, उसे कर्म कहते हैं।
- **कर्म तत् क्रियते द्रव्यैर्यत् संयोगविभागकृत्। प्राणिनामपि यत्नादि कर्म चेष्टितमुच्यते॥** (प्रि० नि०/द्र०/53)
  जो द्रव्य द्वारा संयोग-विभाग के रूप में किया जाता है, उसे कर्म कहते हैं। प्राणियों की प्रयत्नमूलक चेष्टा को भी कर्म कहते हैं।
- **संयोगे च विभागे च कारणं द्रव्यमाश्रितम्। कर्तव्यस्य क्रिया कर्म कर्म नान्यदपेक्षते॥** (च० सू० 1/52)
  संयोगे च विभागे च कारणं–जो एक साथ संयोग तथा विभाग में कारण हो। यथा-व्रणरोपक द्रव्य का व्रण से संयोग होते ही पूय आदि द्रव्यों का वियोग होना।
  द्रव्याश्रित–द्रव्य में ही कर्म अधिष्ठित होता है। जैसे शतावरी का गर्भाशय पर कर्म उसके बिना सम्भव नहीं है।

कर्तव्यस्य क्रिया कर्म–कर्तव्य की पूर्ति के लिए की जाने वाली क्रिया कर्म कहलाती है। जैसे कफज रोग की शान्ति के लिए वमन कर्म किया जाता है, पुनः वमन कर्म से ज्ञात होता है कि क्रिया हो रही है, अतः क्रिया का लक्षण ही कर्म है।

कर्म नान्यदपेक्षते–जो संयोग और विभाग में किसी अन्य भाव पदार्थ की अपेक्षा न करे, किन्तु स्वयं ही क्रिया में समर्थ हों।

कर्म का स्वरूप

- **कर्तव्यस्य क्रिया कर्म।** (च॰ सू॰ 1/52)
  कर्तव्य की पूर्ति के लिए की जाने वाली क्रिया कर्म है।
- **क्रिया लक्षणं कर्म।** (र॰ वै॰ 1/171)
  क्रिया का लक्षित होना ही कर्म का स्वरूप है। यथा–वमन क्रिया का होना, शरीर का बृंहण होना इत्यादि।
- **यत् कुर्बन्ति तत् कर्म॥** (च॰ सू॰ 26/13)
  शरीर में दोष–धातु–मलों की साम्यावस्था बनाए रखने हेतु द्रव्य संयोग एवं विभाग के रूप में यत्किञ्चित क्रिया करता है, उसे कर्म कहते हैं।
- **कर्म वाङ्मनःशरीरप्रवृत्तिः।** (च॰ सू॰ 11/39)
  वाणी–मन–शरीर की त्रिविध प्रवृत्ति को कर्म कहा जाता है।
- **चलनात्मकं कर्म।** (तर्कसंग्रह)
  गति क्रिया को लक्षित करती है, अतः वह कर्म है।

कर्म का वर्गीकरण

कर्म पञ्चविधमुक्तं वमनादि। (च॰ सू॰ 26/10)

वमन, विरेचन, नस्य, निरूह, अनुवासन यह 5 चिकित्सोपयोगी कर्म हैं।

चक्रपाणि–वमनादि प्रधान कर्म हैं, तत्पश्चात् बृंहण, लंघन, रसायन इत्यादि कर्मों को भी ग्रहण करना चाहिए।

कर्म के वर्गीकरण के आधार–

1. अधिष्ठान के आधार पर।
2. बाह्य एवं आभ्यन्तर के आधार पर।
3. प्राधान्य के आधार पर।
4. चिकित्सा के आधार पर।
5. पंचकर्म के आधार पर।
6. वैशेषिक दर्शन (लौकिक दृष्टि) के आधार पर।
7. द्रव्यगुणशास्त्र के आधार पर।
8. कर्म अधिष्ठान के आधार पर।

- **अधिष्ठान के आधार पर–**

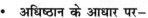

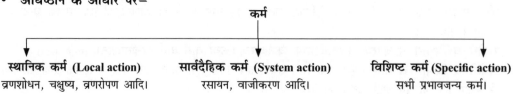

कर्म

स्थानिक कर्म (Local action)	**सार्वदैहिक कर्म (System action)**	**विशिष्ट कर्म (Specific action)**
व्रणशोधन, चक्षुष्य, व्रणरोपण आदि।	रसायन, वाजीकरण आदि।	सभी प्रभावजन्य कर्म।

- **बाह्य एवं आभ्यन्तर के आधार पर–**

कर्म

अन्तःपरिमार्जन (Internal use)
यह सार्वदैहिक कर्म के अन्तर्गत आता है।
द्रव्यों का आन्तरिक प्रयोग–वमन, विरेचन, बस्ति आदि।

बर्हिपरिमार्जन (External use)
यह स्थानिक कर्म के अन्तर्गत आता है।
द्रव्यों का बाह्य प्रयोग–लेप, सेक आदि।

- **प्राधान्य के आधार पर–**

कर्म

प्रधान (मुख्य कर्म) (Direct action)
जिस चिकित्सा कर्म के द्वारा विशेष संस्थान/अंग पर क्रिया होती है।
यथा–कटु द्रव्य से रसनोद्रेक।

अप्रधान (गौण) (Indirect action)
जिस चिकित्सा कर्म के द्वारा विशेष अंग/संस्थान से अन्य अप्रधान अंगों पर क्रिया होती है।
यथा–कटु रस से नेत्र मुखादि में स्राव होना।

- **चिकित्सा के आधार पर–**

कर्म

संशमन
- अन्तःपरिमार्जन कर्म।
- आहार/औषध द्रव्यों की योजना।
- पथ्य आहार–विहार।
  यथा–त्रिदोषसंशमन, दाहप्रशमन, शीतप्रशमन, कासहर आदि कर्म।

संशोधन
- अन्तःपरिमार्जन व बर्हिपरिमार्जन कर्म।
- प्रवृद्ध दोष समूल नष्ट।
- आयुर्वेद के पंचकर्म इसी के अन्तर्गत आते हैं। यथा–वमन, विरेचन, निरुह, अनुवासन, शिरोविरेचन।

शस्त्रप्रणिधान
शल्यापहरण व व्रणादि की चिकित्सा।
यन्त्र कर्म–24,
शस्त्र कर्म–8

- **पंचकर्म के आधार पर–**

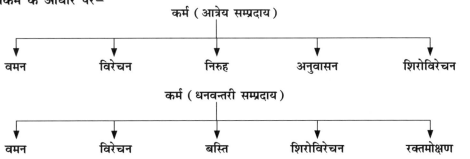

कर्म (आत्रेय सम्प्रदाय)

वमन | **विरेचन** | **निरुह** | **अनुवासन** | **शिरोविरेचन**

कर्म (धनवन्तरी सम्प्रदाय)

वमन | **विरेचन** | **बस्ति** | **शिरोविरेचन** | **रक्तमोक्षण**

- **वैशेषिक दर्शन (लौकिक दृष्टि) के आधार पर–**

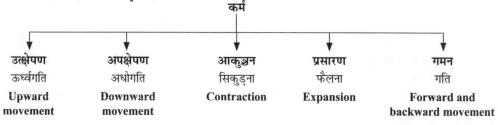

कर्म

उत्क्षेपण	**अपक्षेपण**	**आकुञ्चन**	**प्रसारण**	**गमन**
ऊर्ध्वगति	अधोगति	सिकुड़ना	फैलना	गति
Upward movement	**Downward movement**	**Contraction**	**Expansion**	**Forward and backward movement**

- **द्रव्यगुणशास्त्र के आधार पर–**

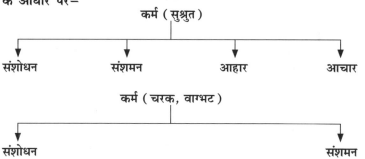

कर्म (सुश्रुत)

संशोधन	**संशमन**	**आहार**	**आचार**

कर्म (चरक, वाग्भट)

संशोधन	**संशमन**

द्रव्यगुणशास्त्र की दृष्टि से रोग के निवारण तथा स्वास्थ्य के रक्षण हेतु किया गया प्रत्येक उपकर्म ही कर्म के अन्तर्गत आता है। कार्मुक संज्ञाओं को एकत्रित करें तो 1700–1800 कुल कार्मुक संज्ञाएं होती हैं, अतः इस दृष्टिकोण से कर्म के भेद बताना कठिन है।

- **कर्माधिष्ठान के आधार पर–**
  - नाडीसंस्थानगत कर्म
  - ज्ञानेन्द्रियों के कर्म
  - श्वसनसंस्थानगत कर्म
  - रक्तवहसंस्थानगत कर्म
  - रसवहसंस्थानगत कर्म
  - पाचनसंस्थानगत कर्म
  - यकृत, पित्ताशय एवं प्लीहागत कर्म
  - प्रजननसंस्थानगत कर्म
  - मूत्रवहसंस्थानगत कर्म
  - धातुगतकर्म
  - सर्वधातुगतकर्म
  - दोषगतकर्म
  - ताप/ज्वर सम्बन्धित कर्म

नाडीसंस्थानगत कर्म–

मेध्य कर्म	मण्डूकपर्णी, शंखपुष्पी	आक्षेपजनन	कुचला	निद्राजनन	यव, सर्पगन्धा
मादक	भंगा, अहिफेन	आक्षेपशमन	भुर्जपत्र	वेदनास्थापन	रास्ना, एरण्ड
संज्ञास्थापन	वचा, जटामांसी	निद्राशमन	कदम्ब, रास्ना		

ज्ञानेन्द्रियों के कर्म–

चक्षुष्य	ममीरा, कतक	त्वच्य			
कर्ण्य	पारिभद्र	स्वेदजनन	वत्सनाभ	स्नेहोपग	द्राक्षा
नस्य	क्षवक, अपामार्ग	स्वेदोपग	शोभाञ्जन	वर्ण्य	कुमकुम
रस्य	मेषृश्रृंगी	स्वेदोपनयन	उशीर	कण्डूघ्न	करञ्ज
		केश्य	नारिकेल	कुष्ठघ्न	खदिर
		विदाही	राजिका	उदर्दप्रशमन	तिन्दुक

श्वसनसंस्थानगत कर्म–

छेदन	– बिभीतक, वासा	कण्ठय	– मलयवचा, हंसपदी	श्वासहर	– शटी, पुष्करमूल
कासहर	– पिप्पली, कण्टकारी	श्लेष्मपूतिहर	– सरल, तैलपर्णी		

रक्तवहसंस्थानगत कर्म–

हृद्य	– अर्जुन, करवीर	हृदयोत्तेजक	– कॉफी	रक्तभारवर्धक	– लवण, मद्य
रक्तभारशामक	– रुद्राक्ष	हृदयावसादक	– कर्पूर		

रसवहसंस्थानगत कर्म–

शोथहर	– अग्निमन्थ, गम्भारी	गण्डमालानाशक	– कांचनार

पाचनसंस्थानगत कर्म–

लालाप्रसेकजनन	– लंका	तृप्तिघ्न	– शुण्ठी	वातानुलोमन	– मरुबक, मिश्रेया
लालप्रसेक शमन	– धतूरा	रोचन	– दाडिम	ग्राहि	– बिल्व, यवानी
तृष्णानिग्रहण	– पर्पट	दीपन	– मरिच	स्तम्भन	– धातकी, बिल्व
मुखवैशद्यकर	– लताकस्तूरी	पाचन	– मुस्तक	कृमिघ्न	– विडंग, पलाश
दन्तशोधन	– निम्ब	वमन	– मदनफल	मृदुविरेचन	– अम्लतास
दन्तदाढ्यकर	– तेजोवती	वमनोपग	– शणपुष्पी	सुखविरेचन	– त्रिवृत
छर्दिनिग्रहण	– दाडिम	शूलप्रशमन	– धतूरा	तीक्ष्णविरेचन	– स्नुही दुग्ध
विष्टम्भी	– लकुच	पुरीषजनन	– माष, यव	अनुवासनोपग	– बिल्व

यकृत, पित्ताशय एवं प्लीहागत कर्म–

यकृतोजनक	– गोरोचन	पित्तस्रावक	– एरण्ड तैल
अर्शोध्न	– करीर, सूरण	पित्तस्रावरोधक	– अहिफेन

प्रजननसंस्थानगत कर्म–

शुक्रजनन	– मुश्ली	गर्भाशयशामक	– सूची
शुक्रशोधन	– कुष्ठ	आर्तवजनन	– वंष
शुक्रस्तम्भन	– आकारकरभ	आर्तवसंग्रहणीय	– लोध्र, अशोक
प्रजास्थापन	– दूर्वा, कमल	स्तन्यजनन	– नल
गर्भरोधक	– जपा	स्तन्यशोधन	– शुण्ठी, पाठा
गर्भाशयसंकोचक	– कपास		

मूत्रवहसंस्थानगत कर्म–

मूत्रविरेचनीय	– गोक्षुर	मूत्रविरंजनीय	– यष्टीमधु
अश्मरीभेदन	– पाषाणभेद	मधुमेहहर	– बिम्बी
मूत्रसंग्रहणीय	– जम्बु, आम्र		

धातुगतकर्म–

धातु	-	वृद्धि	क्षय	धातु	-	वृद्धि	क्षय
रस	-	दुग्ध	यव	अस्थि	-	प्रवाल, मुक्ता	क्षार
रक्त	-	लोह, मण्डूर	गन्धक, क्षार	मज्जा	-	मज्जा, शिग्रु	रुक्ष पदार्थ
मांस	-	अश्वगन्धा	वचा	शुक्र	-	घृत, दुग्ध	यव
मेद	-	वसा, मेद	यव, मधु				

सर्वधातुगतकर्म–

बल्य	-	बला, विदारीकन्द	विषघ्न	-	शिरीष
जीवनीय	-	जीवन्ती, माषपर्णी	रसायन	-	हरीतकी, आमलकी

दोषगतकर्म–

दोष	-	प्रकोपक	शामक
वात	-	शुष्कशाक	बला, देवदारु
पित्त	-	तिलतैल, कुलत्थ	चन्दन, उशीर
कफ	-	माष, गोधूम	अगुरु, कुष्ठ

ताप/ज्वर सम्बन्धित कर्मः

ज्वरहर	-	सहदेवी, पटोल	दाहप्रशमन	-	उत्पल, चन्दन
विषमज्वरघ्न	-	तुलसी, लताकरंज	शीतप्रशमन	-	अगुरु

1. दीपन/Appetizers

व्युत्पत्ति–दीप् धातु + णिच् प्रत्यय + ल्युट लकार - दीपन = जलाना, प्रज्वलित करना, अग्निवर्धन, दीप्तकरना।
पर्याय–दीपन, अग्निदीपन, अग्निसंधुक्षण, अग्निपुष्टिप्रद।

परिभाषा/लक्षण–

- **यदग्निकृत्पचेन्नामं दीपनं तद्यथा घृतम्। दीपनं ह्यग्निकृत्त्वामं कदाचित्पाचयेन्न वा।।** (अ० हृ० सू० 14/6-अरुणदत्त)
  जो द्रव्य अग्निवर्धक हो परन्तु आम का पाचन न करे या कदाचित् पाचन करे, वह दीपन द्रव्य कहलाता है। यथा-घृत।
- **पचेन्नामं वाह्निकृच्च दीपनं तद्यथा मिशिः।** (शा० पू० 4/1)
  जो द्रव्य आम का पाचन न करे परन्तु केवल अग्नि को दीप्त करे, उसे दीपन कहते हैं। जैसे-मिशि (सौंफ)।
- **दीपनमन्तरग्नेः संधुक्षणम् तस्मैहितम् दीपनीय।** (योगिन्द्रनाथसेन)
  पाचकाग्नि का संधुक्षण (उद्दीपन) करने के लिए हितकर द्रव्य, दीपनीय द्रव्य कहलाता है।
- **दीपनीयं वह्नेरुद्दीपनाय हितम्।** (गंगाधरसेन)
  जो द्रव्य सेवन करने पर अन्तराग्नि का उद्दीपन करे, वह दीपनीय द्रव्य है।
- **दीपयत्यनलं यद्धि दीपनं रामठं यथा।** (प्रि० नि० द्र०/54)
  जो द्रव्य अग्नि को प्रदीप्त करे, उसे दीपन कहते हैं। यथा-हिङ्ग।

रसपञ्चकः कटुकाम्ललवणान् रसान् तीक्ष्णोष्ण लघून् गुणांश्चाश्रितमिति, तदग्निनैवनिर्वर्त्यम्। (र० वै०)

रस	-	कटु, अम्ल, लवण प्रायः	**वीर्य**	-	उष्ण प्रायः
गुण	-	लघु, उष्ण, तीक्ष्ण प्रायः	**स्वभाव**	-	आग्नेय
विपाक	-	कटु या अम्ल			

अपवाद–तिक्त रस द्रव्य शीतवीर्य होते हैं, परन्तु अपने आकाशीय व वायव्य स्वभाव से दीपन कर्म करते हैं। घृत-मधुर रस, मधुर विपाक, शीत वीर्य होता है, परन्तु आग्नेय स्वभाव होने से अग्निदीपन कर्म करता है।

पञ्चभौतिक संघठन

अग्नि	-	सुश्रुत	पृथ्वी + वायु	-	भा० प्र०
अग्नि	-	र० वै०	अग्नि + वायु	-	द्र० वि०

वक्तव्य–दीपन द्रव्य **वायु (प्रधान)** + **अग्नि (गौण)** महाभूत प्रधान होंगे क्योंकि दीपन द्रव्य अग्निसंधुक्षण कर्म करते हैं, जो वायु महाभूत का मुख्य कर्म होता है।

कार्मुकत्व (Mode of Action)

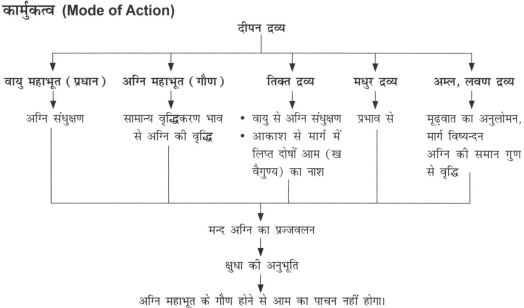

दीपनीय, औषधियाँ आमशयिक रस का स्राव करती हैं, जो पित्त का स्राव करवाता है। इस अवस्था में भूख लगने की प्रवृत्ति होती है, अतः आमाशय के पाचक रस की विशेष अवस्था जिसमें पाचक पित्त सचेष्ट होकर अपनी क्रिया को प्रारम्भ करता है, उसे दीपन क्रिया कहते हैं। आमाशय के पाचक रसों को उत्पन्न करने वाली ग्रन्थियाँ जब स्वल्प उत्तेजित होती हैं, तब क्षुधा की उत्पत्ति होती है। अधिक उत्तेजना पर पाचक रस अधिक बनने लगता है तथा क्षुधा अतिरोहित हो जाती है, अपेक्षाकृत अधिक उत्तेजना पर रसाधिक्य से वमन, छर्दि इत्यादि होने लगते हैं। दीपनीय औषधियाँ पाचन का कार्य प्रायः अल्पमात्रा में करती हैं तथा पाचन औषधियाँ प्रायः दीपन का कार्य अल्पमात्रा में करती हैं।

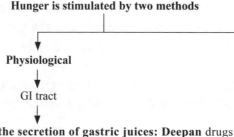

Hunger is stimulated by two methods

Physiological

↓

GI tract

↓

Deepan drugs will stimulate the secretion of gastric juices: Deepan drugs having predominance of **vaya mahabhoota** which has property of stimulation of all voluntary and involuntary actions. Hence they will stimulate sympathetic nerves of vagus nerve and local intrinsic plexus which will ensure secretion of gastric juices and these gastric juices will remain maintained by **agni mahabhoota** which will inhibit the secretion of cholecytokinin (satiety agent)

↓

Stretching of intestine in the patient will be decreased

↓

It gives signals from osmoreceptors and chemoreceptors to the brain

↓

Feel of hunger

↓

Gastric juice will be decreased

Psychological

↓

Brain

↓

Stimulation of lateral hypothalamu: Deepan drugs have predominance of **vatta mahabhoota**, which acts mainly on nervous systems. Hence, by this way, they stimulate lateral hypothalamus which gives signal of hunger.

These drugs will not help in digestion.

उदाहरण–

- **एकल द्रव्य–**

  चरक–दीपनीय महाकषाय-पिप्पलीपिप्पलीमूलचव्यचित्रकश्रङ्गवेराम्लवेतसमरिचाजमोदाभल्लातकास्थिहिङ्गनिर्यास इति दशेमानि दीपनीयानि भवन्ति।। (च० सू० 4/8.6)

  सुश्रुत–त्रिफलादि गण, गुडूच्यादिगण, बिल्वादि गण, आमलकादिगण, त्रिकट्वादिगण, बृहत्पंचमूल।

  अन्यद्रव्य–घृत, शतपुष्पा, सोंफ, नींबू, संतरा, दालचीनी, जावित्री, जायफल, अर्क, अतीस, यवानी, जीरक, मेथिका, रसोन, पलाण्डु, भंगा, विडङ्ग, लवण, शंख, संखिया, काञ्जी, चुक्र आदि।

- **दीपनीय योग–**

  चूर्ण–हिंग्वाष्टक चूर्ण, सैन्धवादि चूर्ण, अग्निमुख चूर्ण, अग्निमुख लवण, सामुद्रादि चूर्ण, लवणभास्कर चूर्ण, यवानी षाडव, जीरकाद्य चूर्ण, अभयालवण, नायिका चूर्ण।

  रस–रामवाण रस, लोकनाथ रस, अग्नितुण्डीवटी, मानकादि गुटिका, भास्कर रस, अग्निसंदीपन रस, शंखवटी, महाशंखवटी, अग्निकुमाररस, अग्निरस, चित्रकादि लोह।

  अवलेह–शंखद्राव, षड्गपानीय, जम्बीरद्राव, जीरकादि लेह।

  आसवारिष्ट–द्राक्षारिष्ट, द्राक्षासव, कुमार्यासव, रोहितकारिष्ट, उशीरासव, तक्रारिष्ट, अश्वगंधारिष्ट, पिप्पल्यासव।

2. पाचन/Digestives

व्युत्पत्तिः पच् धातु + णिच् प्रत्यय + ल्युट लकार-पाचन = पकाने वाला, जरण करने वाला।
पर्यायः पाचन, पाक, जरण, आमपाचन।

परिभाषा/लक्षण–

- **पचत्यामं न वह्निं च कुर्याद् यत्तद्धि हि पाचनम्। नागकेशरवद् विद्यात्।** (शा॰ पू॰ 4/1)
  जो द्रव्य आम (अपक्व अन्नरस और अपक्व मल) को पकाये परन्तु जाठराग्नि को दीप्त न करे, उसे पाचन कहते हैं। दूसरे शब्दों में पाचन द्रव्यों में अग्नि को दीप्त करने का गुण प्रधान रूप से नहीं होता, यथा नागकेशर।
- **पचन्तमग्निं प्रतिपक्षक्षपणेन बलदानेन च यत् पाचयति तत् पाचनम्।** (चक्रपाणि)
  जो द्रव्य अग्नि को बलप्रदान कर तथा प्रतिपक्ष (मन्दाग्नि, आम, तीक्ष्णाग्नि) का नाश करके पाचन कर्म करे, उसे पाचन द्रव्य कहते हैं।
- **पाचनं पाचयेत् दोषान् सामान् शमनमेव तु।** (अ॰ हृ॰ सू॰ 14/6-अरुणदत्त)
  पाचन शक्ति के प्रखर होने से, विकृति को प्राप्त दोषों का भी शमन हो जाता है।
- **पाचयतीति पाचनम्। पचतोऽग्नेः पक्तुं शक्तिमधिकां यदुत्पादयति तद्रव्यं क्रिया वा पाचनमुच्यते। यथा लङ्घनं मुस्तादि वा।** (अ॰ हृ॰ सू॰ 14/6-अरूणदत्त)
  जो द्रव्य या कर्म पाचक अग्नि में दोष, धातु, मलों का पाक करने की शक्ति की वृद्धि करे, उसे पाचन कहते हैं। यथा-लङ्घन, मुस्तक आदि।
- **दोषधातु मलादीनां पाचकः तद् हि पाचनम्।** (विश्वनाथ द्विवेदी)
  जिस कर्म या द्रव्य से दोष, धातु, मलादि का पाचन हो, उसे पाचन कहते हैं।
  वक्तव्य–पाचन एक व्यापक संज्ञा है, परन्तु आम पाचन के लिए रूढ़ है। इसमे निम्नलिखित पाचन आते हैं-
  • दोषपाचन • धातुपाचन • मलपाचन • आमपाचन • पित्तपाचन आदि।

रसपञ्चक–

रस	-	कटु, अम्ल, लवण, तिक्त	**वीर्य**	-	उष्ण
गुण	-	लघु, उष्ण, तीक्ष्ण	**स्वभाव**	-	आग्नेय
विपाक	-	कटु			

पञ्चभौतिक संघटन–

वायु + अग्नि	-	चक्रपाणि	अग्नि + वायु	-	द्र० वि०
अग्नि	-	र० वै०			

वक्तव्य–पाचन द्रव्य अग्नि (प्रधान) + वायु (गौण) महाभूत प्रधान होगें, क्योंकि पाचन द्रव्य आम पाचन कर्म करते हैं, जो अग्नि महाभूत का मुख्य कर्म होता है।

कार्मुकत्व (Mode of Action)

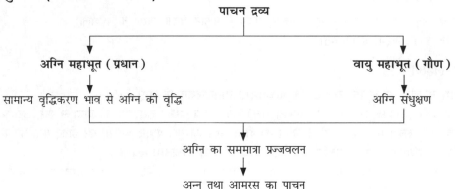

***Pachan* drug will stimulate all the digestive enzymes from saliva to intestines and help in digestion of food.**

प्रश्न–दीपन द्रव्य अग्निवर्धक होते हैं, अतः आम को तो पकाएगा ही उसे पाचन क्यों नहीं माना जाए तथा जो द्रव्य पाचन करेगा वह अग्निवर्धक तो होगा तो उसे दीपन क्यों नहीं माना जाए?

उत्तर–दीपन द्रव्य में वायु महाभूत की प्रधानता होती है, अतः वह मन्द अग्नि का केवल संधुक्षण करेगा, जिससे क्षुधा की अनुभूति होगी। उसे सम बनाकर, देर तक प्रज्जवलित नहीं करेगा कि आम का पाचन भी हो सके, परन्तु पाचन द्रव्य मन्द अग्नि में अग्नि महाभूत की समान गुण धर्म से वृद्धि करेगा तथा उसे सम बनाएगा, जिससे आम का पाचन होगा।

Deepan drugs will stimulate the secretion of gastric juices. Thus inhibiting cholecytokinin which results in feeling of hunger. But *Pachan* drugs will stimulate digestive enzymes and secrete cholecytokinin hence they will not act on hunger but help in digestion.

पाचन के योग्य व्यक्ति एवं रोग–

वम्यतीसारहृद्रोगविसूच्यलसकज्वराः। विबन्धगौरवोद्गारहृल्लासारोचकादयः। पाचनैस्तान् भिषक् प्राज्ञः प्रायेणादावुपाचरेत्। (च॰ सू॰ 22/21)

- वमन
- अतिसार
- हृद्रोग
- विसूचिका
- अलसक
- ज्वर
- विबन्ध
- उद्गार
- हृल्लास
- अरुचि
- गुरुता
- आमाजीर्ण
- आध्मान
- संग्रहणी
- आमवात
- शोथ
- अग्निमांद्य।

उदाहरण–

- **एकल द्रव्य**

  चरक–चरक ने दीपनीय महाकषाय का पाठ किया है पाचनीय का नहीं, उन्होनें पाचन कर्म को सर्वत्र स्वीकार किया है।

  सुश्रुत–हरिद्रादिगण, मुस्तकादिगण, पिप्पल्यादिगण, वचादिगण, बृहत्यादिगण।

  अन्यद्रव्य–धान्यक, रास्ना, रसोन, भंगा, पंचलवण, चुक्र, जायफल, कुपीलु, त्वक्, अहिफेन, धतूरा, पारसीकयवानी।

- **पाचनीय योग**

  चूर्ण–सैन्धवादि चूर्ण, अग्निमुख चूर्ण, महौषधादि चूर्ण, पंचनिम्बादि चूर्ण, नायिक चूर्ण, बृहद्नायिक चूर्ण, भास्कर लवण।

  रस–रामवाणरस, क्षुद्धासागररस, भास्कर रस, रस माणिक्य, लोकनाथ रस, नागररस, सूतशेखर रस, सर्वतोभद्र रस, सामुद्रादि रस।

  मोदक–सौभाग्यशुण्ठीमोदक, मदनानन्द मोदक, पिप्पली खण्ड, कपीलु वटी, अमृतावटी, शंखवटी, महाशंखवटी, लवंगादि मोदक।

  पर्पटी–रसपर्पटी, पंचामृतपर्पटी, विजययापर्पटी।

  क्वाथ–पिप्पल्यादि क्वाथ, षड़ंगपानिय।

दीपन एवं पाचन में भेद

	दीपन	पाचन
परिभाषा	**पचेत् न आमं वह्निकृत।** जो द्रव्य अग्नि का संधुक्षण करें, पर आम का पाचन न करें।	**पचेत आमं न वह्नि च कुर्यात्।** जो द्रव्य आम का पाचन करें, पर अग्नि को दीप्त न करें।
कर्म	अभ्यवहरण शक्ति बढ़ाना।	जरण शक्ति बढ़ाना।
पंचभौतिक संगठन	वायु (प्रधान) + अग्नि (गौण)	अग्नि (प्रधान) + वायु (गौण)
कार्मुकता	वायु अग्नि का संधुक्षण करके क्षुधा की उत्पत्ति करती है। It stimulates lateral hypothalamus and secretes gastric juices, inhibits cholecytokinin to increase hunger.	अग्निसमान गुण धर्म से वृद्धि को प्राप्त होकर वायु द्वारा सम बनकर आम का पाचन करती है। It helps in stimulation of digestive enzymes to improve digestion.
उदाहरण	मरिच, पिप्पली, सोंठ, चित्रक	नागकेशर, मुस्तक, चित्रक।

3. संशमन/Pacifiers

व्युत्पत्ति–शम् धातु + णिच् प्रत्यय + ल्युट लकार-संशमन = वशीभूत, शमन, शान्त करने वाला।

पर्याय–शमन, उपशमन, प्रशमन, संशमन।

परिभाषा/लक्षण–

- **न शोधयति यद्दोषान् समान्नोदीरयत्यपि। समीकरोति विषमांशमनं तद्यथाऽमृता।।** (शा॰ पू॰ 4/2)

  जो द्रव्य या कर्म सम दोषों को न तो शरीर से बाहर निकालता है और न ही कूपित करता है, परन्तु वृद्ध या क्षीण दोषों को शरीर के अन्दर ही सम कर देता है, उसे शमन कहते हैं। यथा-गुडूची।
- **शमयत् कुपितं दोषं यदा संशोधनं विना। निवारयति वैषम्यं शमनं तद्यथाऽमृता।।** (प्रि॰ नि॰ द्र॰/62)

  जो द्रव्य कुपित दोषों को बिना बाहर निकाले ही शान्त करके वैषम्य को दूर करता है, वह शमन कहलाता है। यथा-गुडूची।
- **न शोधयति यद्दोषान् समान्नोदीरयत्यपि। समीकरोति विशमान् शमनं तच्च सप्तधा। पाचनं दीपनं क्षुत्तृड्व्यायामातपमारूताः।** (अ॰ हृ॰ सू॰ 14/6)

जो न तो दोषों का शोधन करता है, न समान दोषों का उत्क्लेशन करता है परन्तु विषम दोषों को साम्यावस्था में लाता है, वह शमन कर्म कहलाता है।

संशमन के सात प्रकार–

1. पाचन 2. दीपन 3. तृष्णा 4. क्षुधा 5. व्यायाम 6. आतप सेवन 7. वायु सेवन

भौतिक संघठन–आकाश गुण भूयिष्ठ

संशमन व्यापक संज्ञा है–संशमन के अन्तर्गत निम्नलिखित का समावेश किया जाता है-

- वातसंशमन (तैल)
- पित्तसंशमन (घृत)
- कफसंशमन (मधु)
- रक्तप्रशमन
- रक्तपित्तप्रशमन
- तृष्णाप्रशमन
- ज्वरोप्रशमन
- शूलप्रशमन

उदाहरण–गुडूची, पटोल, आदि।

4. संशोधन/Purifiers and Eliminators

व्युत्पत्ति–सम् धातु + शुध् प्रत्यय + ल्युट् लकार - संशोधन = शुद्धि करना।

पर्याय–संशोधन, शोधन, उभयतोभागहर, विशोधन।

परिभाषा/लक्षण–

- **स्थानाद् बहिर्नयेत् उर्ध्वमधो वा मलसञ्चयम्। देहसंशोधनं तत् स्याद् देवदालीफलं यथा।।** (शा॰ पू॰ 4/8)
  जो द्रव्य शरीर में सञ्चित मलों (पुरीष व दोष) को अपने स्थान से चलायमान करके उर्ध्व व अधोः मार्ग द्वारा बाहर निकालता है, उसे संशोधन द्रव्य कहते हैं। यथा-देवदाली।
- **यदीरयेद्बहिर्दोषान् पञ्चधा शोधनं च तत्। निरुहो वमनं कायशिरोरेकोऽस्रविस्रुतिः।** (अ॰ हृ॰ सू॰ 14/5)
  जो कर्म प्रकूपित दोषों या मलों को शरीर से बाहर निकलने के लिए प्रेरित करता है, वह संशोधन कर्म कहलाता है। यह संशोधन 5 प्रकार का होता है, यथा-निरुहबस्ति, वमन, विरेचन, शिरोविरेचन, रक्तमोक्षण।
- **मलान्निरस्य दोषादीन् देहं शोधयतीह यत् । द्रव्यं तच्छोधनं ज्ञेयं मदनं त्रिवृता यथा।।** (प्रि॰ नि॰ द्र॰/63)
  जो कर्म मलों को बाहर निकालकर शरीर को शुद्ध करता है, वह शोधन कहलाता है। यथा मदनफल, त्रिवृत आदि।

वमन	-	उर्ध्व मार्ग से दोष निर्हरण।
विरेचन	-	अधोः मार्ग से दोष निर्हरण।
निरुहबस्ति	-	बस्ति द्वारा गुद मार्ग से दोषों का निर्हरण (मुख्यतः पक्वाशयगत वात)।
शिरोविरेचन	-	नस्य द्वारा शिरोगत दोषों का निर्हरण।
रक्तविस्रावण	-	रक्तमोक्षण द्वारा रक्तज दोषों का निर्हरण।

रसपञ्चक–

रस - कटु, तिक्त, कषाय **वीर्य** - उष्ण **गुण** - लघु **विपाक** - कटु

भौतिक संगठन–

वमन	-	अग्नि	+	वायु	→	लघु	→	उर्ध्वगामी
विरेचन	-	पृथ्वी	+	जल	→	गुरु	→	अधोगामी

संशोधन से लाभ (च॰ सू॰ 15/22):

संशोधन औषधियाँ शारीरिक दूषित वात, पित्त, कफ या मूत्र, पुरीष तथा अन्य मलों को दूर करने वाली, रोगों को नष्ट करने वाली, बल, वर्ण को बढाने वाली होती हैं।

संशोधन चिकित्सा की श्रेष्ठता–

दोषाः कदाचित् कुप्यन्ति जिता लङ्घनपाचनैः। जिताः संशोधनैर्ये तु न तेषां पुनरुद्भवः।। (च॰ सू॰ 16/20)

जो दोष लङ्घन पाचन के द्वारा नष्ट किए जाते हैं वे कभी थोड़े हेतुओं के होने पर भी कुपित हो जाते हैं, पर संशोधन के द्वारा जिन दोषों का नाश किया जाता है उनकी पुनः उत्पत्ति नहीं होती है।

संशोधन के योग्य व्यक्ति–

तत्र संशोधनैः स्थौल्यबलपित्तकफाधिकान्। (अ॰ हृ॰ सू॰ 14/12)

- अधिक स्थूल
- अधिक बलवान
- अधिक पित्त वाले
- अधिक कफ वाले।

संशोधन व्यापक संज्ञा है–

शरीर से दोष एवं मल निर्हरणार्थ किए जाने वाले सभी कर्म संशोधनकर्म के अन्तर्गत आते हैं। वमन, विरेचन, बस्ति, शिरोविरेचन, शुक्रशोधन, आर्तवशोधन गर्भाशयशोधन, योनिशोधन, मूत्रशोधन, रक्तविशोधन, स्तन्यशोधन, स्त्रोतोविशोधन। लेकिन व्यवहार में चिकित्सक अधो एवं उर्ध्व दोनों मार्गों से दोष, मल निर्हणार्थ किए गए कर्म को संशोधन, शोधन, उभयतोभागहर संज्ञा प्रदान करते हैं।

उदाहरण–अपामार्ग, देवदाली, अर्क, स्नूही, अश्मन्तक आदि।

5. अनुलोमन/Carminatives/Bulkforming Laxatives and Osmotic Purgatives

पर्याय–वर्चोनुलोमन, वातानुलोमन, पित्तानुलोमन, कफानुलोमन, मृदुविरेचन, सर (सुश्रुत)।

परिभाषा/लक्षण–

- **सरोऽनुलोमनः प्रोक्तो।** (सु॰ सू॰ 46/529)
  सर और अनुलोमन एकार्थवाची हैं।
- **अनुलोमनो वातमलप्रवर्तनः।** (सु॰ सू॰ 46/529-डल्हण)
  वात तथा मल के प्रवर्तक को अनुलोमन कहते हैं।
- **कृत्वा पाकं मलानां यद्भित्त्वा बन्धमधो नयेत्। तच्चानुलोमनं ज्ञेयं यथा प्रोक्ता हरीतकी।।** (शा॰ पू॰ 4/3)
  जो कर्म या द्रव्य मलों का पाक करके, उनके बन्ध को तोड़कर नीचे (अधोमार्ग) या अपने मार्ग से बाहर निकालता है, उसे अनुलोमन कहते हैं। विपरीत मार्ग में जाते हुए वात आदि दोषों को स्वमार्गगामी बनाने वाला भी अनुलोमन कहलाता है, यथा–हरीतकी।
- **यद् द्रव्यं परिपच्यमानानां मलानां पाकं कृत्वा, बन्धं च भित्वा अधोः नयेत् कोष्ठादधः पातयेत् तद् अनुलानम् ज्ञेयं।** (कारिकावली)
  जो द्रव्य परिपच्यमान मल का पाक करके तथा उसके बन्ध का भेदन करके अधोमार्ग की ओर ले जाते हैं, उन्हें अनुलोमन कहते हैं।

- **यद् द्रव्यं मलानां पाकं कृत्वा वातकफाभ्याम् च विबन्धं भित्त्वा अधो नयेत् तद् अनुलोमनम्। यथा-त्रिफला, पिप्पलीमूलं वचा च।** (द्र॰ गु॰ शा॰)

  जो द्रव्य मल का पाक कर, वात से कफ के विबन्ध का भेदन कर अधोमार्ग की ओर ले जाता है, वह अनुलोमन कहलाता है।

- **अपानं निजमार्गेषु प्रेरयन्मारुतं मलान्। बहिर्मुखान् यथा शुण्ठी कुरुते तदनुलोमनम्।।** (प्रि॰ नि॰ द्र॰/56)

  अपान वायु को स्वमार्ग की ओर प्रेरित करके, जो मलादि को सुखपूर्वक बर्हिमुख करता है, उसे अनुलोमन कहते हैं। यथा-सोंठ।

रसपञ्चक–

गुण - गुरु, स्निग्ध **रस** - मधुर, अम्ल, कषाय

वीर्य - मृदु **विपाक** - मधुर

भौतिक संगठन–अनुलोमनीयं तत् प्रार्थिवाप्यं च। (र॰ वै॰ 4/45) - पृथ्वी + जल

कार्मुकत्व/Mode of Action:

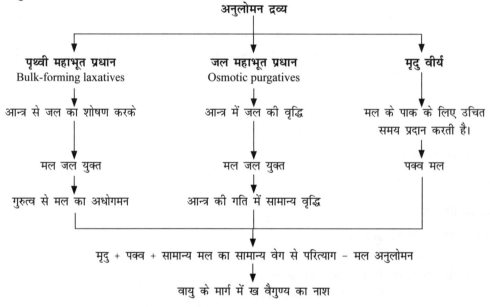

अनुलोमन द्रव्य
पृथ्वी महाभूत प्रधान
Bulk-forming laxatives
जल महाभूत प्रधान
Osmotic purgatives
मृदु वीर्य
आन्त्र से जल का शोषण करके
आन्त्र में जल की वृद्धि
मल के पाक के लिए उचित समय प्रदान करती है।
मल जल युक्त
मल जल युक्त
पक्व मल
गुरुत्व से मल का अधोगमन
आन्त्र की गति में सामान्य वृद्धि
मृदु + पक्व + सामान्य मल का सामान्य वेग से परित्याग - मल अनुलोमन
वायु के मार्ग में ख वैगुण्य का नाश
अपान वायु का अनुलोमन - वात अनुलोमन

Bulk-forming laxatives: These drugs absorb water present in intestines, increase water content in the stool, soften it and facilitate colonic transport, e.g. Isabgol contains natural colloidal mucilage which forms gelatinous mass by absorption of water. It largely ferments in colon, increases bacterial mass and softens the feces.

Osmotic purgatives: Solutes are not absorbed in the intestines, retain water osmotically and distend the bowel by increasing peristalsis indirectly.

उदाहरण–हरीतकी, विरचनोपगमहाकषाय।

अनुलोमन एक व्यापक संज्ञा है, इसके अन्तर्गत निम्नलिखित आते हैं-

- **वातानुलोमन**–जो उन्मार्गगामी वात को अपने मार्ग में लाकर बाहर निकालें। यथा-हिंगु, हरीतकी, पंचलवण, बृहत्पंचमूल।
- **वर्चोनुलोमन**–जो द्रव्य मल के संघात का भेदन करके, उसे बाहर निकालें। यथा-हरीतकी, तिल्वक, आरग्वध।
- **कफानुलोमन**–जो द्रव्य कफ का प्रसादन करके उसे बाहर निकालें। यथा-मधुयष्टि, मृद्विका, अंजीर।
- **दोषानुलोमन**–जो द्रव्य अवरुद्ध दोषों को अपने मार्ग में प्रवृत करके शरीर से बाहर निकालें। यथा-बृहत्पंचमूल, पिप्पली, आमलकी।
- **गर्भानुलोमन**–जो द्रव्य गर्भ को अनुकुल मार्ग से बाहर निकालें। यथा-लांगली, वचा, चित्रक, चिरबिल्व।

6. स्त्रंसन/Simple Purgatives/Stool Softeners

व्युत्पत्ति–स्त्रंस् धातु + णिच् प्रत्यय + ल्युट् लकार - स्त्रंसन = गिरवाने की क्रिया, अध:पतन।

परिभाषा/लक्षण–

- **पक्तव्यं यदपक्त्वैव श्लिष्टं कोष्ठे मलादिकम्। नयत्यधः स्त्रंसनं तद्यथा स्यात् कृतमालकम्।।** (शा॰ पू॰ 4/4)
  जो द्रव्य उदर में चिपके हुए मलादि को बिना पकाए (अपक्वावस्था में) ही नीचे के मार्ग से बाहर निकाल दे, उसे स्त्रंसन कहते हैं। यथा-आरग्वध।
- **यद् द्रव्यं कोष्ठाश्रितं पक्वं अपक्वंवा मलादिकं पाकं अकृत्वैव अधो नयति तत् स्त्रंसनम्। यथा आरग्वधः, अल्पमात्रेण एरण्डस्नेहश्च।।** (द्र॰ गु॰ शा॰)
  जो द्रव्य कोष्ठ में आश्रित अपक्व और पक्व मल को पाक किए बिना ही, नीचे की ओर ले जाकर बाहर निकालते हैं, उन्हें स्त्रंसन कहते हैं। यथा-आरग्वध, एरण्डतैल।

स्त्रंसन की विभिन्न संज्ञाएं–

स्त्रंसन शब्दों विरेचन सामान्येऽपि प्रयुज्यते। यथा पित्तं वा कफपित्तं वा पित्ताशयगतं हरेत् स्त्रंसनं।।

स्त्रंसन शब्द विरेचन के समान ही प्रयुक्त होता है। जैसे-पित्तस्त्रंसन (विरेचन) कफपित्तस्त्रंसन (विरेचन), पित्ताशय में पित्तस्त्रंसन (पित्तविरेचन) कहलाता है। प्रियव्रत शर्मा जी ने स्त्रंसन को सुखविरेचन संज्ञा प्रदान की है।
भौतिक संघठन–जल + अग्नि

कार्मुकत्व/Mode of action:

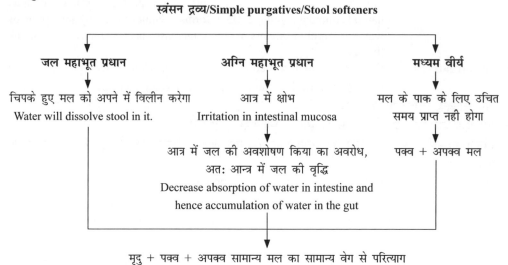

स्त्रंसन द्रव्य/Simple purgatives/Stool softeners

जल महाभूत प्रधान → चिपके हुए मल को अपने में विलीन करेगा
Water will dissolve stool in it.

अग्नि महाभूत प्रधान → आत्र में क्षोभ
Irritation in intestinal mucosa
→ आत्र में जल की अवशोषण किया का अवरोध, अत: आन्त्र में जल की वृद्धि
Decrease absorption of water in intestine and hence accumulation of water in the gut

मध्यम वीर्य → मल के पाक के लिए उचित समय प्राप्त नही होगा
→ पक्व + अपक्व मल

→ मृदु + पक्व + अपक्व सामान्य मल का सामान्य वेग से परित्याग

Stool softeners: They show detergent action and irritate the intestinal mucosa. Hence, soften the stool by net water accumulation in the lumen by hampering water and electrolyte absorption.

उदाहरण–आरग्वध, कम्पिल्लक, त्रिवृत आदि।

7. भेदन/Stimulant Purgatives

व्युत्पत्ति–भिद् धातु + णिच् प्रत्यय + ल्युट् लकार – भेदन = चीरना, रेचन, तीक्ष्णविरेचन, पृथक करना।
पर्याय–तीक्ष्णविरेचन, पुरीषभेदी।

परिभाषा/लक्षण–

- **भेदनं पिण्डितमलानां द्रवीकृत्य बहि:सारणं तस्मै हितं।** (च० सू० 4/8.4-चक्रपाणि)
  जो द्रव्य या कर्म पिण्डित मलों को द्रवीभूत करके शरीर से बाहर निकाले, उसे भेदन कहते हैं।
- **मलादिकम् अबद्धं यद् बद्धं वा पिण्डितं मलै:। भित्त्वाध: पातयति तद् भेदनं कटुकी यथा॥** (शा० पू० 4/5)
  जो द्रव्य अबद्ध (ढीले), बद्ध (शुष्क एवं कठिन) तथा पिण्डीभूत (गांठरूप) मल को तोड़कर अधोमार्ग द्वारा शरीर से बाहर निकालते हैं, उन्हें भेदन कहते हैं।
- **भिनत्ति पिण्डितं गुल्मं पुरीषनिचयन्तथा। शक्त्या तद् भेदनं ज्ञेयं चित्रक: कटुका यथा॥** (प्रि० नि० द्र०/57)
  जो द्रव्य या कर्म अपनी शक्ति से पिण्डरूप गुल्म तथा एकत्रित (गांठदार) मल को तोड़कर विशीर्ण कर देता है, उसे भेदन कहते हैं। यथा-चित्रक, कुटकी आदि।

- **यद् द्रव्यं पिण्डीभूतं मलं भित्त्वा स्थानात् संचाल्य अधो नयति तद् भेदनम्। यथा, कुटकी, इंद्रवारुणी वा। भेदनद्रव्याणि वातं प्रकोपयन्ति। तेन रुक्षं द्रवं सशूलं पुरीषं अतिसार्यते।** (द्र० गु० शा०)

  भेदन द्रव्य पिण्डीभूत मल का भेदन करके (तोड़कर) उसका अधोमार्ग से संचालन कर, शरीर से बाहर निकालते हैं। ऐसे द्रव्यों के प्रयोग से वातप्रकोप होकर रुक्ष, द्रव, शूलयुक्त पुरीष का अतिसरण होता है।

रसपञ्चक–

गुण - सुक्ष्म, तीक्ष्ण, लघु, रूक्ष **रस** - सर्वरस (मुख्यतः कटु, तिक्त)
वीर्य - उष्ण **विपाक** - कटु
भौतिक संघठनः अग्नि + वायु

कार्मुकत्व/Mode of action:

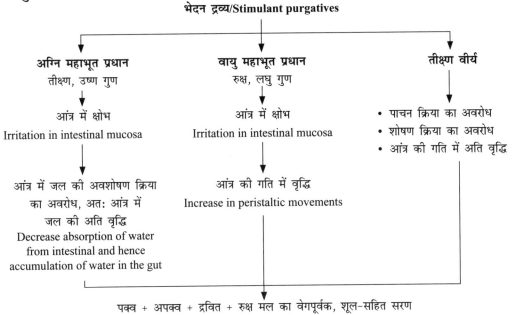

भेदन द्रव्य/Stimulant purgatives

अग्नि महाभूत प्रधान
तीक्ष्ण, उष्ण गुण
↓
आंत्र में क्षोभ
Irritation in intestinal mucosa
↓
आंत्र में जल की अवशोषण क्रिया का अवरोध, अतः आंत्र में जल की अति वृद्धि
Decrease absorption of water from intestinal and hence accumulation of water in the gut

वायु महाभूत प्रधान
रुक्ष, लघु गुण
↓
आंत्र में क्षोभ
Irritation in intestinal mucosa
↓
आंत्र की गति में वृद्धि
Increase in peristaltic movements

तीक्ष्ण वीर्य
↓
- पाचन क्रिया का अवरोध
- शोषण क्रिया का अवरोध
- आंत्र की गति में अति वृद्धि

↓
पक्व + अपक्व + द्रवित + रुक्ष मल का वेगपूर्वक, शूल-सहित सरण

Stimulant purgatives: These are powerful purgatives, which cause griping. These drugs irritate intestinal mucosa and then stimulate primary motor activity, thus increasing motility of intestines and causing accumulation of water in the lumen by altering absorptive and secondary activity. This results in watry stool with griping.

उदाहरण–

चरक–आचार्य चरक ने भेदन कर्म की स्वतन्त्र परिभाषा नहीं बताई, परन्तु अम्लवेतस को भेदन कर्म करने वाला कहा है तथा भेदनीय महाकषाय भी दिया है।
सुश्रुत–आचार्य सुश्रुत ने श्यामादिगण को विड् भेदन कहा है।

भेदन एक व्यापक संज्ञा है जिसमें निम्नलिखित आते हैं–

अश्मरीभेदन, आनाहभेदन, विड्भेदन, शर्कराभेदन, गुल्मभेदन, शोणितसंघातभेदन, सन्धिभेदन, पक्वाशयशोथभेदन आदि।

8. रेचन/Strong Purgatives

व्युत्पत्ति–रिच् धातु + णिच् प्रत्यय + ल्युट् लकार – रेचन = खाली करना, कम करना, घटाना, मलस्थली साफ करना।

पर्याय–रेचन, विरेचन, तीक्ष्णविरेचन, तीव्रविरेचन, अधोभागहर।

रेचन एक व्यापक संज्ञा है, जिसमें निम्नलिखित आते हैं–

मात्र रेचन शब्द से विरेचन ही ग्रहण किया जाता है।

- **मलरेचनः** मल को द्रवीभूत करके बाहर निकालना। यथा–स्नुही दुग्ध।
- **पित्तरेचनः** पित्ताशय से पित्त का स्राव करना। यथा–कटुका।
- **अश्रुरेचनः** नेत्रों से अश्रु का स्राव करना। यथा–धुम्र, शोक।

परिभाषा/लक्षणः

- **विपक्वं यद् अपक्वं वा मलादि द्रवतां नयेत्। रेचयत्यपि तज्ज्ञेयं रेचनं त्रिवृता यथा।** (शा॰ पु॰ 4/6)

  जो द्रव्य या कर्म पक्व (पके हुए) तथा अपक्व (न पके हुए) मलादि को द्रव (पतला) करके, शरीर से बाहर निकाल देता है, उसे रेचन कहते हैं। यथा–त्रिवृत।
- **तत्र दोषहरणम् अधोभागं विरेचनसंज्ञकम्। उभयं वा शरीरमलविरेचनाद् विरेचन संज्ञा लभते।** (च॰ क॰ 1/4)

  दोषों का अधोभाग से हरण करना विरेचन कहलाता है। उभय भाग से दोषहरण की भी विरेचन ही संज्ञा होती है।
- **अधोमार्गेण यद्दोषान् पुरीषादीन् नयेद् बहिः। रिक्तं कोष्ठं विशुद्धञ्च कुर्यात्तद्धि विरेचनम्।** (प्रि॰ नि॰ द्र॰/65-66)

  जो द्रव्य दोषों और पुरीष को अधोमार्ग से बाहर की ओर प्रवृत्त कर, कोष्ठ को रिक्त तथा शुद्ध करता है, वह विरेचन कहलाता है।

रस पञ्चक–तत्रोष्ण-तीक्ष्ण-सूक्ष्म-व्यवायि-विकासीन्यौषधानि। (च॰ क॰ 1/5)

गुण – तीक्ष्ण, उष्ण, सूक्ष्म, व्यावायी, विकासी **रस** – सर्वरस

वीर्य – उष्ण

भौतिक संघठन–पृथ्वी + जल + अग्नि + वायु

कार्मुकत्व/Mode of action:

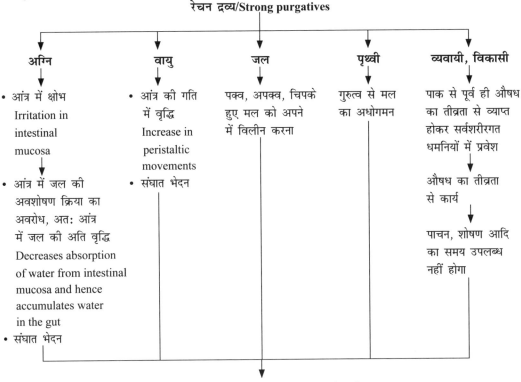

रेचन द्रव्य/Strong purgatives
अग्नि
• आंत्र में क्षोभ
Irritation in intestinal mucosa
• आंत्र में जल की अवशोषण क्रिया का अवरोध, अतः आंत्र में जल की अति वृद्धि
Decreases absorption of water from intestinal mucosa and hence accumulates water in the gut
• संघात भेदन
वायु
• आंत्र की गति में वृद्धि
Increase in peristaltic movements
• संघात भेदन
जल
पक्व, अपक्व, चिपके हुए मल को अपने में विलीन करना
पृथ्वी
गुरुत्व से मल का अधोगमन
व्यवायी, विकासी
पाक से पूर्व ही औषध का तीव्रता से व्याप्त होकर सर्वशरीरगत धमनियों में प्रवेश
औषध का तीव्रता से कार्य
पाचन, शोषण आदि का समय उपलब्ध नहीं होगा
पक्व + अपक्व + जलरूप + प्रभूत मल का वेगपूर्वक सरण

Virechana drugs are very powerful purgatives, which hamper all the functions of digestive system very fast. They do not give much time to the food for digestion. They irritate intestinal mucosa and hence hamper the water absorption. Intestinal irritation is increased enough to increase the peristaltic movement which causes griping and cramping. Hence watery stool with increased frequency and cramping pain is eliminated by use of these drugs.

श्रेष्ठ/सम्यक विरेचन कर्म–

स्त्रोतोविशुद्धीन्द्रियसंप्रसादौ लघुत्वमूर्जोऽग्निरनामयत्वम्। प्राप्तिश्च विट्पित्तकफानिलानां सम्यग्विरिद्रस्य भवेत् क्रमेण। (च० सि० 1/17)

निम्नलिखित लक्षण-युक्त सम्यक विरेचन होता है-

- पुरीष → पित्त → कफ → वात का क्रम से बर्हिगमन
- अग्निवृद्धि
- लघुत्व
- इन्द्रियप्रसादन
- स्त्रोतोविशुद्धि
- आरोग्यता

विरेचन औषध के कार्य का समय–

पच्यमानं विरेचनम्। (च० क० 12/62)

विरेचन औषध पच्यमानावस्था में कार्यकारी होती है।

विरेचन के प्रकार

आचार्य चरक के अनुसार–

- **वेग के आधार पर** (च॰ क॰ 12/47-55)–

  1. **तीक्ष्ण विरेचन–**
     - सुख-पूर्वक विरेचन
     - क्षिप्र (शीघ्रता से)
     - महावेग से
     - असक्त प्रवर्तन (बिना रुके प्रर्वत्ति)
     - अग्लानिकर (अति ग्लानि न उत्पन्न करे)
     - हृदय तथा आमाशय में अधिक रुजा न उत्पन्न करे।

     तीक्ष्ण विरेचन औषध– जो द्रव्य जल, कीट, अग्नि से नष्ट न हो, हीन-वीर्य न हो, देश तथा काल के अनुरूप गुणों से युक्त हो, अल्प मात्रा में प्रयुक्त हो, जिसमें समान वीर्य वाले द्रव्यों की भावना दी गई हो, रोगी के स्नेहन, स्वेदन के बाद प्रयुक्त किया गया हो।

  2. **मध्य विरेचन–** मध्य वीर्य औषध का प्रयोग एवं मध्य वेग युक्त विरेचन।

     मध्य विरेचन औषध– तीक्ष्ण की अपेक्षा हीन-गुण युक्त। जल, अग्नि आदि से किंचित दूषित हो, अल्प मात्रा में उपलब्ध हो तथा स्नेहन, स्वेदन के बिना प्रयोग की गई हो।

  3. **मृदु विरेचन–** मृदु वीर्य औषध का प्रयोग एवं हीन-वेग युक्त विरेचन।

     मृदु विरेचन औषध– मृदु वीर्य युक्त औषध, हीन मात्रा में प्रयोग, अतुल्य वीर्य युक्त, मन्द वेग से दोषों को निकालने वाली तथा स्नेहन, स्वेदन के बिना प्रयोग की गई हो।

- **अग्रय द्रव्य के वर्णन में विरेचन के प्रकार:**

  1. सुखविरेचन (त्रिवृत) 2. मृदुविरेचन (अमलतास) 3. तीक्ष्णविरेचन (स्नूही)

विश्वनाथ द्विवेदी जी के अनुसार

अध: काय संशोधन

- **सामान्य विरेचन (मृदुविरेचन)**
  पाक क्रिया का रोध नहीं होता।
  - अनुलोमन
  - स्त्रंसन
- **विशेष विरेचन (तीक्ष्ण विरेचन)**
  पाक एवं शोषण क्रिया का रोध होता है।
  - भेदन
  - विरेचन

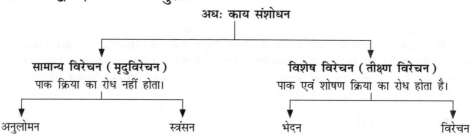

प्रियव्रत शर्मा जी के अनुसार

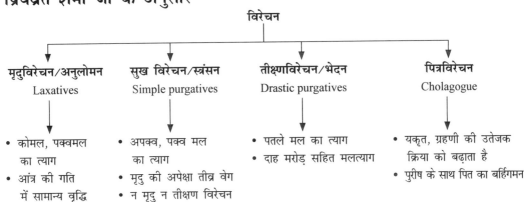

विरेचन

मृदुविरेचन/अनुलोमन
Laxatives
- कोमल, पक्वमल का त्याग
- आंत्र की गति में सामान्य वृद्धि

सुख विरेचन/स्त्रंसन
Simple purgatives
- अपक्व, पक्व मल का त्याग
- मृदु की अपेक्षा तीव्र वेग
- न मृदु न तीक्षण विरेचन

तीक्ष्णविरेचन/भेदन
Drastic purgatives
- पतले मल का त्याग
- दाह मरोड़ सहित मलत्याग

पित्रविरेचन
Cholagogue
- यकृत, ग्रहणी की उतेजक क्रिया को बढ़ाता है
- पुरीष के साथ पित का बर्हिगमन

द्रव्यगुणशास्त्रम् के अनुसार

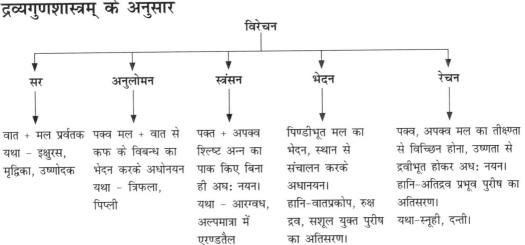

विरेचन

सर
वात + मल प्रर्वतक यथा – इक्षुरस, मृद्विका, उष्णोदक

अनुलोमन
पक्व मल + वात से कफ के विबन्ध का भेदन करके अधोनयन यथा – त्रिफला, पिप्ली

स्त्रंसन
पक्त + अपक्व शिल्ष्ट अन्न का पाक किए बिना ही अघः नयन। यथा – आरग्वध, अल्पमात्रा में एरण्डतैल

भेदन
पिण्डीभूत मल का भेदन, स्थान से संचालन करके अधानयन। हानि–वातप्रकोप, रुक्ष द्रव, सशूल युक्त पुरीष का अतिसरण।

रेचन
पक्व, अपक्व मल का तीक्ष्णता से विच्छिन होना, उष्णता से द्रवीभूत होकर अधः नयन। हानि–अतिद्रव प्रभूव पुरीष का अतिसरण। यथा–स्नूही, दन्ती।

- **निष्कर्ष:**

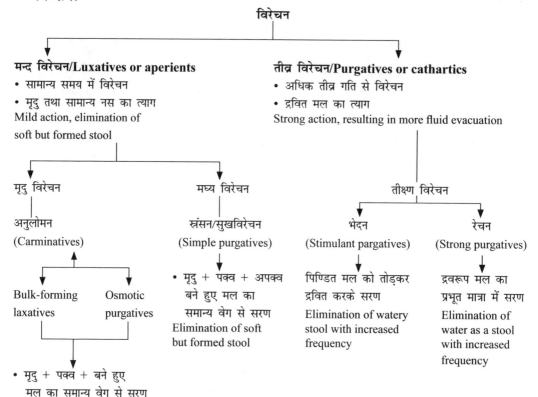

विरेचन

- **मन्द विरेचन/Luxatives or aperients**
  - सामान्य समय में विरेचन
  - मृदु तथा सामान्य नस का त्याग

  Mild action, elimination of soft but formed stool
  - मृदु विरेचन
    - अनुलोमन (Carminatives)
      - Bulk-forming laxatives
      - Osmotic purgatives
        - मृदु + पक्व + बने हुए मल का समान्य वेग से सरण
        - वात का अनुलोमन

        Elimination of soft but formed stool.
  - मध्य विरेचन
    - स्रंसन/सुखविरेचन (Simple purgatives)
      - मृदु + पक्व + अपक्व बने हुए मल का समान्य वेग से सरण

      Elimination of soft but formed stool
- **तीव्र विरेचन/Purgatives or cathartics**
  - अधिक तीव्र गति से विरेचन
  - द्रवित मल का त्याग

  Strong action, resulting in more fluid evacuation
  - तीक्ष्ण विरेचन
    - भेदन (Stimulant pargatives)
      - पिण्डित मल को तोड़कर द्रवित करके सरण

      Elimination of watery stool with increased frequency
    - रेचन (Strong purgatives)
      - द्रवरूप मल का प्रभूत मात्रा में सरण

      Elimination of water as a stool with increased frequency

विरेचन के लक्षण

कोष्ठ	मृदुविरेचन	मध्यम विरेचन	तीक्ष्ण विरेचन
क्रूर कोष्ठ	कोई कर्म नहीं दर्शाएगा	वात प्रकोप, उदर शूल, कठिन मल का सरण या सरण नहीं होगा	मृदु, पक्व, अपक्व (Soft-formed stool) का सुखपूर्वक सरण, उचित वेग, ग्लानि रहित, वातानुलोमन
मध्य कोष्ठ	वात प्रकोप, उदर शूल, कठिन मल का सरण या सरण नहीं होगा	मृदु, पक्व, अपक्व (Soft-formed stool) का सुखपूर्वक सरण, उचित वेग, ग्लानि रहित, वातानुलोमन	द्रवित मल (watery stool) का त्याग, अधिक वेग, ग्लानि, शूलयुक्त
मृदु कोष्ठ	मृदु, पक्व (soft-formed stool) का सुखपूर्वक सरण, उचित वेग, ग्लानि रहित, वातानुलोमन	द्रवित मल (watery stool) का त्याग, अधिक वेग, ग्लानि, शूलयुक्त	अति द्रव रूप (water as a stool), प्रभूत मल का त्याग, ग्लानि, शूलयुक्त, शरीर में जलांश की कमी हो सकती है।

उदाहरण–

- मृदु कोष्ठ, अल्पदोष, अल्पबल, राज्यक्ष्मा → मृदु विरेचन – द्राक्षा आरग्वध, इक्षुरस, क्षीर
- मध्यमकोष्ठ, मध्यमदोष, मध्यमबल, ज्वर, रक्तपित्त → मध्यम विरेचन – एरण्डतैल, त्रिवृत
- क्रूर कोष्ठ, उत्तम बल, प्रभूत दोष, उदर रोग, प्रमेह, कुष्ठ → तीक्ष्ण विरेचन – दन्ती, इन्द्रवारुणी, स्नुही
- **मूलविरेचन** – अरुण त्रिवृत सर्वश्रेष्ठ, श्यामा, दन्ती, द्रवन्ती
- **त्वगविरेचन** – तिल्वक-प्रधान, कम्पिल्लक, पाटला
- **फलविरेचन** – हरीतकी-प्रधान, आमलकी, बिभीतक, आरग्वध
- **तैल** – एरण्डतैल-प्रधान
- **स्वरस** – कारवेलिका
- **क्षीरविरेचन** – स्नुही-प्रधान, सप्तपर्णी, ज्योतिष्मती
- **पत्रविरेचन** – पूतिका, आरग्वध, स्वर्णक्षीरी

9. ग्राहि/Digestive and Fecal Astringents

व्युत्पत्ति–ग्रह धातु + घञ् प्रत्यय – ग्राहि = धारण करने वाला, गाढ़ा करना।

परिभाषा/लक्षण–

- **दीपनं पाचनं यत् स्यादुष्णत्वाद् द्रवशोषकम्। ग्राहि तच्च यथा शुण्ठी जीरकं गजपिप्पली।।** (शा॰ पू॰ 4/11)

  जो द्रव्य दीपन, पाचन तथा उष्ण होने से द्रवशोषक (मल से द्रव भाग का शोषक) होता है, उसे ग्राहि कहते हैं। यथा-शुण्ठी, जीरक, गजपिप्पली।
- **आग्नेय गुणभूयिष्ठं तोयांशं परिशोषयेत्। संग्रह्णति मलं तत्तु, ग्राही शुंठ्यादयो यथा।।** (भा॰ प्र॰)

  जो द्रव्य आग्नेय गुण भूयिष्ठ होने के कारण शरीर के दोष, धातु तथा मलादि के द्रवांष का शोषण करें, उन्हें ग्राहि कहते हैं। यथा-शुण्ठी।
- **भुक्तं गृह्णाति सम्पक्तुं ग्रहणीबलवर्धनम्। ग्राहि तदुष्णकटुकं जीरं जातीफलं यथा।।** (प्रि॰ नि॰ द्र॰/58)

  जो द्रव्य भुक्त अन्न को पाचनार्थ धारण करने में सहायक होता है तथा इस प्रकार ग्रहणी के बल को बढ़ाता है, वह ग्राहि कहलाता है। यथा-जीरक, जातीफल आदि। ऐसा द्रव्य कटु रस एवं उष्ण वीर्य होता है।
- **यद् द्रव्यं अग्निं प्रदीपयति आमं पाचयति द्रवं च शोषयति तद् ग्राहि, यथा मुस्ता बालकं शुंठी च। अतिसारे प्रवृद्धे आमे बलवति च पुरुषे विरेचनदानेन प्रवर्तनमेव कर्तव्यम्। यदा तु दुर्बलः पुमान् क्षीण-श्चामस्तदा उपेक्षया प्रवर्तनं कृत्वा संग्रहणं कर्तव्यम्। शुंठीमुस्तादि तु पाचनसंग्रहणं देयं। तस्मात् अतिसारे ग्राहिद्रव्याणां आमावस्थायां उपयोगः।** (द्र॰ गु॰ शा॰)

  ग्राहि द्रव्य अग्नि को प्रदीप्त करके आम का पाचन करते हैं तथा द्रव का शोषण करते हैं। आमातिसार में विरेचन देने से व्यक्ति दुर्बल होता है, अतः ग्राहि द्रव्य का प्रयोग करना चाहिए तथा संग्राहि (स्तम्भन) द्रव्य की उपेक्षा करनी चाहिए। आमातिसार में ग्राहि द्रव्य से अग्नि प्रदीप्त होकर आमपाचन एवं द्रवशोषण करेगी, परन्तु पक्वातिसार में स्तम्भन द्रव्य का प्रयोग करना चाहिए।

ग्राहि/संग्राहि एक व्यापक संज्ञा है जिसमें निम्नलिखित आते हैं–

केवल ग्राहि शब्द से मल ग्राहि का ग्रहण किया जाता है।

अन्यत्र ग्राहि शब्द का प्रयोग निम्नलिखित के लिए किया जाता है-मलसंग्रहण, रक्तसंग्रहण, श्लेष्मसंग्रहण, पित्तसंग्रहण, पुरीषसंग्रहण, मूत्रसंग्रहण आदि।

रसपञ्चक–

गुण – लघु, रुक्ष **रस** – कटु
वीर्य – उष्ण **विपाक** – कटु
भौतिक संगठन: अग्नि

कार्मुकत्व/Mode of Action:

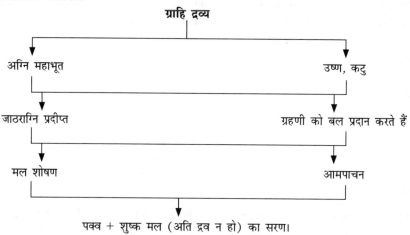

उदाहरण–जातीफल, शुण्ठी, जीरक, गजपिप्पली।

ग्राहि के भेद–

आढ़मल ने ग्राहि के दो भेद कहे हैं।

	उष्ण ग्राहि/उष्ण संग्राहक	शीत ग्राहि/शीत संग्राहक
परिभाषा	जो द्रव्य ग्रहणी रोग में आमयुक्त मल को पचाकर द्रवांश का शोषण करते हैं।	जो द्रव्य पक्व अतिसार में मल की अतिप्रवृत्ति को रोकते हैं।
भौतिक संगठन	अग्नि + वायु महाभूत प्रधान	वायु महाभूत प्रधान।
कार्मुकत्व	अग्नि → आम पाचन + द्रव शोषण ↓ पक्व एवं द्रव रहित मल का त्याग।	वायु → रुक्षता, शैत्यता → द्रव शोषण ↓ मल आदि का स्तम्भन।
उदाहरण	शुण्ठी, जीरक, गजपिप्पली।	कुटज, शयोनाक, अश्मन्तक, रोध्रादिगण।

10. स्तम्भन/Refrigeration

व्युत्पत्ति–स्तम्भ धातु + ल्युट् लकार-स्तम्भन = कड़ा करना, स्तब्ध करना, स्त्राव रोकना, प्रवृत्ति रोकना।
पर्याय–पक्वग्राहि, संग्राहिक (सुश्रुत, नागार्जुन, प्रियव्रत शर्मा)।

परिभाषा/लक्षण:

- **रौक्ष्याच्छैत्यात् कषायत्वाल्लघुपाकाच्च यद्भवेत्। वातकृत् स्तम्भनं तत् स्याद् यथा वत्सकटुण्टुकौ॥**

(शा॰ पू॰ 4/12)

जो द्रव्य रुक्ष, शीत, कषाय तथा लघु विपाक होने के कारण वातकारक होते हैं, उन्हें स्तम्भन कहते हैं। यथा-वत्सक, टण्टुक आदि।

- **स्तम्भनं स्तम्भयति यद् गतिमन्तं चलं ध्रुवम्॥** (च॰ सू॰ 22/11)

जो द्रव्य गतिमान एवं चल द्रव्यों को निश्चित रूप से रोकता है, उसे स्तम्भन कहते हैं।

गतिमन्तं-स्पष्टगति युक्तं, चलं-किंचित् गतिमानं (च॰ सू॰ 22/11-गंगाधर)

जो द्रव्य गतिमान (वमन, विरेचन आदि जो स्पष्ट रूप से शरीर से बाहर आते हुए दिखें) तथा चल (जो शरीर में चलायमान हों, यथा-रुधिर, पित्त आदि) को रोकना स्तम्भन कहलाता है।

- **प्रव्यक्तगतिमन्तं यत् स्तंभयति तत् स्तम्भनम्। एतच्चातिसारच्छर्दिशोणितस्त्रुतिविषदाहवेदनादिषु ज्ञेयं। यथा-वत्सकलोध्रप्रियंगवश्च॥** (द्र॰ गु॰ शा॰)

अतिसार, छर्दि, रक्तस्त्रुति, विष एवं वेदना आदि गतिशील द्रव्यों को रोकना स्तम्भन कहलाता है। यथा-कुटज, लोध्र, प्रियंगु आदि द्रव्य स्तम्भन कर्म करते हैं।

- **रौक्ष्याद् वातं वर्धयित्वा यत् कुर्याद् द्रवशोषणम्। साङ्ग्राहिकं कषायं तद् द्रव्यं मोचरसो यथा॥**

(प्रि॰ नि॰ द्र॰/59)

जो द्रव्य रुक्ष आदि गुणों के कारण वातवर्धन कर, द्रव का शोषण करते हैं, वे सांग्राहिक कहलाते हैं। यथा - मोचरस। यहाँ स्तम्भन की सांग्राहिक संज्ञा दी गई है।

रस पञ्चक-

शीतं मन्दं मृदु श्लक्ष्णं रूक्षं सूक्ष्मं द्रवं स्थिरम्। यद् द्रव्यं लघु चोद्दिष्टं प्रायस्तत् स्तम्भनं स्मृतम्॥ (च॰ सू॰ 22/17)

गुण - लघु, रुक्ष, शीत, मन्द, मृदु, श्लक्ष्ण, सूक्ष्म, स्थिर **रस** - कषाय, तिक्त

वीर्य - शीत **विपाक** - कटु

भौतिक संगठन: सङ्ग्राहिकमनिलगुणभूयिष्ठम्, अनिलस्य शोषणात्मकत्वात्। (सु॰ सू॰ 41/10)

सुश्रुत - वायु र० वै० - वायु + पृथ्वी

कार्मुकत्व/Mode of action:

स्तम्भन द्रव्य → वायु महाभूत - रुक्षता, शीतता, कषायरस → वात वर्धन

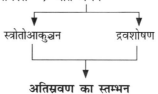

अतिस्रवण का स्तम्भन

उदाहरण-रोध्रादि गण, धातकी, प्रियंगु, वत्सक आदि।

ग्राहि तथा स्तम्भन में भेद

	ग्राहि	स्तम्भन
परिभाषा	दीपन, पाचन एवं उष्णता से द्रव्य शोषक	रुक्षादि गुणों से वातवर्धक होकर द्रवशोषक
संज्ञा	उष्णग्राहि	शीतग्राहि
वीर्य	उष्ण	शीत
रस	प्राय: कटु	कषाय
भौतिक संगठन	अग्नि	वायु
कार्मुकता	अग्निवर्धक → आमपाचक एवं द्रव्यशोषक	रुक्षादि गुण से → वातवर्धक → द्रव्यशोषण
प्रयोग	आमातिसार	पक्वातिसार
उदाहरण	जीरक, गजपिप्पली	वत्सक, टुण्टुक

11. मेध्य/Brain Tonic/Intellect Promoting

व्युत्पत्ति–मेध् धातु + ण्यत् प्रत्यय–मेध्य = मेधा के लिए हितकर।
पर्याय–मेध्य, स्मृतिवर्धक, बुद्धिवर्धक।

परिभाषा/लक्षण–

- **मेधायै हितं मेध्यम्।** (द्र॰ वि॰ 1/3)
  मेधा के लिए हितकर द्रव्य या कर्म मेध्य कहलाता है।
- **यदौषधं बुद्धिं वर्धयति तद् बुद्धिवर्धकम्।** (द्र॰ गु॰ शा॰)
  जो द्रव्य बुद्धि को बढ़ाते हैं, वे बुद्धिवर्धक कहलाते हैं।

रसपञ्चक:

रस – मधुर, तिक्त, कटु **विपाक** – कटु एवं मधुर
वीर्य – उष्ण एवं शीत

कार्मुकत्व/Mode of action:

मेध्या.....................प्रभृतीनि च। (र॰ वै॰ सू॰ 27)
मेध्य द्रव्य प्रभाव से कार्यकारी होते हैं।

- **धी, धृति, स्मृति पर मेध्य द्रव्यों की कार्मुकता:**

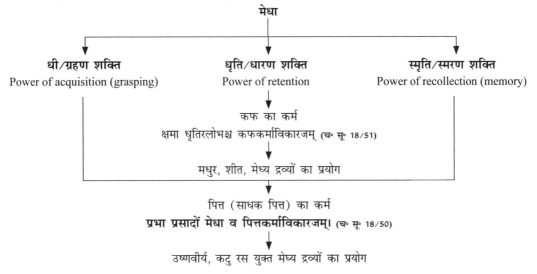

मेधा

↓

धी/ग्रहण शक्ति	**धृति/धारण शक्ति**	**स्मृति/स्मरण शक्ति**
Power of acquisition (grasping)	Power of retention	Power of recollection (memory)

↓

कफ का कर्म

क्षमा धृतिरलोभश्च कफकर्माविकारजम् (च॰ सू॰ 18/51)

↓

मधुर, शीत, मेध्य द्रव्यों का प्रयोग

↓

पित्त (साधक पित्त) का कर्म

प्रभा प्रसादों मेधा व पित्तकर्माविकारजम्। (च॰ सू॰ 18/50)

↓

उष्णवीर्य, कटु रस युक्त मेध्य द्रव्यों का प्रयोग

- **मधुर द्रव्यों की कार्मुक्ता:**

मधुर → Provides nutrition to brain cells

मधुर → धातुवर्धन → ओजोवर्धन → Immunity → Healthy body and healthy mind

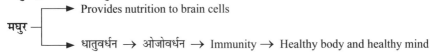

- **तत्र मधुरद्रव्याणि मज्जादिधातून् वर्धयित्वा बुद्धिवर्धकानि भवन्ति (द्र॰ गु॰ शा॰)**
- **मस्तिष्कशिरस्योमज्जा। मस्तिष्क शिरोगत स्नेह। (चक्रपाणि)**
- **मस्तुलुंगो बिलीनघृताकारो मस्तकमज्जा॥ (डल्हण)**

मस्तिश्कमज्जा से तात्पर्य मस्तिष्क स्नेह (CSF) से है, अत: मधुर द्रव्य मज्जादि धातु की पुष्टि कर, बुद्धिवर्धक होते हैं। यथा-गोक्षीर, शंखपुष्पी, ब्राह्मी, जटामांसी।

CSF conveys nutritive materials to CNS and provides a way for carrying waste products of neural metabolism. *Madura medya* drugs nourish CSF and hypothalamo-pituitary axis thus causing hormonal balance for healthy mind and body. *Madura rasa* acts as *medhya* by maintaining properties of CNS in mind, nourishing brain cells and by maintaining immunity, thus making healthy body and mind.

- **तिक्त द्रव्यों की कार्मुक्ता:**

तिक्तद्रव्याणि आकाशवायुबाहुल्यात् लघुतमानि। तानि तु जाडयं हत्वा बुद्धिवर्धकानि भवन्ति॥ (द्र॰ गु॰ शा॰)

तिक्त द्रव्य आकाश तथा वायु महाभूत तथा लघु गुण से जड़ता को हरकर बुद्धिवर्धक होते हैं।

Tikta drugs cross blood-brain barrier by *akasha mahabhoota* and *laghu guna*. Thus increases blood flow to brain cells. They also improve digestion and thus maintain body and mind's health.

- **कटु द्रव्यों की कार्मुक्ता:**
  - **कटुद्रव्याणि हृद्गतं साधकपित्तं वर्धयित्वा बुद्धिं वर्धयन्ति।** (द्र॰ गु॰ शा॰)
  - **बुद्धिमेधाभिमानाद्यैरभिप्रेतार्थसाधनात्। साधकं हृद्गतं पित्तं।** (अ॰ हृ॰ सू॰ 12/13)

साधक पित्त बुद्धि और मेधा को बढ़ाता है, कटु द्रव्य साधक पित्त को बढ़ाकर मेध्य होते हैं।

तिक्त, कटु द्रव्य–जरण शक्ति वृद्धि → उचित आहार पाचन → उचित शरीर पोषण → मेध्य यथा-वचा, ज्योतिष्मती, वचा, हरीतकी।

उदाहरण–

आचार्य चरक ने मेध्य रसायन का वर्णन किया–

मण्डूकपर्ण्याः स्वरसः प्रयोज्यः क्षीरेण यष्टीमधुकस्य चूर्णम्। रसो गुडूच्यास्तु समूलपुष्प्याः कल्कः प्रयोज्यः खलु शङ्खपुष्प्याः। आयुःप्रदान्यामयनाशनानि बलाग्निवर्णस्वरवर्धनानि। मेध्यानि चैतानि रसायनानि मेध्या विशेषेण च शङ्खपुष्पी। (च॰ चि॰ 1/3/30-31)

1. मण्डूकपर्णी स्वरस 2. यष्टीमधु चूर्ण + क्षीर 3. गुडूची स्वरस
4. शंखपुष्पी की मूल तथा पुष्प का कल्क-शंखपुष्पी को श्रेष्ठ मेध्य रसायन कहा गया है।

ऐसे मेध्य रसायन रोगनाशक, आयुष्य, बल, अग्नि, वर्ण तथा स्वरवर्धक होते हैं।

आचार्य सुश्रुत ने मेधायुश्कामीय रसायन अध्याय में–

श्वेतबाकुची, चित्रकमूल, मण्डूकपर्णी, ब्राह्मी, वचा आदि का मेध्य रसायन के रूप में वर्णन किया है।

आमयिक प्रयोग–

बाल रसायन, मानसिक रोग, स्मृतिनाश, आक्षेपनाश, अपस्मार, उन्माद, चित्तविभ्रश आदि रोगों में मेध्य द्रव्यों का उपयोग किया जाता है।

12. जीवनीय/Vitalizers

परिभाषा/लक्षणः

- **जीवनम् आयुः तस्मै हितं जीवनीयम्।** (च॰ सू॰ 4/8.1-चक्रपाणि)

  जीवन आयु को कहा जाता है, उसके लिए हितकर द्रव्य जीवनीय कहलाता है।
- **जीवनं प्राणधारणः।** (सु॰ सू॰ 38/36-डल्हण)
- **जीवनीय प्राणानां संधानकरणम्।** (अ॰ सं॰ सू॰ 25/6-इन्दु)

  जीवन से तात्पर्य प्राणधारण है एवं जो द्रव्य प्राणधारण के लिए हितकर हो, वह जीवनीय कहलाता है।
- **यत् जीवने हितं तत् जीवनीयम्। येन निरामं जीवति तत् जीवनीयम् यथा क्षीरम्॥** (द्र॰ गु॰ शा॰)

  जो द्रव्य जीवन के लिए हितकर हों, अर्थात् निराम जीवन की उपलब्धि करवायें, वे जीवनीय कहलाते हैं।

रसपञ्चकः

रस - मधुर **विपाक** - मधुर **वीर्य** - शीत **गुण** - गुरु, स्निग्ध

भौतिक संगठनः पृथिव्यपां गुणैर्युक्तं जीवनीय क्षितिस्थितिः। (र० वै०) - पृथ्वी + जल।

कार्मुकत्व/Mode of action:

मधुर रस → धातु पोषण → बलवर्धन (धातु) → धातु वैषमय नही होगा → ख वैगुण्य नहीं होगा
↓
व्याधिजनक दोषों का शरीर में आश्रय नहीं होगा
↓
जीवन निराम होगा।

जीवन प्राणधारणम्-

जीवनीय द्रव्य (प्राण द्रव्य) → व्यान वायु + रक्त → सम्पूर्ण शरीर में व्याप्त → रक्त को विशुद्ध एवं पुष्ट करना

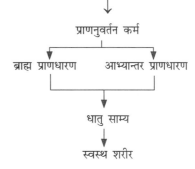

उदाहरण–

चरक–जीवनीय महाकषाय, प्रवरं जीवनीयं क्षीरमुक्तम्। (च॰ सू॰ 25/40)

दुग्ध को जीवनीय द्रव्यों में सर्वोत्तम माना गया है। Nutritional evaluation के आधार पर दुग्ध में सभी जीवनीय तत्व, खनिज (Carbohydrate, Protein, etc.) हैं। सन्तुलित आहार सदैव जीवन, प्राण, आयु के लिए हितकर होता है अत: दुग्ध को सन्तुलित आहार होने के कारण सर्वोत्तम जीवनीय द्रव्य मानना न्यायोचित है।

सुश्रुत–काकोल्यादि गण, विदारीगन्धादि गण।

खनिज–स्वर्ण, रजत, लौह, नाग, वङ्ग, अभ्रक, वैक्रान्त, मुक्ता, प्रवाल, माणिक्य आदि।

13. रसायन/Immunoboosters/Immunopotentiators/Rezuvinators

निरुक्ति–रस + अयन् (हेमकोष)

- **रस/Nutritional fluid–तत्र रस गतौ धातु:, अहरहर्गच्छतीत्यतो रस:।** (सु॰ सू॰ 14/13)

  रस धातु शरीर की आद्य धातु है, यह गतिशील है। यह रस धातु शरीर की अन्य धातुओं का पोषण करती हुई ओज एवं सम्पूर्ण शरीर को पुष्ट करती है।
- **अयन्/Microchannels**–जिन सूक्ष्म स्त्रोतों द्वारा रस धातु गति करती है, उन्हें अयन कहते हैं।
- **रसायन**–जो द्रव्य रस, अग्नि तथा स्त्रातों के स्तर पर कार्य करता हुआ शरीर का पोषण करता है, उसे रसायन कहते हैं।

आयुर्वेद का प्रयोजन–प्रयोजनं चास्य स्वस्थस्य स्वास्थ्यरक्षणमातुरस्य विकारप्रशमनं च। (च॰ सू॰ 30/26)

स्वस्थ व्यक्ति के स्वास्थ्य का रक्षण करना एवं रोगी के रोग का प्रशमन करना, आयुर्वेद का प्रयोजन है।

रसायन का प्रयोजन–आयुर्वेद के प्रयोजन की पूर्ति करना, मुख्यत: शरीर को स्वस्थ बनाना, रसायन का प्रयोजन है।

स्वस्थ की परिभाषा–

समदोषः समाग्निश्च समधातुमलक्रियः। प्रसन्नात्मेन्द्रियमनाः स्वस्थ इत्यभिधीयते।। (सु॰ सू॰ 15/48)

समदोष	–	Equilibrium of *doshas*.
समाग्नि	–	Normal functions of *agni*.
समधातु	–	Normal condition of *saptdhatus*.
सममलक्रिया	–	Normal excretion of waste products.
प्रसन्नात्मेन्द्रियमन	–	Normal function of *aatma*, *indriya* and *mana*.

Definition of health according to WHO: Physical, mental, social wellbeing and not merely absence of disease, is called health. Health can be achieved by *rasayana*.

रसायन तन्त्र की परिभाषा–

रसायनतन्त्र नाम वयः स्थापनम् आयु मेधा। बलकर्म रोगहरणम् यद् जराव्याधीनाशनम्।

वयः स्थापन	–	Age sustaining.
आयु	–	Beneficial for lifespan.
मेधा	–	Intellect promoting.
बलकर्म	–	Strength promoting/immunity enhancer.
रोगहरण	–	Treatment of diseases.
जराव्याधिनाशनम्	–	Anti-aging, anti-ailment.

रसायन की परिभाषा–

लाभोपायो हि शस्तानां रसादीनां रसायनम्। (च॰ चि॰ 1/1/8) **रसादिनाम्-स्मृत्यादयोऽपि गृहन्ते।** (चक्रपाणि)

शरीर में प्रशस्त रस-रक्तादि धातुओं तथा स्मृति आदि की उपलब्धि जिस साधन के द्वारा होती है, उसे रसायन कहते हैं।

रसायन के लाभ–

दीर्घमायुः स्मृतिं मेधामारोग्यं तरूणं वयः। प्रभावर्णस्वरौदार्यं देहेन्द्रियबलं परम्। वाक्सिद्धिं प्रणतिं कान्तिं लभते ना रसायनात्।। (च॰ चि॰ 1/1/7)

दीर्घआयु, तरुणवयः, स्मृति, प्रभा, इन्द्रियबल, मेधा, वर्ण, देह, बल, आरोग्य, स्वर प्रदान करना रसायन के कर्म हैं।

आचार रसायनः

It is a code of conduct of life and lifestyle, i.e. good habit. *Achara rasayana* helps to improve efficacy of *rasayana* drugs.

कार्मुकत्व/Mode of action:

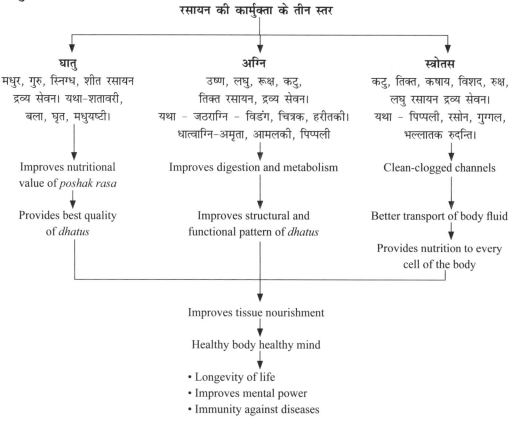

रसायन की कार्मुक्ता के तीन स्तर

धातु
मधुर, गुरु, स्निग्ध, शीत रसायन द्रव्य सेवन। यथा-शतावरी, बला, घृत, मधुयष्टी।
↓
Improves nutritional value of *poshak rasa*
↓
Provides best quality of *dhatus*

अग्नि
उष्ण, लघु, रूक्ष, कटु, तिक्त रसायन, द्रव्य सेवन।
यथा - जठराग्नि - विडंग, चित्रक, हरीतकी।
धात्वाग्नि-अमृता, आमलकी, पिप्पली
↓
Improves digestion and metabolism
↓
Improves structural and functional pattern of *dhatus*

स्त्रोतस
कटु, तिक्त, कषाय, विशद, रुक्ष, लघु रसायन द्रव्य सेवन।
यथा - पिप्पली, रसोन, गुग्गल, भल्लातक रुदन्ति।
↓
Clean-clogged channels
↓
Better transport of body fluid
↓
Provides nutrition to every cell of the body

↓
Improves tissue nourishment
↓
Healthy body healthy mind
↓
- Longevity of life
- Improves mental power
- Immunity against diseases

रसायन सेवन में पथ्य एवं अपथ्य–

	पथ्य	अपथ्य
अहार	दुग्ध, घृत, मधु, शीतल जल, शाली औदन आदि।	ग्राम्याहार, अम्ल, लवण, कटु, क्षारयुक्तद्रव्य, शुष्कशाक, शुष्कमांस, अंकुरितधान्य।
विहार	निरन्तराध्ययन, परतन्त्रावलोकन, अधारणीयवेग को धारण न करना, ब्रह्मचर्यपालन, अहिंसापालन आदि।	मैथुन, सुरा, दिवास्वप्न, विषम व्यायाम, भय, शोक, मोह, लोभ।

रसायन का वर्गीकरण

- **According to form:**
  a. द्रव्यभूत (Pharmacological) b. अद्रव्यभूत (Nonpharmacological)
- **According to methods of use:**
  a. कुटिप्रावेशिक (Use inside the room) b. वातातपिक (Use in the sun)
- **According to scope of use:**
  a. काम्य (Desire):
  - प्राणकाम्य (Promote longevity)
  - मेधाकाम्य (Mental facilities)
  - शरीरकाम्य (Improve lusture of body)

b. नैमेतिक रसायन (Adjuvant along with specific treatment)

राजयक्ष्मा - अश्वगन्धाचूर्ण, अश्वगन्धारिष्ट।
दृष्टिदौर्बल्य - त्रिफला, शतावरी, ज्योतिष्मती, यष्टीमधु।
कुष्ठ - भल्लातक रसायन, तुवरक, विडङ्ग।
श्वास - अगस्तयरसायन, भल्लातक।
प्रमेह - शिलाजीत, आमलकी रसायन, लौह रसायन।
वातव्याधि - रसोन, गुग्गुल, वचा, नागबला।

c. और्जस्कर रसायन (Improves immunity)-दुग्ध, घृत।

- **According to *Prabhava*:**

a. संशोधन–यष्टीमधु, पिप्पली। b. संशमन–आमलकी।

उदाहरण–

- **प्रकृति/Constitution (Physique, Physiology, Psycho of Individual) के आधार पर प्रयोग–**

वातज प्रकृति	नागबला, वचा
पित्तज प्रकृति	आमलकी, शतावरी
कफज प्रकृति	भल्लातक, रसोन, गुग्गुल, पिप्पली

- **वय/Age के आधार पर प्रयोग–**

शार्ङ्गधर के अनुसार

आयु	ह्रास	रसायन प्रयोग
1-10 वर्ष	बाल्य	वचा, स्वर्ण, काश्मरी
11-20 वर्ष	वृद्धि	अश्वगन्धा, बला
21-30 वर्ष	छवी	लौह, आमलकी
31-40 वर्ष	मेधा	ज्योतिष्मती, शंखपुष्पी
41-50 वर्ष	त्वक	भृंगराज, प्रियालू, सोमराजी
51-60 वर्ष	दृष्टि	त्रिफला, सप्तामृत लौह
61-70 वर्ष	शुक्र	आत्मगुप्ता, वाजीकरण
71-80 वर्ष	विक्रम	**जरापक्व शरीरस्य व्यर्थमेव रसायनम्।** जरा से शरीर पक्व होने पर रसायन व्यर्थ होता है।
81-90 वर्ष	बुद्धि	
91-100 वर्ष	कर्मेन्द्रिय	

- **सात्म्य/Biological adaptability के आधार पर प्रयोगः**

ऋतु सात्मय

हेमन्त - अश्वगन्धा, दुग्ध, घृत
शिशिर - मुलेठी, दुग्ध, घृत, नागबला
बसन्त - हरीतकी, शिलाजीत, पिप्पली
ग्रीष्म - दुग्ध, घृत, बला, अतिबला
वर्षा - हरीतकी, भल्लातक, मधु
शरद् - मण्डूकपर्णी, वाराहीकन्द, आमलकी

देश सात्मय

जांगलदेश	-	स्निग्धोष्ण रसायन द्रव्य
आनुपदेश	-	रुक्षोष्ण रसायन द्रव्य

- **धातु/Tissue and tissue nutrition के आधार पर प्रयोग–**

रस	-	काश्मरी, खर्जूर
रक्त	-	लौह आदि रसायन
मांस	-	अश्वगंधा, बला
मेद	-	अमृता, हरीतकी
अस्थि	-	वंशलोचन, लाक्षा
मज्जा	-	लौह, वसा, मज्जा
शुक्र	-	वाजीकरण

- **स्त्रोतस/Microcirculation के आधार पर प्रयोग–**

स्त्रोतस	-	पिप्पली, गुग्गुल

- **अग्नि/Digestive and metabolic factors के आधार पर प्रयोग–**

अग्नि	-	पिप्पली, चित्रक, विडंग

- **ओज/Vitality के आधार पर प्रयोग–**

ओज	-	जीवनीय गण, यष्टिमधु, स्वर्ण

14. वाजीकरण/Aphrodisiacs

निरुक्ति–

- **वाजः शुक्रं तदस्यास्तीति वाजी। अवाजी वाजी क्रियतेऽनेनेति वाजीकरणं।**
- **वाजः वेगः (शुक्रस्य) सः विद्यते येषां ते वाजिनः। अवाजिनः वाजिनः क्रियतेऽनेनेति वाजीकरणम्।।**

(चक्रपाणि)

वाज का अर्थ है- वेग, अत: जिसमें शुक्र का वेग उचित हो, उसे वाजिन या वजी कहते हैं। जो अवाजिन को वाजिन बनाए या अवाजी को वाजी बनाए, उसे वाजीकरण कहते हैं।

- **वाजी नाम प्रकाशत्वात् तच्च मैथुनसंज्ञितम्। वाजीकरण संज्ञाभिः पुंस्त्वमेव प्रचक्षते।।** (हारित)

वाजी शब्द मैथुन का बोधक है। जिससे पुंसत्वशक्ति (मैथुन करने की शक्ति) की वृद्धि हो, वह वाजीकरण कहलाता है।

परिभाषा/लक्षणः

- **येन नारीषु सामर्थ्यं वाजिवल्लभते नरः। व्रजेश्चाभ्यधिकं येन वाजीकरणमेव तत्।।** (च॰ चि॰ 2/4/51)

जिस आहार-विहार-आचार-औषध के प्रयोग से मनुष्य स्त्रियों के साथ अश्व के समान अधिक काल तक या अनेक बार मैथुन करने में समर्थ होता है, उसको वाजीकरण कहते हैं।

- **वाजीवातिबलो येन यात्यप्रतिहतोऽङ्गनाः। भवत्यतिप्रियः स्त्रीणां येन येनोपचीयते। तद्वाजीकरणं तद्धि देहस्योर्जस्करं परम्॥** (अ॰ हृ॰ उ॰ 40/3)

  जिसके निरन्तर सेवन से पुरूष घोड़े के समान अप्रतिहत सामर्थ्य (बिना रुकावट के मैथुन करने की शक्ति) पाकर तरुणी से सम्भोग करता है। ऐसा पुरुष स्त्रियों को अतिप्रिय होता है और उसका शरीर भी पुष्ट होता है। जो द्रव्य शरीर को विशेष रूप से बल तथा कान्ति प्रदान करता है, उसे वाजीकरण कहते हैं।
- **यस्माद् द्रव्याद्भवेत् स्त्रीषु हर्षो वाजीकरं च तत्। यथा नागबलाद्याः स्युर्बीजं च कपिकच्छुजम्॥** (शा॰ पू॰ 4/14)

  जिस द्रव्य के सेवन से मैथुन क्रिया में अधिक हर्ष की प्राप्ति होती है, उसे वाजीकरण कहते हैं। यथा-नागबला, कौंचबीज आदि।
- **सेवमानो यदौचित्याद्वाजीवात्यर्थवेगवान्। नारीस्तर्पयते तेन वाजीकरणमुच्यते॥** (सु॰ चि॰ 26/6)

  जिस वस्तु का विधिपूर्वक सेवन करने से मनुष्य घोड़े के समान अत्यन्त वेगवान बनकर स्त्रियों को सन्तुष्ट करता है, उसे वाजीकरण कहते हैं।

वृष्य की परिभाषा–

- **यकिञ्चिन्मधुरं स्निग्धं बृंहणं बलवर्धनम्। मनसो हर्षणं यच्च तत्सर्वं वृष्यमुच्यते॥** (अ॰ हृ॰ उ॰ 40/35)

  मधुर, स्निग्ध, बृंहण, बलवर्धन तथा मनहर्षण गुण वाले द्रव्य वृष्य कहलाते हैं।
- **यस्याच्छुक्रस्य वृद्धिः स्याद् वृषवद् दुर्बले नरे। तदेव् शुक्रलं वृष्यं वानरी मुशली यथा॥** (प्रि॰ नि॰ द्र॰/73)

  जो दुर्बल (क्षीण शुक्र) पुरुष में शुक्र की वृद्धि कर उसे वृष (साँड) के समान बना दे, उसे वृष्य कहते हैं। यथा-कपिकच्छु, मुशली।

वाजीकरण एवं वृष्य में भेद–

यद्यपि शास्त्रों में वृष्य तथा वाजीकण को पर्यायवाची कहा गया है, परन्तु इनमें निम्नलिखित भेद हैं-

	वाजीकरण	वृष्य
परिभाषा	अश्व के समान शुक्र के वेग में वृद्धि करने वाला वाजीकरण कहलाता है।	वृष (बैल) के समान अधिक पुत्रों की उत्पत्ति कराने में सहायक द्रव्य वृष्य कहलाता है।
गुण	शुक्र जनन-मधुर, शीत। शुक्र प्रवर्तक-उष्ण, तीक्ष्ण। शुक्रजनकप्रवर्तक-मिश्रित गुण।	मधुर, स्निग्ध, बृंहण, बल्य, मनहर्षण गुण।
प्रयोग	It treats impotancy, improves erection problems, ejaculation problems etc.	It treats infertility problems, i.e. improves sperm count, immotility, etc.

विमर्श–

***Vrishya*:** Ox's semen is rich in sperm count, sperm motility and fluid. Only a few amount of ox's semen can be injected in various females to produce offsprings. Hence the term *vrishya* is related with male's fertility and *vrishya* drugs increase the semen fluid, sperm count and motility.

***Vajikarana*:** Horse has potency of early erection and late ejaculation, which increases the duration of sexual intercourse. Also horse is able enough to interact with many females in short duration of time. The term *vajikarana* is related with male's potency and *vajikarana* drug treats male's impotency.

Both these drugs are related to each other because reproduction needs both of them. Hence these drugs are synonymous at many places. According to me, in view of reproduction, we should take *vajikarana* as a vast term for both—a male's fertility and potency—because both of them are needed for reproduction. *Vrishya* should be taken as first variety (*shukrjanana*) of *vajikarana* drugs.

वाजीकरण के भेद–

- **वाजीकरणम् त्रिविधम्, जनकं प्रवर्तकं जनकप्रवर्तकश्चेति।** (सु॰ चि॰ 26/6-डल्हण)
- **अनेन त्रिविधमपि निरुक्तेन वृष्यमवरुध्यते। यथा शुक्रवृद्धिकरं च माषादि तथा स्रुतिकरं सङ्कल्पादि तु शुक्रस्रुतिवृद्धिकरं क्षीरादि।** (च॰ चि॰ 2/4/51-चक्रपाणि)

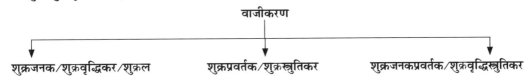

वाजीकरण

- **शुक्रजनक/शुक्रवृद्धिकर/शुक्रल**
- **शुक्रप्रवर्तक/शुक्रस्रुतिकर**
- **शुक्रजनकप्रवर्तक/शुक्रवृद्धिस्रुतिकर**

I. शुक्रजनक–

व्युत्पत्ति–शुक्र + ल-शुक्रल = शुक्र को बढ़ाने वाला।

परिभाषा–

- **यस्माच्छुक्रस्य वृद्धिः स्याच्छुक्रलं हि तदुच्यते। यथाऽश्वगन्धा मुसली शर्करा च शतावरी।।** (शा॰ पू॰ 4/15)
  जो द्रव्य वीर्य (शुक्र) धातु की वृद्धि करते हैं, उन्हें शुक्रल कहते हैं। यथा-अश्वगन्धा, मुशली, शर्करा, शतावरी आदि।
- **केवलं देहबलकरं जनकं गोधूमादिकम्।** (सू॰ चि॰ 26/6-डल्हण)
  जो द्रव्य केवल देह बलकर होते हैं, वे शुक्रजनक होते हैं। यथा-गोधूम आदि।

भौतिक संघठन-शुक्रं चाप्यम्। (चक्रपणि)-जल महाभूत प्रधान।

शुक्र के गुण–

- **स्फटिकाभं द्रवं स्निग्धं मधुरं मधुगन्धि च।** (सु॰ शा॰ 2/13)
- **स्निग्धं घनं पिच्छिलं च मधुरं चाविदाही च।** (च॰ चि॰ 30/145)
  शुद्ध शुक्र स्फटिक के समान, द्रव, मधुर, मधुगन्धि, स्निग्ध, घन, पिच्छिल, अविदाही होता है।

दो प्रकार से शुक्र वृद्धि–

- **नियमित**–जो द्रव्य परिवांचित होकर नियमित रूप से क्रमवत् रसादिधातु की वृद्धि कर शुक्र की वृद्धि करते हैं, ऐसे द्रव्य 40 दिनों में अपना कार्य पूर्ण करते हैं। यथा-जीवनीय गण, श्वेतगुञ्जा, एन्द्री, ब्राह्मी, शतावरी, श्वेतदूर्वा, लक्ष्मणा, हरीतकी, हरिद्रा, बला, अतिबला, वराहिकन्द, भल्लातकास्थि, बादाम, अखरोट, पिस्तामुशली, सालममिश्री, तालमखाना, जीवन्ती बीज आदि।
- **तात्कालिक**–ये द्रव्य सामान्यं वृद्धिकारणं न्याय से शीघ्र ही शुक्र धातु की वृद्धि करते हैं। ये सात दिन से एक महीने तक अपना कार्य पूर्ण करते हैं। यथा-स्वर्ण, रजत, लौह, वङ्ग, नाग, प्रवाल, मुक्ता, त्रिवङ्ग, हीरक भस्म आदि।

नक्ररेतो वृष्याणाम्। (च॰ सू॰ 25/40): चरक ने शुक्र को श्रेष्ठ शुक्रजनन कहा है उसमें भी नक्र (घड़ियाल) को शुक्र के लिए सर्वश्रेष्ठ कहा है।

शुक्रजनक/शुक्रल द्रव्यों का कार्मुकत्वः

शुक्र/Semen

शुक्राणु/Sperm

मधुर, मधुर शीत वाजीकरण द्रव्य सेवन

↓

शुक्राणु पोषण, शुक्रधातु की वृद्धि

↓

Increase sperm count

Indication - क्षीण शुक्र (Oligospermia, Azoospermia, etc.)

उदाहरण- सालममिश्री, रजतयोग आदि।

तरलवीर्य/Seminal fluid

मधुर, मधुर उष्ण/शीत वाजीकरण द्रव्य सेवन

↓

- मधुर से जल महाभूत की वृद्धि
- उष्ण से पित्त के द्रव गुण की वृद्धि एवं संघात भेद

↓

Increase seminal fluid

Indication – ग्रन्थिभूत पूति, पूय शुक्र (Decreased motility of sperms due to increase in viscosity)

उदाहरण- शिलाजीत, सर्जरस, शल्लकी, ज्योतिष्मती आदि।

II. शुक्रप्रवर्तक–

- **प्रवर्तकं अश्वगंधाचूर्णादिकं शुक्रविरेचनं।** (द्र॰ गु॰ शा॰)

  जो द्रव्य शुक्र को न बढ़ाकर केवल उसका रेचन करते हैं, वे शुक्ररेचक या शुक्रप्रवर्तक कहलाते हैं। यथा–मनोबल बढ़ाने वाले द्रव्य या कर्म, आश्वासन, संकल्प, अश्वगन्धा, बृहतीफल, कपिकच्छु इत्यादि।
- **केवलं मनोबलकरं संकल्पादि तु प्रवर्तकम्।** (सु॰ चि॰ 26/6-डल्हण)

  जो द्रव्य केवल मन को बल प्रदान करते हैं वे शुक्रप्रर्वतक होते हैं। यथा–संकल्प आदि।

  शुक्र प्रवर्तन के कारण-तत् स्त्रीपुरुषसंयोगे चेष्टासंकल्पपीडनात्। (च॰ चि॰ 2/4/47)
  - स्त्री पुरुष का संयोग • चेष्टा
  - संकल्प (स्त्री से प्रेम) • पीड़न (स्त्री पुरुष की परस्पर अलिङ्गनक्रिया)

आचार्य शार्ङ्गधर ने शुक्रप्रवर्तक के दो भाग किये हैं-

प्रवर्तनी स्त्री शुक्रस्य रेचनं बृहतीफलम्। (शा॰ पु॰ 4/17)

शुक्रप्रवर्तक–जो शुक्र को चलित करे। यथा–स्त्री दर्शन–स्पर्श, मनोहर गीत, संकल्प आदि।

शुक्ररेचन–जो शुक्र को च्यूत करे। यथा–बृहतीफल आदि।

कार्मुकता–

- By stimulation of sex centers in the spinal cord, e.g. *Kuchala.*
- By activation of sympathetic system with visual, auditory stimulations.
- Indirectly by causing irritation in the bladder.

III.शुक्रजनकप्रर्वतक–

घृतक्षीरादि देहमनोबलकरं सदुभयरकमिति। (सू॰ चि॰ 26/6-डल्हण)

शुक्र की वृद्धि तथा स्राव दोनों को बढ़ाने वाले द्रव्य शुक्रस्त्रुतिवृद्धिकर या शुक्रजनकप्रवर्तक कहलाते हैं। यथा–क्षीर, माष, घृत तथा देहमनबलकर द्रव्य।

- **शुक्रस्तम्भनद्रव्य/which increase duration of sexual intercourse:**

    जो द्रव्य शुक्र की च्युति को रोककर मैथुन क्रिया के समय को बढाएं, वे शुक्र स्तम्भन कहलाते हैं।

    स्तम्भन तथा नाड़ी अवसादन कर्म कषाय, तिक्त रस के प्राकृत कर्म हैं। यथा-जातिफल, अहिफेन आदि शुक्रस्तम्भक तथा हरीतकी शुक्रशोषक द्रव्य हैं।

    गुण - कषाय, तिक्त, रूक्ष।

    प्रयोग - शीघ्रपतन, स्वप्नदोष।

शुक्र-शोधक द्रव्य–

जो द्रव्य दोषों व रोगों के प्रभाव से शुक्र को मुक्त कर स्वाभाविक अवस्था में लाएं, वे शुक्र शोधन कहलाते हैं।
शुक्र दोष उत्पन्न करने वाले रोग–उपदंश, उष्णवात, क्षय, जीर्णज्वर, संक्रामक ज्वर, विषजन्य रोग आदि।
शुक्र-शोधन द्रव्य–शुक्रशोधक महाकषाय, मुस्तकादिगण, मंजिष्ठादिगण, विदार्यादिगण, करमर्दादिगण, सालसारादिगण, काकोल्यादिगण, अष्टवर्ग, सारिवादिगण। रजत, गुग्गुल, पुष्करमूल, मुक्ता, शतावरी, स्वर्णवङ्ग, सर्जरस, शाल्मली, अकीक, कटफल, बबूलनिर्यास, जहरमोहरा, तालमखाना आदि।

15. बल्य/Strength Promoting

व्युत्पत्ति–बल धातु + यत् प्रत्यय-बल्य = शक्तिशाली, शक्तिप्रद।

परिभाषा–

- **बलाय हितं बल्यम्।** (योगेन्द्रनाथसेन)
- **यत्तु देहबलं वर्धयति तद् बल्यम्।** (द्र० गु० शा०)

    जो द्रव्य शरीर के बल के लिए हितकर है (देह बल को बढ़ाए), वह बल्य है।
- **प्राकृतस्तु बलं श्लेष्मा विकृतो मल उच्यते। स चैवौजः स्मृतः काये स च पाप्मोपदिश्यते॥** (च० सू० 17/117)

    प्राकृतिक कफ को बलस्वरूप माना गया है तथा उसी को शारीरिक ओज भी स्वीकार किया गया है।
- **तत्र रसादीनां शुक्रान्तानां धातूनां यत्परं तेजस्तत् खल्वोजस्तदेव बलमित्युच्यते॥** (सु० सू० 15/24)

    रसादि शुक्रान्त धातुओं के उत्कृष्ट सार भाग को ओज कहते हैं तथा उसी का नाम बल है।

    ओज का स्थान–हृदय (हृदि तिष्ठति................।) (च० सू० 17/74)

    ओज शुक्र धातु का मल- (अ० सं० शा० 6/73)

    ओज सर्वधातुओं का सार है। (अ० हृ० सू० 11/37)
- **तत्र विशेषेण मांससारा बलमायुश्च** (च० वि० 8/105)। **मज्जासारश्च बलवन्तः** (च० वि० 8/108)।

    मांससार तथा मज्जासार पुरुष ही बलवान कहे गए हैं।

बल्य द्रव्य के गुण–

गुरू शीतं मृदु श्लक्षण बहलं मधुरं स्थिरम्। प्रसन्न पिच्छिलं स्निग्धमोजो दशगुणं स्मृतम्॥ (च० चि० 24/31)

गुण - गुरु, शीत, मृदु, श्लक्ष्ण, बहल, स्थिर, पिच्छिल, स्निग्ध

रस - मधुर **वीर्य** - शीत **विपाक** - मधुर

भौतिक संघठन–

पृथिव्यम्बुगुणभूयिष्ठम्। (सु॰ सू॰ 41/10) – पृथ्वी + जल महाभूत-प्रधान।

बल्य औषधियाँ सेवन करने योग्य रोग तथा रोगी–

बिभेति दुर्बलोऽभीक्ष्णं ध्यायति व्यथितेन्द्रियः। दुश्छायो दुर्मना रुक्षः क्षामश्चैवौजसः क्षये॥ (च॰ सू॰ 17/73)

जीर्णज्वररोगी, भयभीत, दुर्बल, चिन्ता करने वाला, पीड़ित इन्द्रियों वाला, त्वकवर्ण बदला हो, बाल, वृद्ध, मन से दुःखी व्यक्ति को बल्य औषधियों का सेवन करना चाहिए।

कार्मुकत्व/Mode of action:

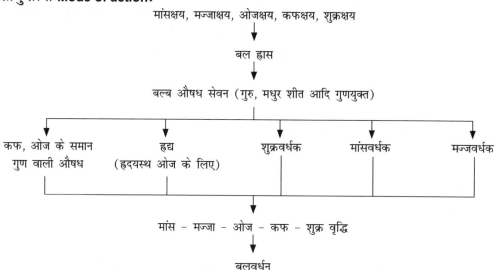

सम्यग् बल्य के लक्षण–

तत्र बलेन स्थिरोपचितमांसता सर्वचेष्टास्वप्रतिघातः स्वरवर्णप्रसादो बाह्यानामाभ्यन्तराणां च करणा–नामात्मकार्यप्रतिपत्तिर्भवति। (सु॰ सू॰ 15/25)

मांसधातु की स्थिरता एवं पुष्टि, कार्य समर्थता, स्वर वर्ण निर्मल, हाथ, पैर, मन, बुद्धि आदि अपने-2 कर्म करने में समर्थ होते हैं।

उदाहरण–

• श्रेष्ठ बल्य आहार – कुक्कुट मांस   श्रेष्ठ बल्य विहार – आश्वासन

विशिष्ट बल्य औषध द्रव्य–

सुषुम्ना	– कुचला	**हृदय**	– अर्जुन	**रक्त**	– लौहसत्व
आमाशय	– तिक्तरस	**नाडीसंस्थान**	– तगर	**नेत्र**	– चक्षुष्य

अन्य द्रव्य–बल्य महाकषाय, शतावरी, मुशली, दुग्ध, स्नेह, कुष्माण्ड, मांस एवं कफवर्धक द्रव्य।

16. बृंहण/Bulk Bodily Promoters

व्युत्पत्ति–बृंह् धातु + ल्युट् लकार-बृंहण = विशाल बनाना।

परिभाषा:

- **बृहत्त्वं यच्छरीरस्य जनयेत्तच्च बृंहणम्।** (च॰ सू॰ 22/9)
  जो द्रव्य या उपाय शरीर में स्थूलता उत्पन्न करता है, उसे बृंहण कहते हैं।
- **बृंहणं यत् बृहत्त्वाय देहस्य।** (अ॰ हृ॰ सू॰ 14/2)
  जिस कर्म से शरीर हृष्ट-पुष्ट हो जाए, उसे बृंहण कहते हैं।
- **यद्देहस्य बृहत्त्वाय-स्थौल्याय, तद्बृंहणम्।** (अ॰ हृ॰ 14/2-हेमाद्रि)
  जो कर्म देह में स्थूलता (बृंहत्व) उत्पन्न करे, वह बृंहण कहलाता है।
- **बृंहणं शरीर वृद्धिकरणं।** (र० वै०)
  जो कर्म/द्रव्य शरीर की वृद्धि करता है, उसे बृंहण कहते हैं।
- **देहं बृंहणाय हितं बृंहणीयम्।** (गंगाधर)
  देह की वृद्धि करने वाले हितकर द्रव्य या कर्म को बृंहण कहते हैं।

रसपञ्चक:

गुरु शीतं मृदु स्निग्धं बहलं स्थूलपिच्छिलम्। प्रायो मन्दं स्थिरं श्लक्ष्णं द्रव्यं बृंहणमुच्यते॥ (च॰ सू॰ 22/13)

गुण–गुरु, शीत, मृदु, स्निग्ध, बहल, स्थूल, पिच्छिल, मन्द, स्थिर, श्लक्ष्ण।

रस - मधुर **विपाक** - मधुर **वीर्य** - शीत

अपवाद–प्राय: शब्द अपवाद को सूचित करता है, यथा-पिप्पली तथा भल्लातक उष्ण वीर्य होते हुए भी बृंहण कर्म करते हैं तथा प्रियंगु शीत वीर्य होते हुए भी लंघन कर्म करता है।

भौतिक संगठन–

- **मांसं प्रार्थिवम्।** (चक्रपाणि)
- **भौमाप्यं च द्रव्यं बृंहणम्।** (अ॰ हृ॰ सू॰ 14/2-हेमाद्रि)
- **बृंहणं पृथिव्यम्बुगुणभूयिष्ठम्।** (सु॰ सू॰ 41/10)

  अष्टांगहृदय, हेमाद्रि, अरुणदत, सुश्रुत - पृथ्वी + जल
  चक्रपाणि - पृथ्वी

कार्मुकत्व/Mode of action:

बृंहण द्रव्य → पृथ्वी + जल - गुरु, स्निग्ध, मृदु, स्निग्ध, बहल, स्थूल, पिच्छिल, मन्द, स्थिर, श्लक्ष्ण, मधुर, शीत

↓

मांस तथा मेद धातु के समान गुण होने से वृद्धि (सामान्य-विशेष न्याय)

↓

बृंहण कर्म

- **बृंहणं शमनं त्वेव वायोः पित्तानिलस्य च।** (अ॰ हृ॰ सू॰ 14/7)

कृशता → वातप्रकोप → पित्तयुक्त वातप्रकोप → पित्त द्वारा स्त्रोतावरोध → वातमार्गावरोध → दाह, शूल रोग
↓
बृंहण द्रव्य सेवन
↓
वात + पितयुक्तवात शमन
↓
दाह, शूलादि रोगों की शान्ति

बृंहण कर्म में अन्य कर्मों का अन्तर्भाव (अ॰ हृ॰ सू॰ 14/3)**:**

स्नेहन एवं स्तम्भन कर्म का अन्तर्भाव सौम्य होने से बृंहण कर्म में किया गया है।

बृंहणीय व्यक्ति

क्षीणाः क्षताः कृशा वृद्धा दुर्बला नित्यमध्वगाः। स्त्रीमद्यनित्या ग्रीष्मे च बृंहणीया नराः स्मृताः॥ (च॰ सू॰ 22/26)

ज्वरादि रोग, शोक से कृश, भार ढोने वाले, वातजप्रकृति, गर्भिणी, सूतिका, बाल, वृद्ध, क्षीण, क्षत, कृश, दुर्बल, नित्य मद्य सेवन करने वाले, नित्य स्त्री सेवन करने वाले, नित्य चलने वाले तथा ग्रीष्म ऋतु में सभी को बृंहण कर्म करना चाहिए।

बृंहण का निषेध

न बृंहयेल्लङ्घनीयान्। (अ॰ हृ॰ सू॰ 14/15)

अपतर्पण कराने के योग्य (प्रमेहरोगी, आमदोषयुक्त आदि) रोगियों के लिए बृंहण योगों का प्रयोग न करें।

बृंहण के लाभ

बृंहिते स्याद्बलं पुष्टिस्तत्साध्यामयस यः। (अ॰ हृ॰ सू॰ 14/16)

बृंहण कर्म से शरीर की पुष्टि, बलवर्धन एवं साध्यरोगों का क्षय होता है।

अतिबृंहण के लक्षण

अतिस्थौल्यापचीमेहज्वरोदरभगन्दरान्। काससन्न्यासकृच्छ्रामकुष्ठादीनतिदारूणान्। (अ॰ हृ॰ सू॰ 14/20)

अतिस्थौल्य, अपची, प्रमेह, ज्वर, उदर, भगन्दर, कास, सन्यास, मूत्रकृच्छ, कुष्ठ आदि अतिबृंहण से उत्पन्न रोग हैं।

उदाहरण–

- **मांसक्षीरसितासर्पिर्मधुरस्निग्धबस्तिभिः। स्वप्नशय्यासुखाभ्यङ्गस्नाननिर्वृतिहर्षणैः।** (अ॰ हृ॰ सू॰ 14/9)
- **क्रव्यादमांसानां बृंहणा लघवो रसाः।** (च॰ सू॰ 22/27)
- **मृगमत्स्यविहङ्गनां मांसं बृंहणमुच्यते।** (च॰ सू॰ 22/25)

दुग्ध, सिता, सर्पि, मांस, अनुवासनबस्ति, निद्रा, सुख, अभ्यंङ्ग, स्नान, हर्ष, मधुर, स्निग्ध आहार को सदा भरपेट खाते रहने से, कच्चा मांस खाने वाले पशु पक्षियों के लघु मांसरस, सात्म्यदेश के रोग रहित और युवावस्था युक्त चलने फिरने वाले मृग, मच्छली, पक्षियों का मांस बृंहण कहा जाता है।

अन्य द्रव्य–बृंहणीय महाकषाय, काकोल्यादि गण आदि।

17. लङ्घन/Lightening

व्युत्पत्ति–लङ्घ् धातु + ल्युट् लकार - लङ्घन = उपवास करना, लघुता उत्पन्न करना।

परिभाषा/लक्षण–

- **यत्किंचिल्लाघवकरं देहे तल्लङ्घनं स्मृतम्।** (च॰ सू॰ 22/9)
  जो कर्म या द्रव्य शरीर में लाघव उत्पन्न करे, उसे लंघन कहते हैं।
- **लङ्घनं लाघवाय यत् देहस्य।** (अ॰ हृ॰ सू॰ 14/2)
  जो कर्म शरीर को लघु बनाए, उसे लंघन कहते हैं।
- **यल्लाघवाय-कार्श्याय, तल्लङ्घनम्।** (अ॰ हृ॰ सू॰ 14/2-हेमाद्रि)
  जो कर्म या द्रव्य शरीर में कृशता उत्पन्न करे, उसे लङ्घन कहते हैं।

लङ्घन के दस भेद (च॰ सू॰ 22/18)**:**

1. वमन	2. विरेचन	3. निरुह	4. नस्य	5. पिपासा
6. वायु का सेवन	7. धूप का सेवन	8. पाचन द्रव्यों का प्रयोग	9. उपवास	10. व्यायाम

रसपञ्चक:

लघूष्णतीक्ष्णविशदं रुक्षं सूक्ष्मं खरं सरम्। कठिनं चैव यद्द्रव्यं प्रायस्तल्लङ्घनं स्मृतम्।। (च॰ सू॰ 22/12)

गुण - उष्ण, लघु, विशद, तीक्ष्ण, रुक्ष, सूक्ष्म, खर, सर, कठिन

रस - कटु, तिक्त, कषाय **विपाक** - कटु **वीर्य** - उष्ण

अपवाद–प्रायः शब्द अपवाद को सूचित करता है, यथा–पिप्पली, भल्लातक उष्ण वीर्य होते हुए भी रसायन एवं बृंहण कर्म करते हैं।

भौतिक संघठन–आग्नेयं वायव्यं नाभसं च लङ्घनम्। (अ॰ हृ॰ सू॰ 14/2-हेमाद्रि)–अग्नि + वायु + आकाश।

कार्मुकत्व/Mode of action:

लङ्घन द्रव्य → अग्नि + वायु + आकाश–कटु, तिक्त, कषाय, लघु, विशद, तीक्ष्ण, रुक्ष, सूक्ष्म, खर, सर, कठिन

↓

कफशमन, वातपित्तकोपन

↓

स्त्रोतोशोधन, अग्नि की अतिवृद्धि

↓

मांस तथा भेद धातु का ह्रास

↓

लंघन कर्म

लङ्घनकाल एवं लङ्घनीयपुरुष

मेहामदोषातिस्निग्धज्वरोरुस्तम्भकुष्ठिनः। विसर्पविद्रधिप्लीहशिरःकण्ठाक्षिरोगिणः। स्थुलांश्च लङ्घयेन्नित्यं शिशिरे त्वपरानपि। (अ॰ हृ॰ सू॰ 14/10)

प्रमेह, आमदोष, अतिस्निग्ध, ज्वर, उरुस्तम्भ, कुष्ठरोगी, विसर्परोगी, विद्रधि, प्लीहारोगी, शिरोरोगी, कण्ठरोगी, अक्षिरोगी, स्थुलता से पीड़ित व्यक्तियों को भी शिशिर ऋतु में लंघन करवाना चाहिए।

सम्यक् लङ्घन के लक्षण (च॰ सू॰ 22/34-35):

- वातमूत्रपुरीषविसर्ग
- हृदय-उदगार-कण्ठ-मुख शुद्ध
- शरीर में लघुता
- तन्द्रा तथा क्लम का नाश
- स्वेद उत्पन्न
- भूख, प्यास एक साथ लगेंगे
- आत्मा में किसी प्रकार का कष्ट न हो।

अति लङ्घन के लक्षण (च॰ सू॰ 22/37):

- पर्वभेद
- क्षुधानाश
- अङ्गमर्द
- अरुचि
- कास
- तृष्णा
- मुखशोष
- दौर्बल्य-श्रोत्र एवं नेत्र में
- मन विभ्रंश
- उर्ध्वजत्रुगतवातजरोग
- हृदय में तम दोष
- देहाग्नि के बल का नाश।

उदाहरण–

कुलत्थजूर्णश्यामाकयवमुद्ग मधूदकम्। मस्तुदण्डाहतारिष्टचिन्ताशोधनजागरम्। मधुना त्रिफलां लिह्याद्गुडू-चीमभयां घनम्। विडङ्गं नागरं क्षारः काललोहरजो मधु। यवामलकचूर्णं च योगात्। (अ॰ हृ॰ सू॰ 14/21-24)

आहार-विहार

कुलत्थ, ज्वार, सावाँ, यव, मुद्ग, मधु + जल, मस्तु, मळा, आसव, अरिष्ट, चिन्ता, शोधन, रात्रीजागरण।

औषध

- त्रिफला चूर्ण, गुडूची स्वरस, हरीतकी चूर्ण, मुस्तक चूर्ण
  अनुपान-मधु
- विडङ्ग, सोंठ, यवक्षार, काललोहरज, यव, आमलकचूर्ण
  अनुपान-मधु
- रसाञ्जन, बृहत्पंचमूल, गुग्गुल, शुद्ध शिलाजतु
  अनुपान-अग्निमन्थ स्वरस

18. लेखन/Scraping Agents

व्युत्पत्ति–लिख धातु + ल्युट् लकार - लेखन = खरोंचना, काटना, पतला करना।

पर्याय–लेखन, कर्शन, कफ शोषण, मेद शोषण, पतलीकरण।

परिभाषा/लक्षण

- **धातून् मलान् वा देहस्य विशोष्योल्लेखयेच्च यत्। लेखनं तद्यथा क्षौद्रं नीरमुष्णं वचा यवाः॥** (शा॰ पू॰ 4/10)

  जो द्रव्य सम्पूर्ण शरीर की धातुओं और मलों को सुखाकर, उखाड़कर या छीलकर शरीर से बाहर निकाल देता है, उसे लेखन कहते हैं। यथा-मधु, उष्णजल, यव, वचा आदि।
- **यद् द्रव्यं धातून् रसादीन् मलान् वा। विशोष्य शुष्कान् कृत्वा, लेखयेत् स्थूलस्य कृशतां कारयेत् तत् लेखनम्।** (आढ़मल)

  जो द्रव्य रसादि धातुओं और मलों का शोषण करके, उन्हें शुष्क बनाकर तथा छीलकर शरीर से बाहर निकाल देता है। इस प्रकार स्थौल्य का नाश करता हुआ कृशता को उत्पन्न करता है, उसे लेखनीय कहते हैं।
- **लेखनं कफमेदसोः।**

- **लेखनं पतलीकरणं।** (सु॰ सू॰ 5/51-डल्हण)

  जो द्रव्य या कर्म शरीर में चिपकने वाली मेद आदि धातुओं तथा कफ को सुखाकर शरीर से निकाल दें और शरीर को कृश करें, उन्हें लेखन कहते हैं।
- **लेखनमीषच्चर्मविदारणं घर्षणेन, तस्मैहितं लेखनीयम्।** (योगेन्द्रनाथसेन)

  घर्षण करके चर्म (त्वक्), मांस को कम करना लेखन कर्म कहलाता है तथा इसमें उपयोग होने वाले द्रव्य को लेखनीय द्रव्य कहते हैं।
- **लेखनं कर्शनं, तस्मै हितं लेखनीयम्।** (द्र॰ गु॰ शा॰)

  कर्शन कर्म में हितकर द्रव्य को लेखन कहते हैं।
- शल्यतन्त्र में व्रण के कठिन और उभरे हुए चर्म और मांसादि को शस्त्र से घृर्षण करके हटाने को लेखन कहते हैं।

रस पञ्चकः

गुण - लघु, रुक्ष, सूक्ष्म **वीर्य** - उष्ण **रस** - कटु, तिक्त, कषाय **विपाक** - कटु

भौतिक संगठन–लेखनमनिलानलगुणभूयिष्ठम्। (सु॰ सू॰ 41/10) - वायु + अग्नि महाभूत प्रधान।

कार्मुकत्व/Mode of action:

लेखन द्रव्य → वायु + अग्नि - लघु, रुक्ष, सूक्ष्म, उष्ण वीर्य, कटु, तिक्त, कषाय रस → कफ का कर्षण

↓

कफ भूयिष्ठ धातु (मांस, मेद) का अपकर्षण

↓

स्थूलता का ह्रास

↓

कृशता

लेखनीय रोग–लेख्याश्चतस्त्रो रोहिण्यः किलासमुपजिह्विका (सु॰ सू॰ 5/5-डल्हण)

स्थौल्य, रोहिणी, किलास, उपजिह्विका आदि रोगों में लेखन कर्म किया जाता है।

उदाहरण–मधु, उष्णजल, वचा, यव, सालसारादि गण, लेखनीय महाकषाय।

19. छेदन/Expectorants

व्युत्पत्ति–छिद् धातु + ल्युट् लकार - छेदन = काटना, फाड़ना, कफ निकालना, चीरना।

पर्याय–कफनि:सारक, श्लेष्महर।

परिभाषा/लक्षणः

- **श्लिष्टान् कफादिकान् दोषानुन्मूलयति यद् बलात्। छेदनं तद्यथा क्षारा मरिचानि शिलाजतु॥** (शा॰ पू॰ 4/9)

  जो द्रव्य शरीर के स्त्रोतों में श्लिष्ट (चिपके हुए) कफादि दोषों को अपने प्रभाव से बलपूर्वक बाहर निकालता है, उसे छेदन कहते हैं। यथा-क्षार, मरिच, शिलाजतु, हिंगु आदि।
- **द्रव्याणि हि अम्ललवणकटूनि शारीर क्लेदानि छिदन्ति।** (गंगाधरसेन)

  अम्ल, लवण, कटु रस युक्त द्रव्य ही शरीर में क्लेदन से छेदन कर्म करते हैं।

कार्मुकत्व/Mode of action:

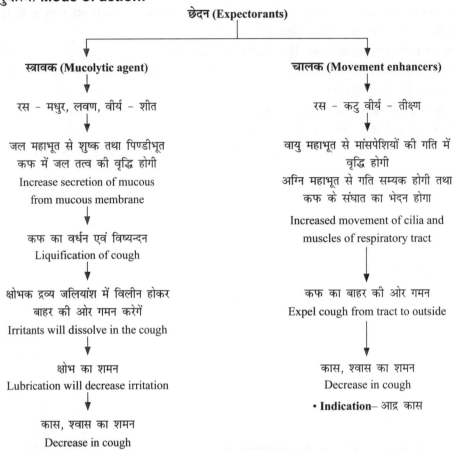

छेदन (Expectorants)

स्त्रावक (Mucolytic agent)

↓

रस - मधुर, लवण, वीर्य - शीत

↓

जल महाभूत से शुष्क तथा पिण्डीभूत कफ में जल तत्व की वृद्धि होगी
Increase secretion of mucous from mucous membrane

↓

कफ का वर्धन एवं विष्यन्दन
Liquification of cough

↓

क्षोभक द्रव्य जलियांश में विलीन होकर बाहर की ओर गमन करेगें
Irritants will dissolve in the cough

↓

क्षोभ का शमन
Lubrication will decrease irritation

↓

कास, श्वास का शमन
Decrease in cough

- **Indications** – शुष्क कास (Dry cough)

चालक (Movement enhancers)

↓

रस - कटु वीर्य - तीक्ष्ण

↓

वायु महाभूत से मांसपेशियों की गति में वृद्धि होगी
अग्नि महाभूत से गति सम्यक होगी तथा कफ के संघात का भेदन होगा
Increased movement of cilia and muscles of respiratory tract

↓

कफ का बाहर की ओर गमन
Expel cough from tract to outside

↓

कास, श्वास का शमन
Decrease in cough

- **Indication**– आद्र कास

कफघ्न क्रिया को सामान्यत: 3 विभागों में विभाजित किया गया है-

- **कफोत्क्लेदी क्रिया (Nauseant expectorant):** उत्क्लेशन क्रिया द्वारा श्वास प्रणालीय ग्रन्थियों को उत्तेजना मिलने से श्लेष्मोद्रेचन की प्रवत्ति बढ़कर कफोत्क्लेदन होता है।
  भौतिक संघठन–पृथ्वी + जल

रस पञ्चक:

गुण - स्निग्ध, द्रव, पिच्छिल, मृदु **रस** - मधुर **विपाक** - मधुर **वीर्य** - शीत

कार्मुकत्व/Mode of action:

कफोत्क्लेदि द्रव्य → गुणों से कफवृद्धि → हल्लास, लालास्राव, प्रसेक, मुखमाधुर्य → वमन प्रवृति
↓
वमन के साथ कफ का बर्हिगमन

उदाहरण–मदनफल, मधुयष्टी, गुडूची, हरिद्रा।

- **क्षारीय कफ निस्सारक (Saline expectorant):** क्षार आमाशय में पहुँचकर आमाशयिक नाड़ीसूत्रों द्वारा प्रत्यावर्तन क्रिया के परिणामस्वरूप श्वसनप्रणाली से स्त्राव की वृद्धि कराते हैं।

  उदाहरण–नवसादर (ammonium carbonates, citrate – potassium citrate, ammonium potassium lactate), यवक्षार, सर्जिक्षार, टंकणक्षार आदि।

- **स्निग्धोत्क्लेशन (Demulcents):**

स्निग्ध, पिच्छिल, द्रवगुण → कष्ठ, श्वासप्रणाली, जिह्वमूल की ग्रन्थियों से कफ का स्राव करते हैं

↓

उसका उद्रेचन कराकर स्थानिय स्निग्घता एवं आर्द्रता उत्पन्न करते हैं

↓

कण्ठ की रुक्षता का शमन → कास का शमन

उदाहरण–पिप्पल्यादीगण, वचा, प्रवालभस्म, सुरसादिगण, कर्पूर, मुक्ताभस्म, यष्टीमधु, कर्कटश्रृंगी, श्रृंगभस्म, बिभीतक, तोदरी, शंखभस्म, वनफ्शा, रुमीमस्तगी, शुक्तिभस्म, अभ्रकभस्म, जूफा।

20. मदकारी/Narcotics/Intoxicating Agents

व्युत्पत्ति–मुद् हर्षे धातु–मद्य = हर्ष को उत्पन्न करना, नशे में चूर होना, पागल होना।

परिभाषा/लक्षण–

- **बुद्धिं लुम्पति यद् द्रव्यं मदकारि तदुच्यते। तमोगुणप्रधानं च यथा मद्यं सुरादिकम्।।** (शा॰ पू॰ 4/21)

  जो द्रव्य सेवन करने से शरीर में तमोगुण की वृद्धि करके बुद्धि का लोप कर देते हैं, उन्हें मदकारी या मादक कहते हैं। यथा–मद्य, सुरा आदि।

- **यद् द्रव्यं तीक्ष्णादिभिर्गुणैः मंदादीन् ओजसोगुणान् संक्षोभ्य चेतो विक्रियां नयति तद् मदकारि।** (द्र॰ गु॰ शा॰)

  जो द्रव्य अपने तीक्ष्णादि गुणों से ओज के मन्दादि गुणों का संक्षोभ करते हैं तथा चित्त (मन) को विक्रीय (संज्ञा ग्रहण से दूर) करते हैं, वे मदकारी कहलाते हैं।

रस पञ्चकः

लघूष्णतीक्ष्णसूक्ष्माम्लव्यवाय्याशुगमेव च। रुक्षं विकासि विशदं मद्यं दशगुणं स्मृतम्। (च॰ चि॰ 24/30)

गुण- लघु, उष्ण, तीक्ष्ण, सूक्ष्म, आशु, व्यवायी, विकासी, विशद।

रस - अम्ल प्रधान सर्वरस युक्त।

वीर्य - उष्ण।

भौतिक संगठन–अग्नि + वायु महाभूत प्रधान

कार्मुकत्व/Mode of action:

मदकारी द्रव्य → व्यवायी, विकासी गुण → हृदय पर शीघ्र प्रभाव → ओज का विपरीत गुण होने से ह्रास
↓
सत्व (ओज आश्रय) का ह्रास
↓
तमोगुण वृद्धि
↓
चितविभ्रंश/बुद्धि लोप

मदकारी द्रव्य के सेवन से लाभ

शोकारतिभयोद्वेग नाशिनी या महाबला। या प्रीतिर्या रतिर्या वाग् च पुष्टिर्या च निर्वृतिः॥ (च॰ चि॰ 24/10)

मदकारी द्रव्य शोक, बेचैनी, भय, उद्वेग का नाश, बल की अनुभूति, प्रसन्नता, रतिक्रिया में हर्ष, वाक् शक्ति की वृद्धि एवं परम् शक्ति प्रदान कराने वाले होते हैं।

उदाहरण–अहिफेन, धतूरा, भंगा, विविध प्रकार की मद्य।

21. प्रमाथि/Churning

व्युत्पत्ति–प्र + मथ् + णिनि-प्रमाथि = मथने वाला, बलपूर्वक हरने वाला, नष्ट करने वाला।

परिभाषा/लक्षण–

- **निजवीर्येण यद् द्रव्यं स्त्रोतोभ्यो दोषसंञ्चयम्। निरस्यति प्रमाथि स्यात् तद्यथा मरिचं वचा॥** (शा॰ पू॰ 4/23)

  जो द्रव्य अपनी शक्ति से स्त्रोतों में से दोषों के संचय को दूर करे, उसे प्रमाथि कहते हैं। यथा-मरिच, वचा आदि।
- **स्त्रोतांसि दोषलिप्तानि प्रमथ्य विवृणोति यत्। प्रविश्य सौक्ष्म्यात्तैक्ष्ण्याच्च तत्प्रमाथीति संज्ञितम् तैश्चस्त्रोतोभिः, शुद्धैः सम्यग्वहन् रसः पुष्टिं कुर्यात्।** (अ॰ हृ॰ चि॰ 3/158-अरुणदत्त)

  जो द्रव्य या कर्म अपने सूक्ष्म, तीक्ष्ण आदि गुणों के कारण स्त्रोतों में लिप्त दोषों को दूर कर, स्त्रोतों को विवृत करे, उसे प्रमाथि कहते हैं।
- **यद् द्रव्यं प्रभावेण रसवहस्त्रोतोभ्यो दोषसंचयं दूरीकरोति तत् प्रमाथि। यथा प्रसहमांसं क्षये। तत् प्रमाथित्वात् स्त्रोतोभ्यः कफं च्यावयति। तेन स्त्रोतोभिः शुद्धैः सम्यग्वहन् रसः पुष्टिं कुर्यात्॥** (द्र॰ गु॰ शा॰)

  जो द्रव्य अपने प्रभाव से रसवह स्त्रोतों से कफ का विस्रावण करे, दोष संचय को दूर करके स्त्रोतों की शुद्धि करते हैं तथा रस का सम्यग् वहन करवाकर शरीर की पुष्टि में सहायक होते हैं, उन्हें प्रमाथि कहा जाता है। यथा-क्षय रोग में प्रसह मांस।

रस पञ्चकः

गुण- लघु, तीक्ष्ण, सूक्ष्म
रस - कटु
वीर्य - उष्ण
विपाक - कटु
भौतिक संगठनः वायु + आकाश + अग्नि महाभूत प्रधान।

कार्मुकत्व/Mode of action:

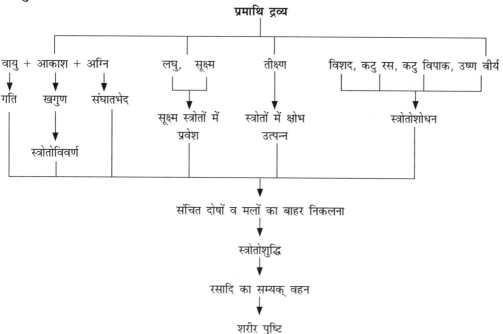

प्रमाथि द्रव्य
वायु + आकाश + अग्नि
गति
खगुण
संघातभेद
स्त्रोतोविवर्ण
लघु, सूक्ष्म
सूक्ष्म स्त्रोतों में प्रवेश
तीक्ष्ण
स्त्रोतों में क्षोभ उत्पन्न
विशद, कटु रस, कटु विपाक, उष्ण वीर्य
स्त्रोतोशोधन
संचित दोषों व मलों का बाहर निकलना
स्त्रोतोशुद्धि
रसादि का सम्यक् वहन
शरीर पुष्टि

उदाहरण–मरिच, वचा, पिप्पली।

22. अभिष्यन्दि/Blocking Channels

व्युत्पत्ति–अभि + स्यन्द् + धञ् प्रत्यय–अभिष्यन्द = अधिक बढ़ाना, स्राव, बहाव।

परिभाषा/लक्षण–

- **अभिष्यन्दि दोषधातुमलस्रोतसां क्लेद् प्राप्तिजननम्।** (डल्हण)

  जो द्रव्य दोष, धातु और मलों के स्त्रोतसों में क्लेद की वृद्धि करवाकर अवरोध उत्पन्न करते हैं, उन्हें अभिष्यन्दि कहते हैं।

- **पैच्छिल्याद् गौरवाद् द्रव्यं रुद्धवा रसवहाः शिराः। धत्ते यद् गौरवं तत् स्यादभिष्यन्दि यथा दधि॥**

  (शा॰ पु॰ 4/24)

  जो द्रव्य पिच्छिल और गुरु गुणों के कारण रसवह सिराओं को अवरुद्ध करके शरीर में गौरव उत्पन्न करते हैं, उन्हें अभिष्यन्दि कहा जाता है।

रस पञ्चक:

गुण - गुरु, स्निग्ध, पिच्छिल, मन्द, विष्यन्दि   रस   - मधुर

वीर्य - शीत   विपाक - मधुर

भौतिक संगठन–पृथ्वी + जल महाभूत प्रधान।

कार्मुकत्व/Mode of action:

अभिष्यन्दि द्रव्य → गुरु, स्निग्ध, पिच्छिल, मधुर, शीत → दोष, धातु, मल के स्त्रोतों में स्राव, पिच्छिलता एवं गौरव

$$\downarrow$$

स्त्रोतोवरोध

$$\downarrow$$

शरीर में गौरव

उदाहरण–दधि, माष, आनूपमांस, फाणित।

23. व्यवायी/Quickly Absorbed

व्युत्पत्ति–वि + अव + मथ् + णिनि-व्यवायिन् = पृथक् करने वाला, व्यापक।

परिभाषा/लक्षण–

- पूर्वं व्याप्याखिलं कायं ततः पाकं च गच्छति। व्यवायि तद्यथा भङ्गा फेनं चाहिसमुद्भवम्॥ (शा॰ पू॰ 4/19)
- व्यवायी चाखिलं देहं व्याप्य पाकाय कल्पते। (सु॰ सू॰ 46/529)

     जो द्रव्य अपक्वावस्था में (जाठराग्नि के द्वारा परिपक्व होने के पूर्व) ही अपने प्रभाव से सम्पूर्ण शरीर में व्याप्त हो जाएं, तत्पश्चात् पाक को प्राप्त हों, उन्हें व्यवायी कहते हैं। यथा-भंगा, अहिफेन आदि के सेवन करते ही पहले नशा उत्पन्न हो जाता है और पचने पर उतर जाता है, यही इनका व्यवायी नामक प्रभाव है।

- व्यवायी पाकात् पूर्वं देहे प्रसरति। रसानुगं भूत्वा हृदयं याति। हृदयस्थं चोजः क्षपयति। एवमपरिणतमेव सकलदेहं व्यापयति। यथा तैलं, मद्यं, वमनद्रव्यं, विरेचनद्रव्यं च। (द्र॰ गु॰ शा॰)

     जो द्रव्य पाक से पहले ही देह में फैलते हैं, रस धातु को प्राप्त होकर हृदय में जाते हैं तथा हृदय में स्थित ओज का क्षपण करते हैं, अतः जो परिणाम को प्राप्त होने से पूर्व ही सम्पूर्ण देह में व्याप्त हो जाते हैं, वे व्यवायी कहलाते हैं। यथा-तैल, वमन द्रव्य, विरेचन द्रव्य आदि।

रस पञ्चक:

रस   - प्रायः तिक्त प्रधान   **गुण**   - लघु, सूक्ष्म

विपाक- कटु   **दोषकर्म** - कफशामक

भौतिक संगठन–वायु + आकाश महाभूत प्रधान

कार्मुकत्व/Mode of action:

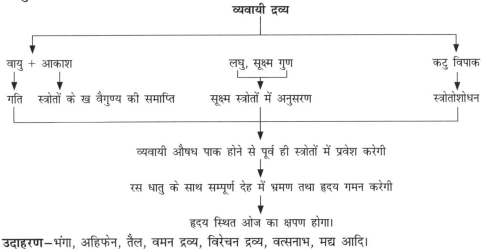

व्यवायी औषध पाक होने से पूर्व ही स्त्रोतों में प्रवेश करेगी

रस धातु के साथ सम्पूर्ण देह में भ्रमण तथा हृदय गमन करेगी

हृदय स्थित ओज का क्षपण होगा।

उदाहरण—भंगा, अहिफेन, तैल, वमन द्रव्य, विरेचन द्रव्य, वत्सनाभ, मद्य आदि।

24. विकासी/Causing Depression and Slackness

परिभाषा/लक्षण–

- **विकासी विकसन्नेवं धातुबन्धान् विमोक्षयेत्।** (सु॰ सू॰ 46/530)

  जो द्रव्य मद्य तथा विष के समान सम्पूर्ण शरीर में विकसित होकर, धातुओं का ह्रास तथा सन्धिबन्धनों को शिथिल करता है, वह विकासी कहलाता है।

- **सन्धिबन्धांस्तु शिथिलान् यत्करोति विकासि तत्। विश्लेष्यौजश्चधातुभ्यो यथा क्रमुककोद्रवाः॥** (शा॰ पू॰ 4/20)

  जो द्रव्य धातुओं से ओज (क्रियाशक्ति) को पृथक करके, सन्धियों के बन्धनों को शिथिल (ढीला) करता है, वह विकासी कहा जाता है, इन द्रव्यों के सेवन से शरीर में कृशता तथा शिथिलता उत्पन्न होती है। यथा-सुपारी तथा कोद्रव आदि।

- **विकासी दोषसंघातान् विच्छिन्दयति सन्धिबन्धांश्च मोचयति। ओजः क्षयं नयति। यथा वमनद्रव्यं, विरेचनद्रव्यं, मद्यं, विषं च।** (द्र॰ गु॰ शा॰)

  जो द्रव्य दोष संघात का छेदन कर, सन्धिबन्धनों को शिथिल करते हैं तथा ओज का भी क्षय करते हैं, उन्हें विकासी कहा जाता है।

रस पञ्चकः

गुण	–	लघु, रुक्ष, उष्ण, तीक्ष्ण	**विपाक** – कटु
दोषकर्म	–	वातप्रकोपक, कफह्रासक	
भौतिक संघठन	–	वायु + अग्नि महाभूत प्रधान	

कार्मुकत्व/Mode of action:

विकासी द्रव्य → शरीर की प्रकृतिकावस्था में स्थित दोषों तथा धातुओं की विकृती → दोष तथा धातुओं की
क्रियाशक्ति का ह्रास
↓
शारीरिक बल रूप कफ का ह्रास
↓
सन्धिबन्धनों में शिथिलता
तथा शरीर में कृशता

उदाहरण–क्रमुक, मद्य, भंगा, सर्पविष, वमनद्रव्य, विरेचनद्रव्य, कोद्रव आदि।

दीर्घ-उत्तरीय प्रश्न

1. रसायन तथा वाजीकरण का विस्तार से वर्णन करें।
2. अनुलोम, स्रंसन, भेदन तथा रेचन का वर्णन करें।
3. कर्म की परिभाषा का वर्णन करते हुए उसके वर्गीकरण की व्याख्या करें।

लघु-उत्तरीय प्रश्न

1. दीपन तथा पाचन में भेद स्पष्ट करें।
2. ग्राहि तथा स्तम्भन कर्म में भेद स्पष्ट करें।
3. व्यवायी तथा विकासी कर्म की व्याख्या करें।

बहुविकल्पीय प्रश्न

1. वैशेषिक दर्शन के अनुसार इनमें से कौन सा कर्म नहीं हैं?
   a. उत्क्षेपण   b. अपेक्षण   c. आस्थापन   d. सभी

2. चरक ने रसायन प्रकरण में किसे श्रेष्ठ मेध्य द्रव्य माना है?
   a. मण्डूकपर्णी   b. शंखपुष्पी   c. गुडूची   d. यष्टीमधु

3. आचार्य सुश्रुत के अनुसार दीपन द्रव्य कौन से महाभूत प्रधान होते हैं?
   a. अग्नि   b. अग्नि + वायु   c. अग्नि + जल   d. पंचमहाभूत

4. जो द्रव्य अन्न का पाचन करें, परन्तु अभ्यवहरण शक्ति न बढ़ाएं, वे क्या कहलाते हैं?
   a. दीपन   b. पाचन   c. ग्राहि   d. स्तम्भन

5. जिस चिकित्सीय कर्म द्वारा दोष कभी कूपित नहीं होते, उसे क्या कहते हैं?
   a. संशोधन   b. संशमन   c. स्वस्थहित   d. कोई नहीं

6. दीपन-पाचन किस चिकित्सीय कर्म के भेद हैं?
   a. संशोधन   b. संशमन   c. विरेचन   d. वमन

7. वाजीकरण के कितने भेद हैं?
   a. दो   b. तीन   c. चार   d. छ:

8. लाभोपायो हि शस्तानाम् रसादिनाम् रसायनम् में रसादि से क्या तात्पर्य है?
   a. रसना का अर्थ   b. रसादि धातु
   c. रसादि धातु एवं स्मृति आदि   d. रस कल्पना

9. जीवनीय (Vitalizer) के गुण हैं–

a. पार्थिव, जलीय b. मधुर रस c. शीत वीर्य d. उपरोक्त सभी

10. पक्वापक्व मृदु मल को बाहर निकालने की क्रिया को क्या कहते हैं?

a. अनुलोमन b. भेदन c. विरेचन d. स्त्रंसन

11. स्नुही दुग्ध निम्नलिखित में श्रेष्ठ है-

a. मृदु विरेचन b. स्त्रंसन c. सुख विरेचन d. तीक्ष्ण विरेचन

12. श्रेष्ठ विरेचन में किस क्रम से दोष बाहर निकलते हैं?

a. पुरीष, पित्त, वायु, कफ b. पित्त, पुरीष, वायु, कफ
c. पुरीष, पित्त, कफ, वायु d. वायु, पुरीष, पित्त, कफ

13. जो द्रव्य उष्णता से द्रव शोषक एवं पाचक होते हैं, वे क्या कहलाते हैं?

a. ग्राहि b. स्तम्भन c. दीपन d. पाचन

14. जो द्रव्य कषाय रस, रुक्ष वीर्य होने से द्रव शोषक होते है, वे क्या कहलाते हैं?

a. ग्राहि b. स्तम्भन c. दीपन d. पाचन

15. जो द्रव्य स्त्रोतों में लिप्त दोषों को दूर कर उन्हें विवृत करें, वे क्या कहलाते हैं?

a. अभिष्यन्दि b. प्रमथी c. व्यवायी d. विकासी

16. बल्य औषधियाँ किसकी वृद्धि करती हैं?

a. ओज b. मांस c. मेद d. रक्त

17. अभिष्यन्दि पदार्थों के अतिसेवन से प्लीहा-

a. घटती है b. बढ़ती है c. कुछ नहीं होता d. ज्यादा घटती है

18. लंघन के कितने भेद होते हैं?

a. पाँच b. तेरह c. दस d. सात

19. बुद्धि का लोप किससे होता है?

a. मेध्य b. मदकारी c. विश d. आचार रसायन

20. चालक तथा स्त्रावक किसके भेद हैं?

a. निरुह b. विरेचन c. वमन d. छेदन

उत्तरमाला (बहुविकल्पीय प्रश्न)

1. c **2.** b **3.** a **4.** b **5.** a **6.** b **7.** b **8.** c **9.** d **10.** d
11. d **12.** c **13.** a **14.** b **15.** b **16.** a **17.** b **18.** c **19.** b **20.** d

अध्याय 10

मिश्रकगणविज्ञानीयाध्याय

I. स्थावर द्रव्य

1. दशमूल

दशमूल संज्ञा निम्नलिखित आधार पर दी गई है:-

- दस धमनियों का बृंहण करने के लिए।
- दसों इन्द्रियों को अपने विषय में सलग्न करने के लिए।
- दस प्रकार की वायु का शमन करने के लिए। →
  - आभ्यान्तर वायु - प्राण, उदान, समान, व्यान, अपान
  - बाह्य वायु - धनञ्जय, दैववृत, कृंकल, नाग, कुरभ

गुणकर्म

- **गणः श्वासहरो ह्येष कफपित्तानिलापहः। आमस्य पाचनश्चैव सर्वज्वरविनाशनः॥** (सु॰ सू॰ 38/72)
- **उभाभ्यां पञ्चमूलाभ्यां दशमूलमुदाहृतम्। दशमूलं त्रिदोषघ्नं श्वासकासशिरोरूजः। तन्द्राशोथज्वरानाह पार्श्वपीड़ाऽरूचीहरेत् ॥** (भा॰ प्र॰/गु॰/49)

रस - तिक्त, कषाय, मधुर
गुण - लघु
वीर्य - उष्ण

दोष - वातकफहर (वेद), त्रिदोषघ्न (संहिताएं, निघण्टु)
कर्म - आमहर, सर्वज्वरनाशक, श्वास, कास, शिरोरूज, तन्द्रा, शोथ, आनाह, पार्श्वपीड़ा, अरुचिहर।

दशमूल
→ बृहत् पञ्चमूल
→ लघु पञ्चमूल

2. बृहत् पञ्चमूल

बिल्वाग्निमन्थटिण्टुकपाटलाः काश्मर्य्यश्चेति महत्। (सु॰ सू॰ 38/69)

बिल्व, अग्निमन्थ, टिण्टुक, पाटला तथा काश्मर्य का संग्रह बृहत् पञ्चमूल कहलाता है।

गुणकर्म

सतिक्तं कफवातघ्नं पाके लघ्वग्निदीपनम्। मधुरानुरसश्चैव पञ्चमूलं महत् स्मृतम्॥ (सु॰ सू॰ 38/70)

पञ्चमूलं महत् तिक्त कषायं कफवातनुत्। मधुरं श्वासकासघ्नमुष्णं लघ्वग्निदीपनम्॥ (भा॰ प्र॰/गु॰/30)

रस - तिक्त, कषाय
दोषकर्म - कफवातघ्न

अनुरस - मधुर **कर्म** - अग्निदीपन, श्वासहर, कासहर, शोथहर, आमहर
विपाक - लघु

द्रव्य	Botanical Name & Family	रस	गुण	वीर्य	विपाक	कर्म
बिल्व	*Aegle marmelos* Rutaceae	कषाय, तिक्त	लघु, रुक्ष	उष्ण	कटु	ग्राहि
अग्निमन्थ	*Premna mucronata* Verbenaceae	तिक्त, कषाय, कटु, मधुर	रुक्ष, लघु	उष्ण	कटु	शोथहर
पाटला	*Stereospermum suaveolens* Bignoniaceae	तिक्त, कषाय	लघु, रुक्ष	उष्ण	कटु	शोथहर
काश्मर्य (गम्भारी)	*Gmelina arborea* Verbenaceae	तिक्त, मधुर, कषाय	गुरु	उष्ण	कटु	शोथहर
टिण्टुक (श्योनाक)	*Oroxylum indicum* Bignoniaceae	मधुर, कषाय, तिक्त	लघु, रुक्ष	उष्ण	कटु	आमहर

3. लघु पञ्चमूल

तत्र त्रिकण्टकबृहतीद्वयपृथक्पर्ण्यो विदारिगन्धा चेति कनीयः। (सु॰ सू॰ 38/67)

त्रिकण्टक, बृहती, लघुकण्टकारी, पृथकपर्णी एवं विदारिगन्धा का संग्रह लघु पंचमूल कहलाता है।

पर्याय- कनीय पंचमूल, पंचगण (रा॰ नि॰)

गुणकर्म

- **कषायतिक्तमधुरं कनीयः पञ्चमूलकम् वातघ्नं पित्तशमनं बृंहणं बलवर्द्धनम्।** (सु॰ सू॰ 38/68)
- **पञ्चमूलं लघु स्वादु बल्यं पित्तानिलापहम्। नात्युष्णं बृंहणं ग्राहि ज्वरश्वासाश्मरीप्रणुत्॥** (भा॰ प्र॰/गु॰/48)

रस - कषाय, तिक्त, मधुर **दोषकर्म** - वातघ्न, पित्तशमन
वीर्य - नात्युष्ण **कर्म** - बृंहण, बलवर्धन, ग्राहि, ज्वर, श्वास, अश्मरीहर

द्रव्य	Botanical Name & Family	रस	गुण	वीर्य	विपाक	कर्म
त्रिकण्टक (गोक्षुर)	*Tribulus terrestris* Zygophyllaceae	मधुर	गुरु, स्निग्ध	शीत	मधुर	मूत्रविरेचनीय
लघु कण्टकारी	*Solanum surattense* Solanaceae	तिक्त, कटु	लघु, रुक्ष तीक्ष्ण	उष्ण	कटु	कासहर
बहृत् कण्टकारी	*Solanum indicum* Solanaceae	कटु, तिक्त	लघु, रुक्ष तीक्ष्ण	उष्ण	कटु	कासहर
पृथकपर्णी (पृश्निपर्णी)	*Uraria picta* Fabaceae	मधुर, तिक्त	लघु, स्निग्ध	उष्ण	मधुर	अंगमर्दप्रशमन
विदारिगन्धा (शालपर्णी)	*Desmodium gangeticum* Fabaceae	मधुर, तिक्त	गुरु, स्निग्ध	उष्ण	मधुर	अंगमर्दप्रशमन

4. वल्ली पञ्चमूल

विदारीसारिवारजनीगुडूच्योऽजशृङ्गी चेति वल्लीसंज्ञः॥ (सु॰ सू॰ 38/73)

विदारीकन्द, सारिवा, रजनी, गुडूची एवं अजशृङ्गी का संग्रह वल्ली पंचमूल कहलाता है।

नोट:- रजनी के स्थान पर मञ्जिष्ठा का ग्रहण करने में युक्ति - यद्यपि वल्ली पंचमूल के सन्दर्भ में सुश्रुत संहिता में रजनी तथा वाग्भट में हरिद्रा का वर्णन आया है, परन्तु हरिद्रा वल्ली स्वरूप न होने के कारण, हम इसका ग्रहण नहीं कर सकते हैं। राज निघण्टु के सप्तार्थक वर्ग में मञ्जिष्ठा एवं रजनी को समान मानकर रोहिणी के पर्यायों में वर्णित किया है, अत: हम रजनी के स्थान पर मञ्जिष्ठा का ग्रहण करते हैं।

5. कण्टक पञ्चमूल

करमर्दत्रिकण्टकसैरीयकशतावरीगृध्रनख्य इति कण्टकसंज्ञः। (सु॰ सू॰ 38/74)

करमर्द, त्रिकण्टक, सैरीयक, शतावरी एवं गृध्रनखी के संग्रह को कण्टकपंचमूल कहते हैं।

वल्ली पञ्चमूल एवं कण्टक पञ्चमूल के गुणकर्म-

- **वल्ली पञ्चमूल प्रशस्तं कफनाशनम्। सृष्टमूत्रानिलहरं वृष्यमेन्द्रियबोधनम्।**
- **कण्टकाख्यं कफनिलहंर। मधुरानुरसश्चैव पक्वाशयविशोधनम्॥**
- **रक्तपित्तहरौ ह्येतौ शोफत्रयविनाशनौ। सर्वमेहहरौ चैव शुक्रदोषविनाशनौ ॥** (सु॰ सू॰ 38/75)

रस - तिक्त, मधुर **विपाक** - मधुर

गुण - गुरू, स्निग्ध **दोषकर्म** - कफवातशामक

वीर्य - अनुष्ण

कर्म -
- **वल्ली पञ्चमूल**-सृष्टमूत्र, वृष्य, इन्द्रियबोधक
- **कण्टक पञ्चमूल**-पक्वाशयविशोधन, सर्वदोषहर। (अ॰ स॰ सू॰ 12/62)
- **वल्ली, कण्टक पञ्चमूल**-रक्तपित्तहर, त्रिविधशोफविनाशन, सभी प्रकार का प्रेमहर, शुक्रदोषहर, बल्य, रसायन, रक्तप्रसादन।

वल्ली पञ्चमूल

द्रव्य	Botanical Name & Family	रस	गुण	वीर्य	विपाक	कर्म
विदारी	*Pueraria tuberosa* Fabaceae	मधुर	गुरु, स्निग्ध	शीत	मधुर	बल्य
सारिवा	*Hemidesmus indicus* Asclepiadaceae	मधुर, तिक्त,	गुरु, स्निग्ध	शीत	मधुर	रक्तप्रसादन
(रजनी) मंजिष्ठा	*Rubia cordifolia* Rubiaceae	तिक्त, कषाय, मधुर	गुरु, रूक्ष	उष्ण	कटु	रक्तप्रसादन
गुडूची	*Tinospora cordifolia* Menispermaceae	तिक्त, कषाय	गुरु, स्निग्ध	उष्ण	मधुर	रसायन
अजशृङ्गी (मेषशृङ्गी)	*Gymnema sylvestre* Asclepiadaceae	कषाय, तिक्त	लघु, रुक्ष	उष्ण	कटु	रस्य

कण्टक पञ्चमूल

द्रव्य	Botanical Name & Family	रस	गुण	वीर्य	विपाक	कर्म
करमर्द	*Carissa carandas* Apocynaceae	तिक्त, कटु	स्निग्ध, गुरु	शीत	कटु	मूत्रजनन

त्रिकण्टक (गोक्षुर)	*Tribulus terrestris* Zygophyllaceae	मधुर	गुरु, स्निग्ध	शीत	मधुर	मूत्रविरेचनीय
सैरेयक	*Barleria prionitis* Acanthaceae	तिक्त, मधुर	लघु	उष्ण	कटु	कुष्ठघ्न
शतावरी	*Asparagus racemosus* Liliaceae	मधुर, तिक्त	गुरु, स्निग्ध	शीत	मधुर	शुक्रजनन
गृध्रनखी (हिंस्रा)	*Capparis sepiaria* Capparidaceae	कटु, तिक्त	रुक्ष, लघु	उष्ण	कटु	शोथहर

6. तृण पञ्चमूल

तृण - Poaceae Family, कुल द्रव्य - 9, व्यवहार में लाए जाने वाले द्रव्य - 7

चरक	वाग्भट	धानवन्तरी निघण्टु	कैदेव निघण्टु	सुश्रुत	भाव प्रकाश	वृन्धमाधाव
इक्षु	इक्षु	इक्षु	इक्षु	काण्डेक्षु	इक्षु	इक्षु
दर्भ	दर्भ	दर्भ	दर्भ	दर्भ	दर्भ	दर्भ
काश	काश	काश	काण्डेक्षु	काश	काश	काश
शाली	शाली	शाली	शाली	कुश	कुश	कुश
शर	शर	शर	शर	नल	शर	शर

↓ शरादि पंचमूल (चरक) ↓ पंचतृण (कैदेव निघण्टु) ↓ तृणपंचमूल (भाव प्रकाश)

नोट- कुछ आचार्य दर्भ तथा कुश को एक मानकर इनमें से एक को रखकर दूसरे के स्थान पर कुछ और लेते हैं। चरक सूत्रस्थान/4 स्तन्यजनन महाकषाय में सब तृण द्रव्य हैं, जिनमें दर्भ, कुश, काश, गुन्द्रा, उत्कट यह 5 द्रव्य क्रम से हैं, यही 5 मूत्रविरेचनीय महाकषाय में भी वर्णित हैं इससे पता चलता है कि प्रसंगानुसार तृणपंचमूल के घटक द्रव्यों में सम्मिलित किया गया होगा। कुछ ग्रन्थों में शर के 2 भेद कहे गये हैं यथा - शर एवं मुण्ज (महानल)। भावप्रकाश ने मुण्जद्वय का वर्णन किया है। सिद्धसार निघण्टु ने काशद्वय (काश, इक्षु) का वर्णन किया है। कुछ स्थानों पर दर्भद्वय एवं कुशद्वय का वर्णन आया है, जिसमें दर्भ एवं कुश आते हैं।

1. **दर्भ**- अथर्ववेद में दर्भ को "मन्युशमन" (मन की चंचलता को कम करने वाला) कहा है। "दर्भ तुम मेरे मन को ऐसे बान्धो जैसे पृथ्वी को बान्धते हो।" (गीता) अर्थात् - इसकी मूल दृढ़ होती है, जिसके कारण दर्भ पृथ्वी को बांधती है, अत: स्वरूपात्मक आधार (doctrine of signature) पर इसका कर्म मन को दृढ़ करना बताया गया है।
2. **कुश**- **"गांढ शते भूमौ कुश इति नामना पवित्रकः कथितः।"** जो भूमि में बहुत समय तक जीवित रहे तथा जिसकी मूल गहरी हो। कुश का अग्र भाग तीक्ष्ण होता है तभी कुशाग्र बुद्धि की उपमा दी जाती है। कहानी - चाणक्य के पैर में कुश गढ़ गया था, तभी उन्होनें प्रतिज्ञा ली थी कि पूरी पृथ्वी से कुश को निकाल फैंकुगा, अर्थात् कुश की मूल तीक्ष्ण पतली तथा गहरी होती है।
3. **काश**- **"दीप्तौ अथ" (प्रकाश)** - अत: जब काश पुष्पित होता है तब सफेद रंग के पुष्प लहलहाते हैं जो प्रकाश के समान लगते हैं।
4. **शर**- **हिंसा गतौ धातु** - पत्रों की तीक्ष्ण धार से हाथ आदि कटने रूपी हिंसा से इसे शर कहा जाता है।
5. **नल**- पोट्टगल (शून्य मध्य) भावप्रकाश ने नलद्वय का वर्णन किया है, जिसमें नल तथा महानल आते हैं।
6. **इक्षु**- इश धातु से बना है - "इश्यते असौ मधुरत्वाति इति इक्षु।" मधुर रस प्रधान होने से इसे इक्षु कहा जाता है।

कुशकाशनलदर्भकाण्डेक्षुका इति तृणसंज्ञकः। (सु॰ सू॰ 38/76)

कुश, काश, नल, दर्भ तथा काण्डेक्षु का संग्रह तृणपंचमूल कहलाता है।

गुणकर्म-

मूत्रदोषविकारश्च रक्तपित्तं तथैव च। अन्त्यः प्रयुक्तः क्षीरेण शीघ्रमेव विनाशयेत्॥ (सु॰ सू॰ 38/77)

रस - मधुर, तिक्त **विपाक** - मधुर

गुण - लघु, स्निग्ध **दोषकर्म** - पित्तशामक

वीर्य - शीत

कर्म - दुग्ध के साथ प्रयोग करने पर मूत्रदोषहर, रक्तपित्तहर, स्तन्यजनन।

द्रव्य	Botanical Name & Family	रस	गुण	वीर्य	विपाक	कर्म
कुश	*Desmostachya bipinnata* Poaceae	मधुर, कषाय	लघु, स्निग्ध	शीत	मधुर	मूत्रविरेचनीय
काश	*Saccharum spontaneum* Poaceae	मधुर, कषाय	लघु, स्निग्ध	शीत	मधुर	मूत्रविरेचनीय
नल	*Arundo donax* Poaceae	मधुर, कषाय, तिक्त	लघु, स्निग्ध	शीत	मधुर	स्तन्यजनन
दर्भ	*Imperata cylindrica* Poaceae	मधुर	गुरु, स्निग्ध	शीत	मधुर	मूत्रविरेचनीय, स्तन्यजनन
काण्डेक्षु	*Saccharum officinarum* Poaceae	मधुर	गुरु, स्निग्ध	शीत	मधुर	मूत्रविरेचनीय

7. मध्यम् पञ्चमूल

बलापुनर्नवैरण्डशूर्पपर्णीद्वयेन तु च। (अ॰ हृ॰ सू॰ 6/169)

बला, पुनर्नवा, एरण्ड एवं उपर्णीद्वय (मुद्गपर्णी, माषपर्णी) का संग्रह मध्यम् पंचमूल कहलाता है।

नोट- मध्यम् पंचमूल की औषधियों का संग्रह चरक चिकित्सा स्थान ब्रह्मरसायन प्रकरण में प्रथम बार हुआ है, परन्तु मध्यम् पंचमूल नाम से सर्वप्रथम वाग्भट में वर्णित हुआ है।

गुणकर्म-

- **मध्यमं कफवातघ्नं नातिपित्तकरं लघु।** (अ॰ हृ॰ सू॰ 12/59)
- **बला...................................सरम्।** (अ॰ हृ॰ सू॰ 6/169)

रस - मधुर **विपाक** - मधुर

गुण - लघु **दोषकर्म** - वातकफशामक, किञ्चित् पित्तकर

वीर्य - शीत **कर्म** - सर, वातनुलोमन, बृंहण, बल्य, रसायन, वेदनास्थापन

द्रव्य	Botanical Name & Family	रस	गुण	वीर्य	विपाक	कर्म
बला	*Sida cordifolia* Malvaceae	मधुर	लघु, स्निग्ध, पिच्छिल	शीत	मधुर	बल्य
पुनर्नवा	*Boerhavia diffusa* Nyctaginaceae	मधुर, तिक्त, कषाय	लघु, रुक्ष	उष्ण	मधुर	मूत्रविरेचनीय
एरण्ड	*Ricinus communis* Euphorbiaceae	मधुर, कषाय कटु–अनुरस	स्निग्ध, तीक्ष्ण, सूक्ष्म	उष्ण	मधुर	वेदनास्थापन
मुद्गपर्णी	*Phaseolus trilobus* Fabaceae	मधुर, तिक्त	लघु, रुक्ष	शीत	मधुर	जीवनीय
माषपर्णी	*Teramnus labialis* Fabaceae	मधुर, तिक्त	लघु, स्निग्ध	शीत	मधुर	जीवनीय

8. जीवन पञ्चमूल

अभीरूवीराजीवन्तीजीवकर्षभकैः स्मृतम् । (अ॰ हृ॰ सू॰ 6/170)

अभीरू, वीरा, जीवन्ती, जीवक तथा ऋषभक का संग्रह जीवन पंचमूल कहलाता है।

गुणकर्म-

जीवनाख्यं तु चक्षुष्यं वृष्यं पित्तानिलापहम् । (अ॰ हृ॰ सू॰ 6/170)

रस	- मधुर	**विपाक**	- मधुर
गुण	- गुरु, स्निग्ध	**दोषकर्म**	- पित्तशामक
वीर्य	- शीत	**कर्म**	- चक्षुष्य, वृष्य, जीवनीय

द्रव्य	Botanical Name & Family	रस	गुण	वीर्य	विपाक	कर्म
अभीरू (शतवारी)	*Asparagus racemosus* Liliaceae	मधुर, तिक्त	गुरु, स्निग्ध	शीत	मधुर	शुक्रजनन
वीरा (काकोली)	*Roscoea procera* Zingiberaceae	मधुर	गुरु	शीत	मधुर	शुक्रवर्धक
जीवन्ती	*Leptadenia reticulata* Asclepiadaceae	मधुर	लघु, स्निग्ध	शीत	मधुर	जीवनीय
जीवक	*Microstylis muscifera* Orchidaceae	मधुर	गुरु	शीत	मधुर	शुक्रवर्धक, कफवर्धाक
ऋषभक	*Microstylis wallichii* Orchidaceae	मधुर	गुरु	शीत	मधुर	शुक्रवर्धक, कफवर्धक

पञ्चपञ्चमूल एवं सप्तपञ्चमूल

चरक - ब्रह्मरसायन प्रकरण में **"पंचानां पंचमूलनां"** शब्द आया है। जिसमें निम्नलिखित पंचमूल आये हैं- (च॰ चि॰ 1/1/41)

लघुपंचमूल - विदारीगन्धा, बृहती, निदिग्धिका, प्रश्निपर्णी, गोक्षुर
बृहत् पंचमूल - बिल्व, अग्निमन्थ, श्योनाक, काश्मर्य, पाटला
पुनर्नवादि पंचमूल - पुनर्नवा, उपपर्णियाँ, बला, एरण्ड
जीवनीय पंचमूल - जीवक, ऋषभक, मेदा, जीवन्ती, शतावरी
तृणपंचमूल - शर, इक्षु, दर्भ, काश, शाली

सुश्रुत - पंचपंचमूल का वर्णन आया है जिसमें निम्नलिखित पंचमूल हैं - (सु॰ सू॰ 38/66)
- लघुपंचमूल, बृहत्पंचमूल, वल्लीपंचमूल, कण्टकपंचमूल, तृणपंचमूल

अष्टाङ्गहृदय - निम्नलिखित पंचमूल का वर्णन आया है- (अ॰ हृ॰ सू॰ 6/167-171)
- बृहत्पंचमूल, लघुपंचमूल, जीवनपंचमूल, मधयमपंचमूल, तृणपंचमूल

अष्टाङ्गसंग्रह - सप्तपंचमूल का वर्णन आया है जिसमें निम्नलिखित पंचमूल हैं - (अ॰ स॰ सू॰ 12/57-62)
- बृहत्पंचमूल, लघुपंचमूल, जीवनपंचमूल, मधयम्पंचमूल, तृणपंचमूल, वल्लीपंचमूल, कण्टकपंचमूल

9. पञ्चपल्लव

आम्रजम्बूकपित्थानां बीजपूरकबिल्वयोः। (प॰ प्र॰ 2/152)

आम्र, जम्बू, कपित्थ, बीजपूरक एवं बिल्व का संग्रह पञ्चपल्लव कहलाता है।

गुणकर्म-

गन्धकर्माणि सर्वत्र पत्राणि पञ्चपल्लवम्॥ (प॰ प्र॰ 2/152)

रस - कषाय **विपाक** - कटु

गुण - लघु, रूक्ष **दोषकर्म** - कफवातशामक

वीर्य - उष्ण **कर्म** - गन्धकर्मार्थ प्रयोग (तैल दुर्गन्धनाशक), छद्रिघ्न, मूत्रसंग्रहणीय

द्रव्य	Botanical Name & Family	रस	गुण	वीर्य	विपाक	कर्म
आम्र	*Mangifera indica* Anacardiaceae	कषाय	लघु, रुक्ष	शीत	कटु	मूत्रसंग्रहणीय
जम्बू	*Syzygium cumini* Myrtaceae	कषाय, मधुर, अम्ल	लघु, रुक्ष	शीत	कटु	मूत्रसंग्रहणीय
कपित्थ	*Feronia elephantum* Rutaceae	कषाय, अम्ल	लघु, रुक्ष	शीत	कटु	ग्राहि
बीजपूरक	*Citrus medica* Rutaceae	अम्ल	तीक्ष्ण	अम्ल	अम्ल	रोचन
बिल्व	*Aegle marmelos* Rutaceae	कषाय, तिक्त	लघु, रुक्ष	उष्ण	कटु	ग्राहि

10. पञ्चवल्कल

न्यग्रोधोदुम्बराश्वत्थपारीषप्लक्षपादपाः। पञ्चैते क्षीरिणो वृक्षास्तेषां त्वक्पञ्चवल्कलम् ॥ (भा॰ प्र॰ वट॰/15)

न्यग्रोध, उदुम्बर, अशवत्थ, पारीष एवं प्लक्ष आदि क्षीरी वृक्षों का संग्रह पंचवल्कल कहलाता है, इनका प्रयोज्याङ्ग त्वक होता है।

पर्याय- पंचवेतस (रा॰ नि॰)

विभिन्न आचार्यों के अनुसार पंचवल्कल-

चरक	सुश्रुत	वागभट
वट	वट	वट
प्लक्ष	प्लक्ष	प्लक्ष
उदुम्बर	उदुम्बर	उदुम्बर
अश्वत्थ	अश्वत्थ	अश्वत्थ
कपीतन	मधूक	वेतस

गुणकर्म (भा॰ प्र॰ वट॰/16-18)

रस - कषाय, तिक्त **वीर्य** - शीत

गुण - रुक्ष, लघु **दोषकर्म** - पित्तकफरक्तशामक

कर्म - वर्ण्य, योनिरोगहर, व्रणहर, मेदोरोगहर, विसर्पहर, शोथहर, ग्राहि, भग्नसन्धानकर, विष्टम्भहर, आध्मानहर

द्रव्य	Botanical Name & Family	रस	गुण	वीर्य	विपाक	कर्म
न्यग्रोध	*Ficus benghalensis* Moraceae	कषाय	गुरु, रुक्ष	शीत	कटु	मूत्रसंग्रहणीय
उदुम्बर	*Ficus glomerata* Moraceae	कषाय	गुरु, रुक्ष	शीत	कटु	मूत्रसंग्रहणीय
अश्वत्थ	*Ficus religiosa* Moraceae	कषाय, मधुर	गुरु, रुक्ष	शीत	कटु	मूत्रसंग्रहणीय
प्लक्ष	*Ficus lacor* Moraceae	कषाय	गुरु, रुक्ष	शीत	कटु	मूत्रसंग्रहणीय
पारीष	*Thespesia populnea* Malvaceae	कषाय	लघु, रुक्ष	शीत	कटु	मूत्रसंग्रहणीय
वेतस	*Salix caprea* Salicaceae	कषाय, तिक्त	लघु	शीत	कटु	वेदनास्थापन
मधूक	*Madhuca indica* Sapotaceae	मधुर, कषाय	गुरु, स्निग्ध	शीत	मधुर	बृंहण

11. पञ्चतिक्त

गुडूची निम्बमूलत्वक् भिषङ्माता निदिग्धिका। पटोलपत्रमित्येतत् पञ्चतिक्तं प्रकीर्तितम॥ (र॰ त॰/2/18)

गुडूची, निम्बमूलत्वक्, भिषङ्माता, निदिग्धिका तथा पटोलपत्र का संग्रह पंचतिक्त कहलाता है।

रस - तिक्त
गुरू - लघु, रूक्ष
वीर्य - शीत
विपाक - कटु
दोषकर्म - कफपित्तशामक
कर्म - रोचन, दीपन, पाचन, छर्दिघ्न, कुष्ठघ्न, व्रणशोधन, ज्वरघ्न, कृमिघ्न, विषहर।

द्रव्य	Botanical Name & Family	रस	गुण	वीर्य	विपाक	कर्म
गुडूची	*Tinospora cordifolia* Menispermaceae	तिक्त, कषाय	गुरु, स्निग्ध	उष्ण	मधुर	रसायन
निम्ब	*Azadirachta indica* Meliaceae	तिक्त, कषाय	लघु	शीत	कटु	कण्डूघ्न
भिषङ्माता (वासा)	*Adhatoda vasica* Acanthaceae	तिक्त, कषाय	रुक्ष, लघु	शीत	कटु	छेदन
निदिग्धिका (कण्टकारी)	*Solanum surattense* Solanaceae	तिक्त, कटु	लघु, रुक्ष, तीक्ष्ण	उष्ण	कटु	कासहर
पटोल	*Trichosanthes dioica* Cucurbitaceae	तिक्त	लघु, रुक्ष	उष्ण	कटु	ज्वरघ्न

12. अम्लपञ्चक

अम्लवेतसजम्बीरलुङ्गनाङ्गरनिम्बुकैः। फलपञ्चाम्लकं ख्यातं कीर्तितञ्चाम्लपञ्चकम्॥ (र॰ त॰ 2/15)

अम्लवेतस, जम्बीर, मातुलुङ्ग, नारङ्ग तथा निम्बुक का संग्रह अम्लपंचक कहलाता है।

राजनिघण्टुकार के अनुसार-

1. **फलाम्लपञ्चक** (रा॰ नि॰ मिश्र॰/39) - जम्बीर, नारंग, अम्लवेतस, तिन्तिडीक, बीजपूरक
2. **पञ्चाम्लफल** (रा॰ नि॰ मिश्र॰/34) - दाडिम, कोल, वृक्षाम्ल, चुल्लकी, अम्लवेतस

गुणकर्म-

रस - अम्ल **विपाक** - अम्ल
वीर्य - उष्ण **दोषकर्म** - वातकफशामक, पित्तप्रकोपक
कर्म - रोचन, दीपन, पाचन, छर्दिहर, हृद्य, अजीर्ण, उदरशूल, आनाह, आधमानहर, रक्तदुष्टिकर

द्रव्य	Botanical Name & Family	रस	गुण	वीर्य	विपाक	कर्म
अम्लवेतस	*Hippophae rhamnoides* Elaeagnaceae	अम्ल	लघु, रुक्ष, तीक्ष्ण	उष्ण	अम्ल	रोचन
जम्बीर	*Citrus limon* Rutaceae	अम्ल	गुरु, तीक्ष्ण	उष्ण	अम्ल	रोचन
मातुलुंग	*Citrus medica* Rutaceae	अम्ल	तीक्ष्ण	उष्ण	अम्ल	रोचन
नरंग	*Citrus reticulata* Rutaceae	मधुर, अम्ल	लघु, सर	उष्ण	अम्ल	रोचन
निम्बुक	*Citrus acida* Rutaceae	अम्ल	लघु, रुक्ष	अनुष्ण	मधुर	वातानुलोमन, रोचन
कोल	*Ziziphus jujuba* Rhamnaceae	मधुर, अम्ल, कषाय	गुरु, स्निग्ध, पिच्छिल	शीत	मधुर	रक्तशोधान
दाडिम	*Punica granatum* Punicaceae	मधुर, अम्ल, कषाय	लघु, स्निग्ध	अनुष्ण	मधुर	रोचन
वृक्षाम्ल	*Garcinia indica* Clusiaceae	अम्ल	लघु, रुक्ष	उष्ण	अम्ल	रोचन
चुल्लकी	*Portulaca quadrifida* Portulacaceae	अम्ल, लवण	लघु, रुक्ष	उष्ण	अम्ल	रोचन
तिन्तिडीक	*Rhus parviflora* Anacardiaceae	अम्ल	लघु, रुक्ष	उष्ण	अम्ल	रोचन

13. त्रिफला

- **हरीतक्यामलकबभीतकानि त्रिफला।** (सु॰ सू॰ 38/56)
- **पथ्याबिभीत धात्रीणां फलैः स्यात्त्रिफला समैः। फलत्रिकश्च त्रिफला सा वरा च प्रकीर्तिता॥** (भा॰ प्र॰ हरी॰/43)
  पथ्या (हरीतकी), बिभीतक (बेहड़ा) एवं धात्री (आंवला) के फलों के सम प्रमाण में किए गए संग्रह को त्रिफला कहते हैं।

पर्याय- फलत्रिक, वरा, महतीत्रिफला, कषायत्रिफला

त्रिफला में फलों का अनुपात-

एका हरीतकी योज्या द्वौ च योज्यौ बिभीतकौ। चत्वार्यामलकान्येवं त्रिफलैषा प्रकीर्तिता॥

(शा॰ म॰ 6/9)

द्रव्य	By Weight	By number
हरीतकी (द्विकर्षितः) 20 ग्राम	1 Part	1 Part
बिभीतक (कर्षफल) 10 ग्राम	1 Part	2 Part
आमलकी (अर्धकर्ष) 5 ग्राम	1 Part	4 Part

गुणकर्म- त्रिफला कफपित्तघ्नी मेहकुष्ठहरा सरा। चक्षुष्या दीपनी रूच्या विषमज्वरनाशिनी॥

(भा० प्र० हरी०/43)

रस	– कषाय प्रधान	**विपाक**	– मधुर
गुण	– लघु, रुक्ष, सर	**दोषकर्म**	– त्रिदोषशामक (मुख्यतः कफपित्तशामक)
कर्म	– प्रमेह, कुष्ठहर, चक्षुष्य, दीपन, रुचिवर्धक, विषमज्वरहर, विरेचन, मेदोरोगहर		

द्रव्य	Botanical Name & Family	रस	गुण	वीर्य	विपाक	कर्म
हरीतकी	*Terminalia chebula* Combretaceae	पंचरस कषाय-प्रधान लवणवर्जित	लघु, रुक्ष	उष्ण	मधुर	रसायन
बिभीतक	*Terminalia bellirica* Combretaceae	कषाय	लघु, रुक्ष	उष्ण	मधुर	छेदन
आमलकी	*Emblica officinalis* Euphorbiaceae	पंचरस अम्ल-प्रधान लवणवर्जित	गुरु, रुक्ष	शीत	मधुर	रसायन

14. स्वल्पत्रिफला एवं मधुरत्रिफला

स्वल्पत्रिफला- स्वल्पाकाश्मर्यखर्जूरपरूषक फलैः भवेत्। (फ० प्र० 3/149)

काश्मर्य, खर्जूर तथा परूषक के फलों का संग्रह स्वल्पत्रिफला कहलाता है।

मधुरत्रिफला- द्राक्षाकाश्मर्यखर्जूरीफलानि मिलितानि तु। मधुरत्रिफला ज्ञेया मधुरादि फलत्रयम्॥

(रा० नि० मिश्र०/4)

द्राक्षा, काश्मर्य तथा खर्जूर के फलों का संग्रह मधुरत्रिफला कहलाता है।

स्वल्पत्रिफला एवं मधुरत्रिफला के गुणकर्म-

रस	– मधुर	**विपाक**	– मधुर
गुण	– गुरु, स्निग्ध	**दोषकर्म**	– वातपित्तशामक
वीर्य	– शीत	**कर्म**	– बल्य, बृंहण, शोथहर

द्रव्य	Botanical Name & Family	रस	गुण	वीर्य	विपाक	कर्म
काश्मर्य (गम्भारी)	*Gmelina arborea* Verbenaceae	तिक्त, कषाय, मधुर	गुरु	उष्ण	कटु	शोथहर
खर्जूर	*Phoenix sylvestris* Arecaceae	मधुर	गुरु, स्निग्ध	शीत	मधुर	बल्य
परूषक	*Grewia asiatica* Tiliaceae	अम्ल	गुरु, स्निग्ध	शीत	मधुर	बृंहण
द्राक्षा	*Vitis vinifera* Vitaceae	मधुर	गुरु, मृदु, स्निग्ध	शीत	मधुर	स्नेहोपग

15. सुगन्धित्रिफला

जातीफलं पूगफलं लवङ्गकलिका फलम्। सुगन्धित्रिफला प्रोक्ता सुरभित्रिफला च सा॥ (रा॰ नि॰ मिश्र॰/5)

जातीफल, पूगफल तथा लवङ्गकलिकाफल के संग्रह को सुगन्धित्रिफला कहते हैं।

पर्याय- सुरभित्रिफला

गुणकर्म-

रस - तिक्त **वीर्य** - शीत **विपाक** - कटु

गुण - लघु **कर्म** - मुखदुर्गन्धनाशन, स्तम्भन, छेदन

द्रव्य	Botanical Name & Family	रस	गुण	वीर्य	विपाक	कर्म
जातीफल	*Myristica fragrans* Myristicaceae	कटु, तिक्त	लघु, तीक्ष्ण	उष्ण	कटु	ग्राहि
पूगफल	*Areca catechu* Arecaceae	कषाय, मधुर	रुक्ष, गुरु	शीत	कटु	विकासी
लवङ्ग	*Syzygium aromaticum* Myrtaceae	कटु, तिक्त	लघु, स्निग्ध	शीत	कटु	छेदन

16. त्रिकटु एवं चतुरूषण

त्रिकटु- विश्वोपकुल्या मरिचं त्रयं त्रिकटु कथ्यते। कटुत्रिकं तु त्रिकटु त्र्यूषणं व्योष उच्यते॥ (भा॰ प्र॰ हरी॰/62)

विश्वा, उपकुल्या तथा मरिच इन तीन कटु द्रव्यों का संग्रह त्रिकटु कहलाता है।

त्रिकटु के पर्याय- कटुत्रिक, त्र्यूषण, व्योष

चतुरूषण- त्र्यूषणं सकणामूलं कथितं चतुरूषणम्। व्योषस्येव गुणः प्रोक्ता अधिकाश्चतुरूषणे॥

(भा॰ प्र॰ हरी॰/66)

त्रिकटु एवं कणमूल का संयोग चतुरूषण कहलाता है।

त्रिकटु के गुणकर्म-

- **त्र्यूषणं दीपनं हन्ति श्वासकासत्वगामयान्। गुल्ममेहकफस्थौल्यमेदःश्लीपदपीनसान्॥** (भा॰ प्र॰ हरी॰/63)
- **त्र्यूषणं कफमेदोघ्नं मेहकुष्ठत्वगामयान्। निहत्याद्दीपनं गुल्मपीनसाग्न्यल्पतामपि॥** (सु॰ सू॰ 38/59)

रस - कटु **वीर्य** - उष्ण **विपाक** - कटु

गुण - लघु, तीक्ष्ण **दोषकर्म** - कफशामक

कर्म - मेदोरोगहर, प्रमेह, कुष्ठ, त्वकरोगहर, दीपन, गुल्म, पीनस, अल्पाग्नि, स्थौल्य, श्लीपदहर

चतुरूषण के गुण- त्रिकटु के समान ही इसके गुण भी होते हैं, केवल चतुरूषण अधिक उष्ण होता है।

द्रव्य	Botanical Name & Family	रस	गुण	वीर्य	विपाक	कर्म
शुण्ठी	*Zingiber officinale* Zingiberaceae	कटु	लघु, स्निग्ध	उष्ण	मधुर	तृप्तिघ्न
पिप्पली	*Piper longum* Piperaceae	कटु	लघु, तीक्ष्ण, स्निग्ध	अनुष्णशीत	मधुर	कासहर
मरिच	*Piper nigrum* Piperaceae	कटु	लघु, तीक्ष्ण	उष्ण	कटु	दीपन
पिप्पलीमूल	*Root of Piper longum* Piperaceae	कटु	लघु, तीक्ष्ण, स्निग्ध	उष्ण	मधुर	कासहर

17. पञ्चकोल एवं षडूषण

पञ्चकोल- पिप्पली पिप्पलीमूलं चव्यचित्रकनागरैः। पञ्चभिः कोलमात्रं यत्पञ्चकोलं तदुच्यते॥

(भा॰ प्र॰ हरी॰/72)

पिप्पली, पिप्पलीमूल, चव्य, चित्रक एवं नागर इन पाँचों द्रव्यों को एक-एक कोल (आधा कर्ष 1/2 तोला/5 ग्राम) प्रमाण में योग करना पंचकोल कहलाता है।

षडूषण- पञ्चकोलं समरिचं षडूषणमुदाहृतम्। (भा॰ प्र॰ हरी॰/74)

पंचकोल एवं मरिच का योग षडूषण कहलाता है।

पंचकोल के गुणकर्म-

पञ्चकोलं रसे पाके कटुकंरूचिकृन्मतम्। तीक्ष्णोष्णं पाचनं श्रेष्ठं दीपनं कफवातनुत्॥
गुल्मप्लीहोदरानाहशूलघ्नं पित्तकोपनम्॥ (भा॰ प्र॰ हरी॰/73)

रस - कटु		**वीर्य**	- उष्ण
विपाक - कटु		**दोषकर्म**	- कफवातशामक, पित्तवर्धक
गुण - उष्ण, तीक्ष्ण		**कर्म**	- रुचिवर्धक, पाचन, दीपन, गुल्म, प्लीहा, उदररोग, आनाह, शूलघ्न

षडूषण के गुणकर्म-

पञ्चकोलगुणं तत्तु रूक्षमुष्णं विषापहम्॥ (भा॰ प्र॰ हरी॰/74)

षडूषण के गुण पंचकोल के समान होते हैं, परन्तु मुख्यतः रूक्ष, उष्ण एवं विषहर होता है।

द्रव्य	Botanical Name & Family	रस	गुण	वीर्य	विपाक	कर्म
पिप्पली	*Piper longum* Piperaceae	कटु	लघु, तीक्ष्ण, स्निग्ध	अनुष्णशीत	मधुर	कासहर
पिप्पलीमूल	*Root of Piper longum* Piperaceae	कटु	लघु, तीक्ष्ण, स्निग्ध	उष्ण	मधुर	कासहर
चव्य	*Piper retrofractum* Piperaceae	कटु	लघु, रुक्ष	उष्ण	कटु	तृप्तिघ्न
चित्रक	*Plumbago zeylanica* Plumbaginaceae	कटु	लघु, रुक्ष, तीक्ष्ण	उष्ण	कटु	दीपन
शुण्ठी	*Zingiber officinale* Zingiberaceae	कटु	लघु, स्निग्ध	उष्ण	मधुर	तृप्तिघ्न
मरिच	*Piper nigrum* Piperaceae	कटु	लघु, तीक्ष्ण	उष्ण	कटु	दीपन

18. त्रिमद्

विडङ्गमुस्तचित्रैश्च त्रिमदः समुदाहृतः। (प॰ प्र॰)

विडङ्ग, मुस्तक तथा चित्रक इन तीनों के समुदाय को त्रिमद् कहते हैं। इन तीन द्रव्यों को एकत्र करने से या अतिमात्रा में सेवन से मद की उत्पत्ति होती है, अतः इसे त्रिमद् कहते हैं।

गुणकर्म-

रस	- कटु, तिक्त	**वीर्य**	- उष्ण
गुण	- लघु, रूक्ष, तीक्ष्ण	**दोषकर्म**	- कफवातशामक, पित्तप्रकोपक
कर्म	- दीपन, पाचन, शूलघ्न, कृमिघ्न, अर्शोघ्न, गुल्मघ्न, अजीर्ण, अरूचिकर।		

द्रव्य	Botanical Name & Family	रस	गुण	वीर्य	विपाक	कर्म
विडङ्ग.	*Embelia ribes* Myrsinaceae	कटु, कषाय	लघु, रुक्ष, तीक्ष्ण	उष्ण	कटु	कृमिघ्न
मुस्तक	*Cyperus rotundus* Cyperaceae	तिक्त, कटु, कषाय	लघु, रुक्ष	शीत	कटु	पाचन
चित्रक	*Plumbago zeylanica* Plumbaginaceae	कटु	लघु, रुक्ष, तीक्ष्ण	उष्ण	कटु	दीपन

19. चतुर्बीज

मेथिका चन्द्रशूरश्च कालाऽजाजी यवानिका। एतच्चतुष्टयं युक्तं चतुर्बीजमिति स्मृतम्॥ (भा॰ प्र॰ हरी॰/98)

मेथिका, चन्द्रशूर, कालाऽजाजी तथा यवानिका इन चार द्रव्यों का संग्रह चतुर्बीज (चारदाना) कहलाता है।

गुणकर्म-

तच्चूर्णं भक्षितं नित्यं निहन्ति पवनामयम्। अजीर्णं शूलमाधमानं पार्श्वशूलं कटिव्यथाम्॥ (भा॰ प्र॰ हरी॰/99)

रस - कटु, तिक्त **गुण** - लघु, रूक्ष, तीक्ष्ण **दोषकर्म** - कफवातशामक

वीर्य - उष्ण **विपाक** - कटु

कर्म - वातजरोग, अजीर्ण, शूल, आध्मान, पार्श्वमूल, कटिशूलहर

द्रव्य	Botanical Name & Family	रस	गुण	वीर्य	विपाक	कर्म
मेथिका	*Trigonella foenum graecum* Fabaceae	कटु	लघु, स्निग्ध	उष्ण	कटु	अङ्गमर्दप्रशमन
चन्द्रशूर	*Lepidium sativum* Cruciferae	कटु, तिक्त	लघु, रुक्ष, तीक्ष्ण	उष्ण	कटु	शूलहर
कालाजाजी (मगरैला)	*Nigella sativa* Ranunculaceae	कटु, तिक्त	लघु, रुक्ष तीक्ष्ण	उष्ण	कटु	गर्भाशयसंकोचक
यवानी	*Trachyspermum ammi* Apiaceae	कटु, तिक्त	लघु, रुक्ष तीक्ष्ण	उष्ण	कटु	शूलप्रशमन

20. त्रिजातक, चातुर्जातक एवं कटुचातुर्जातक

त्रिजातक- त्वगेलापत्रकैस्तुल्यैस्त्रिसुगन्धि त्रिजातकम्। (भा॰ प्र॰ कर्पू॰/72)

त्वक, एला तथा तेजपत्र इन तीनों सुगन्धि द्रव्यों का संग्रह त्रिजातक कहलाता है।

त्रिजातक के पर्याय- त्रिजातक, त्रिसुगन्धि

चातुर्जातक- नागकेशरसंयुक्तं चातुर्जातकमुच्यते॥ (भा॰ प्र॰ कर्पू॰/72)

त्रिजातक तथा नागकेशर का संयोग चातुर्जातक कहलाता है।

कटुचतुर्जातक- एलात्वक्पत्रकैस्तुल्यैर्मरिचेन समन्वितैः। कटुपूर्वमिदं चान्यच्चातुर्जातकमुच्यते॥ (रा॰ नि॰ मिश्र॰/19)

त्रिजातक तथा मरिच का संयोग कटुचातुर्जातक कहलाता है।

त्रिजातक तथा चातुर्जातक के गुण कर्म- तद् द्वयं रोचनं रुक्षं तीक्ष्णोष्णं मुखगन्धहृत्। लघुपित्तग्निकृद्वर्ण्यं कफवातविषापहम्। (भा॰ प्र॰ कर्पू॰ 73)

रस - कटु, **गुण** - तीक्ष्णु, लघु, **दोषकर्म** - पित्तवर्धक, कफवातशामक

वीर्य - उष्ण **विपाक** - कटु **कर्म** - मुखगन्धहर, अग्निवर्धक, वर्ण्य, विषापहम्, रोचन

द्रव्य	Botanical Name & Family	रस	गुण	वीर्य	विपाक	कर्म
त्वक् (दालचीनी)	*Cinnamomum zeylanicum* Lauraceae	कटु, तिक्त, मधुर	लघु, रुक्ष तीक्ष्ण	उष्ण	कटु	छेदन
एला	*Elettaria cardamomum* Zingiberaceae	कटु, मधुर	लघु, रुक्ष	शीत	मधुर	दाहप्रशमन
तेजपत्र	*Cinnamomum tamala* Lauraceae	कटु, तिक्त	लघु, रुक्ष	उष्ण	कटु	छेदन
नागकेशर	*Mesua ferrea* Clusiaceae	कषाय, तिक्त	लघु, रुक्ष	ईषत् उष्ण	कटु	रक्तस्तम्भन
मरिच	*Piper nigrum* Piperaceae	कटु	लघु, तीक्ष्ण	उष्ण	कटु	दीपन

21. त्रिकार्षिका एवं चातुर्भद्र

त्रिकार्षिका- नागरातिविषा मुस्ता त्रयमेतत्त्रिकार्षिकम्। (रा॰ नि॰ मिश्र॰/16)

नागर, अतिविषा तथा मुस्तक इन तीनों का एक-एक कर्ष मात्र में संग्रह त्रिकार्षिका कहलाता है।

चातुर्भद्र- गुडूच्या मिलितं तच्च चातुर्भद्रकमुच्यते। (रा॰ नि॰ मिश्र॰/17)

त्रिकर्षिका में एक कर्ष गुडूची मिला देने से चातुर्भद्र संज्ञा होती है।

द्रव्य	Botanical Name & Family	रस	गुण	वीर्य	विपाक	कर्म
नागर (शुण्ठी)	*Zingiber officinale* Zingiberaceae	कटु	लघु, स्निग्ध	उष्ण	मधुर	तृप्तिघ्न
गुडूची	*Tinospora cordifolia* Menispermacae	तिक्त, कषाय	गुरु, स्निग्ध	उष्ण	मधुर	रसायन
मुस्तक	*Cyperus rotundus* Cyperaceae	तिक्त, कटु, कषाय	लघु, रुक्ष	शीत	कटु	पाचन
अतिविषा	*Aconitum heterophylum* Ranunculaceae	तिक्त, कटु,	लघु, रुक्ष	उष्ण	कटु	दीपन

22. अष्टवर्ग

जीवकर्षभकौ मेदे काकोल्यौ ऋद्धिवृद्धिके अष्टवर्गोऽष्टभिर्द्रव्यैः कथितचरकादिभिः।। (भा॰ प्र॰ हरी॰/120-121)

जीवक, ऋषभक, मेदा, महामेदा, काकोली, क्षीरकाकोली, ऋद्धि और वृद्धि इन आठ द्रव्यों का चरकादि मुनिगण "अष्टवर्ग" नाम से व्यवहार करते हैं।

गुणकर्म-

रस - मधुर **गुण** - गुरु **दोषकर्म** - कफवर्धक, वातपित्तशामक

वीर्य - शीत **विपाक** - मधुर

कर्म - बृंहण, शुक्रल, भग्नसन्धानकर, वाजीकरण, रक्तपित्तहर, तृष्णा, दाह, ज्वर, प्रमेह, क्षयहर।

अष्टवर्ग के प्रतिनिधि द्रव्य-

मेदाजीवककाकोलीऋद्धिद्वन्द्वेऽपि चासति। वरीविदार्यश्वगन्धावाराहींश्च क्रमात् क्षिपेत्।। (भा॰ प्र॰ हरी॰/144)

मेदा, महामेदा	- शतावरी
जीवक, ऋषभक	- विदारीकन्द
काकोली, क्षीरकाकोली	- अश्वगन्धा
ऋद्धि, वृद्धि	- वाराही

द्रव्य	Botanical Name & Family	उत्पत्ति	सामान्य रूप	परस्पर पार्थक्य	कर्म
जीवक	*Microstylis muscifera* Orchidaceae	हिमालय का शिखर	कन्द-रसोन सदृश, पत्र-सूक्ष्म, सारहीन	कूंची के समान	बल्य, शुक्रजनन, पित्त, रक्त, वातहर, कार्श्यहर, क्षयहर।
ऋषभक	*Microstylis wallichii* Orchidaceae	हिमालय का शिखर	कन्द-रसोन सदृश, पत्र-सूक्ष्म, सारहीन	बैल के सींग जैसा	बल्य, शुक्रजनन, पित्त, रक्त, वातहर, कार्श्यहर, क्षयहर।
मेदा	*Polygonatum cirrhifolium* Asparagaceae	मोरङ्ग (Nepal)	कन्द श्वेत, काटने पर मेद धातु के सदृश स्त्रव	शुक्लवर्ण	वृष्य, स्तन्य, कफवर्धक, वातपित्तरक्तज्वरहर।
महामेदा	*Polygonatum verticillatum* Asparagaceae	मोरङ्ग (Nepal)	लताजाति, कन्द शुक्ल, आर्द्रक के समान	पाण्डुरवर्ण	वृष्य, स्तन्य, कफवर्धक, वातपित्तरक्तज्वरहर।
काकोली	*Roscocea procera* Zingiberaceae	मोरङ्ग (Nepal)	कन्द-शतावरी सदृश, सक्षीर	अधिक कृष्णवर्ण	शुक्रल, बृंहण, वातपित्तरक्तजरोगहर, शोष, दाह, ज्वरहर।
क्षीरकाकोली	*Fritillaria roylei* Zingiberaceae	मोरङ्ग (Nepal)	कन्द-शतावरी सदृश, सक्षीर, सुंगन्धा युक्त	कम कृष्णवर्ण	शुक्रल, बृंहण, वातपित्तरक्तजरोगहर, शोष, दाह, ज्वरहर।
ऋद्धि	*Habenaria intermedia* Orchidaceae	कोशलपर्वत	कन्द-श्वेतलोमयुक्त, लताजाति, छिद्रयुक्त	कन्द कपास की गाँठ के समान, वामावर्तफल	बल्य, त्रिदोषघ्न, शुक्रल, प्राणप्रद, मूर्च्छा, रक्तपित्तविनाशक।
वृद्धि	*Habenaria accuminata* Orchidaceae	कोशलपर्वत	कन्द-श्वेतलोमयुक्त, लताजाति, छिद्रयुक्त	दक्षिणावर्तफल	गर्भप्रद, बृंहण, वृष्य, क्षत, कास, क्षयहर।

23. जीवनीय गण

अष्टवर्गः सयष्टीको जीवन्ती मुद्गपर्णिका। माषपर्णी गणोऽयं तु जीवनीय इति स्मृतः॥ (भा॰ प्र॰ गु॰/57-59)

अष्टवर्ग, यष्टीमधु, जीवन्ती, मद्गपर्णी एवं माषपर्णी की जीवनीय गण संज्ञा होती है।

गुणकर्म-

रस - मधुर **गुण** - गुरु **दोषकर्म** - कफवर्धक, वातपित्तशामक

वीर्य - शीत **विपाक** - मधुर

कर्म - बृंहण, शुक्रल, गर्भप्रद, स्तन्यवर्धक, तृष्णा, शोष, ज्वर, दाह रक्तपित्तहर

द्रव्य	Botanical Name & Family	रस	गुण	वीर्य	विपाक	कर्म
जीवन्ती	*Leptadenia reticulata* Asclepiadaceae	मधुर	लघु, स्निग्ध	शीत	मधुर	जीवनीय
यष्टीमधु	*Glycyrrhiza glabra* Fabaceae	मधुर	गुरु, स्निग्ध	शीत	मधुर	छेदन
मुद्गपर्णी	*Phaseolus trilobus* Fabaceae	मधुर	लघु, रुक्ष	शीत	मधुर	जीवनीय
माषपर्णी	*Teramnus labialis* Fabaceae	मधुर, तिक्त	लघु, स्निग्ध	शीत	मधुर	जीवनीय

विष

व्युत्पत्ति- विष धातु + कृ प्रत्यय - विष = मारक, प्राणहर, दु:खोत्पादक।

जिसे देखने मात्र से ही मनुष्य तथा पशु-पक्षी अत्यन्त दु:खी हो जाते हैं अथवा जो मृत्यु द्वारा मनुष्य को नष्ट कर दे, उसे विष कहते हैं।

विष का वर्गीकरण-

- स्थावर (खनिज एवं वनस्पति) → विष, उपविष
- जांगम (सर्प, मकड़ी आदि)
- कृत्रिम (संयोगज या गरविष आदि)

परिभाषा-

व्यवायि च विकाशि स्यात् सूक्ष्मं छेदि मदावहम्। आग्नेयं जीवितहरं योगवाहि स्मृतं विषम्।।

(शा॰ पू॰ 4/22)

जो द्रव्य व्यवायि, विकासी, सूक्ष्म, छेदी, मदकारी, आग्नेय, प्राणहर तथा योगवाही होता है, वह विष कहलाता है।

विषों के गुण-

व्यवायि, तीक्ष्ण, विकासी, सूक्ष्म, उष्ण, अर्निदेश्या रस, अपाकी।

महाविषों की संख्या-

- रसार्णव (5) - कालकूट,शृङ्गीक, सक्तुक, शीतमुस्ता, कृष्णविष।
- रसरत्नाकर (5) - कालकूट, रक्तशृङ्गी, सक्तुक, मुस्तक, हारिद्रु।
- रसेन्द्रचूड़ामणि (5) - कालकूट,शृङ्गीक, सक्तुक वत्सनाभ, पीत।
- रसरत्नमुच्चय (5) - कालकूट,शृङ्गीक, सक्तुक, वत्सनाभ, पित्त।
- राजनिघण्टु (5) - कालकूट,शृङ्गीक, सक्तुक, वत्सनाभ, मुस्तक।
- शङ्गार्धर, भावप्रकाश, आयुर्वेद प्रकाश एवं रसतरङ्गिणी आदि ग्रन्थों में विषों की संख्या 9 है।
- रससार, रसमंजरी, आदि ग्रन्थों में विषों की संख्या 18 है।

उपविषों की संख्या-

- राजनिघण्टु (5) - स्नुही, करवीर, लांगली, विषमुष्टी, अर्क
- रसरत्नसमुच्चय (7) - कलिहारी, कुचला, कनेर, भांग, भल्लातक, धतूरा, अर्क

- रसतरङ्गिणी (11) – विषतिन्दुक बीज, अहिफेन, जयपाल, धात्तूराबीज, विजया, गुञ्जा, भल्लातक, अर्कक्षीर, स्नुहीक्षीर, कलिहारी, करवीर

II. जाङ्गम द्रव्य

1. क्षीराष्टक

क्षीर पर्याय- दुग्ध, क्षीर, पयः, स्तन्य, बालजीवन, अग्निहोत्र।

क्षीर संख्या-

- **अविक्षीरमजाक्षीरं गोक्षीरं माहिषञ्चयत्। उष्ट्रीणामथ नागीनां वडवायाः स्त्रियास्तथा।।** (सु॰ सू॰ 1/107)
- **गव्यमाजं तथा चौष्ट्रमाविकं माहिषञ्चयत्। अश्वयाश्चैव नार्याश्च करेणूनाञ्च यत्पयः।।** (सु॰ सू॰ 45/47)
- **गव्यं माहिषमाजं च कारभं स्त्रैणमाविकम्। ऐभमैकशफं चेति क्षीरमष्टविधं स्मृतम्।।** (अ॰ स॰ सू॰ 6/52)

ग्रन्थ	चरक	सुश्रुत	वाग्भट	भा॰ प्र॰
संख्या	8	8	8	9
1.	अवि (भेड़)	अवि	अवि	अवि
2.	अजा (बकरी)	अजा	अजा	अजा
3.	गाय	गाय	गाय	गाय
4.	माहिष (भैंस)	माहिष	माहिष	माहिष
5.	उष्ट्री (ऊँटनी)	उष्ट्री	कारभ (उष्ट्री)	औष्ट्र
6.	नागीना (हाथिनी)	करेणू (हाथिनी)	एण (हाथिनी)	हाथिनी
7.	वाडवाया (घोड़ी)	अश्वा	एकशफ (एक खुर वाली घोड़ी या गधी)	घोड़ी
8.	स्त्री	नारी	स्त्री	नारी
9.	–	–	–	मृग (हिरणी)

दुग्ध के सामान्य गुण-

एतद् वै पय एव अन्नं मनुष्याणाम्। (श॰ ब्रा॰/22/5/16)

दुग्ध को मनुष्य का प्रमुख अन्न माना गया है।

गुण	च॰ सू॰ 1/108–113	सु॰ सू॰ 45/48–49	अ॰ हृ॰ सू॰ 5/20	भा॰ प्र॰ दुग्ध/2–6
रस	मधुर	मधुर	मधुर	मधुर
गुण	स्निग्ध	गुरु, पिच्छिल, स्निग्ध, सर, मृदु, श्लक्ष्ण	स्निग्ध, गुरु	स्निग्ध, सर
वीर्य	शीत	शीत	शीत	शीत
विपाक	मधुर	मधुर	मधुर	–

दोषकर्म	वातपित्तशामक	वातपित्तरक्तशामक, मानसरोगहर	वातपित्तशामक, कफवर्धक	वातपित्तशामक
कर्म	प्रीणन, बृंहण, वृष्य, बल्य, मेध्य, मनस्कर, जीवनीय, श्रमहर, श्वासकासहर, रक्तपित्तहर, सन्धानकर, सर्वप्राणीसात्म्य पाण्डु तृष्णाघ्न, दीपनीय अम्लपित्तहर, क्षतक्षीणहित, शोष, गुल्म, उदररोग, अतीसार, ज्वर, दाह, श्वयथु, योनि, शुक्रदोष, मूत्ररोग, प्रदररोग, विबन्धहर	प्राणी सात्मय, जीर्णज्वर, क्षय, कास, श्वास, शोष, गुल्म, मद, उन्माद, उदररोग, मूर्च्छा, भ्रम, दाह, पिपासा, हृद्रोगबस्तिदोष, पाण्डु, ग्रहणीदोष, अर्श, शूल, उदावर्त, अतिसार, प्रवाहिका योनिस्राव, गर्भस्राव, रक्तपित्त, श्रम, क्लम, पापज रोगनाशक, बल्य, वृष्य, मेध्य, वाजीकरण, रसायन, सन्धानकर, जीवनीय, बृंहण	धातुवर्धन, वृष्य ओजवर्धन,	जीवनीय, सात्म्य, बृंहण, सद्यशुक्रकर, वय: स्थापन, आयुष्य, सन्धानकर, वाजीकरण, मेध्य, बल्य, रसायन
प्रयोग	नस्य, आलेप, अवगाह, वमन, आस्थापनबस्ति विरेचन, स्नेहन	आस्थापन, वमन, विरेचन		

दुग्ध पीने योग्य पुरूष-

जिन्होनें वमन, विरेचन तथा बस्ति का प्रयोग किया है, ऐसे लोगों के लिए दुग्ध सेवन करने के योग्य तथा ओजो-वर्धक है। जीर्णज्वर, मनोरोग, शोष, मूर्च्छा, भ्रम, ग्रहणी, पाण्डु, दाह, तृष्णा, हृद्रोग, शूल, उदावर्त, गुल्म, बस्तिरोग, अर्श, रक्तपित्त, अतिसार, योनिरोग, श्रम, क्लान्ति, गर्भस्राव इन सभी रोगों में दूध पीना सर्वदा हितकर होता है। जो बालक, वृद्ध तथा क्षीण हैं या भूख और मैथुन से कृश हो गये हैं, ऐसे लोगों के लिए भी दुग्ध हितकर होता है।

गोदुग्ध-

गुण	चरक (सु॰ सू॰ 27/218)	सुश्रुत (सु॰ सू॰ 45/50)	वाग्भट (अ॰ हृ॰ सू॰ 5/21-22)	भावप्रकाश (भा॰ प्र॰ दुग्धा/7-10)
रस	मधुर	मधुर	–	मधुर
गुण	मृदु, स्निग्ध, बहल, श्लक्ष्ण पिच्छिल, गुरू, मन्द, प्रसन्न	अल्पाभिष्यन्दि, स्निग्ध, गुरू	सर	स्निग्ध, गुरु
वीर्य	शीत	शीत	–	शीत
विपाक	–	मधुर	–	मधुर
दोषकर्म	–	वातपित्तशामक	–	वातपित्तशामक
कर्म	जीवनीय, रसायन	रसायन, जीवनीय, रक्तपित्तहर	जीवनीय, रसायन, बलवर्धक, मेध्य, क्षतक्षीणहितकर, स्तन्यकर, श्रम, भ्रम, मद, अलक्ष्मी, श्वास, कास, तृष्णा, क्षुधा, जीर्णज्वर, मूत्रकृच्छ, रक्तपित्तहर।	दोष-धातु-मल-स्रोतों-क्लेदकर, स्तन्यकर, रक्तविकारशामक, नित्य सेवन से जरा तथा समस्तरोगहर।

काली गाय का दुग्ध - वातशामक, अन्य की अपेक्षा अधिक गुणकारी।
पीली गाय का दुग्ध - वातपित्तशामक।
सफेद गाय का दुग्ध - कफवर्धक, गुरू।
लाल/चितकबरी गाय का दुग्ध - वातशामक।
अन्न एवं चारा खाने वाली गाय का दुग्ध - स्वास्थय के लिए हितकर, गुरु, बल्य, वृष्य, कफवर्धक।
भूसा, घास, कपास बीज खाने वाली गाय का दुग्ध - रोगियों के लिए हितकर।
छोटे या मरे बछड़े वाली गाय का दुग्ध - त्रिदोषकारक।
बाखरी गाय का दुग्ध - त्रिदोषनाशक, बल्य, तर्पण।

माहिष दुग्ध-

गुण	चरक (च॰ सू॰ 27/219)	सुश्रुत (सु॰ सू॰ 45/55)	वाग्भट (अ॰ हृ॰ सू॰ 5/23)	भावप्रकाश (भा॰ प्र॰ दुग्ध/15)
रस	-	मधुर	-	गाय से अधिक मधुर
गुण	गाय से गुरूतर, शीततर, स्नेह में अन्यून	महाभिष्यन्दिकर, स्निग्धतर, गुरूतर	गुरूतर	गाय से अधिक स्निग्ध, गुरू, अभिष्यन्दि
वीर्य	-	शीततर	शीततर	शीत
कर्म	अतिअग्नि में हितकर अतिनिद्राजनक	अग्निनाशक, निद्राकर	तीक्ष्णाग्नि, अनिद्रा में हितकर	शुक्रकारक, निद्राजनक, अतिक्षुधानाशक

हस्तिनी दुग्ध-

गुण	चरक (च॰ सू॰ 27/223)	सुश्रुत (सु॰ सू॰ 45/58)	वाग्भट (अ॰ हृ॰ सू॰ 5/27)	भावप्रकाश (भा॰ प्र॰ दुग्ध/19)
रस	-	मधुर	-	मधुर, कषाय
अनुरस	-	कषाय	-	-
गुण	गुरु	स्निग्ध, गुरु	-	स्निग्ध, गुरु
वीर्य	-	शीत	-	शीत
कर्म	बलवर्धक, स्थैर्यकर	स्थैर्यकर, चक्षुष्य, बल्य, वृष्य	स्थैर्यकर	वृष्य, बल्य, बृंहण चक्षष्य, स्थैर्यकर

अजा दुग्ध-

गुण	चरक (च॰ सू॰ 27/222)	सुश्रुत (सु॰ सू॰ 45/51-52)	वाग्भट (अ॰ हृ॰ सू॰ 5/24)	भावप्रकाश (भा॰ प्र॰ दुग्ध/16)
रस	कषाय, मधुर	मधुर	-	मधुर, कषाय
गुण	लघु	गोदुग्ध के समान, लघु	-	लघु
वीर्य	शीत	शीत	-	शीत

जारी है...

जारी है...

कर्म	ग्राहि, रक्तपित्तहर, अतिसारघ्न, क्षय, कास, ज्वरहर।	विशेषत: शोष में हितकर, कास, श्वास, दीपन, संग्राही रक्तपित्तहर **सर्वरोगनाशक:** अजा का शरीर छोटा होता है तथा कटु, तिक्त रस वाले वृक्ष तथा कम जल का सेवन करती है एवं अधिक व्यायाम करने से अजाक्षीर सर्वरोगनाशक होता है।	अल्पाम्बुपान, व्यायाम, लघु, कटु, तिक्त रसपान से शोष, ज्वर, श्वास, रक्तपित्त, रक्तातिसार में हितकर।	ग्राहि, रक्तातिसारघ्न, पित्तातिसारघ्न क्षय, कास, ज्वरहर तथा सर्वरोगहर।

अवि (भेड) दुग्ध-

गुण	चरक (च॰ सू॰ 27/223)	सुश्रुत (सु॰ सू॰ 45/54)	वाग्भट (अ॰ हृ॰ सू॰ 5/26)	भावप्रकाश (भा॰ प्र॰ दुग्ध/19)
रस	–	मधुर	–	लवण, मधुर
गुण	–	स्निग्ध, गुरु	अहृद्य	स्निग्ध, गुरु, अहृद्य
वीर्य	उष्ण	–	उष्ण	उष्ण
दोषकर्म	पित्तकफवर्धक	पित्तकफवर्धाक	पित्तकफवर्धक, वातजव्याधिहर	पित्तकफवर्धक
कर्म	हिक्काश्वासकारक	वातजरोग एवं वातजकास में पथ्य	हिक्का, श्वास जनक	अशमरीनाशक, तृप्तिकर, केश्य, शुक्रवर्धक, केवल वातज रोगों तथा वातजकास में हितकर।

उष्ट्री दुग्ध-

गुण	चरक (च॰ सू॰ 27/220)	सुश्रुत (सु॰ सू॰ 45/53)	वाग्भट (अ॰ हृ॰ सू॰ 5/25)	भावप्रकाश (भा॰ प्र॰ दुग्ध/21)
रस	किञ्चित लवण	किञ्चित लवण, मधुर	लवण	मधुर, लवण
गुण	रुक्ष, लघु	रुक्ष, लघु	रुक्ष, लघु	लघु, सर
वीर्य	उष्ण	उष्ण	उष्ण	–
दोषकर्म	वातकफशामक	–	वातकफशामक	कफशामक
कर्म	कृमि, आनाह, शोथ, उदररोग, अर्श हर	शोथ, गुल्म, उदररोग, अर्श, कृमि, कुष्ठ, विषहर	दीपन, आनाह, कृमि शोथ, उदररोग, अर्शहर	अग्निदीपक, कृमि, कुष्ठ, आनाह, शोथ, उदररोग हर

स्त्री दुग्ध-

गुण	चरक (सु॰ सू॰ 27/224)	सुश्रुत (सु॰ सू॰ 45/57)	वाग्भट (अ॰ हृ॰ सू॰ 5/26)	भावप्रकाश (भा॰ प्र॰ दुग्ध/23)
रस	–	मधुर	–	–
अनुरस	–	कषाय	–	–
गुण	–	लघु	–	लघु
वीर्य	–	शीत	–	शीत
दोषकर्म	–	–	–	वातपित्तशामक
कर्म	जीवनीय, बृंहण, सात्मय	जीवनीय, दीपन	–	दीपन, चक्षुशूलहर, अभिघातघ्न
प्रयोग	स्नेहन, रक्तपित्त में नावन, नेत्रशूल में तर्पण	नस्य, आश्च्योतन	वात-पित्त-रक्त-अभिधातजन्य अक्षिरोगों में तर्पण, आश्च्योतन तथा नस्य कर्म	नस्य, आश्च्योतन

एकशफ दुग्ध-

गुण	चरक (च॰ सू॰ 27/221)	सुश्रुत (सु॰ सू॰ 45/56)	वाग्भट (अ॰ हृ॰ सू॰ 5/27)	भावप्रकाश (भा॰ प्र॰ दुग्धा/20)
रस	साम्ल, सलवण	मधुराम्ल	साम्ललवण	लवण, अम्ल, मधुर
अनुरस	–	लवण	–	–
गुण	रुक्ष, लघु	लघु, रुक्ष	लघु	लघु, रुक्ष
वीर्य	उष्ण	उष्ण	अति उष्ण	उष्ण
विपाक	–	–	–	लघु
दोषकर्म	–	–	–	वातशामक
कर्म	बल्य, स्थैर्यकर, शाखागतवातहर।	शाखावातहर, बल्य।	जडताकर, शाखागतवातहर।	बल्य, शोषहर।

मृग्यादि दुग्ध-

भावप्रकाश (भा॰ प्र॰ दुग्ध॰/18)	जाङ्गल देश की हिरणियों के दुग्ध के गुण अजादुग्ध के समान होते हैं।

Short Notes-

• कच्चा दुग्ध	अभिष्यन्दि, गुरु (अ॰ हृ॰ सू॰ 5/28), स्त्री का उत्तम
• पक्का दुग्ध	अनभिष्यन्दि, लघु (अ॰ हृ॰ सू॰ 5/28), स्त्री का अहितकर
• धारोष्ण दुग्ध	बल्य, लघु, शीतल, अमृत, अग्निदीपक, त्रिदोषनाशक (भा॰ प्र॰ दुग्ध वर्ग/25)
• धाराशीतल (दूहने के बाद देर तक रख कर शीतल होना)	धाराशीतल गौ दुग्ध त्याज्य है, इसको पका कर सेवन करें।

जारी है...

जारी है...

• उबाला हुआ गर्म दुग्ध	भेड़ का उत्तम
• उबाला हुआ शीतल दुग्ध	बकरी का उत्तम
• उबाल कर शीतल किया हुआ दुग्ध	पित्तशामक
• जल मिश्रित दुग्ध का क्वाथ जिसमें दूध शेष रह जाए	लघु
• प्रभातक्षीर (प्रातःकाल का दुग्ध)	गुरु, विष्टम्भकारक, शीतल
• सायंकाल का दुग्ध	वातानुलोमक, चक्षुष्य, श्रमहर

उष्ण	शीत	लघु	गुरू	स्निग्ध	रूक्ष	रस		क्षीर
अवि उष्ट्री	अन्य सभी दुग्ध	अजा उष्ट्री स्त्री एकशफ	गाय भैंस हस्तिनी भेड़	स्त्री हस्तिनी भेड़ माहिष गाय	एकाशफ उष्ट्री	मधुर मधुर, कषाय लवण, मधुर साम्ल, लवण	– – – –	गाय, माहिज़, भेड़ अजाक्षीर (कषायनुरस), हस्तिनी, स्त्री उष्ट्री एकशफ

• शाखागतवातहर	एकशफ दुग्ध
• स्थैर्यकृत	हस्तिनी दुग्ध, एकशफ
• केवलवातकोप, वातजकासहर हिक्काश्वासकर, अहृद्य	भेड़ दुग्ध
• आश्चयोतन, नावन	स्त्री दुग्ध
• कृमि, उदर, अर्शहर	उष्ट्री दुग्ध
• चक्षुष्य	हस्तिनी दुग्ध
• ग्राहि, श्वास, कास, राज्यक्ष्मा	अजादुग्ध
• अनिद्रा, तीक्ष्णाग्नि	माहिष दुग्ध
• मेध्य, जीवनीय, रसायन, रक्तपित्त, स्तन्यकर	गोदुग्ध
• वृष्य	माहिष, भेड़, हस्तिनी, दुग्ध
• सर्वरोगनाशक	अजा, गोदुग्ध

2. मूत्राष्टक

सर्वेष्वपि च मूत्रेषु गोमूत्रं गुणतोऽधिकम्। अतोऽविशेषात्कथने मूत्रं गोमूत्रमुच्यते।। (भा॰ प्र॰ मूत्र॰/4)

सम्पूर्ण मूत्रों में गोमूत्र ही सबसे गुणकारी है, अतः मूत्र शब्द का प्रयोग हो तो गोमूत्र जानें।

गाय, बकरी, भैंस, भेड़	– स्त्री जाति का मूत्र उत्तम होता है।
गदहा, ऊँट, हाथी, मनुष्य	– पुरूष जाति का मूत्र उत्तम होता है। (भा॰ प्र॰ मूत्र॰/9)

मूत्राष्टक-

अविमूत्रमजामूत्रं गोमूत्रं माहिषं च यत्। हस्तिमूत्रमथोष्ट्रस्य हयस्य च खरस्य व ॥ (सु॰ सू॰ 1/95)

भेड़, बकरी, गाय, माहिष, हाथी, उष्ट्र, घोडे व गधे का मूत्र मूत्राष्टक कहलाता है।

	चरक (च॰ सू॰ 1/96-100)	सुश्रुत (सु॰ सू॰ 45/218-219)	वाग्भट (अ॰ हृ॰ सू॰ 5/82-83)
गुण	उष्ण, तीक्ष्ण अरूक्ष	तीक्ष्ण, लघु	तीक्ष्ण, उष्ण, रूक्ष
रस	कटु, लवण	कटु, तिक्त	कटु
अनुरस	–	लवण	लवण
वीर्य	उष्ण	उष्ण	उष्ण
विपाक	कटु	कटु	कटु
दोषकर्म	कफशामक, वातानुलोमक, पित्ताधोनयन	कफवातशामक	पित्तकारक, वातकफशामक
कर्म	आनाह, त्वकदोष विषहर, उदररोग, अर्श, गुल्म, कुष्ठ, किलास, पाण्डुरोगहर, दीपनीय, क्रिमिघ्न।	मेदोरोगहर, विषहर, गुल्म अर्श, उदर, कुष्ठ, शोफ, अरूचि, पाण्डुहर, हृद्य, कृमिघ्न, भेदन, दीपन, पाचन।	क्रिमी, शोफ, उदररोग, आनाह, शूल, पाण्डु, गुल्म, अरूचि, विष, अर्श, श्वित्रकुष्ठहर।
प्रयोग	आस्थापन, विरेचन, स्वेदन उत्सादन, आलेपन, परिषेक, उपनाह।		

गोमूत्र-

गुण	चरक (च॰ सू॰ 1/102-103)	सुश्रुत (सु॰ सू॰ 45/220)	भावप्रकाश (भा॰ प्र॰ मूत्रवर्ग 1-5)
रस	–	कटु	कटु, तिक्त, कषाय
अनुरस	मधुर	लवण	–
गुण	–	तीक्ष्ण, लघु, क्षारयुक्त	तीक्ष्ण, लघु, क्षारयुक्त
वीर्य	–	उष्ण	उष्ण
विपाक	–	–	लघु
दोषकर्म	किञ्चित् दोषघ्न	नातिवातवर्धक, पित्तवर्धक, कफहर	पित्तकृत, कफवातहर
कर्म	क्रिमिहर, कुष्ठहर, कण्डूहर, सम्यङ्गपान से उदररोगहर।	अग्निदीपक, मेध्य, शूल, गुल्म, उदररोग, आनाहहर।	अग्निदीपन, मेध्य, शूल, गुल्म, उदररोग, आनाह, कण्डू, अक्षिमुखरोगहर, किलासहर, आमहर, बस्तिरोगहर, कुष्ठनाशक, कास, श्वास, क्रिमि, प्लीहादोषहर, शोथ, वर्चोग्रह, गुल्म, पाण्डुहर।
प्रयोग	–	विरेचन, आस्थापन।	कर्ण शूल में कर्णपूर्ण।

अवि (भेड़) का मूत्र-

गुण	चरक (च॰ सू॰ 1/101)	सुश्रुत (सु॰ सू॰ 45/224)
रस	तिक्त	तिक्त, कटु
गुण	स्निग्ध	उष्ण, क्षारयुक्त
दोषकर्म	पित्ताविरोधी	वातनाशक
कर्म	–	कास, प्लीहावृद्धि, उदररोग, श्वास, शोफ, विबन्धहर।

अजा (बकरी) का मूत्र-

गुण	चरक (च॰ सू॰ 1/102)	सुश्रुत (सु॰ सू॰ 45/223)
रस	कषाय, मधुर	कटु, तिक्त
दोषकर्म	–	इषत् वातप्रकोपक
कर्म	पथ्य, दोषहर	कास, श्वास, शोफ, कामला, पाण्डु रोगहर

माहिष (भैंस) का मूत्र-

गुण	चरक (च॰ सू॰ 1/103)	सुश्रुत (सु॰ सू॰ 45/222)
गुण	सक्षार, सर	–
कर्म	अर्श, शोफ, उदररोगहर	अर्श, उदररोग, शूल, कुष्ठ, प्रमेह, वमन-विरेचनादि से उत्पन्न अशुद्धावस्था, आनाह, शोफ, गुल्म, पाण्डुरोगहर

हाथी का मूत्र-

गुण	चरक (च॰ सू॰ 1/104)	सुश्रुत (सु॰ सू॰ 45/226)
रस	लवण	तिक्त, लवण
गुण	–	तीक्ष्ण, क्षारीय
दोषकर्म	कफनाशक	वातघ्न, पित्तकोपक
कर्म	कृमिहर, कुष्ठहर, बद्धविणमूत्रहर विषहर, आमहर, अर्शहर	भेदी, किलासकुष्ठहर

उष्ट्र (ऊँट) का मूत्र-

गुण	चरक (च॰ सू॰ 1/105)	सुश्रुत (सु॰ सू॰ 45/228)
रस	तिक्त	–
दोषकर्म	–	वातशामक
कर्म	श्वास, कास, अर्शहर	शोफ, कुष्ठ, उदररोग, उन्माद, कृमिघ्न, अर्शहर

घोड़े का मूत्र-

गुण	चरक (च॰ सू॰ 1/105)	सुश्रुत (सु॰ सू॰ 45/225)
रस	तिक्त, कटु	कटु
गुण	-	तीक्ष्ण, उष्ण
दोषकर्म	-	वातकफहर
कर्म	कुष्ठ, व्रण, विषहर	अग्निदीपक, दद्रु, चित्तविकारहर, कृमिहर

गदहे का मूत्र-

गुण	चरक (च॰ सू॰ 1/106)	सुश्रुत (सु॰ सू॰ 45/225)
गुण	-	तीक्ष्ण
दोषकर्म	-	वातकफहर
कर्म	अपस्मार, उन्माद, ग्रहरोगहर	कृमिघ्न, गरविषहर, चित्तविकारहर, ग्रहणीदोषहर, दीपन

मनुष्य का मूत्र-

सुश्रुत (च॰ सू॰ 45/228)	मूत्रम् मानुषं च विषापहम्।
भावप्रकाशे (भा॰ प्र॰ मूत्र॰/7)	**नरमूत्रं गरं हन्ति सेवितं तद्रसायनं। रक्तपामाहरं तीक्ष्णं सक्षारलवणं स्मृतम्॥** मनुष्य का मूत्र तीक्ष्ण, क्षारयुक्त, गरविषहर, रक्तदोष, पामाहर एवं रसायन होता है।

वाग्भट (अ॰ हृ॰ सू॰ 5/82-83)	मद्यवर्ग में मूत्र का सामान्य वर्णन करके, मूत्राष्टक के केवल नाम ही वर्णित किए हैं।

3. पित्तपञ्चक

पितं पञ्चविधं मत्सयगवाश्वनरबर्हिजम्। (रसार्णव)

मछली, गाय, घोड़ा, मनुष्य तथा मयूर के पित्त का संग्रह पित्तपंचक कहलाता है।

गुणकर्म-

रस - कटु (विदग्धावस्था - अम्ल) **गुण** - लघु, तीक्ष्ण
वीर्य - उष्ण **दोषकर्म** - वातकफशामक, पित्तवर्धक
विपाक - कटु
कर्म - दीपन, पाचन, रोचन, मुखशोधक, हृदयोत्तेजक, रक्तस्रावक, अवृष्य, लेखन, कर्शन, विषघ्न

III. पार्थिव द्रव्य

1. लवण पंचक

- **सौवर्चलं सैन्धवं च विडमौद्भिदमेव च। सामुद्रेण सहैतानि पञ्च स्युर्लवणानि च॥** (च॰ सू॰ 1/90)
- **सैन्धवसामुद्रविडसौवर्चलरोमकौद्भिदप्रभृतीनि लवणानि, यथोत्तरमुष्णानि वातहराणि कफपित्तकराणि यथापूर्वं स्निग्धानि स्वादूनि सृष्टमूत्रपुरीषाणि चेति॥** (सु॰ सू॰ 46/314)
- **सैन्धवश्चाथ सामुद्रं विडं सौवर्चलं तथा। रोमकश्चेति विज्ञेयं बुधैर्लवण पञ्चकम्॥** (र॰ त॰ 2/3)

लवण संख्या-

ग्रन्थ	चरक	रसतरङ्गणी	सुश्रुत
संख्या	1. सौवर्चल 2. सैन्धव 3. विड् 4. औद्भिद 5. सामुद्र	1. सैन्धव 2. सामुद्र 3. विड् 4. सौवर्चल 5. रोमक	1. सैन्धव 2. सामुद्र 3. विड् 4. सौवर्चल 5. रोमक 6. औद्भिद
कुल संख्या	5	5	6

सुश्रुतानुसार ये लवण उतरोत्तर उष्ण, वातनाशक, कफपित्तकारक होते हैं तथा यथापूर्व स्निग्ध, मधुर, मल एवं मूत्र के उत्पादक तथा प्रवर्तक होते हैं।

लवणों के सामान्य गुण-

गुण	चरक (च॰ सू॰ 1/91-93)	वाग्भट (अ॰ हृ॰ सू॰ 6/143)
गुण	स्निग्ध, तीक्ष्ण	विष्यन्दि, सूक्ष्म, तीक्ष्ण, मृदु
वीर्य	उष्ण	उष्ण
दोषकर्म	वातपित्तशामक	कफपित्तकारक, वातघ्न
कर्म	दीपन, अजीर्णहर, आनाहहर, गुल्महर, शूलहर, उदररोगहर।	सृष्टमल, पाकि, रोचन
प्रयोग	लेप, स्नेहन, स्वेदन, वमन, विरेचन, निरूह, अनुवासन, शिरोविरेचन, शस्त्रकर्म, वर्त्ति, उत्सादन, अभ्यङ्ग, भोजन, अञ्जन	–

सैन्धव लवण (Rock salt)

तत्रापि सैन्धवं मुख्यं विद्वद्भिः परिकीर्तितम्। उक्ते लवण सामान्ये सैन्धवं विनियोजयेत।। (र॰ त॰ 2/5)

प्रधान गुण होने के कारण मात्र लवण शब्द से सैन्धव का ग्रहण करना चाहिए।

उत्पत्ति – सिन्धु देश की खानों से निकलता है।

गुण	सुश्रुत (सु॰ सू॰ 46/315)	वाग्भट (अ॰ हृ॰ सू॰ 6/144)
गुण	लघु स्निग्धतम्	लघु, अविदाही
वीर्य	शीत	अनुष्ण
विपाक	मधुर	मधुर
दोषकर्म	त्रिदोषघ्न	त्रिदोषशामक
कर्म	चक्षुष्य, हृद्य, रोचन, वृष्य, दीपन	वृष्य, हृद्य, पथ्य, नेत्र्य, अग्निदीपक

सामुद्र लवण-

गुण	सुश्रुत (सु॰ सू॰ 46/316)	वाग्भट (अ॰ हृ॰ सू॰ 6/147)
गुण	किंचित स्निग्ध	गुरु
वीर्य	न अति उष्ण	–
विपाक	मधुर	मधुर

जारी है...

जारी है...

दोषकर्म	न अति पित्तकर	कफवर्धक
कर्म	अविदाही, भेदी, शूलघ्न	–

विड लवण–

गुण	सुश्रुत (सु॰ सू॰ 46/317)	वाग्भट (अ॰ हृ॰ सू॰ 6/146)
गुण	तीक्ष्ण, सूक्ष्म, सक्षार	–
वीर्य	उष्ण	–
दोषकर्म	वातानुलोमन	वातानुलोमन, उर्ध्वाङ्ग कफानुलोमन
कर्म	हृद्रोगनाशक, रूचिजनक, अग्निदीपक, शूलहर	दीपन, विबन्ध, आनाह, विष्टम्भु शूल, गौरवनाशक

सौवर्चल लवण–

गुण	सुश्रुत (सु॰ सू॰ 46/318)	वाग्भट (अ॰ हृ॰ सू॰ 6/144)
गुण	विशद, सुगन्धि	लघु, सुगन्धि
वीर्य	उष्ण	–
विपाक	लघु (कटु)	कटु
कर्म	गुल्म, शूल, विबन्धनाशक, हृद्य, रुचिवर्धक	हृद्य, उद्गार, शोधन, विबन्धनाशक, दीपन, रुचिवर्धक

रोमक लवण–

गुण	सुश्रुत (सु॰ सू॰ 46/319)	वाग्भट (अ॰ हृ॰ सू॰ 6/148)
गुंण	लघु, तीक्ष्ण, व्यवायी, विष्यन्दि, सूक्ष्म	लघु
वीर्य	अति उष्ण	–
विपाक	कटु	–
दोषकर्म	वातघ्न	–
कर्म	विड़भेदी, मूत्रल	–

औद्भिद् लवण–

गुण	सुश्रुत (सु॰ सू॰ 46/325)	वाग्भट (अ॰ हृ॰ सू॰ 6/145-148)
गुण	लघु, तीक्ष्ण, क्षारयुक्त, सूक्ष्म	सक्षार, तीक्ष्ण
अनुरस	तिक्त, कटु	तिक्त, कटु
वीर्य	उष्ण	–
विपाक	कटु	–
दोषकर्म	वातानुलोमक, उत्क्लेदि	उत्क्लेदि

कृष्ण लवण-

वाग्भट (अ॰ हृ॰ सू॰ 6/148)
सौवर्चल लवण के गुणों के समान ही गुण होते हैं, परन्तु सुगन्ध गुण नहीं है।

गुटिका लवण-

गुण	सुश्रुत (सु॰ सू॰ 46/316)
दोषकर्म	कफवातहर, पित्तकोपक
कर्म	क्रिमीघ्न, लेखन, दीपन, पाचन, भेदी

ऊषसूत (खारी मिट्टी से बनाया), **बालुकैल** (रेगिस्तान का लवण), **शैलमुलाकारोद्भव** (पर्वत की खानों से निकला):-

गुण	सुश्रुत (सु॰ सू॰ 46/316)
अनुरस	कटु
विपाक	कटु
कर्म	छेदन

2. क्षारवर्ग

क्षारद्वय :- **स्वर्जिक्षारो यवक्षारो क्षारद्वयमुदाहृतम्। (र॰ त॰ 2/6)**
1. यवक्षार 2. स्वर्जिकाक्षार

क्षारत्रय :- 1. यवक्षार 2. स्वर्जिकाक्षार 3. टंकणक्षार

क्षारपञ्चक :- 1. मुष्ककक्षार 2. यवक्षार 3. स्वर्जिकाक्षार 4. पलाशक्षार 5. तिलनालक्षार

क्षाराष्टक :- 1. पलाशक्षार 2. अपामार्गक्षार 3. स्नूहीक्षार 4. अर्कक्षार 5. यवक्षार 6. स्वर्जिकाक्षार 7. चिञ्चाक्षार 8. तिलनालक्षार

क्षार के सामान्य गुणः-

- **नैवातितीक्ष्णो न मृदुः शुक्लः श्लक्ष्णोऽथ पिच्छिलः। अविष्यन्दी शिवः शीघ्रः क्षारो ह्यष्टगुणः स्मृतः॥** (सु॰ सू॰ 11/18)

1. नातितीक्ष्ण 2. नातिमृदु 3. शुक्ल 4. श्लक्ष्ण 5. पिच्छिल
6. अविष्यन्दी (प्रसरणशील न हो) 7. शिव (सौम्य गुणकारी) 8. शीघ्रप्रभावकारी।

- **तीक्ष्णोष्ण लघुरूक्षश्च क्लेदी पक्ता विदारणः। दाहनो दीनश्छेत्त सर्व क्षारोऽग्निसन्निभः॥** (च॰ सू॰ 27/306)
- **क्षारा एतेऽग्निना तुल्या गुल्मशूलहरा भृशम्।** (भा॰ प्र॰ हरी॰/259)

क्षार के गुण अग्नितुल्य होते हैं यथा तीक्ष्ण, उष्ण, लघु, रुक्ष, कफ छेदन, क्लेदन, दीपन, पाचन, विदारण (विद्रधि, व्रण), दाहजनन, गुल्म, शूलहर।

क्षार	Botanical name	गुण	कर्म
यव	*Potassium carbonate*	लघु, स्निग्ध, सूक्ष्म	दीपन, पाचन, मूत्रल, अम्लतानाशक
स्वर्जिका	*Barilla*	लघु, स्निग्ध, सूक्ष्म	दीपन, पाचन, मूत्रल, आध्मानहर
टंकण	*Borax*	रूक्ष, उष्ण	दीपन, कफहर, व्रणरोपक

जारी है...

जारी है...

तिल	*Sesamum indicum*	मधुर, तिक्त, गुरू, स्निग्ध, उष्ण	वातशामक, दुग्धवर्धक, बल्य, वृष्य
पलाश	*Butea monosperma*	लघु, उष्ण, रूक्ष, कटु, तिक्त	कफपित्तशामक, रक्तशोधक, कृमिघ्न
अर्क	*Calotropis procera*	कटु, तिक्त, उष्ण, लघु, रूक्ष	विरेचन, दीपन, पाचन, कफवातशामक
अपामार्ग	*Achyranthes aspera*	उष्ण, तिक्त, कटु, तीक्ष्ण	दीपन, पाचन, वामक, पित्तविरेचक

अग्रय वर्ग

अग्रय शब्दः श्रेष्ठवचनः। (**च॰ सू॰** 25/45-**चक्रपाणि**)

अग्रय शब्द का अर्थ श्रेष्ठ है। अग्रय वर्ग के अन्तर्गत अपने कर्मों में श्रेष्ठ औषध द्रव्यों का संग्रह किया गया है।

- चरक सूत्रस्थान अध्याय 25 में 157 अग्रय द्रव्यों का वर्णन है।
- सुश्रुत संहिता में विभिन्न स्थानों पर अग्रय औषधों का वर्णन किया है।
- अष्टाङ्गसंग्रह सूत्रस्थान अध्याय 13 में कुल 160 अग्रय कहे हैं परन्तु 155 का वर्णन किया है।
- अष्टाङ्गहृदय उत्तरतन्त्र अध्याय 40 में विविध रोगों के लिए प्रयोज्य अग्रय औषध द्रव्यों का वर्णन है।

द्रव्य	**सूत्र (च॰ सू॰ 25/40)**	**श्रेष्ठता**
1. अन्न	अन्नं वृत्तिकराणां श्रेष्ठम्	धारण (जीवन निर्वाह)
2. जल	उदकमाश्वासकराणां	संतोष
3. सुरा	सुरा श्रमहराणां	थकावट दूर करना
4. क्षीर	क्षीरं जीवनीयानां	जीवनीय
5. मांस	मांसं बृंहणीयानां	बृंहणीय
6. रस	रसस्तर्पणीयानां	तर्पणीय
7. लवण	लवणमन्नद्रव्यरूचिकराणाम्	रुचिकर
8. अम्लरस	अम्लं हृद्यानां	हृद्य
9. मधु	मधु श्लेष्मपित्तप्रशमनानां	कफपित्तहर
10. घृत	सर्पिर्वातपित्तप्रशमनानां	वातपित्तहर
11. तैल	तैलं वातश्लेष्मप्रशमनानां	वातकफहर
12. क्षार	क्षारः पुंस्त्वोपघातिनां	पुंस्त्वहर
13. तिन्दुक	तिन्दुकमनन्नद्रव्यरूचिकराणाम्	अरूचिकर
14. कच्चा कपित्थ	आमं कपित्थमकण्ठयानाम्	अकण्ठय
15. भेड़ का घृत	आविकं सर्पिरहृद्यानाम्	अहृद्य
16. बकरी का दूध	अजाक्षीरं शोषघ्नस्तन्यसात्म्यरक्त-सांग्राहिकरक्तपित्तप्रशमनानाम्	शोषहर, रक्तपित्तहर, संग्राहि
17. भेड़ का दूध	अविक्षीरं श्लेष्मपित्तजननानां	कफपित्तवर्धक
18. भैंस का दूध	महिषीक्षीरं स्वप्नजननानां	निद्राजनक
19. गन्ने का रस	इक्षुर्मूत्रजननानां	मूत्रजनक
20. जौ	यवाः पुरीषजननानां	पुरीषजनक
21. जामुन	जाम्बवं वातजननानां	वातजनक
22. कुलत्थ	कुलत्था अम्लपित्तजननानां	अम्लपित्तजनक

जारी है...

जारी है...

23. उड़द (माष)	माषा: श्लेष्मपित्तजनननानां	कफपित्तजनक
24. मदनफल	मदनफलं वमनास्थापनानुवासनोपयोगिनां	वमन, आस्थापन, अनुवासन
25. त्रिवृत्	त्रिवृत् सुखविरेचनानां	सुखविरेचन
26. अमलतास	चतुरङ्गुलो मृदुविरेचनानां	मृदुविरेचन
27. थूहर का दूध	स्नुक्पयस्तीक्ष्णविरेचनानां	तीक्ष्णविरेचन
28. अपामार्ग	प्रत्यक्पुष्पा शिरोविरेचनानां	शिरोविरेचन
29. वायविडंग	विडङ्ग क्रिमिघ्नानां	क्रिमीघ्न
30. शिरीष	शिरीषो विषघ्नानां	विषघ्न
31. खदिर	खदिर: कुष्ठघ्नानां	कुष्ठघ्न
32. रास्ना	रास्ना वातहराणाम्	वातहर
33. आँवला	आमलकं वय:स्थापनानां	वयस्थापन
34. हरीतकी	हरीतकी पथ्यानाम्	पथ्य (स्त्रोतोशोधक)
35. एरण्ड	एरण्डमूलं वृष्यवातहराणां	वृष्य (शुक्रजनक), वातहर
36. पिपरामूल	पिप्पलीमूलं दीपनीयपाचनीयानाहप्रशमनानां	दीपन, पाचन, आनाह प्रशमन
37. चीता की मूल	चित्रकमूलं दीपनीयपाचनीयगुदशोथार्श:- शूलहराणां	दीपन, पाचन, गुदशोथ, अर्श, शूलहर
38. पोहकरमूल	पुष्करमूलं हिक्काश्वासकासपार्श्वशूलहराणां	हिक्का, श्वास, कास, पार्श्वशूलहर
39. नागरमोथा	मुस्तं सांग्राहिकदीपनीयपाचनीयानाम्	संग्राहि, दीपन, पाचन
40. सुगन्धबाला	उदीच्यं निर्वापणदीपनीय- पाचनीयच्छर्द्यतीसारहराणां	निर्वापण, दीपन, पाचन, छर्दि, अतिसारहर
41. सोनापाठा	कट्वङ्ग सांग्राहिकपाचनीयदीपनीयानाम्	संग्राहि, पाचन, दीपन
42. अनन्तमूल	अनन्ता सांग्राहिकरक्तपित्तप्रशमनानाम्	संग्राहि, रक्तपित्तहर
43. गुडूची	अमृता सांग्राहिकवातहरदीपनीयश्लेष्म- शोणितविबन्धप्रशमनानां	संग्राहि, दीपन, वातकफहर, रक्तशोधक, विबंधहर
44. बिल्व	बिल्वं सांग्राहिकदीपनीयवातकफप्रशमनानाम्	संग्राहि, दीपन, वातकफहर
45. अतिविषा	अतिविषा दीपनीयपाचनीयसांग्राहिकसर्व- दोषहराणाम्	दीपन, पाचन, संग्राहि, सर्वदोषहर
46. उत्पल, कुमुद, पद्मक, किञ्जल्	उत्पलकुमुदपद्मकिञ्जल्क: सांग्राहिकरक्त- पित्तप्रशमनानां	संग्राहि, रक्तपित्तहर
47. जवासा	दुरालभा पित्तश्लेष्मप्रशमनानां	पित्तकफहर
48. गन्धप्रियंगु	गन्धप्रियङ्गु: शोणितपित्तातियोगप्रशमनानां	रक्तपित्तअतियोग शामक
49. कुटजत्वक्	कुटजत्वक् श्लेष्मपित्तरक्तसांग्राहिको- पशोषणानां	कफ-पित्त-रक्त संग्राहि, उपशोषण
50. गम्भारीफल	काश्मर्यफलं रक्तसांग्राहिकरक्तपित्तप्रशमनानां	रक्तसंग्राहि, रक्तपित्तशामक
51. पृश्निपर्णी	पृश्निपर्णी सांग्राहिकवातहरदीपनीयवृष्याणां	संग्राहि, दीपन, वृष्य
52. विदारिगन्धा	विदारिगन्धा वृष्यसर्वदोषहराणां	वृष्य, सर्वदोषहर
53. बला	बला सांग्राहिकबल्यवातहराणां	संग्राहि, बल्य, वातहर

जारी है...

जारी है...

54. गोक्षुर	गोक्षुरको मूत्रकृच्छ्रानिलहराणां	मूत्रकृच्छहर, वातहर
55. हींग	हिङ्गुनिर्यासश्छेदनीयदीपनीयानु-लोमिकवातकफप्रशमनानाम्	छेदन, दीपन, अनुलोमन, वातकफहर
56. अम्लवेतस	अम्लवेतसो भेदनीयदीपनीयानुलो-मिकवातश्लेष्महराणां	भेदन, दीपन, अनुलोमन, वातकफहर
57. जवाखार	यावशूकः स्रंसनीयपाचनीयार्शोघ्नानां	स्रंसन, पाचन, अर्शोघ्न
58. मट्ठा	तक्राभ्यासोग्रहणीदोषशोफार्शोघृतव्या-पत्प्रशमनानां	ग्रहणीदोष, शोफ, अर्श, घृतव्यापदनाशक
59. क्रव्यमांसरस	क्रव्यान्मांसरसाभ्यासो ग्रहणीदोषशोषा-र्शोघ्नानां	ग्रहणीदोष, शोष, अर्शहर
60. तैलगण्डूष	तैलगण्डूषाभ्यासो दन्तबलरूचिकराणां	दन्तबल, रूचिकर
61. चन्दन	चन्दनं दुर्गन्धहरदाहनिर्वापणलेपनानां	दुर्गन्धहर, निर्वापण, लेपनकर्म
62. रास्ना, अगुरू	रास्नागुरूणी शीतापनयनप्रलेपनानां	शीतहर, लेपन
63. लामज्जक, उशीर	लामज्जकोशीरं दाहत्वग्दोषस्वेदापन-यनप्रलेपनानां	दाह, त्वकदोष, स्वेदहर, लेपन
64. कूठ	कुष्ठं वातहराभ्यङ्गपनाहोपयोगिनां	वातहर, अभ्यंग, उपनाह
65. मुलहठी	मधुकं चक्षुष्यवृष्यकेश्यकण्ठयवर्ण्य-विरजनीयरोपणीयानां	चक्षुष्य, वृष्य, केश्य, कण्ठय, वर्ण्य, विरञ्जक

दीर्घ-उत्तरीय प्रश्न

1. लवणपञ्चक, पित्तपञ्चक तथा क्षारवर्ग का वर्णन करें।

2. क्षीराष्टक तथा मूत्राष्टक का वर्णन विभिन्न आचार्यों के अनुसार करें।

3. त्रिफला, सुगन्धि त्रिफला तथा मधुर त्रिफला के गुणों, घटक द्रव्यों तथा पर्यायों का वर्णन करें।

लघु-उत्तरीय प्रश्न

1. रक्तपित्तहर, शुक्रदोषहर गुणों का वर्णन करें।

2. दशमूल का वर्णन करें।

3. पञ्चपञ्चमूल का वर्णन करें।

बहुविकल्पीय प्रश्न

1. तत्र त्रिकण्टक बृहतीद्वय .... किसके संदर्भ में कहा गया है?

a. लघु पंचमूल b. अष्टवर्ग c. चर्तुबीज d. पंचतिक्त

2. आचार्य सुश्रुत ने बृहत्पंचमूल का दोषों पर क्या प्रभाव कहा है?

a. त्रिदोषघ्न b. वातघ्न c. पित्तघ्न d. कफवातघ्न

3. दशमूल की संज्ञा दशमूल होने में कारण है –

a. दश धमिनयों का बृंहण b. दश प्रकार की वायु का शमन

c. दश इन्द्रियों का पोषण d. उपरोक्त सभी।

4. "तच्चूर्ण भक्षितं नित्यं .... कटिव्यथाम्" यह श्लोक किस संदर्भ में आया है?

a. त्रिकटु b. त्रिफला c. चर्तुभद्र d. चर्तुबीज

5. निम्न में से पंचतिक्त के द्रव्य कौन-कौन से हैं?
a. निम्ब, वासा, कण्टकारी
b. वासा, चन्द्रशूर, गोक्षुर
c. गोक्षुर, गुडुची, यवानी
d. नारंग, पटोल, गोक्षुर

6. अष्टवर्ग में "जीवक ऋषभक" का प्रतिनिधि क्या है?
a. शतावरी
b. अश्वगंधा
c. विदारीकन्द
d. वाराही

7. निम्न में से कौन-सा द्रव्य त्रिजात-चतुर्जात में नहीं है?
a. नागकेशर
b. एला
c. तेजपत्र
d. गोक्षुर

8. आचार्य सुश्रुत के अनुसार वल्लीपंचमूल तथा कण्टकपंचमूल के क्या कार्य बताए गए हैं?
a. रक्तपित्त नाशन
b. रक्त-प्रसादन
c. स्तन्यजनन
d. वातपित्त नाशन

9. त्रिकुट का दोषों पर क्या प्रभाव होता है?
a. कफ-वात वर्धक
b. कफशामक
c. वात-पित्त वर्धक
d. वात-पित्त शामक

10. अतिविषा किस गण का घटक है?
a. त्रिकर्षिका
b. चर्तुभद्र
c. बालचर्तुभद्र
d. उपरोक्त सभी

11. पंचपल्लव का मुख्य कर्म क्या है?
a. स्तम्भन
b. गन्धकर्म
c. त्वकरोग हर
d. बल्य

12. विषापहम किसके सन्दर्भ में आया है?
a.षडूषण
b. पंचकोल
c. त्रिजात
d. (a) और (c) दोनों

13. शुक्रदोषविनाशन कर्म है-
a. वल्लीपंचमूल
b. पंचवल्कल
c. कण्टकपंचमूल
d. (a) और (c) दोनों

14. लघुपंचमूल को राजनिघण्टु में क्या संज्ञा दी गई है?
a. पंचगण
b. पंचकनीय
c. ह्रस्वमूल
d. छोटापंचमूल

15. मध्यम पंचमूल का वर्णन किसने किया?
a. चरक
b. सुश्रुत
c. वाग्भट
d. भावप्रकाश

16. वरा किसका पर्याय है?
a. महति त्रिफला
b. त्रिकटु
c. सुगंधि त्रिफला
d. मधुर त्रिफला

17. त्रिफला में हरीतकी बिभितकी आमलकी का अनुपात क्या है?
a. 1, 2, 4
b. 1, 5, 6
c. 1, 1, 1
d. (a) और (c) दोनों

18. सुरभी त्रिफला किसका पर्याय है?
a. सुगंधि त्रिफला
b. मधुर त्रिफला
c. स्वल्प त्रिफला
d. कोई नहीं

19. राजनिघण्टु के अनुसार विष तथा उपविष की संख्या कितनी है?
a. 3
b. 9
c. 11
d. 5

20. सम्पूर्ण मूत्रों में सबसे गुणकारी मूत्र कौन सा है?
a. बकरी का मूत्र
b. गाय का मूत्र
c. माहिष का मूत्र
d. भेड़ का मूत्र

21. आचार्य सुश्रुत ने कितने प्रकार के लवण कहे हैं?
a. पाँच
b. सात
c. छः
d. चार

22. राज्यक्ष्मा में कौन सा दुग्ध हितकर होता है?
a. अजा दुग्ध
b. माहिष का दुग्ध
c. उष्ट्री का दुग्ध
d. भेड़ का दुग्ध

23. निम्न में से क्षारद्वय क्या है?

 a. यवक्षार + पलाक्षार   b. यवक्षार + स्वर्जिकाक्षार

 c. स्वर्जिकाक्षार + टंकणक्षार   d. पलाशक्षार + स्नूहीक्षार

24. आचार्य सुश्रुत ने आस्थापन में किस मूत्र के प्रयोग का वर्णन किया है?

 a. बकरी का मूत्र   b. भेड़ का मूत्र   c. गोमूत्र   d. माहिष का मूत्र

उत्तरमाला

1. a	2. d	3. d	4. d	5. a	6. c	7. d	8. a	9. b	10. d
11. b	12. d	13. d	14. a	15. c	16. a	17. d	18. a	19. d	20. b
21. c	22. a	23. b	24. c						

अध्याय 11

नामरूपज्ञानविज्ञानीयाध्याय

द्रव्यनामकरण के आधार (Basis of Nomenclature of *Dravya*/ Basis and Derivation of Synonyms)

व्युत्पत्ति–नाम (Name) + रूप (Form) - नामरूप = द्रव्य का नामकरण तथा पहचान।

These words are linked with each other like word and its meanings.

Namaroopagyana is a distinct branch of Dravyaguna.

निरुक्ति–

- **नामरुपे ज्ञायेतेऽनेनेति।** (नामरूप विज्ञान)

  By which names and forms of the drugs are known.
- **नामभी रूपं ज्ञायतऽनेनेति।** (नामरूप विज्ञान)

  That which imparts knowledge of the forms of the drug on the basis of names.
- **नामरूपयो: सामञ्जस्यं ज्ञायतेऽनेनेति।** (नामरूप विज्ञान)

  That which deals with proper correlations of names and forms, so that the entity can be identified correctly. This deals with discussion on plants and drugs used by same name in different regions, correlation of name and form is very important as without this one cannot identify the plant even if seeing it.

नाम (Name) denotes—

- **मुख्यनाम (Basonym)** - It is the basic name of plants, e.g. *Guduchi*, *Haritaki*, etc.
- **पर्याय (Synonyms)** - These are different alternative names assigned for particular plant on the basis of different character, uses, habitats, etc., e.g. *Amrita*, *Dhatri*, etc.

रूप (Form) denotes—It is a specific character (*svarupa* or *prakriti*) which includes morphology (*akriti*) as well as properties and actions (*gunadharma*) of plants.

परिभाषा–

नामरूपज्ञान–द्रव्यों के नाम, पर्याय तथा स्वरूप एवं पहचान के अध्ययन को नामरूपज्ञान कहते हैं। The study of names and form together of medicinal plants is called as *Namaroopagyana*.

Pharmacognosy—The branch that deals with the knowledge or study of identification of medicinal drugs derived from natural sources.

अज्ञात् औषध का परिचय/Identification of Unknown Drugs

- **औषधीर्नामरूपाभ्यां जानते ह्यजपा वने। अविपाश्चैव गोपाश्च ये चान्ये वनवासिनः।।** (च॰ सू॰ 1/121)
  अज्ञात् औषधि के नाम तथा रूप को वनवासियों, भेड़ तथा गाय आदि चराने वालों से जानें।
- **गोपालास्तापसा व्याधा ये चान्ये वनचारिणः। मूलाहाराश्च ये तेभ्यो भेषजव्यक्तिरिष्यते।।** (सु॰ सू॰ 37/11)
  गौं, भैंस, बकरी चराने वालों, तपस्वियों तथा कन्द मूल खाकर जंगल में रहने वाले वनवासियों से औषध का ज्ञान प्राप्त करना चाहिए।
- **न नामज्ञानमात्रेण रूपज्ञानेन वा पुनः। औषधीनां परां प्राप्तिं कश्चिद्वेदितुमर्हति।।** (च॰ सू॰ 1/122)
  केवल मात्रा नाम के ज्ञान से ही नहीं, अपितु रूपज्ञान, गुणज्ञान तथा कर्मज्ञान से औषधि की परम् प्राप्ति होती है।
- **यथा विषं यथा शस्त्रं यथाग्निरशनिर्यथा। तथौषधमविज्ञातं विज्ञातममृतं यथा।।** (च॰ सू॰ 1/125)
  अज्ञात् औषध विष, शस्त्र तथा अग्नि की तरह शरीर का नाश करती है, परन्तु ज्ञात् औषध अमृत रूप होती है।

Unknown drug can be identified in the following steps:

1. Questioning the local people.
2. Confirming with teachers or *agama*.
3. Consulting the related text.
4. By detailed scientific examination, i.e. macroscopic, microscopic, physical and chemical examination.

द्रव्यनामकरण का इतिहास

I. वैदिककाल–

सेयं देवतेमास्तिस्त्रो देवता अनेनैव। जीवेनात्मनानुप्रविश्य नामरूपे व्याकरोत्।। (छान्दोग्य उपनिषद् 6/3/3)

जीवात्मा में प्रवेश होने से देवता अनेक हो जाते हैं, इसलिए उनके नामरूप के ज्ञान की आवश्यकता होती है। इसी प्रकार औषध द्रव्यों के अनेक होने से उनके नामरूप के ज्ञान की भी आवश्यकता होती है।

वैदिककाल में द्रव्यों की संख्या कम थी (ऋग्वेद - 67, यजुर्वेद - 82, अथर्ववेद - 289) परन्तु द्रव्यों के नाम तथा पर्याय कथन के अनेक आधार देखने को मिलते हैं। उस काल में आख्यानों के आधार पर वनस्पतियों के नाम रखे गए। **यथा अश्वत्थ** – जिसमें अश्व रूप में अग्निदेव स्थित हों, ऐसा वैदिक आख्यान है कि अग्निदेव अश्व का रूप धारण कर देवताओं के यहाँ से भाग आए थे और इस वनस्पति मे छुप गए थे। अनेक पशु पक्षियों से भी वनस्पतियों का सम्बन्ध बताया गया है जिनका नाम उसी आधार पर रखा गया है। यथा–सर्पगन्धा, वाराही, नाकुली आदि।

वैदिक काल में द्रव्यों में नामकरण के आधार–

- उद्भव स्थान – वर्षाभू आदि।
- अव्यव–
  - पत्र - पृश्निपर्णी, चित्रपर्णी
  - पुष्प - शंखपुष्पी, हिरण्यपुष्पी
  - फल - फलवती
  - कन्द - कन्दविष
  - रूप - पीतदारू
  - रस - मधूक, रस
  - गन्ध - अश्वगन्धा, पूतिरज्जु
- स्वरूप – विषाणिका, पुनर्नवा, तीक्ष्णशृङ्गी
- कर्म – रोहिणी, उर्जयन्ती (ओजवर्धक)
- रोगमूलककर्म – किलाष भेषज, विषदूषणी
- विशिष्ट प्रभाव – केशवर्धनी, क्लीबकरणी, केशबृंहणी
- प्रशस्ति – पीतद्रु, भद्र
- आख्यान – अश्वत्थ
- पशु–पक्षी – अश्वमार, गन्धर्वहस्त

वैदिक वाङ्मय में औषधनामकरण एवं पर्याय कथन से सम्बन्धित कुछ महत्वपूर्ण तथ्य–

- ब्राह्मी, ऐन्द्री, गायत्री, अभया औषधि बोधक नहीं है ये महाशान्तियाँ बताई गई हैं।
- महाबला, अतस, अर्णी शब्द क्रमश: देवता तथा काष्ठ-विशेष के बोधक हैं, परन्तु अब ये शब्द औषधियों के लिए प्रयुक्त होते हैं।
- मुचुकुन्द मुनि विशेष का नाम था, परन्तु अब यह औषधि बोधक है।
- ईट शब्द ऋषि के नाम के लिए प्रयुक्त हुआ था, परन्तु अब यह शब्द औषधि बोधक है।

II. संहिता एवं निघण्टु काल–

वैदिक काल में औषधियों की संख्या कम थी, परन्तु संहिता काल में तत्पश्चात् निघण्टु काल में बढ़ती गई। अत: उस दृष्टि से गुण, कर्म, प्रयोग आदि के आधार पर एक औषध के लिए अनेक पर्याय तथा अनेक औषध के लिए एक पर्याय कहने का प्रचलन बढ़ गया।

इस प्रकार निघुण्ट काल में **अवयव बोधक, स्वरूप बोधक, उद्‌भव बोधक, गुणकर्म बोधक** पर्यायों का सृजन हुआ।

In the ancient and medieval periods, there was no system of morphological description of plants as done nowadays. This objective, however, was fulfilled by coining names and synonyms, which indicate the salient features of plants. The main reason of not going into details in this regard has been the close contact with plants growing in surrounding, thus not necessitating other means of identification. In those days, plants were like family members participating with people mutually on the occasions of joy and grief.

द्रव्यनामकरण के आधार

- **एकं तु नाम प्रथितं बहूनामेकस्य नामानि तथा बहूनि। द्रव्यस्य जात्याकृतिवर्णवीर्यरसप्रभावादिगुणैर्भवन्ति॥** (ध० नि०)

  एक द्रव्य के बहुत से नाम होते हैं तथा बहुत द्रव्यों का एक नाम होता है। द्रव्यों के नाम का आधार जाति, आकृति, वर्ण, वीर्य, रस, प्रभाव तथा गुण होते हैं।

  एक द्रव्य के बहुत नामों को **नैघण्टुक** कहा जाता है। बहुत द्रव्यों के एक नाम को **ऐकपादिक** कहा जाता है।

- **नामानि क्वचिदिह रूढित: प्रभावाद् देश्योक्तया क्वचिदिह लाञ्छनोपमाभ्याम्। वीर्येण क्वचिदितराह्वया-दिदेशाद् द्रव्याणामिह सप्तधोदितानि॥** (रा० नि०)

  राजनिघण्टुकार के अनुसार औषधियों के नामकरण के सात आधार निम्नलिखित हैं–

  1. **रूढ़ि** (Traditional usage) – आटरूषक, गुडूची, टुण्टुक आदि
  2. **प्रभाव** (Effect) – क्रिमिघ्न, ह्यमार आदि
  3. **देशयोक्ति** (Habitat) – मागधी, वैदेही, कालिंग, कैरात आदि
  4. **लाञ्छन** (Morphological characters) – राजीफल, चित्रपर्णी आदि
  5. **उपमा** (Simile) – शालपर्णी, मेषशृंगी, अजकर्ण आदि
  6. **वीर्य** (Potency) – ऊषण, ऊषणा, शीत आदि
  7. **इतराह्वय** (Due to other factors or names prevalent in other regions) – शक्राह्व, काकाह्वा आदि

- **स्वरूप के आधार पर**–जटामांसी, पीतवृक्ष (सरल), वराहीकन्द, प्रसारणी

- **अव्यव के आधार पर–**
  - मूल – शतमूली (शतावरी), पीतमूल (रेवन्दचीनी)
  - कन्द – शुक्लकन्दा (अतिविषा), श्यामकन्दा (प्रतिविषा)
  - काण्ड – चक्रांगी (कुटका), रक्तकाण्डा (मञ्जिष्ठा)
  - शाखा – शाखोटक (वेत्र), शाखाल (वेत्र)
  - वृन्त – कृष्णवृंता (मुदगपर्णी), दीर्घवृन्त (अरलू)
  - कण्टक – तीक्ष्णकण्टक (बबूल), त्रिकण्टक (गोक्षुर)
  - रोम – कपिरोमफला (कपिकच्छू)
  - पत्र – युग्मपत्रक (कांचनार), त्रिपर्णी (बिल्व)
  - पुष्प – खरमंजरी (अपामार्ग), नागपुष्प (नागकेशर)
  - फल – तूलफल (अर्क), महाफल (जम्बू)
  - बीज – बीजगर्भ (पटोल), इन्द्रयव (कुटज)
  - त्वक् – बहुवल्कल (चिरौंजी)
  - क्षीर – हेमक्षीरी (स्वर्णक्षीरी), पीतदुग्धा (स्वर्णक्षीरी)
  - निर्यास – बहुस्रवा
- **आकार के आधार पर**–प्रसारणी, पर्णबीज, काण्डरूहा आदि।
- **गुणों के आधार पर–**
  1. **रस**–कट्वी (कटुका), पञ्चरसा (हरीतकी), कटुफला (जीमूत), बहुरसा (ज्योतिष्मती), मधुर (मिश्रेया), तिक्ता (कटुका), महातिक्ता (महानिम्ब)।
  2. **वीर्य**–शीत (बला), उष्ण (पिप्पली)।
  3. **शब्द**–गुञ्जा (रत्ती)।
  4. **स्पर्श**–दु:स्पर्शा (कौंच), खरमञ्जरी (अपामार्ग), कर्कशच्छद (शाक)।
  5. **रूप**–रक्तसार (खादिर), रक्तकाण्ड (मञ्जिष्ठा), हेमवती (जीवन्ती), स्वर्णक्षीरी (सत्यानाशी), पाण्डु (पटोल), कालिका (काकोली), सोमसार (खदिर), शुक्लकन्दा (अतिविषा), स्वर्णपर्णी (जीवन्ती), ताम्रपुष्पा (कोविदार), शुक्लवृक्ष (धव), पाण्डुरद्रुम (आरग्वध)।
  6. **गन्ध**–उग्रगन्ध (रसोन), उग्रगन्धा (वचा), सुगन्धा (रुद्रजटा), गन्धारिका (शतपुष्पा)।
  7. **विशिष्ट गुण**–तीक्ष्णतण्डुला (पिप्पली), तीक्ष्ण (मरिच, चव्य)।
- **कर्म के आधार पर**–पुत्रदा (लक्ष्मणा), वातारी (एरण्ड), कुष्ठघ्न (पटोल), छर्दन (मदनफल), वृष्या (आमलकी), कासमर्दन (कसौंदी)।
- **उपयोग के आधार पर**–रथद्रु (तिनिश), यज्ञिय (खदिर)।
- **योनि के आधार पर**–कृमिजा (लाक्षा), मृगनाभी (कस्तूरी)। **पुष्पकाल के आधार पर**–वसन्त (सप्तला), शारद (सप्तपर्ण)।
- **प्रशस्तिबोधक के आधार पर**–मंगल्यकुसुमा (शंखपुष्पी)।
- **परिमाण के आधार पर**–अक्ष (विभीतक), कोल (मरिच)।
- **आख्यान के आधार पर**–अमृतसम्भवा (अमृता), इन्द्रद्रु, वीरवृक्ष (अर्जुन)।
- **जान्तव प्रयोग सूचक के आधार पर**–कृमिघ्न (विडंग), भूतनाशनी (सरसों), भूतघ्नी (जटामांसी)।
- **उत्पत्तिस्थान के आधार पर**–कश्मीरक, कुमकुम (केसर), किरात् (किरातिक्त), द्राविडी (ऐला), मल्यज (चन्दन), मादरी (अतिविषा), कालिंग (कुटज)।
- **व्यापार के आधार पर**–बाह्लिक (हिंगु, कुमकुम)।

- **व्यापार मार्ग के आधार पर–**
  - पन्या, क्लीतक–Drugs displayed in market (रा० नि०)।
  - धर्मपत्तन (मरिच), कोरङ्गी (एला)–For commercial transaction by sea route.

उदाहरण–

1. **कर्बुदार–"कर्बुरं चित्रितं दलमस्य"**। As one of the petals of *Kanchnara* is designed differently from others, hence it is named as *Karbudara*. Also, its name *Bauhinia variegata* has been established on the characteristic feature of variegated petal.
2. **हरीतकी**–*Haritaki*, *Abhya*, *Pathya* are used as synonyms of *Haritaki* by *Charaka*, *Chetaki*, *Pranda* are only seen in *Ashtangahridya*. Which are not in other great *samhitas*, which proves the later development of *Namroopgyanam*.
3. **केसर**–Name *Kashmirjanama* is given for *Kumkum* in *Ashtangahridya* which indicates the cultivation of safron in Kashmir by that time.
4. **गोहरीतकी**–*Goharitaki* is synonym of *Bilva* which indicates its prevalent use in veterinary practices.
5. **समङ्गा तथा मञ्जिष्ठा**–Acharya Charka has described both plants differently in *Sutrasthana*, Chapter 4 but Nighantus has described them as synonyms.
6. **अमृता**–Actually *Amrita* is synonym of *Guduchi*, but is also seen as synonym of *Amalaki* and *Haritaki*. Also *Dalhana* has described *Guduchi* and *Haritaki* as *Amritadwaya*.
7. **विजया**–This synonym was quoted for *Haritaki* in the older texts but nowadays it is also used for *Bhanga*.

Examples 5,6,7 show how coining of synonyms causes controversy. Hence, naming without proper identification can cause controversy. The two branches (*nama* and *roopa*) are interrelated.

दीर्घ-उत्तरीय प्रश्न

1. **द्रव्यनामकरण के आधारों की व्याख्या करें।**

लघु-उत्तरीय प्रश्न

1. **राजनिघण्टु के अनुसार द्रव्य नामकरण के सात आधारों का वर्णन करें।**
2. **किसी अज्ञात् औषध का परिचय किस प्रकार करें।**

बहुविकल्पीय प्रश्न

1. **Study of nomenclature is known as—**
   a. Pharmacy b. Pharmacognosy
   c. Pharmacodynamics d. Pharmacokinetics
2. ***Bauhinia variegata* is the name based on specific character of—**
   a. Petal b. Leaves c. Roots d. Stem
3. **What is Basonym?**
   a. Synonym b. Botanical name c. Basic name d. Antonym
4. ***Gunja* is the name based on........**
   a. *Ras* b. *Shabda* c. *Gandha* d. *Rupa*
5. **गोहरीतकी पशुचिकित्सीय उपयोग के लिये दर्शाती है—**
   a. केसर b. बिल्व c. हरीतकी d. उपरोक्त सभी

उत्तरमाला (बहुविकल्पीय प्रश्न)

1. b **2.** a **3.** c **4.** b **5.** b

अध्याय 12

द्रव्यपरीक्षाविज्ञानीयाध्याय

द्रव्यपरीक्षा

तस्यापीयं परीक्षा - इदमेवंप्रकृत्येवंगुणमेवंप्रभावमस्मिन् देशे जातमस्मिन्नृतावेवंगृहीतमेवंनिहितमेवमु-परस्कृतमन या च मात्रया युक्तमस्मिन् व्याधावेवंविधस्य पुरुषस्यैव तावन्तं दोषमपकर्षत्युपशमयति वा, यदन्यपि चैवंविधं भेषजं भवेत्तच्चानेन विशेषेण युक्तामिति। (च॰ वि॰ 8/87)

इदम् एवं प्रकृति (Identification of Unknown Drug and Determination of its Name)

औषधीर्नामरूपाभ्यां जानते ह्यजपा वने। अविपा श्चैव गोपा श्च ये चान्ये वनवासिनः। (च॰ सू॰ 1/121)

अज्ञात् औषधि के नाम तथा रूप का ज्ञान वनवासियों, भेड़ तथा गाय आदि चराने वालों से प्राप्त करें।

Unknown drug can be identified in the following steps:

- Questioning the local people.
- Confirming with teachers or *Agama*.
- Consulting the related text.
- By detailed scientific examination, i.e. macroscopic, microscopic, physical and chemical examination.

After identification of the drug, confirmation of its name is done and official name is written along with Latin name.

एवं गुणम् (Determination of the Physical and Chemical Properties of the Drug)

द्रव्य के गुणों (रसपंचक) का निर्धारण प्रत्यक्ष एवं अनुमान प्रमाण द्वारा किया जाता है। यथा-

प्रत्यक्ष प्रमाण द्वारा:

- रस का ज्ञान जिह्वा स्पर्श (निपात) से होता है।
- रुक्षादि गुण का ज्ञान त्वक की रुक्षता से होता है।

अनुमान प्रमाण द्वारा:

- बृंहण कर्म से द्रव्य के मधुर, शीत होने का अनुमान होता है।

Physical and chemical properties of drugs can be evaluated by:

1. Physicochemical tests—estimation of moisture content, ash value, extractive value, etc.
2. Phytochemical tests—extraction of alkaloids, glycosides, carbohydrates, etc.

एवं प्रभावम् (Determination of Therapeutic Properties of the Drug)

जो गुण द्रव्य में होते हैं वही शरीर में भी होते हैं, अतः द्रव्यों के गुणों (Pharmacodynamic, pharmacotherapeutic properties) को जान कर उनका प्रयोग शरीर में तत् समान दोष-धातु तथा मलों की वृद्धि, क्षय तथा स्थिति के लिए किया जाता है। यथा-मधुर, शीत द्रव्यों के बृंहण कर्म को जानकर उनका प्रयोग कृशता में करते हैं।

अस्मिन देशे जातम् [Knowledge of Ecology (Habitat) of the Drug]

भूमि, वायु तथा जल आदि का प्रभाव औषधियों तथा उनके कर्मों पर पड़ता है, इसलिए औषध द्रव्यों का प्रयोग देश, भूमि आदि के अनुसार किया जाता है। आचार्य शार्ङ्गधर के अनुसार साधारण भूमि (सर्वलक्षणयुक्तभूमि) तथा उत्तर दिशा में उत्पन्न औषध का ग्रहण उत्तर दिशा की ओर मुख करके करना चाहिए।

देश विवरणः

देश	विवरण	रचनाएं
जांगल देश (Woodland) मरुस्थल	• जहां जल, वृक्ष तथा रोग कम हों। • वायु तीव्र तथा धूप तीक्ष्ण हो। • वात-पित्त बाहुल्य पुरुष हो। • स्वास्थ्य की दृष्टि से सर्वोत्तम् देश।	• इसमें Xerophytes पाये जाते हैं। • अधिक ऊँचे, कांटेदार वृक्ष, पत्तियां कम तथा छोटी होती हैं। • मुख्यतः कषाय रस प्रधान द्रव्य होते हैं। उदाहरण - खदिर, धव, बबूल आदि।
आनूप देश (Marshy land) क्षारीय भूमि	• जहां जल तथा रोग अधिक हों। • वायु मन्द तथा धूप कम हो। • वात-कफ बाहुल्य पुरुष हो। • स्वास्थ्य की दृष्टि से निकृष्टतम देश।	• इसमें Hydrophytes मिलते हैं। • बड़ी-बड़ी पत्तियों वाले वृक्ष। • वृक्षों की ऊँचाई कम होती है। उदाहरण - कदली।
साधारण देश (Temperate land) चारगाह	• जिसमें जांगल तथा आनूप दोनों देशों के लक्षण मिलते हैं। इसमें पुरुष भी मिले-जुले होते हैं।	• इसमें Mesophytes मिलते हैं। दोनों ही देशों के वृक्ष पाये जाते हैं।

Climate Classification According to Modern Climate System

Koppen' s classification:

A. Tropical zone - Temperature remains above 18°C throughout the year with less winters.
B. Dry zone - Constant water deficient
C. Mild mid-latitude zone (temperate) - Having mild winters.
D. Cold mid-latitude zone (cold forest) - Severe winters, temperature ranges 3°C to 10°C
E. Polar zone (arctic zone) - Summerless zone, having temperature less than 10°C

भूमि विवरण

वृक्षों में रस की उत्पत्ति भूमि के द्वारा ही होती है, क्योंकि वृक्ष, भूमि से ही जल ग्रहण करते हैं तथा जल रस की योनि है एवं स्वयं अव्यक्त रस होता है। अर्थात - जैसी भूमि होगी वैसा ही वृक्षों का रस भी होगा।

भूमि वर्गीकरण

- **अथर्ववेद के अनुसार** - अथर्ववेद में मृत्तिकागत् कणों के आधार पर भूमि के भेद बताए गए हैं-
  - **बभ्रुवर्ण** - पीत वर्ण

- **कृष्ण** – कृष्ण वर्ण
- **रोहिणी** – लालवर्ण
- **विश्वरुपा** – बहुवर्ण
- **ध्रुवा** – विशिष्टवर्ण

- **राज निघण्टु के अनुसार-**
  - **उर्वा** – उपजाऊ भूमि
  - **शर्करा** – रेतवाली भूमि
  - **क्षार भूमि** – ऊषर भूमि
  - **कृष्ण भूमि** – काली मिट्टी
  - **पाण्डु भूमि** – पीली मिट्टी
- **आचार्य सुश्रुत के अनुसार** – पाँचमहाभूतों के आधार पर भूमि का विभाजन किया है। (सु॰ सू॰ 37/5)

भूमि	विवरण	रचनाएं
पार्थिव भूमि	पथरीली, स्थिर, कृष्णवर्ण, गुरु भूमि।	स्थूल वृक्ष और कुछ घास युक्त।
जलीय भूमि	स्निग्ध, शीतल, शुक्ल वर्ण, खोदने पर शीघ्र ही जल की प्राप्ति होती है	स्निग्ध धान्य, तृण, कोमल वृक्षों से युक्त।
आग्नेय भूमि	नाना वर्ण की, छोटे-छोटे पत्थरों वाली भूमि।	पाण्डुवर्ण के छोटे वृक्ष और तृणांकुरों से युक्त।
वायव्य भूमि	रुक्ष, भस्म अथवा गदहे के समान धूसर वर्ण वाली भूमि	अल्परस-युक्त वृक्ष, कोटर युक्त, तनु वृक्ष।
आकाशीय भूमि	मृदु, समतल, गड्ढे युक्त, अल्प रस तथा जल, बड़े-बड़े पर्वत, श्याम वर्ण वाली भूमि।	सर्वत्र सार रहित बड़े वृक्ष।

प्रशस्त भूमि (सु॰ सू॰ 37/3)

- श्वभ्र (खड्डे), शर्करा (कंकड़), पत्थर, विषमतल, बाल्मीक, शमशान, देवताओं का स्थान, बालु से रहित हो। ऊषर (क्षार युक्त) न हो, भंगुर (फटने वाली) न हो खोदने पर जल ज्यादा दूर न हो, स्निग्ध, मृदु, स्थिर, सम, प्ररोहवती, कृष्ण, गौर तथा लोहित वर्ण की भूमि प्रशस्त होती है।

अस्मिन् ऋतौ जातम् एवं गृहीतम् (Collection of Drugs)

औषध द्रव्य का संग्रहण प्राकृतिक ऋतु तथा प्राकृतिक अवस्था में ही करना चाहिए, क्योंकि द्रव्य की कार्यशक्ति (उचित वीर्य) तद्अनुसार ही होती है।

प्रयोजयाङ्ग. के अनुसार द्रव्य संग्रहण-

- **आचार्य चरक के अनुसार-**
  तेषां शाखापलाशमचिरप्ररूढं वर्षावसन्तयोर्ग्राह्यं, ग्रीष्मे मूलानि शिशिरे वा शीर्णप्ररूढपर्णानां, शरदि त्वक्कन्दक्षीराणि, हेमन्ते साराणि, यथर्तु पुष्पफलमिति॥ (च॰ क॰ 1/10)
- **आचार्य सुश्रुत का कथन है कि कुछ आचार्य इस प्रकार द्रव्यसंग्रहण को मानते हैं-**
  अत्र केचिदाहुराचार्य्या - प्रावृड्.वर्षाशरद्धेमन्तवसन्तग्रीष्मेषु यथासंख्यं मूलपत्रत्वक्क्षीरसारफलान्या - ददीतेति। (सु॰ सू॰ 37/6)
- **आचार्य राजनिघण्टुकार के अनुसार-**
  कन्दं हिमर्तौ शिशरे च मूलं पुष्पं वसन्ते फलदं वदन्ति। प्रवालपत्राणि निदाधकाले स्युः पञ्चजातानि शरत्प्रयोगे॥ (रा॰ नि॰ भू॰ 2/34/49)

अङ्ग.	चरक	सुश्रुत	राजनिघण्टु
शाखा	वर्षा और वसन्त (विकास की प्रौढ़ावस्था में हो)	–	–
पत्र	वर्षा और वसन्त (पुष्प खिलने और फल पकने के बीच में)	वर्षा	ग्रीष्म
मूल	ग्रीष्म या शिशिर (पत्ते झड़ जाने के बाद)	प्रावृट्	शिशिर
कन्द	शरद	–	हेमन्त
त्वक्	शरद	शरद	–
क्षीर	शरद	हेमन्त	–
सार	हेमन्त	वसन्त	–
पुष्प	यथा ऋतु (जिस ऋतु में पुष्प खिलें)	–	वसन्त
फल	यथा ऋतु (जिस ऋतु में फल परिपक्व हों)	ग्रीष्म	–
पञ्चाङ्ग.	–	–	शरद

Collection of Drugs According to Modern Side

Roots and rhizomes – They are collected in October to February, when plants are vigorously storing food in their underground organs.

Leaves – When the pant is about to bloom.

Flowers – Buds are preferred, best collected in the morning. Dry the material quickly after the collection.

Bark material and stem – Fully grown plants are collected in summer time. When the climate is warm and humid, the bark of any plant usually contains richer nutritive substances and medicinal metabolites.

Fruits and seeds – Fully ripened fruits and mature seeds, pod fruits are collected in morning time.

Latex – It is best collected before sunrise.

Whole plant – Harvest when flowers are all in bloom and plant should be young.

वीर्य अनुसार द्रव्य संग्रहण

तत्तु न सम्यक् सौम्याग्नेयत्वाज्जगतः। सौम्यान्यौषधानि सौम्येष्वृतुषु गृहीतानि सोमगुणभूयिष्ठायां भूमौ जातान्यति-मधुरस्निग्धशीतानि जायन्ते।। (सु॰ सू॰ 37/6)

आचार्य सुश्रुत ने अन्य आचार्यों द्वारा प्रयोजयांगानुसार द्रव्य संग्रहण का विरोध किया है। उनके अनुसार जिस प्रकार सम्पूर्ण जगत् आग्नेय तथा सोम्य है उसी प्रकार शीत तथा उष्ण वीर्यानुसार ही द्रव्यसंग्रहण करना चाहिए।

	शीतवीर्य द्रव्य	उष्णवीर्य द्रव्य
स्थान	हिमालय प्रदेश	विन्धय प्रदेश
भूमि	सौम्य	उष्ण
काल	विसर्ग/दक्षिणायण	आदान/उत्तरायण

कर्म अनुसार द्रव्य संग्रहणः

- **आचार्य शार्ङ्गधर के अनुसार–**

  शरद्यखिलकार्यार्थं ग्राह्यं सरसमौषधम्। विरेकवमनार्थं च वसन्तान्ते समाहरेत्।। (शा॰ पू॰ 1/67)

अङ्ग.	ऋतु
वमन और विरेचन द्रव्य अन्य कर्मों के लिए द्रव्य	वसन्त ऋतु के अन्त में। शरद ऋतु तथा सरस अवस्था में।

- **आचार्य सुश्रुत के अनुसार-**
  तत्र पृथिव्यम्बुगुणभूयिष्ठायां भूमौ जातानि विरेचनद्रव्याण्याद्दीत, अग्न्याकाशमारुतगुणभूयिष्ठायां वमनद्रव्याणि। उभयगुणभूयिष्ठायामुभयतोभागानि। आकाशगुणभूयिष्ठायां संशमनानि। एवं बलवत्तराणि भवन्ति॥ (सु॰ सू॰ 37/7)

द्रव्य	भूमि से संग्रहण
विरेचन द्रव्य वमन द्रव्य उभयतोभागहर संशमन द्रव्य	पृथ्वी, जल भूयिष्ठ भूमि अग्नि, आकाश, वायु भूयिष्ठ भूमि उभय भूयिष्ठ भूमि आकाश भूयिष्ठ भूमि

प्रयोग के अनुसार द्रव्य संग्रहण

- **सर्वाणि चार्द्राणि नवौषधानि सुवीर्य्यवन्तीति वदन्ति धीराः। सर्वाणि शुष्काणि तु मध्यमानि शुष्काणि जीर्णानि च निष्फलानि॥** (रा॰ नि॰)
  आर्द्र, नवीन, वीर्ययुक्त द्रव्य - उत्तम
  शुष्क द्रव्य - मध्यम
  शुष्क, जीर्ण - निष्फल
- **अपवाद** - नवीन औषधियाँ उत्तम होती हैं परन्तु निम्न औषधियाँ पुरानी ही ग्रहण करनी चाहिए - मधु, घृत, गुड़, पिप्पली, विडङ्ग, धान्य।

औषध कल्पों में द्रव्यः

- **शुष्कं नवीनं यद् द्रव्यं योज्यं सकलकर्मसु।** (शा॰ पू॰ 1/48)
- **शुष्कद्रव्यस्य या मात्रा आर्द्रस्य द्विगुणा मता। शुष्कस्य गुरुतीक्ष्णत्वात्तस्मादर्ध प्रयोजयेत्॥** (भै॰ र॰)
  औषध कल्प के लिए द्रव्य ग्रहण - शुष्क तथा नवीन।
  जहां आर्द्र द्रव्य प्रयोग करना हो - द्विगुण मात्रा में प्रयोग करें, क्योंकि शुष्क द्रव्य गुरु तथा तीक्ष्ण वीर्य होने से आर्द्र से आधा ही लेना चाहिए।
- **अपवाद** - निम्नलिखित आर्द्र द्रव्य द्विगुणमात्रा में नहीं लेने चाहिए-
  गुडूची, वास, कुटज, कुष्माण्ड, शतावरी, अश्वगंधा, प्रसारणी, पटोल, निम्ब, बला, नागबला, पथ्या, पुनर्नवा, विदारी, इन्द्रवारुणी, पलंकषा, छत्रा, केतकी।

संगृहणीय द्रव्य (Drugs which can be Collected)

तस्यां जातमपि कृमिविषशस्त्रातपपवनदहनतोयसम्बाधमार्गैरनुपहतमेकरसं पुष्टं पृथ्ववगाढ़मूलमुदीच्या- श्रौषध माददीतेत्येष भूमिपरीक्षाविशेषः सामान्यः। (सु॰ सू॰ 37/4)

- कृमि, विष, शस्त्र, आतप, पवन, दहन, तोय के सम्पर्क से विकृत न हो।
- अनुकूल ऋतु में उत्पन्न हो।
- अपवित्र तथा मलिन स्थान में उत्पन्न न हो।
- सम्पूर्ण रस, गुण, वीर्य, गन्ध, प्रभाव आदि से युक्त हो।
- पुष्ट तथा अवगाढ़ मूल वाला हो।

आहार एवं जाङ्गम द्रव्यों का संग्रह

फल - फलेषु परिपक्वं यद् गुणवत्तदुदाहृतम्। बिल्वादन्यत्र विज्ञेयमामं तद्धि गुणोत्तरम्। व्याधितं कृमिजुष्टं च पाकातीतमकालजम् वर्जनीयं फलं सर्वमपर्यागतमेव च॥ (सु॰ सू॰ 46/209-210)

फल का संग्रहण परिपक्वावस्था (जो कच्चा न हो, ना हि अत्याधिक पक्व हो) में करना चाहिए, किन्तु बिल्व का फल कच्चा ही गुणकारी होता है। जो फल रुग्ण, कृमियुक्त, अकाल में उत्पन्न शीत, अग्नि आदि से दूषित तथा दूषित भूमि में उत्पन्न हो वह ग्राह्य नहीं है। सरस फल अधिक गुणकारी होते हैं किन्तु द्राक्षा, हरीतकी आदि फल सूखे ही प्रयोग करने चाहिए।

शाक - कर्कशं परिजीर्णं च कृमिजूष्ठमदेशजम्। वर्जयेत् पत्रशाकं तद् यद कालविरोहि च॥ (सु॰ सू॰ 46/298)

मृदु, ताजा, निर्दुष्ट, अनुकूल देश, काल में उत्पन्न सरस शाक ग्राह्य है। पुराना, कड़ा, कृमियुक्त, दूषित भूमि, अकाल में उत्पन्न तथा नीरस शाक अग्राह्य है। मूली को छोड़कर अन्य शुष्क शाक भी अग्राह्य होते हैं।

कन्द - बालं ह्यनार्त्तवं जीर्णं व्याधितं कृमिभक्षितम्। कन्दं विवर्जयेत् सर्वं यो वा सम्यङ् न रोहति॥

(सु॰ सू॰ 46/313)

कच्चा, अकाल में उत्पन्न, पुराना, रुग्ण, कृमियुक्त कन्द अग्राह्य है। परिपुष्ट, उचित काल में उत्पन्न, नया और पक्व कन्द ग्राह्य है।

धान्य - हिमानलोष्णदुर्वातव्याललालादिदूषितम्। जन्तुजुष्टं जले मग्नमभूमिजमनार्तवम्। अन्यधान्ययुतं हीनवीर्यं जीर्णतयाऽपि च। धान्यं त्यजेत्॥ (अ॰ सं॰ सू॰ 7/207-208)

अतिशीत, अग्नि, उष्णता, दूषित वायु, कृमियुक्त, सर्पलाला आदि से दूषित, जलमग्न दूषित भूमि में उत्पन्न, अकाल में उत्पन्न, अन्य धान्य के साथ उत्पन्न, अति पुराना धान्य अग्राह्य है।

जाङ्गमद्रव्य - जाङ्गमानां वयः स्थानां रक्तरोमनखादिकम्। क्षीरमूत्रपुरीषाणि जीर्णाहारेषु संहरेत्॥ (सु॰ सू॰ 37/17)

जांगम पशु-पक्षियों की युवावस्था में उनका रक्त, रोम और नख आदि ग्रहण करने चाहिये तथा आहार के जीर्ण हो जाने पर उनका दुग्ध, मूत्र और मल औषधार्थ ग्रहण करना चाहिये।

संग्रह विधि (Methods of Collections)

मङ्गलाचार कल्याणवृत्तः शुचिः शुक्लवासाः संपूज्य देवता अश्विनौ गौब्राह्मणांश्च कृतोपवासः प्राङ्मुख उदङ्-मुखो वा गृह्णीयात्। (च॰ क॰ 1/10)

प्रशस्त भूमि में उत्पन्न, प्रशस्त लक्षणों से युक्त संग्रहणीय द्रव्यों का संग्रह इस प्रकार करना चाहिए–

- पवित्रता के साथ।
- श्वेत वस्त्र धारण करके।
- मंगलाचरण करके।
- देवताओं, अश्विनीकुमारों, गौओं तथा ब्राह्मणों की पूजा करके।
- शुद्ध मन के साथ।
- श्रद्धापूर्वक पूर्व या उत्तर दिशा की ओर मुख करके।
  उत्तर दिशा - चन्द्रमा की होती है, इसलिए शीतवीर्य द्रव्यों का संग्रहण इसी दिशा में करना चाहिए।
  पूर्व दिशा - सूर्य की होती है इसलिए उष्णवीर्य द्रव्यों का संग्रहण इसी दिशा में करना चाहिए।
- उचित नक्षत्र में - पुष्य, अश्विनी या मृगशिरा नक्षत्र में द्रव्य संग्रहण का निर्देश है। चन्द्रमा औषधियों का राजा है तथा पुष्य तथा मृगशिरा उसके स्वामी हैं अतः उस काल में औषधियों में रस का संचार अधिक होता है। अश्विनी नक्षत्र के स्वामी अश्विनी कुमार हैं अतः उस समय औषधियाँ अधिक गुणवती होती हैं।

एंव निहितं/द्रव्य संरक्षण एवं सुरक्षण (Drug Storage and Preservation)

द्रव्य संरक्षण (Drug Storage)

द्रव्यों के संग्रहण तथा द्रव्यों की कल्पना (योग आदि) निर्माण के पश्चात् उनका संरक्षण उचित प्रकार से संग्रहालय में होना चाहिए।

भेषजागार:

प्लोतमृद्भाण्डफलकशङ्कुविन्यस्तभेषजम्। प्रशस्तायां दिशि शुचौ भेषजागारमिष्यते।। (शा॰ पू॰ 1/58)

प्लोत (साफ सुथरे वस्त्र के टुकड़े), मृतभाण्ड (मिट्टी के भाण्ड), फलक (लकड़ी की पट्टियां), शंकु (नुकीली कील) आदि में जहां औषध द्रव्यों को सुरक्षित रखा जाता है ऐसे उचित दिशा में निर्मित तथा स्वच्छ स्थान को भेषजागार कहते हैं।

- धूम्र, वर्षा, अनिल व क्लेद से रहित स्थान में औषध संग्रहण करना प्रशस्त होता है।
- द्रव्य को भेषजागार में जमीन के ऊपर किसी पात्र में अच्छी तरह ढक कर रखना चाहिए, जिससे द्रव्य जल, धुंआ, धूल, चूहे आदि के सम्पर्क में ना आ सकें।
- पात्र ऐसे पदार्थ से बने होने चाहिए, जिससे उसमें रखी हुई औषध के रस, गुण आदि विकृत न हों।
- भेषजागार पवित्र स्थान में, पूर्व या उत्तर दिशा की ओर द्वार वाला होना चाहिए। इसमें वायु का संचार अनुकूल हो, किन्तु अधिक झोंका न आए तथा निरन्तर पुष्पोपहार, गन्ध, धूप, बलिकर्म आदि से इसकी शुद्धि की जाए।
- भेषजागार की बनावट ऐसी हो कि अग्नि, धूप, वर्षा, जन्तु का उसमें प्रवेश न हो सके।
- उसमें वस्त्र के थैले, मिट्टी के भाण्ड, काष्ठफल आदि औषध रखने के लिए बने हों।

संरक्षण अवधि:

- जो द्रव्य विगन्ध न हो, रसादि स्वभाविक हो ऐसा द्रव्य नवीन या पुराण ग्रहण किया जा सकता है।
- द्रव्यों के संरक्षण की सफलता वायु, पात्र एवं उसके अवच्छादन पर निर्भर करती है। समान्य: रुक्ष, शीत वायु, शीत ऋतु, अनुकूल पात्र एवं उत्तम अवच्छादन होने से चिरकाल तक औषध वीर्यवती रहती है।
- इसके विपरीत आर्द्र, उष्ण वायु, वर्षा ऋतु एवं अवर अवच्छादन होने से औषधि शीघ्र ही निर्वीय हो जाती है।
- प्राय: सुरक्षित औषधि एक वर्ष तक कार्यकारी होती है उसके बाद कार्यहीन हो जाती है।

औषधियों की सवीर्यतावधि:

- क्वाथ, कल्क, दधि इत्यादि   –   1 दिन
- लाक्षारस   –   1 सप्ताह
- सक्तु   –   1 मास
- चूर्ण, पाक, मलहर, नस्य, अञ्जन   –   2 मास
- घृत, तैल, खण्ड   –   4 मास (1 वर्ष + 4 मास = 16 मास शा॰)
- अर्क, काञ्जी, सौवीरक   –   6 मास
- क्षार, अवलेह, वटी, शीघ्र पाकी औषध –   1 वर्ष
- आसव, अरिष्ट, धातु, रसौषधि   –   चिरकाल

Drug Storage According to GMP (Good Manufacturing Practices)

Containers

There should be adequate arrangements separated from the manufacturing operations for washing, cleaning and drying of containers like bottles, jars, vials, etc.

Stores

Stores should have proper ventilation and shall be free from dampness. It should provide independent, adequate space for storage of different types of materials, such as raw material, packaging materials and finished products.

A. Raw material

- Raw material should be stored in raw material stores in appropriate containers, which would protect quality of raw material as well as prevent the damage due to dampness, microbial contamination and insect infestation.
- Some raw materials require controlled environmental conditions, so the raw material stores may be subdivided with proper enclosures to provide such conditions by suitable cabinization. Cabinization should be as:
  - Cabin for metallic origin drugs.
  - Cabin for fresh herbs.
  - Cabin for drug of animal source.
  - Cabin for dry herbs.
  - Cabin for volatile oils/perfumes with flavors.
  - Cabin for plant extracts with exudates/resins.
- Each container used for raw material storage shall be properly identified with label which indicates.
  - Name of raw material.
  - Source of supply.
  - Status of raw material, i.e. under test, approved, rejected.
  - Batch number.
  - Date of receipt of the consignment.
  - Use of raw material.

Note: Raw material should be tested by approved quality control technical person and laboratory.

B. Packing material

Packing material should be cleaned, dried and stored properly.

C. Finished goods

- **Quarantine:** Finished goods transferred from production area, after proper packaging should be stored in the finished goods stores within an area marked as quarantine.
- **Approved finished goods stock area:** After quality control lab testing, it is moved to an area known as approved finished good stock area.
- **Rejected goods stock area:** Rejected drugs are stored here up to their disposal.

Note: Only approved finished goods shall be dispatched as per marketing requirement.

Distribution records shall be maintained.

- Material to be used is marked with — Yellow color
- Material ready for use is marked with — Green color
- Material rejected is marked with — Red color

द्रव्य सुरक्षण (Drug Preservation)

भेषज संग्रहालय के लिए औषधि द्रव्यों का सुरक्षण करना पड़ता है, जिससे वे चिरकाल तक वहाँ रखे और पहचाने जा सकें।

Importance of Drug Preservation

The proper methods of storage, preservation and preparation of drugs are of very great importance for maintenance of their potency. These methods must be strictly observed by the manufacturers and retail pharmacists.

The following factors may affect the drugs and may lower their original potency:
- Moisture
- Light
- Heat
- Air
- Age
- Chemicals, insects, etc.

Types of drug preservation:

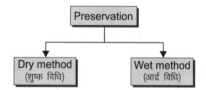

1. **Dry Preservation:**
   Following are the steps for dry preservation of drugs:
   a. Collection
   - The specimen collected should not be affected by smoke, rain, air or water and also collected in respective seasons.
   - It should be collected in mature stage.
   - It should be having flowers and fruits.
   - Herbs are best collected with their roots.
   - 5–10 specimens should be collected from different locations.
   - Photographs should be taken before collection.
   - Plants from unnatural habitat or rare plants should be taken for cultivation.
   - Notes should be written along with plant as name, habitat, use, etc. after investigating from local people.

   b. Pressing
   - The best specimen of plants should be pressed as soon as possible after collection, before wilting and shriveling.
   - Most plants may be kept in sealed container such as plastic bags for up to a day if it is inconvenient to press immediately.
   Flowers
   - Flowers should be preserved immediately as they show wilting. Flowers with lots of nectar may go molding very quickly, if excess nectar is not shaken off before pressing.
   - Flower should be spread out with petals carefully arranged.
   - Large flower (Nymphaea, etc.) or inflorescence is best cut in half length way before pressing.

Leaves

- Wilted leaves should be straightened and unnecessary shoots of excessively twiggy shrub should be cut away. One leaf in the branch should be pressed in opposite direction (dorsal surface) to show all the characters of plants.

Fruits

- Large or succulent fruits are often best preserved by cutting both longitudinal and transverse section from different fruits and drying them.

Note: Care is necessary to ensure that maximum amount of useful information is preserved.

c. Drying

- Specimens are pressed flat and dried between sheets of absorbent blotters or semi-absorbent paper such as newspaper. Paper with glossy surface should be avoided because they aren't absorbent enough to aid drying.
- Plant should be carefully laid out between drying sheets as their form at this stage determines their ultimate appearance.
- Sheets of thick smooth sided or additional sheets of newspaper on wooden board may be used to absorb moisture from succulent specimen. They may assist air circulation through press.
- When plants are uneven in thickness, sheets of spongy plastic foam about 1 cm thick are placed between newspaper folders, it helps to distribute pressure evenly across the specimen. If spongy sheets are not available, then several thicknesses of folded news-papers may be used.
- Specimens are best preserved with moderate pressure, preferably in an arrangement that will permit a free circulation of air as possible.
- Paper should be checked for dampness and changed when necessary. As number of changes will depend upon succulence (water content) of that plant and with weather condition.
- Most plants may dry in less than 10 days. For first few days, paper should be changed daily but after that frequency of changing depends upon weather condition and relative humidity, e.g. In tropical and wet condition, changing is necessary throughout the drying.

d. Mounting

- Full size of herbarium mounting sheets is 43 x 28 cm.
- Specimen longer than herbarium sheets can be folded like V, N, M, W.

Fixing material

- Methyl cellulose adhesive material, cotton thread, nickelplated copper wire, dental fossa, Australian herbarium tape.

Note: Easily reversible mounting should be used, i.e. sample should be strapped to the sheet rather than glued all over. Sample should be carefully arranged before it is attached so that it shows all features. Plant name, accompanying notes should be transcribed on permanent label stuck to one corner of herbarium sheet. Material like seeds, if separated from herbarium, should be kept in small plastic bags and pinned to sheet.

2. Wet Preservation:

Whole green drug is completely dipped into the 5–10% formalin solution with few drops of glycerine and kept in containing glass jars.

- These drugs remain preserved for a long time.
- The solution should be changed by time.
- Wet preservation is used only for the study purpose, these drugs can't be used as a medicine in the patient's body.

- For the preservation of herbal drugs, we can put them into natural preservation like, *Kanji*, *Madhu*, *Tail* and *Ghrita*.
- Nowadays fruits and vegetables can be preserved in airtight containers.

PRESERVATIVES

Preservatives are chemical agents which serve to retard, hinder or mask microbial damage.

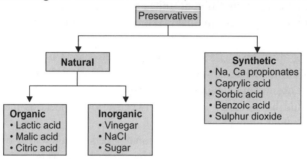

Preservation of Formulations:

Drug	Types of spoilage possible	Means of inhibition in vogue
Raw drugs	Insect infestation, microbial decomposition, self-decomposition	Air drying
Asavas, *aristas* and *kashaya*	Fermentation, microbial decomposition	Heating, organic acids, sugars and alcohols present act as preservatives.
Ghritas and *tailas*	Solution in animal *ghee* with oil soluble principle extracted from herbal drugs, self-decomposed	Possible natural antioxidant activity of fat-soluble substances.

Drug	Shelf-life according to classical texts and traditional method of storage	Experimental findings in experiments done by CCRAS
Asavas and *aristas*	Can be kept indefinitely. They are kept in well-stoppered bottles or jars.	Can be kept indefinitely in tightly stoppered bottles.
Arka	—	Should be preserved in tightly closed container to prevent loss of volatile matters and kept away from light can be preserved for 6 months.
Avalehas, *leha* and *paka*	Kept in glass or porcelain jars, also in metal containers which do not react. Normally *lehyas* should be used within one year.	Glass container is most suitable. No deterioration up to months.
Ghrita	Are preserved in glass, polythene or aluminum containers. *Ghrita* prepared for internal use keeps their potency for about 16 months.	Packed in glass containers, develop rancidity by 3rd month.
Churna	Powders should be at least 80 mesh fine, free from moisture. They retain potency for one year, kept in airtight containers.	Keep good quality for at least 6 months packed in glass or polythene containers.
Tailas	Are preserved in glass polythene or aluminum containers. Preparations for internal use keep their potency for about 16 months.	Becomes rancid by 3rd month packed in glass bottle.

जारी है...

जारी है...

Drug	Shelf-life according to classical texts and traditional method of storage	Experimental findings in experiments done by CCRAS
Vati, gutika	Pills made of plant drugs kept in airtight containers can be used for 2 years. Pills containing minerals can be kept for indefinite period. They should not lose their original color, smell, taste and form.	Vati, gutika containing plant drugs can be preserved for 6 months in glass containers.
Varti	Can be preserved for one year if kept in airtight container. Mineral-containing preparations are preserved indefinitely.	Can be preserved for 6 months in glass containers.

प्रयोज्याङ्ग (Parts to be Used)

परिभाषा

यस्मिन्नो तु द्रव्याणां वीर्यं भवति चाधिकम्। तदेवा प्रयुजीत मतं तत्वविदामिदम्। (द्र॰ वि॰ 1)

द्रव्य के जिस अंग में क्रिया शक्ति (वीर्य) अधिक होती है उसे प्रयोज्यांङ्ग कहते हैं।

विमर्श

किसी रोग के निदान तथा सम्प्राप्ति के आधार पर उसकी चिकित्सा का निर्धारण किया जाता है। उस रोग की चिकित्सा में उपयोगी द्रव्य के जिस विशेष अङ्ग में वीर्य (क्रियाशक्ति) अधिष्ठित होती है उसे कार्मुकावयव कहते हैं। इस कार्मुकावयव की स्थिति जिस अङ्ग में होगी, उसी का प्रयोग चिकित्सा कार्य के लिए होगा, अतः उसकी संज्ञा प्रयोज्याङ्ग होगी।

इस प्रकार विभिन्न रोगों की चिकित्सार्थ तथा स्वास्थ्य रक्षार्थ एक ही औषध के भिन्न-2 प्रयोज्याङ्ग हो सकते हैं। **यथा**- दारुहरिद्रा की त्वक तथा मूल पित्तरेचनार्थ प्रयुक्त होती है तथा उसका फल यकृत पोषक (Hepatoprotective) होता है।

आचार्य चरकानुसार प्रयोज्याङ्ग

- **जाङ्गम द्रव्यों के प्रयोज्याङ्ग = 19**

  मधूनि गोरसाः पितं. वसा मज्जाऽसृगामिषम्। विण्मूत्रचर्म रेतोऽस्थिस्नायुशृङ्गनखा खुरा। जङ्गमेभ्यः प्रयुज्यते केशलोमनि रोचनाः। (च॰ सू॰ 1/69)

1. मधु - Honey
2. गोरस - Milk, Cud, Ghee, etc.
3. पित्त - Bile
4. वसा - Lard
5. मज्जा - Bone marrow
6. असृग - Blood
7. मास - Flesh
8. विट् - Stool
9. मूत्र - Urine
10. चर्म - Skin
11. मधु - Honey
12. अस्थि - Bones
13. स्नायु - Ligaments
14. शृंङ्ग - Horns
15. नख - Nail
16. खुर - Hoop
17. केश - Long hairs
18. लोम - Small hair of body
19. रोचन - Bilestone

- **औद्भिद् द्रव्यों के प्रयोज्याङ्ग = 18**

मूलत्वकसारनिर्यासनालस्वरसपल्लव:। क्षार: क्षीरं फलं पुष्पं भस्मतैलानि कण्टका:। पत्राणि शुङ्गा कन्दाश्च प्रोहश्चौद्भिदो गण:। (च॰ सू॰ 1/74)

1. मूल	– Roots	10.	फल	–	Fruit
2. त्वक	– Barks	11.	पुष्प	–	Flowers
3. सार	– Heartwood	12.	भस्म	–	Ash
4. निर्यास	– Exudates	13.	तैल	–	Oils
5. नाल	– Stem	14.	कण्टक	–	Horm
6. स्वरस	– Juice	15.	पत्र	–	Old leaves
7. पल्लव	– Fresh leaves	16.	शुङ्ग	–	Leaf buds
8. क्षार	– Alkali	17.	कन्द	–	Rhizomes
9. क्षीर	– Latex	18.	प्ररोह	–	Aerial root

- **मूलिनी द्रव्य = 16**

1. हस्तिदन्ती	9. गवाक्षी
2. हैमवती	10. ज्योतिष्मती
3. श्यामा	11. बिम्बी
4. त्रिवृत्	12. शणपुष्पी
5. अधोगुडा	13. विषाणिका
6. सप्तला	14. अजगन्धा
7. श्वेतनामा	15. द्रवन्ती
8. प्रत्यक्श्रेणी	16. क्षीरिणी

- **फलिनी द्रव्य = 19**

1. शङ्खिनी	11. प्रकीर्या
2. विडंग	12. उदकीर्या
3. त्रपुष	13. प्रत्यक्पुष्पी
4. मदन	14. अभया
5. धामार्गव	15. अन्त: कोटर
6. इक्ष्वाकु	16. हस्तीपर्णी शारद
7. जीमूत	17. कम्पिल्लक
8. कृतवेधन	18. आरग्वध
9. आनूपक्लीतक	19. कुटज
10. स्थलज	

आचार्यसुश्रुतानुसार प्रयोज्याङ्गः:- आचार्य सुश्रुत ने सूत्र स्थान के संशोधन-संशमनीय नामक अध्याय में कर्म के आधार पर द्रव्यों के प्रयोज्याङ्गो का वर्णन किया है।

कर्म	प्रयोज्याङ्ग	द्रव्य वर्णन
उर्ध्वभागहर	फल	कुटज, जीमूतक, इक्ष्वाकु, धामार्गव, कृतवेधन, सर्षप, विडङ्ग पिप्पली, करंज, चक्रमर्द, कोविदार, मदनफल
	मूल	कर्बुदार, निम्ब, अश्वगंधा, वेतस, बन्धुजीवक श्वेतवचा, शण्पुष्पी, बिम्बी, वचा, इन्द्रमणि, चित्रा
अधोभागहर	मूल	त्रिवृत, श्यामा, दन्ती, द्रवंती, शंखिनी, विषाणिका, गवाक्षी, छगलान्त्री, स्नुही, स्वर्णक्षीरी, चित्रक, कुश, काश
	त्वक	तिल्वक, रम्यक, पाटला
	फलरज	कम्पिलक
	फल	पूग, हरितकी, आमलकी, विभीतक, नीलनी, चतुराङ्गुल, एरण्ड
	पत्र	पूतिकरन्ज, महावृक्ष (स्नुही), सप्तपर्ण, ज्योतिष्मती
उभयभागहर	स्वरस	कोशातकी, सप्तला, शंखिनी, देवदाली, कारवेल्लक
शिरोविरेचक	फल	पिप्पली, विडंग, अपामार्ग, सिद्धार्थक, शिरीष, मरिच
	मूल	करवीर, बिम्बी, गिरीकर्णिका, किणिही, वचा, ज्योतिष्मती, करंज, अर्क, अलर्क
	कन्द	लहसुन, अतिविषा, श्रृंगवेर
	पत्र	तालिश, तमाल, सुरसा, अर्जक
	त्वक	इङ्गुदी, मेषश्रृंगी
	पुष्प	मातुलुंग, सुरङ्गी, पीलु, जाति
	सार	शाल, ताल, मधूक
	निर्यास	हिंगु, लाक्षा

Projayang	Definition	Formulation and example
बीज (Seeds)	The unit of reproduction of a flowering plant, capable of developing into another such plant.	Powder, oil, local application (paste), decoction, extract, juice. लांगली, बला, गुडुची कुसुम्भ, सर्षप, कुलत्थ, कुपीलु
पुष्प (Flowers)	The seed-bearing part of a plant consisting of reproductive organs (stamens and carpels) that are typically surrounded by a brightly colored corolla (petals) and a green calyx (sepals).	Extract, powder, decoction. प्रियंगु, पलाश, पटोल, दाडिम, केतकी
पुंकेशर (Stigma)	The part of a pistil that receives the pollen during pollination.	कुमकुम
पत्र (Leaf)	A flattened structure of a higher plant, typically green and blade-like that is attached to a stem directly or through a stalk.	Paste, oil, decoction, astringent घृतकुमारी, रास्ना
काण्ड (Stem)	The main body or stalk of a plant or shrub, typically rising above the ground but occasionally subterraneous.	Decoction, powder, paste मञ्जिष्ठा
त्वक (Bark)	The tough protective outer sheath of the trunk, branches and twigs of a tree or woody shrub.	Astringent, decoction, demulcent, juice लोध्र, अर्जुन, वरुण, क्षीरीवृक्ष

जारी है...

जारी है...

Projayang	Definition	Formulation and Example
सार (Hartwood)	The hard fibrous material that forms the main substance of the trunk or branches of a tree or shrub, used for fuel or timber or medicine.	Paste, decoction, powder देवदारु, रक्तचन्दन, इरीमेद, सालसारादि गण
मूल (Root)	The part of plant which attaches it to the ground or to a support, typically oil underground, conveying water and nourishment to the rest of the plant via numerous branches and fibers.	Paste, decoction, powder शतावरी, सारिवा, लांगली, बला, गुडुची
फल (Fruit)	The sweet and fleshy product of a tree or other plant that contains seeds and can be eaten as food and medicine.	Juice, syrup, decoction, oil, extract बिल्व, मरिच, कुष्माण्ड, द्राक्षा
कन्द (Rhizome)	A root-like subterranean stem, commonly horizontal in position that usually produces roots below and sends up shoots progressively from the upper surface. It mainly contains carbohydrates.	Paste, decoction, powder कटुका, मुस्तक, वचा

दीर्घ-उत्तरीय प्रश्न

1. **देश, जाति, अङ्ग., वीर्य, प्रयोग के अनुसार द्रव्य संग्रहण, संग्रहणीय द्रव्य तथा संग्रहविधि का विस्तरित वर्णन करें।**
2. **द्रव्य संग्रहण** (Collection), **संरक्षण** (Preservation) **का वर्णन प्राचीन एवं अर्वाचीन आधार पर करें।**
3. **औषध कल्पों में प्रयोग होने वाले विभिन्न प्रयोज्याङ्गों का वर्णन करें।**

लघु-उत्तरीय प्रश्न

1. **Describe drug preservation.**
2. **What are different steps for preservation of drugs?**
3. **प्रयोज्याङ्ग. के अनुसार द्रव्य संग्रहण का वर्णन करें।**

बहुविकल्पीय प्रश्न

1. **जाङ्गल देश में कौन से द्रव्य प्राप्त होते हैं?**
   a. Xerophytes b. Hydrophytes c. Mesophytes d. None of these
2. **साररहित वृक्ष किस भूमि में उत्पन्न होते हैं?**
   a. पार्थिव b. आप्य c. वायव्य d. आकाशीय
3. **उर्वा भूमि का वर्णन किसने किया?**
   a. सुश्रुत b. चरक c. राजनिघण्टु d. भावप्रकाश
4. **आचार्य चरक के अनुसार सार का संग्रहण किस ऋतु में करना चाहिए?**
   a. वर्षा b. शरद c. शिशिर d. हेमन्त
5. **सुश्रुत के अनुसार फल का संग्रहण किस ऋतु में करें?**
   a. ग्रीष्म b. वसन्त c. यथा ऋतु d. शरद

6. **Finished goods from production area are transferred to area known as:**
   a. Approved finished good stock area
   b. Rejected good stock area
   c. Quarantine
   d. Raw material store

7. **वमन, विरेचन द्रव्य का संग्रह किस ऋतु में करना चाहिए?**
   a. शरद
   b. वसन्त
   c. वर्षा
   d. शिशिर

8. **द्राक्षा को किस अवस्था में ग्रहण करना चाहिए?**
   a. सरसावस्था
   b. परिपक्वावस्था
   c. कच्चा
   d. शुष्क

9. **The part of pistil that receives pollen grains is known as:**
   a. Flower
   b. Stamen
   c. Ovary
   d. Stigma

10. **Ghrita can be preserved up to—**
    a. 1 year
    b. 3 months
    c. 6 months
    d. Can be used for long time

उत्तरमाला (बहुविकल्पीय प्रश्न)

1. a   2. d   3. c   4. d   5. a   6. c   7. b   8. d   9. d   10. b

अध्याय 13

प्रतिनिधिद्रव्यविज्ञानीयाध्याय

परिचय

1. वैदिक काल

वैदिक जीवन यज्ञ प्रधान था तथा होम द्रव्यों के प्रकरण में प्रतिनिधि द्रव्यों का विधान था, अतः मूल द्रव्यों के अभाव में प्रतिनिधि द्रव्य की परम्परा वैदिक काल से प्रारम्भ हुई है।

शतपथ ब्राह्मण ग्रन्थ में सर्वप्रथम प्रतिनिधि द्रव्य का वर्णन आया है-

- यज्ञ की वेदी का मूलद्रव्य – पलाश
- पलाश का प्रतिनिधि – विकंकत
- विकंकत का प्रतिनिधि – काश्मर्य
- काश्मर्य का प्रतिनिधि – उदुम्बर, बिल्व, खदिर (श॰ ब्रा॰1/2/6/8)

जैमिनीय ब्राह्मण ग्रन्थ में जनक विदेह ने याज्ञवल्कय से पूछा कि अग्निहोत्र क्या है?

उत्तरः अग्निहोत्र का अर्थ है दुग्ध, अतः हवन में अग्निहोत्र के नाम से दुग्ध का ग्रहण करें। दुग्ध के अभाव में यव का ग्रहण करें तथा यव का प्रतिनिधि जल है।

- यज्ञ में मूल द्रव्य – सोम
- सोम का प्रतिनिधि – फाल्गुन
- फाल्गुन का प्रतिनिधि – बबुतूल
- बबुतूल का प्रतिनिधि – उतीक
- उतीक का प्रतिनिधि – शुक्लसाद

2. संहिता काल

संहिताओं में वर्णित द्रव्यों के भेद भी प्रतिनिधि रूप ही हैं। जैसे- ब्राह्मी, मण्डूकपर्णी आदि। चरक शरीर स्थान अध्याय 6 में मूल द्रव्य न मिले तो तत् समान द्रव्यों को प्रयोग करने का वर्णन है।

3. निघण्टुकाल

भावप्रकाश में अष्टवर्ग के प्रतिनिधि द्रव्यों का वर्णन इस प्रकार है-

मेदाजीवककाकोलीऋद्धिद्वन्द्वेऽपि चासति। वरीविदार्य श्वगन्धावाराहींश्च क्रमात् क्षिपेत्।। (भा॰ प्र॰ हरि॰/144)

मेदा, महामेदा	शतावरी
जीवक, ऋषभक	विदारीकन्द
काकोली, क्षीरकाकोली	अश्वगंधा
ऋद्धि, वृद्धि	वाराही

भैषज्यरत्नावली में अभाव प्रकरण नामक अध्याय वर्णित है जिसमें अभाव द्रव्यों का निम्नलिखित वर्णन है।

कदाचिद् द्रव्यामेकं वा योगे तत्र न लभ्यते। तत्तद्गुणयुतं द्रव्यं परिवर्त्तेन गृह्यते।। (भै॰ र॰ 4/1)

औषध योग में यत्किंचित किसी घटक द्रव्य के अभाव में तत् समान रसपंचक वाले द्रव्य को ग्रहण करने का विधान है।

मुख्य घटक	प्रतिनिधी
मेदा	अश्वगंधा
महामेदा	अनन्तमूला
जीवक	गुडूची
ऋषभक	वंशलोचन
ऋद्धि	बलामूल
काकोली – क्षीर काकोली	शतावरी
मधु	पुराण गुड
दुग्ध	मुद्ग या मधुर
सिता	खण्ड
मासी	षष्टिक शाली
द्राक्षा	गम्भारी फल
तगरमूल	शिहली जटा
दाडिम	वृक्षाम्ल
लौह	मण्डूर
दारुहरिद्रा	निशा (हरिद्रा)
स्वर्ण – रजत	लौह
मुज्जातक	तालमस्तक
वाराही कन्द	चर्मकालू
सामुद्र – सैंधव	विड लवण
पृश्नपर्णी	सिंहपुच्छी (शाल पर्णी)
कुमकुम	हरिद्रा, कुसुम्भ
धान्यक	शतपुष्पा
मूर्वा	जिङ्ग.नी (मञ्जीठ)
कुस्तुम्बरु	धान्यक
फूल	कच्चाफल (अतिसार – कच्चा बिल्व फल)
मधुयष्टि	चव्य, धातकी
चव्य, कुटजत्वक	मुशली
रासना	बंदाक
तुम्बरु	शालिधान्य
जीरक	धान्यक
भल्लातक, असाद्य	रक्तचन्दन
भल्लातक	चिकतक मूल
इक्षु	नल
चित्रक	दन्ती, अपामार्ग क्षार

धन्वयास	दुरालभा
अहिंसा	मानकन्द
लक्ष्मणा	मयूरशिखा
बकुल	लाल, नील कमल
जाती पुष्प	लवंग
अर्क क्षीर	अर्कपत्र स्वरस
पुष्कर मूल	कुष्ठ
लंगली, स्थौणेयक	कुष्ठ
चन्दन	कर्पूर
श्वेत चन्दन/कर्पूर	रक्तचन्दन
रक्त चन्दन	उशीर (नवीन)
अतिविषा	मुस्तक
हरीतकी	आमलकी
नागकेशर	कमल पुष्पकेशर
तालीशपत्र	स्वर्णताली
भाङ्र्गी	तालीशपत्रा, कण्टकारीमूल
काला लवण	पांशुलवण
अम्लवेतस	चुक्र
जम्भारी फल	बन्धूक कुसुम
नख	लवंग
कस्तूरी	सुगन्ध कर्पूर, कंकोल, गन्धशटी
कंकोल	जातिपुष्प
कर्पूर	सुगन्ध मुस्तक, ग्रन्थिपर्ण
कोकिलाक्ष	गोक्षुर बीज
अजमोदा	यवानिका
चव्य/गज पिप्पली	पिप्पलीमूल
कुठेरिका	तुलसी
श्वेतपुनर्नवा	रक्त पुनर्नवा
रसाञ्जन	दारुहल्दी क्वाथ
नीलकमल	कुमुद
श्वेत सर्षप	पीत्त सर्षप
गो दुग्ध	अजा दुग्ध
गो घृत	अजाघृत

SUBSTITUTION/प्रतिनिधित्व

Definition

It is the action of replacing something with other thing. When the original genuine drug is not available or costlier or uncertain or having some side effects, then the drug with similar actions which is either inferior, equal in potency but easily available or cheaper or certain in identity or having less side effect, is used. Most essential criteria for substitution are pharmacological activity rather than morphology or phytoconstituents.

Types of Substitution

- **Substitution with totally different drug**
  Adhatoda vasica (vasa) with *Saraca asoca* (*ashoka*)
  Clerodendrum serratum (*bharangi*) with *Solanum surratense* (*kantakari*)
- **Substitution with different species**
  Tribulus terrestris (*gokshura*) with *Pedalium murex* (*brihat gokshura*)
  Dhatura metal (*Shweta dhatura*) with *Datura stramonium* (*Krishna datura*)
- **Substitution of species of same family**
  Datura metel with Datura innoxia
- **Substitution of different parts of plant**
  Roots of *Sida cordifolia* (*bala*) with whole plant of *Sida cordifolia*.
  Roots of *Berberis aristata* (*daruharidra*) with stem of *Berberis aristata*.

Need of Substitution

- **Non-availability of genuine drugs** – Substitution of *ashtakvarga*
- **Uncertain identity of drugs** – *Lakshmana, pashanbheda*
- **When drug is too expensive and** – Substitution of *kesar* with *kusumbha* and
  patient is unable to afford it *tryamana* with *katuka*
- **Geological distribution of drug** – *Murva* is taken in north as *Pluchia lanceo-lata* and in south as *Alpinia galanga*
- **When use of original drug leads to** – Vasa is *raktapittahara* but abortifacient, so
  some undesirable side effects in pregnancy *ashoka* is given in its place

Criteria for Substitution

- **Similarity in *Rasapanchaka* (properties)** – *Bharangi* and *kantkari* (*katu, katu, ushna*)
- **Exhibit similar therapeutic effects** – *Ativisha* and *mustak* (*deepan, pachana*)
- **In a formulation, the *pradhan dravya*** – *Arogyavardhini vati's* main ingredient is
  (main ingredient) should never be katuka which should never be substituted.
  substituted

Limitations of Substitution

Substitution should not be adopted for principal drug, but it can be done in case of such drugs which are subsidiary. Substituted drug cannot fulfill whole properties of original drug. (Bhaishajyaratnavali 4/44)

ADULTERATION/अपमिश्रण

Definition

Adulteration is a practice of substituting genuine drug, partially or wholly, with other similar looking substances, but the latter is either free from or inferior in chemical and therapeutic properties.

Reasons for Adulteration

- *Excessive industrialization and urbanization*
  Nowadays procuring of authentic drugs is impractical for physician, due to which he is dependent on middleman for procurement of medicinal plants. This creates a serious malpractice.
- *Excessive deforestation*
  Increased demand of medicinal plants all over the world leads to conversion of natural herbs into endangered species.
- *Disappearance of many medicinal plant species from flora*
  Due to more deforestation act and urbanisation, many species are disappearing from the flora.
- *Indiscriminate use*
  Over demand in healthcare sector leads to indiscriminate use of medicinal plants.
- *Due to intention of profit*
  This reason causes substitution of genuine drug with cheaper material.

Types of Adulteration

- *Substitution with substandard commercial varieties*
  Adulterant resembles crude drug by morphological characters, chemical characters, therapeutic characters but substandard in nature and cheaper in cost; e.g. *Capsicum minimum* with *Capsicum annuum*, *Strychnos nux vomica* with *Strychnos potatorum*, tryamana with *kutaki*, Indian senna with Arabian *senna* or dog *senna*, medicinal ginger with Arabian, Japanese, Cochin ginger.
- *Substitution with superficially similar inferior drug*
  Inferior drugs may or may not be having any chemical or therapeutic value as that of original drugs. Due to morphological resemblance, they are marketed as adulterants; e.g. Beewax with Japan wax, scented bdellium with myrrh, saffron with *kusumha*, belladonna leaves with ailanthus leave, mother cloves with extracted clove.
- *Substitution with artificially manufactured substances*
  Substances are artificially prepared to resemble original crude drugs. Practice is followed for much costly drugs; e.g. Coffee with chicory (compressed), beewax with paraffin, balsam of peru with benzyl benzoate, citrus oil (lemon oil) with citral.
- *Substitution with exhausted drugs*
  Same drugs are admixed but they are devoid of any active constituent as they are already extracted out. Natural characters of exhausted drugs like color and taste are manipulated by adding other additives and then they are substituted; e.g. artificial coloring of exhausted saffron, exhausted gentiana is made bitter by mixing aloes, volatile oil is extracted from drugs like clove, coriander, fennel and caraway, etc.
- *Substitution by vegetable matter from same plant*
  Due to resembling color, odor, etc. some miniature plants growing along with genuine drug, get mixed with or other parts of the same plant can also be mixed due to same reason; e.g. Canscora/cinchona with lower plants like mosses, liver worts growing on bark, stem portion with root portion like sarpgandha, stem portion with leaf portion of senna.

- ***Substitution with harmful adulterants***
  This type of adulteration is mainly for liquids and unorganized drugs. Waste material from market is collected and gets mixed with authentic drugs; e.g. Rodent fecal matter with cardamom seeds, white oil with coconut oil, limestone in asafoetida.
- ***Adulteration in powder***
  Powder forms are many times found to be adulterated. As adulterants are difficult to identify in powders and easy to get mixed; e.g. Turmeric powder with chalk powder, bark powder with brick powder, dextrin in milk powder, olive stone in liquorice and gentian powder, exhausted ginger in ginger powder.

Conditions of Adulteration

- **Deterioration** – Impairrment in quality of the drug.
- **Admixture** – Addition of one article to other due to ignorance, carelessness or by accident.
- **Sophistication** – Intentional type of adulteration.
- **Substitution** – Totally different substances are added in place of original drugs.
- **Inferiority** – Use of any substandard drug.
- **Spoilage** – Due to attack of microorganisms.

Examples of Adulteration of Substitution

	Genuine drugs		Adulterants/Substituents
1.	*Pluchea lanceolata* (रास्ना)	–	*Alpinia galanga* (मलय वचा)
2.	*Berberis aristata* (दारुहरिद्रा)	–	*Coscinium fenestratum* (कलम्बक)
3.	*Abies webbiana* (तालीश)	–	*Taxus baccata* (स्थौणयक)
4.	*Saussurea Zappa* (कुष्ठ)	–	*Inula racemosa* (पुष्करमूल)
5.	*Glycyrrhiza glabra* (यष्टीमधु)	–	*Abrus precatorius* (गुञ्जा), *Manchurian liquorice*
6.	*Aconitum heterophyllum* (अतिविषा)	–	*Aconitum palmatum* (प्रतिविषा)
7.	*Swertia chirayita* (चिरायता)	–	*Andrographis paniculata* (कलम्बक), *Rubia cordifolia* (मंजीष्ठ)
8.	*Gentiana kurroo* (त्रायमाण)	–	*Picrorhiza kurroa* (कुटकी)
9.	*Chlorophytum arundinaceum* (श्वेतमुशली)	–	*Asparagus adscendens* (मुशली)
10.	*Embelia ribes* (विड़.)	–	*Myrsine africana, Embelia robusta*
11.	*Bergenia ligulata* (पाषाणभेद)	–	*Aerva lanata* (गोरक्षागांजा)
12.	*Argemone mexicana* (स्वर्णक्षीरी)	–	*Euphorbia thomsoniana* (हिरवी)
13.	*Mesua ferrea* (नागकेशर)	–	*Mammea longifolia* (सुरपुन्नाग)
14.	*Callicarpa macrophylla* (प्रियंगु)	–	*Aglaia roxburghiana*
15.	*Hippophae rhamnoides* (अमलवेतस)	–	*Rheum emodi* (रेवन्दचीनी)
16.	*Rauwolfia serpentina* (सर्पगन्धा)	–	*Rauwolfia canescens* (सर्पगंधा भेद)
17.	*Terminalia arjuna* (अर्जुन)	–	*Terminalia myriocarpa, Terminalia alata* (असन)
18.	*Anacyclus pyrethrum* (अकरकरा)	–	*Spilanthes acumella*
19.	*Holarrhena antidysenterica* (कुटज)	–	*Wrightia tomentosa* (पुंकुटज)
20.	*Operculina turpethum* (त्रिवृत)	–	*Marsdenia tenacissima* (मूर्वा)
21.	*Saraca asoca* (अशोक)	–	*Polyalthia longifolia* (काष्ठदारु)
22.	*Gloriosa superba* (लांगली)	–	*Costus speciosus* (केंबुक)
23.	*Cinnamomum zeylanicum* (त्वक)	–	*Cassia cinnamon* (चीनीत्वक)

24. *Fruit of piper retrofractum* (गजपिप्पली)   –   Scindapsus officinalis (ताडपुष्प)
25. *Piper nigrum* (मरिच)   –   *Carica papaya* (पपीता बीज)

DRUG EVALUATION/ DRUG STANDARDIZATION/ DETECTION OF ADULTERANTS

Definition

Drug evaluation is confirmation of identity and determination of quality and purity of the drug.

1. *Morphological Evaluation/Morphography*
   - **Touch** (स्पर्श)
     - Rough surface of leaves of *Nyctanthes arbor tristis* (*Parijat*).
     - Smooth surface of leaves of *Pongamia pinnata* (*Karanj*).
   - **Odor** (गन्ध)
     - Aromatic odor of Apiaceae fruits.
     - Foul smell of *Paederia foetida* (*Gandhaprasarani*).
   - **Appearance** (रूप) **Texture, Size, Shape**
     - Quills of cinnamon (*Dalchini*).
     - Disc-shaped structure of seeds of nuxvomica (*Kuchla*).
     - Conical shape of root of aconite (*Vatsanabha*).
     - Wavy shape of root of rauwolfia (*Sarpgandha*).
   - **Taste** (रस)
     - Sweet taste of liquorice (*Madhuyashti*).
     - Pungent taste of *Piper nigrum* (*Maricha*).
     - Bitter taste of Giloy and Patol.
   - **Sound** (शब्द)
     - Fracture of *katuka* with *katt* sound.
     - Characteristic sound produced while crushing leaves of *Salvadora persica* (*Peelu*)
2. *Microscopic evaluation*: It includes histological study of the drugs.
   Examples of some microscopic evaluation:
   - Lignified trichomes in nuxvomica.
   - Warty trichomes of senna.
   - Glandular trichomes of mint.
   - Powdered clove fruits show presence of starch, while it is absent in clove.
   - Calcium oxalate and sclereids are present in powdered clove stalks.
   - Non-lignified vessels are present in powder of ginger.
   - Presence or absence of crystals of aloin indicates different varieties of aloe.
   Some studies in histological examination include:
   - Stomatal number and index, palisade ratio, vein islet number, size of starch grains, length of fibers; e.g. Senna varieties are distinguished by differing stomatal number and palisade ratio. Cinnamomum cassia is 10 micron hence helpful in detecting adulteration.
3. *Chemical analysis*: It includes isolation, purification and identification of active constituents.
   Steps of chemical evaluation:
   - *Extraction*
     - Separation of active substance from crude drug, where plant material is macerated with solvent.

- *Qualitative test*
  - Detection of alkaloids, carbohydrates, glycosides, fats, fixed oils, mucilage, saponin, proteins, amino acids, tannin and volatile oils, etc.
- *Quantitative test*
  - Determination of percentage of phytochemicals present in the drug.

Procedures of chemical analysis

- TLC (Thin-layer chromatography)
- HPLC (High-performance liquid chromatography)
- HPTLC (High-performance thin layer chromatography)
- Photochemical test
- Spectrometry
- Affinity chromatography
- Gas liquid chromatography
- Column chromatography

4. ***Physical analysis*: It includes determination of:**
   - Moisture content
   - Viscosity
   - Melting point
   - Solubility
   - Optic rotation
   - Determination of volatile oil contents
   - Ash value
   - Foreign matter
   - Refractive index
   - Microbial contamination
   - Extractive (water, ether, alcohol soluble)

द्रव्य शोधन

उद्दिष्टैरौषधैः सार्द्धं क्रियते पेषणादिकम्। मलविच्छित्तये यत्तु शोधनं तदिहोच्यते।। (र॰ त॰ 2/52)

द्रव्य के दोष-निवारण की प्रक्रिया को शोधन कहते हैं। किसी भी द्रव्य के मल को दूर करने के लिए बताई गई औषधियों को साथ मिलाकर मर्दन, क्षालन, निर्वापन आदि क्रियाएं करने को शोधन कहा जाता है।

शोधन का महत्त्व

- विषाक्त द्रव्यों से विषहरण करना।
- आभ्यान्तर, बाह्य दोषों एवं मलों को हटाना।
- द्रव्यों में गुणों की वृद्धि करना।

विष शोधन

विष	यन्त्र	शोधन विधि	द्रव्य	समय	मात्रा (रत्ती)	प्रमुख योग
वत्सनाभ	दोलायन्त्र	स्वेदन	गोदुग्ध	3 घंटे	1/8 से 1/16	मृत्युजंय रस, हिंगुलेश्वर रस

उपविष शोधन

विष	यन्त्र	शोधन विधि	द्रव्य	समय	मात्रा (रत्ती)	प्रमुख योग
कुचला	दोलायन्त्र	स्वेदन	गोदुग्ध	3 घंटे	1/4 से 1	विषतिन्दुक वटी
अहिफेन	ओखल एवं मूसल	भावना	आर्द्रकस्वरस	21 घंटे	1/4 से 1	निन्द्रोदयरस
जयपाल	दोलायन्त्र	स्वेदन	गोदुग्ध	3 घंटे	1/8 से 1/4	इच्छाभेदी रस
धतुरा	दोलायन्त्र	स्वेदन	गोदुग्ध	3 घंटे	1/4 से 1/2	कनकासव
भांग	दोलायन्त्र	स्वेदन	बबुल त्वक क्वाथ	30 मिनट	2 से 4	मदनानन्द मोदक
गुंजा	दोलायन्त्र	स्वेदन	गोदुग्ध	3 घंटे	1/2 से 1	गुंजादि तैल
लांगली	दोलायन्त्र	स्वेदन	गोदुग्ध		2 से 4	लांगलयादि तैल

जारी है...

जारी है...

विष	यन्त्र	शोधन विधि	द्रव्य	समय	मात्रा (रत्ती)	प्रमुख योग
करवीर	दोलायन्त्र	स्वेदन	गोदुग्ध	3 घंटे	–	करवीरादि तैल
भल्लातक	दोलायन्त्र	स्वेदन	नारियल जल	3 घंटे	1 से 3	संजीवनी वटी
अर्कक्षीर	ओखल एवं मूसल	मर्दन	सर्षप तैल		–	श्रृंगभस्म
स्नुहीक्षीर		मर्दन	इमलीपत्रस्वरस	सुखाकर	–	अर्शकुठाररस

दीर्घ-उत्तरीय प्रश्न

1. द्रव्य शोधन की परिभाषा तथा महत्त्व का वर्णन करते हुए वत्सनाभ के शोधन का उल्लेख करें।
2. Describe methods of drug evaluation.
3. Describe reasons behind drug adulteration and substitution.

लघु-उत्तरीय प्रश्न

1. कुचला के शोधन की विधि का वर्णन करें।
2. Describe chemical analysis of drugs.
3. Describe difference between adulteration and substitution.
4. What are various types of drug adulteration?

बहुविकल्पीय प्रश्न

1. Impairment in quality of drug is:
   a. Deterioration   b. Sophistication   c. Substitution   d. Spoilage
2. Intentional type of adulteration is:
   a. Substitution   b. Sophistication   c. Inferiority   d. Deterioration
3. Adulteration is a practice of substituting genuine drug partially with other similar looking substance which is either free from or inferior in_____:
   a. Chemical activities   b. Therapeutic activities
   c. Both (a) and (b)   d. None of the above
4. यज्ञ की वेदी के लिए मूल द्रव्य कौन सा है?
   a. पलाश   b. विकंकत   c. काश्मर्य   d. बिल्व
5. यज्ञ वल्कल के अनुसार हवन में अग्निहोत्र से किसका ग्रहण करना चाहिए?
   a. सोम   b. यव   c. जल   d. दुग्ध
6. अष्टवर्ग के प्रतिनिधि द्रव्यों का उल्लेख कहाँ मिलता है?
   a. राज निघण्टु   b. चरक संहिता   c. भावप्रकाश निघण्टु   d. सौश्रुत निघण्टु
7. Which of the following is a condition for adulteration?
   a. Deterioration   b. Admixture   c. Spoilage   d. All of these
8. Adulteration due to attack of micro-organism is known as:
   a. Admixture   b. Sophistication   c. Inferiority   d. Spoilage

उत्तरमाला (बहुविकल्पीय प्रश्न)

1. a   2. b   3. c   4. a   5. d   6. c   7. d   8. d

अध्याय 14

प्रशस्तभेषजविज्ञानीयाध्याय

प्रशस्त भेषज (Ideal Drug)

परिभाषा

तदेव युक्तं भैषज्यं यदारोग्याय कल्पते। स चैव भिषजां श्रेष्ठो रोगेभ्यो यः प्रमोचयेत्॥ (च॰ सू॰ 1/135)

जो औषध रोगों को दूर करती है तथा आरोग्य का भी रक्षण करती है वह युक्त (श्रेष्ठ) है, अतः जो औषध रोगों को शान्त करे तथा अन्य रोगों की उत्पत्ति भी न होने दे, वह श्रेष्ठ औषध है।

Ideal drug: The drug having best efficacy and less toxicity (harmful effects) is called as an ideal drug.

गुण

चरक तथा वाग्भट्ट

- **बहुता तत्र योग्यत्वमनेकविधकल्पना। संपच्चेति चतुष्कोऽयं द्रव्याणां गुण उच्यते॥** (च॰ सू॰ 9/7)
- **बहुकल्पं बहुगुणं सम्पन्नं योग्यमौषधाम्।** (अ॰ सं॰ सू॰ 2/23, अ॰ हृ॰ सू॰ 1/28)

1. बहुता	जो प्रचुर मात्रा में उपलब्ध हो। वाग्भट ने बहुगुणवाला/बहुलता कहा है।
2. योग्यत्व	जिस रोग और रोगी में प्रयोग करना हो, उसके योग्य हो तथा व्याधि का नाश करने में समर्थ हो।
3. अनेकविध -कल्पना	उस द्रव्य की अनेकविध कल्पनाएं (स्वरस, कल्क, फाण्टादि) बनाई जा सकें, जिससे रोग तथा रोगी की अवस्थानुसार औषध द्रव्य का प्रयोग सम्भव हो।
4. सम्पन्न	औषध द्रव्य सम्यक गुणों (रस, विपाक, वीर्य आदि) से युक्त एवं सम्यक रूप से कर्म सम्पादन करने में समर्थ होना चाहिए। **अतः वही औषध श्रेष्ठ है जिसका प्रयोग करने से आरोग्य की प्राप्ति होती है।**

सुश्रुत

प्रशस्तदेशसम्भूतं प्रशस्तेऽहनि चोद्धृतम्। युक्तमात्रं मनस्कान्तं गन्धवर्णरसान्वितम्॥
दोषघ्नमग्लानिकरमविकारि विपर्यये। समीक्ष्य दत्तं काले च भेषजं पाद उच्यते॥ (सु॰ सू॰ 34/22-23)

1. प्रशस्तदेशसम्भूत	जो उत्तम (प्रशस्त) देश में उत्पन्न होती है।
2. प्रशस्तेऽहनि च उद्धृतम्	जो उत्तम नक्षत्र में सग्रहण की गई हो।
3. युक्तमात्रं	जिसका योग्य मात्रा में प्रयोग हो।

जारी है...

जारी है...

4. मनस्कान्तं गन्धवर्णरसान्वितम्	जो मन को प्रसन्न करने वाली गन्ध, वर्ण एवं रस से युक्त हो।
5. दोषघ्न	जो दोष/रोग को नष्ट करने में सक्षम हो।
6. अग्लानिकरम्	जिसका सेवन करने से ग्लानि उत्पन्न न हो।
7. अविकारि विपर्यये	जो पथ्यादि के विपर्यय होने पर भी अन्य विकार उत्पन्न न करे।
8. समीक्ष्य	जिसकी सम्पूर्ण परीक्षा कर दी गई हो। **इन सभी लक्षणों से युक्त भेषज प्रशस्त है।**

शार्ङ्गधर संहिता

शार्ङ्गधर संहिता में सुश्रुतोक्त लक्षण ही कहे गये हैं किन्तु युक्तमात्रं के स्थान पर—

"**अल्पमात्रं बहुगुणं**" कहा गया है अर्थात् औषधि द्रव्य कम मात्रा में ही कारगर हो तथा उसमें अनेक गुण हों।

Plant Extracts

Sources of Drugs

- **Minerals:** Magnesium, sulfate, liquid paraffin, etc.
- **Animals:** Thyroid extract, insulin, heparin, etc.
- **Plants:** Morphine, reserpine, etc.
- **Synthetic:** Corticosteroids, antimicrobials, etc.
- **Microorganisms:** Bacteria and fungi isolated from soil are important sources of antibacterial substances, e.g. penicillin and other antibiotics.
- **Genetic engineering:** DNA recombinant technology, e.g. human insulin.

Extract

The extracted out useful matter from the crude drug leaving aside the inert constituent, by the process of extraction is called as extract.

Extractive

Active substance or phytochemical found in extract of crude drug is called as extractive.

Classification of Extractives

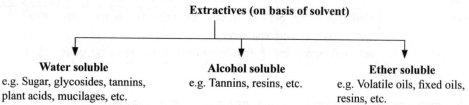

Extractives (on basis of solvent)

Water soluble
e.g. Sugar, glycosides, tannins, plant acids, mucilages, etc.

Alcohol soluble
e.g. Tannins, resins, etc.

Ether soluble
e.g. Volatile oils, fixed oils, resins, etc.

Description of Plant Extracts

1. **Carbohydrates/saccharides:** It is a biological molecule consisting of carbon (C), hydrogen (H) and oxygen (O), usually H and O ratio is 2:1. Empirical formula is $[CH_2O]_n$. Carbohydrates yield energy.

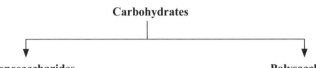

Monosaccharides
- Simplest sugar
- Cannot be hydrolyzed furthur,
  e.g. Glucose, fructose, galactose

Polysaccharides
- Yield two on more molecules on hydrolysis.
- Disaccharides = Yield 2 molecules, e.g. sucrose, maltose, etc.
- Trisaccharides = Yield 3 molecules, e.g. = raffinose, etc.
- Tetrasaccharides = Yield 4 molecules, e.g. Stachyose, etc.

2. **Gums:** Gums are polysaccharide derivatives and consist of Ca, Mg, K salts. They are formed from breakdown of cellulose from the plant cell walls, normally when they are damaged. They are capable of increasing the viscosity of solution. These are used as thickening agents, adhesive and binding agents, e.g. Indian gum, gem gum, gum ghatti.

3. **Resins:** These are secreted from specialized structures in a wide range of plants. They are aromatic and flammable, e.g. resin of peru balsam is used to treat asthma and rheumatism.

4. **Mucilage:** It is a thick gluey substance produced by nearly all plants and some microorganisms. It is a polar glycoprotein and an exopolysaccharide, e.g. mucilage of marsh mallow plant is used in cough.

5. **Pectin:** It is a structural heteroploysaccharide contained in primary cell wall of terrestrial plants like lemon, papaya, guava, carrot, etc.
   Use: Gelling agent in jams and jellies. Stabilizers in fruit juices and milk drink.

6. **Starch:** It is a polymeric carbohydrate consisting of a large number of glucose units, joined by glycosidic bonds. It is obtained from grains of maize, rice and wheat, etc.

7. **Glycosides:** It is a molecule in which sugar is bound to another functional group by a glycosidic bond. These are activated by enzyme hydrolysis which causes sugar part to be broken, making the chemical available for use,
   e.g. Barbaloin   – Purgative   Digitoxin – Cardiotonic
       Glycyrrhizin – Expectorant   Psoralin   – Use in leucoderma

8. **Tannins:** It is an astringent polyphenolic biomolecule which precipitates protein, amino acids and alkaloids. It is yellowish or brownish in color and bitter-tasting organic substance found is galls, barks, etc,
   e.g. Chebulic acid, Gallic acid – astringent, stomachachic, purgative (*Haritaki*).
       Ellagic acid   – cardiotonic and hypotensive (*Arjuna*)
       Vitamin C   – laxative, diuretic (*Amla*)

9. **Waxes:** Waxes are organic compounds characteristically consist of long alkyl chains. Natural waxes may contain unsubstituted hydrocarbons such as higher alkanes. But may also contain various types of substituted long-chain compounds such as fatty acid, alcohols, ketone and aldehydes, etc.

   Waxes ⟶
   - Plant wax   – Japan wax, bayberry wax, etc.
   - Animal wax   – Beeswax etc.
   - Synthetic wax – Petroleum-derived wax, Montan wax, etc.

10. **Lecithin:** Any group of yellow-brownish fatty substances occurring in plant and animal tissues.
    Use: Smoothing food textures, emulsifiers, repelling the sticky material.
    e.g. Choline – Cardiovascular disorders.
        Sources – Soyabean oil, vegetable seeds, egg yolk, etc.

11. **Lipids:** These are esters of higher aliphatic acids. They are insoluble in water and soluble in fat.

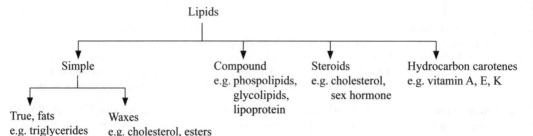

Lipids

Simple — True, fats e.g. triglycerides; Waxes e.g. cholesterol, esters

Compound e.g. phospolipids, glycolipids, lipoprotein

Steroids e.g. cholesterol, sex hormone

Hydrocarbon carotenes e.g. vitamin A, E, K

12. **Fixed oil and fats:** An unctuous, combustible substance which remains liquid at room temperature, even at 15.5°C to 16.5°C. Plants and animals have their reserve food in form of fixed oils. Their major source is seed.

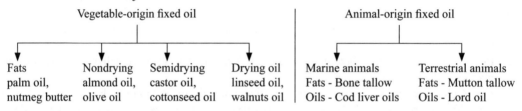

Vegetable-origin fixed oil				Animal-origin fixed oil	
Fats palm oil, nutmeg butter	Nondrying almond oil, olive oil	Semidrying castor oil, cottonseed oil	Drying oil linseed oil, walnuts oil	Marine animals Fats - Bone tallow Oils - Cod liver oils	Terrestrial animals Fats - Mutton tallow Oils - Lord oil

13. **Volatile oil:** These are also called as essential oil. They can evaporate when placed under room temperature. These can be easily extracted out by distillation. Their major source is leaves, roots, petals, etc. These have odor, e.g. menthol extracted from peppermint is used in joint aches, muscle pain, ringworm, hair loss. Rose, camphor, artemisia species, Lamiaceae species have volatile oils.

14. **Terpenoid (C_5H_8)$_n$:** These are hydrocarbons resulting from combination of several isoprene units (CH_2). These lipids can be found in all classes of living things. They contribute by their aromatic qualities, i.e. scents of eucalyptus, flavor of cinnamon, cloves, ginger, yellow color of sunflower, red color in tomatoes.
    Use: Analgesic, anthelmintic, antirheumatic, aromatic, antiseptic, diuretic. These are flavoring agents in food, perfumes, cosmetic, soaps, etc.

15. **Protein:** Proteins are large biomolecules. Consisting of one or more long chain of amino acid residue. Their source is plants and animals. These are stored in plants in form of aleurone grains.

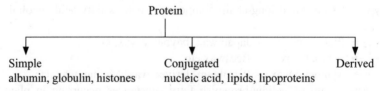

Protein

Simple albumin, globulin, histones

Conjugated nucleic acid, lipids, lipoproteins

Derived

16. **Alkaloids:** Term alkaloid means 'Alkali-like'. Alkaloids are naturally occurring chemical compounds that mostly contain basic nitrogen atoms.
    Use:

Quinine	– Antimalarial	Morphine	– Analgesic
Ephedrine	– Antiasthmatic	Piperine	– Antihyperglycemic
Homoharringtonine	– Anticancer		

द्रव्यविरोध (संयोग)

परिभाषा

संयोगः पुनर्द्वयोर्बहूनां वा द्रव्याणां संहतीभाव; स विशेषमारभते, यं पुनर्नैकैकशोद्रव्याण्यारभन्ते; तद्यथा – मधुसर्पिषोः मधुमत्स्यपयसां च संयोगः। (च० वि० 1/21.3)

दो या दो से अधिक औषध द्रव्यों का संहती (एकत्र) भाव करना (मिश्रित करना) संयोग कहलाता है। संयोग से उत्पन्न द्रव्यों में नवीन गुणों का प्रादुर्भाव होता है, जो शरीर के लिए हितकर तथा अहितकर हो सकते हैं। यह गुण संयोग से पूर्व अलग-अलग द्रव्यों में विद्यमान नहीं होते हैं। जैसे–मधु और घृत संयोग से विषतुल्य हैं। मधु, मछली तथा दूध का संयोग कुष्ठकारक है। महर्षि चरक ने यह उदाहरण अहितकर संयोग के दिए हैं। इसे विरुद्ध औषध संयोग (Incompatibility) कहा जाना चाहिए।

द्रव्यविरोध अथवा विरुद्ध संयोग

द्रव्यों के अहितकर संयोग के निम्नलिखित पर्याय हैं-

- द्रव्यविरोध
- विरुद्ध संयोग
- असंयोज्यता

बुद्धिमान चिकित्सक को औषध एवं आहार द्रव्यों की कल्पना के साथ ही द्रव्यविरोध (विरुद्ध संयोग) का भी विचार करना चाहिए। क्योंकि कई द्रव्य एकल रूप में प्रयुक्त होने पर तो शरीर के लिए हितकर होते हैं, परन्तु किसी द्रव्य विशेष के साथ प्रयोग होने पर अहितकर हो जाते हैं, जो द्रव्यविरोध कहलाता है।

आहार विरोध

यच्चापि देशकालाग्निमात्रासात्म्यानिलादिभिः। संस्कारतो वीर्यतश्च कोष्ठावस्थाक्रमैरपि।
परिहारोपचाराभ्यां पाकात् संयोगतोऽपि च। विरुद्धं तच्च न हितं हृत्संपद्विधिभिश्च यत्।। (च० सू० 26/86-87)

वैरोधिक आहार के 18 घटक

1. देश विरुद्ध	जांगल या मरुदेश में रुक्ष, तीक्ष्ण आदि द्रव्यों का सेवन। आनूप देश में स्निग्ध, शीत आदि गुणयुक्त द्रव्यों का सेवन।
2. काल विरुद्ध	शीत काल में शीत, रुक्ष द्रव्यों का तथा ग्रीष्म काल में कटु, ऊष्ण द्रव्यों का सेवन।
3. अग्नि विरुद्ध	व्यक्ति की कोष्ठाग्नि के अनुरूप आहार ग्रहण न करना। यथा–मृदु अग्नि वाले व्यक्ति का गुरु गुणयुक्त द्रव्यों को सेवन करना।
4. मात्रा विरुद्ध	घृत तथा मधु सम परिमाण में प्रयोग करना विषतुल्य है।
5. सात्म्य विरुद्ध	जिस व्यक्ति को कटु एवं उष्ण सात्म्य हो, उसे मधुर एवं शीत द्रव्यों का सेवन करवाना।
6. दोष विरुद्ध	देह की दोषज प्रकृति (वातज, पित्तज) के समान गुण वाले अन्न, औषध या क्रिया का सेवन दोष विरुद्ध कहलाता है। जैसे–वातज प्रकृति या वातज रोगों से पीड़ित पुरुष को रुक्ष, शीत गुणयुक्त द्रव्यों का सेवन करना।
7. संस्कार विरुद्ध	किसी संस्कार विशेष के कारण यदि द्रव्य विष के समान गुणों से युक्त हो जाए। जैसे–एरण्ड की लकड़ी से भूना हुआ मोर का मांस।

जारी है...

जारी है...

8. वीर्य विरुद्ध	जैसे–शीत वीर्य द्रव्य को उष्ण वीर्य द्रव्य के साथ मिलाकर सेवन करना। यथा–दूध (शीत) के साथ मछली (उष्ण) का सेवन।
9. कोष्ठ विरुद्ध	कोष्ठ अवस्था (मृदु या क्रूर) के अनुरूप द्रव्यों का सेवन न करना कोष्ठ विरुद्ध कहलाता है। जैसे–क्रूर कोष्ठ वाले पुरुष को अति अल्प या मन्दवीर्य अथवा भेदन न करने वाले द्रव्य का सेवन कराना।
10. अवस्था विरुद्ध	जैसे–परीश्रम, मैथुन, व्यायाम में लगे व्यक्ति को वातवर्धक आहार एवं विहार का सेवन तथा आलसी व्यक्ति को कफवर्धक आहार का सेवन कराना।
11. क्रम विरुद्ध	जैसे बिना शौच निवृति एवं भूख न लगने पर भोजन करना।
12. परिहार विरुद्ध	जैसे सूअर का मांस खाकर उष्ण जल पीना।
13. उपचार विरुद्ध	जैसे घृत आदि स्नेहपान के पश्चात् शीत द्रव्यों एवं शीतल जल का सेवन करना।
14. पाक विरुद्ध	दूषित लकड़ी से पका भोजन अथवा अपक्व या अतिपक्व भोजन का सेवन करना।
15. संयोग विरुद्ध	जैसे दूध के साथ अम्ल रस का प्रयोग करना।
16. हृदय विरुद्ध	मन लगाकर आहार न खाना या अरुचिकर द्रव्यों का सेवन करना।
17. संपत् विरुद्ध	जैसे नीरस, अतिक्रान्त रस, विकृत रस से युक्त द्रव्यों का सेवन करना।
18. विधि विरुद्ध	जैसे एकान्त में भोजन न करना, बातें करते हुए भोजन करना।

उपरोक्त द्रव्यविरोध के अतिरिक्त चरक सूत्रस्थान 26/81 में अन्य विरोध निम्नलिखित हैं–

- **धातु विरुद्ध–**देह की धातुओं के विपरीत गुण वाले द्रव्यों का सेवन करने से देह की धातुओं में विगुणता उत्पन्न होती है। कुछ द्रव्य परस्पर गुणों से और कुछ स्वभाव से ही शरीर की धातुओं के विरुद्ध होते हैं।
- **गुण विरुद्ध–**कुछ द्रव्य रस, वीर्य, विपाक आदि गुणों से परस्पर विरुद्ध होते हैं, इन द्रव्यों का एक साथ प्रयोग करना हानिकारक होता है। जैसे–

  रस विरुद्ध – लवण और दुग्ध (मधुर रस)
  विपाक विरुद्ध – मूली (कटु) और दुग्ध (मधुर) का सेवन
  वीर्य विरुद्ध – दुग्ध (शीत) और मत्स्य (उष्ण) का सेवन
- **स्वभाव विरुद्ध–**कुछ द्रव्य स्वभाव से ही देह धातुओं के विरुद्ध होते हैं। यथा–शूक धान्यों में यवक, शमी धान्यों में माष।

सुश्रुतसूत्रस्थान 20/14 में कर्म विरुद्ध का उल्लेख आया है–

- **कर्म विरुद्ध–**परस्पर विरुद्ध क्रिया करने वाले द्रव्यों का एक साथ सेवन करना कर्म विरुद्ध कहलाता है। यथा–वमन और विरेचन द्रव्यों का एक साथ सेवन करना, एरण्ड के तैल में पका हुआ मयूर या गोधा मांस, कांस्यपात्र में दस रात्री तक रखा हुआ घृत।

विरुद्ध द्रव्यों के सेवन से उत्पन्न विकार

चरकानुसार (च॰ सू॰ 26/102-103)

नपुंसक्ता, अन्धयत्व, विसर्प, जलोदर, आस्फोट, उन्माद, भगन्दर, मूर्च्छा, मद, आध्मान, गलग्रह, पाण्डु, आमदोष, किलास, कुष्ठ, ग्रहणी, शोथ, अम्लपित्त, ज्वर, पीनस, सन्तानदोष तथा मृत्यु।

वाग्भटानुसार

विद्रधि, गुल्म, आठ महारोग (वातजव्याधि, प्रमेह, कुष्ठ, अर्श, भगन्दर, अश्मरी, उदर रोग, मूढ़गर्भ) की उत्पत्ति, तेज, बल, स्मृति एवं चित्त का नाश होता है।

विरुद्ध सेवन से अप्रभावित पुरुष (सु॰ सू॰ 20/22)

सात्म्य, दीप्ताग्नि, अतिअल्प मात्रा युक्त भोजन, युवा, स्नेह प्रयोग करने वाला, व्यायाम करने वाला, बलवान पुरुष।

विरुद्ध के अहितकर होने में कारण (सु॰ सू॰ 20/20)

विरुद्ध द्रव्य सेवन करने पर देह के दोषों और मलों का उत्कलेशन तो करते हैं परन्तु देह से बाहर नहीं निकालते और रस, रक्तादि धातुओं में दुष्टि उत्पन्न कर रोग पैदा करते हैं।

विरुद्ध आहार जन्य रोगों की चिकित्सा (च॰ सू॰ 26/104-106)

वमन, संशमन, विरेचन, नित्य हितकर आहार का सेवन।

दीर्घ-उत्तरीय प्रश्न

1. **प्रशस्त भेषज की परिभाषा का वर्णन करते हुए उसके गुणों का विवेचन करें।**
2. **Define extract and describe different plant extracts in detail.**
3. **द्रव्यविरोध का विस्तरित वर्णन करें।**

लघु-उत्तरीय प्रश्न

1. **द्रव्यविरोध क्या है, उससे उत्पन्न विकारों का वर्णन करें?**
2. **What are alkaloids? Give examples of some alkaloid present in medicinal plants.**
3. **Describe three plant extracts formed of saccharides.**
4. **आचार्य चरक द्वारा वर्णित प्रशस्त भेषज के चार गुणों का उल्लेख करें।**

बहुविकल्पीय प्रश्न

1. **आचार्य चरक के अनुसार श्रेष्ठ औषध किसे कहा गया है?**
   a. जो रोग दूर करे b. अनेक गुणों से युक्त हो
   c. आरोग्य की रक्षा करे d. उपरोक्त सभी
2. **प्रशस्त भेषज का निम्न में कौन-सा गुण चरक द्वारा नहीं बताया गया है?**
   a. बहुता, योग्यत्व b. युक्तमात्रं, अग्लानिकरम्
   c. अनेकविध कल्पना d. सम्पन्न
3. **Polysaccharide derivatives are:**
   a. Gums b. Pectin c. Mucilages d. All of the above
4. **Polysaccharides obtained from grains of maize, wheat, rice, etc. are:**
   a. Pectin b. Starch c. Glycosides d. Tannins
5. **Polymer derivatives of 'Isoprene' consisting of aromatic properties are:**
   a. Terpenoids b. Alkaloids c. Glycosides d. Starch

6. **Phytochemicals used as astringent are:**

   a. Carbohydrates   b. Glycosides   c. Tannins   d. Terpenoides

7. वाग्भटानुसार विरुद्ध द्रव्य के सेवन से उत्पन्न व्याधि है–

   a. विद्रधि   b. गुल्म   c. आठ महारोग   d. उपरोक्त सभी

8. नीरस, अतिक्रान्त रस, विकृत रस से युक्त द्रव्य का सेवन करना, किस विरुद्ध के अन्तर्गत आता है?

   a. हृदय विरुद्ध   b. संपत् विरुद्ध   c. मात्र विरुद्ध   d. धातु विरुद्ध

9. आचार्य चरक ने कितने आहार विरोध बताए हैं?

   a. 18   b. 21   c. 28   d. 153

10. मधु, मत्स्य तथा दुग्ध के संयोग से कौन-सा रोग उत्पन्न होता है?

   a. मधुमेह   b. कुष्ठ   c. मृत्यु   d. रक्तपित्त

उत्तरमाला (बहुविकल्पीय प्रश्न)

1. d   **2.** b   **3.** d   **4.** b   **5.** a   **6.** c   **7.** d   **8.** b   **9.** a   **10.** b

अध्याय 15

निघण्टुविज्ञानीयाध्याय

निघण्टु/Glossary

निरुक्ति

- **निघण्टु–निघण्टुः समाहृतं भवन्ति।**

  समाहृत = सम् + आङ्ग + हृतः = to collect

  सम् = सम्यक पठितः = सम्यक रूप से पाठ

  सम् + आङ्ग = निः
हृतः = घण्टु } निघण्टु – to collect

  जहाँ पर सम्यक रूप में मर्यादित शब्दों को एकत्र करके पढ़ा गया हो, वह निघण्टु कहलाता है।

- **निगम – नि + गम् – to communicate**

  वैदिक कार्य के संग्रह को **निगन्तवः** कहा जाता है। जिसे कोष भी कहते हैं। **(औपमन्यु)**

  – **निगूढ़मर्थमगमयन्तिज्ञापयन्ति इति निगमः।** **(यास्क)**

  जो शब्दों के गूढ़ अर्थ को बताए, वह निगम है।

  Which tells about concealed or secret meaning of words is called as *Nigama*.

  – **निघण्टवः कस्मात्, निगमा इमे भवन्ति।** **(यास्क)**

  निघण्टु शब्द निगम पर आधारित है।

- **निरुक्त**

  – **निगूढ़ाः अर्थाः उच्यन्ते अनेन प्रकरेण तत् निरुक्तम्।** **(यास्क)**

  वेदों में आए हुए शब्दों के गूढ़ अर्थों को, जो विविधा प्रकार से व्यक्त करे, उसे निरुक्त कहते हैं।

  – **एकैकस्य पदस्य सम्भाविताः अर्थाः यत्र विशेषेण उच्यन्ते तन्निरुक्तम्।** **(सायण)**

  एक पद या शब्द जिनके सम्भावित अर्थ हों, उन सबको एकत्र कर एक स्थल पर जहाँ व्यक्त किया जाता है, उसे निरुक्त कहते हैं।

- **निग्रन्थि** – निग्रन्थि का अर्थ है गांठ से रहित, अर्थात् किसी वस्तु के सरल रुपात्मक वर्णन को निग्रन्थि कहते हैं।

अतः निघण्टु, निगम, निरुक्त एवं निग्रन्थि एक ही हैं।

निघण्टु – Collection of words and synonyms.

निरुक्त – Which gives explanation of words and synonyms.

निग्रन्थि – Which means devoid of knots. It gives meaning of words.

निघण्टु –
- पर्यायों का संग्रह (वाचस्पत्यम)
- नाम संग्रह (हेमचन्द्र)
- निघण्टति शोभति इति (शब्द कल्पद्रुम) (which looks beautiful and shines)
- सभी शब्दों का एक स्थान पर वर्णन (श्री भल्लभ)

जहाँ आहार एवं औषध रूप में प्रयुक्त होने वाले (जाङ्गम तथा पार्थिव द्रव्यों) का पर्याय कथन एव विवेचन हो।
पर्याय: निघण्टु, निगन्त्, निर्घन्त् = Glossaries connected with *Ayurveda* (परिभाषिक शब्द कोष)

निघण्टु की परिभाषा

- **नित्तयम् घण्टयन्ते एकत्र भाषयन्ते शब्दाऽनेन् इति निघण्टु।**
  एक ही औषधि के विभिन्न पर्यायों का जहाँ एकत्र वर्णन किया जाता है, उसे निघण्टु कहते हैं।
- **आयुर्वेदो हितौषधिनाम् पर्याय गुणाधि वर्णनपरः कोष विशेषः।**
  आयुर्वेद में वर्णित औषधियों तथा उनके पर्याय, गुण एवं कर्म का वर्णन जहाँ किया जाता है, उसे निघण्टु कहते हैं।
  Glossary containing synonymous groups, names, properties and actions of drugs, plants, animals and minerals or anything that is administered either as food or medicine to the human body.

निघण्टु की प्रधानता

- **निघण्टुना विना वैद्यो विद्वानं व्याकरणं विना । अभ्यासेन च धानुष्कस्त्रयो हास्यस्य भाजनम्॥** (रा॰ नि॰)
  निघण्टु के बिना वैद्य, व्याकरण के बिना विद्वान तथा अभ्यास के बिना धनुष्क यह तीनों उपहास के पात्र बनते हैं।
- निघण्टुओं में द्रव्य परिचय के लिए पर्यायों के रूप में विभिन्न जानकारियाँ प्रदान की जाती हैं।

निघण्टुओं का विकास क्रम/Chronological Arrangement of *Nighantus*

- **Ancient period up to 7th Century AD**

S.No.	*Nighantu*	Author	Date
1.	वैदिक निघण्टु	–	–
2.	सौश्रुत निघण्टु	सुश्रुत	5th Cent. A.D.
3.	रस वैशेषिक	नागार्जुन	5th Cent. A.D.

- **Medieval Period (निघण्टु काल) 8th to 15th Century AD**

S.No.	*Nighantu*	Author	Date
1.	अष्टाङ्ग· निघण्टु	वाहटचार्या "अष्टभट्ट"	8th Cent. A.D.
2.	पर्यायरत्नमाला	इन्दुकरसूनु माधव	9th Cent. A.D.
3.	सिद्धसार निघण्टु	रविदत्त गुप्त	9th Cent. A.D.
4.	हरमेखला निघण्टु	माधुक	10th Cent. A.D.
5.	चमत्कार निघण्टु	रंगाचार्या	10th Cent. A.D.
6.	मदनादि निघण्टु	चन्द्रनन्दन	10th Cent. A.D.
7.	द्रव्यगुणाकर	राजाभोज	11th Cent. A.D.
8.	द्रव्यगुणसंग्रह	चक्रपाणिदत्त	11th Cent. A.D.
9.	धन्वन्तरी निघण्टु	माहेन्द्र भौगिक	10-13th Cent. A.D.
10.	इन्दु निघण्टु	इन्दु	11th Cent. A.D.
11.	निमी निघण्टु	निमी	11th Cent. A.D.
12.	अरुणदत्त निघण्टु	अरुणदत्त	11th or 12th Cent. A.D.
13.	शब्दचन्द्रिका	चक्रदत्त	11th Cent. A.D.
14.	वाष्पचन्द्र निघण्टु	वाष्पचन्द्र	12th Cent. A.D.
15.	अनेकार्थ कोष	मानक	12th Cent. A.D.
16.	निघण्टु शेष	हेमचन्द्र	12th Cent. A.D.
17.	सोढल निघण्टु	सोढल	12th Cent. A.D.
18.	माधव द्रव्यगुण	माधव	1250 Cent. A.D.
19.	अभिधानरत्नमाला/षड्रस निघण्टु	चतुर रसिता	12th–13th Cent. A.D.
20.	सिद्धमन्त्र	कैशव	13th Cent. A.D.
21.	प्रकाश	वोपदेव	13th Cent. A.D.
22.	हृदयदीपिका निघण्टु	वोपदेव	13th Cent. A.D.
23.	शतशलोकी	वोपदेव	13th Cent. A.D.
24.	मदनपाल निघण्टु/मदन विनोद	मदनपाल	1374 Cent. A.D.
25.	आयुर्वेद महोददी/अन्नपान विधी	सुषेण	14th Cent. A.D.
26.	गुण संग्रह	त्रिमल्ल	14th Cent. A.D.
27.	निघण्टु कैयदेव/पश्यापश्यविवोधक	कैयदेव	1425 Cent. A.D.

- **Modern Period - From 16th Cent. A.D.**

S.No.	*Nighantu*	Author	Date
1.	भावप्रकाश	भावमिश्र	16 Cent. A.D.
2.	धनन्जय निघण्टु	–	16 Cent. A.D.
3.	सरस्वती निघण्टु	–	16 Cent. A.D.
4.	आयुर्वेद सौख्यम	टोड़रानन्द	16 Cent. A.D.
5.	शिवकोष	शिवदत मिश्र	16 Cent. A.D.
6.	शिवप्रकाश	शिवदत मिश्र	17th Cent. A.D.
7.	वैद्यावतंस	लोलिम्बराज	17th Cent. A.D.
8.	कल्पद्रुमकोष	कैशव	17th Cent. A.D.
9.	राज निघण्टु	नरहरी पण्डित	17th Cent. A.D.
10.	द्रव्यगुणशतक	त्रिमल्ल भट्ट	17th Cent. A.D.
11.	द्रव्यदीपिका	कृष्णदत्त	17th Cent. A.D.
12.	चूड़ामणि निघण्टु	सूर्या	17th Cent. A.D.
13.	प्रकाश हिकमत	महादेव	1773 Cent. A.D.
14.	राजवल्लभ निघण्टु	राजावल्लभ	18th Cent. A.D.
15.	निघण्टु रत्नाकर	विष्णु वासुदेव गोड़बोले	18th Cent. A.D.
16.	द्रव्यरत्नावल्ली	–	18th Cent. A.D.
17.	लघु निघण्टु	व्यासकेशव	18th Cent. A.D.
18.	निघण्टु संग्रह	कतोभट्ट	1893 Cent. A.D.
19.	शालीग्राम निघण्टु	लाला शालीग्राम	19th Cent. A.D.
20.	वनस्पति शास्त्र	जयकृष्णइन्द्रजी ठाकुर	19th Cent. A.D.
21.	वनौषधि दर्पण	बृज चन्द्रगुप्ता	19th Cent. A.D.
22.	अभिनव निघण्टु	दत्ताराम चौबे	19th Cent. A.D.
23.	वनौषधिगुणादर्श	शंकरादाजी पाण्डे	1900-1913 Cent. A.D.
24.	हरीतक्यादि निघण्टु	पं॰ शिव शर्मा	1926 Cent. A.D.
25.	निघण्टु आदर्श	वापालाल	1928 Cent. A.D.
26.	रूप निघण्टु	रूप लाल	1934 Cent. A.D.
27.	शंकर निघण्टु	शंकर दत्त	1935 Cent. A.D.
28.	आयुर्वेद चिन्तामणि	बलदेव प्रसाद	1937 Cent. A.D.
29.	वनौषधी चन्द्रोदय	चन्द्रराज भण्डारी	1938 Cent. A.D.
30.	महौषधी निघण्टु	पं॰ आर्यादास कुमार	1971 Cent. A.D.
31.	प्रिय निघण्टु	प्रियव्रत शर्मा	1983 Cent. A.D.
32.	द्रव्यगुण कोष	प्रियव्रत शर्मा	1997 Cent. A.D.
33.	वेदी वनस्पत कोष	रामेशवेदी	1997 Cent. A.D.

धन्वन्तरी निघण्टु

नामनिर्धारण

• **गुडूच्यादि निघण्टु**	इस ग्रन्थ का प्रथम वर्ग गुडूच्यादि वर्ग है, अतः कुछ लोग इसे गुडूच्यादि निघण्टु कहते हैं।
• **द्रव्यावल्लीसमुच्चय**	अग्निवेश संहिता का उसके प्रतिसंस्कर्त्ता के नाम से प्रसिद्ध होना, सुश्रुत संहिता का उसके लेखक के नाम से प्रसिद्ध होना, इसी प्रकार द्रव्यावल्ली भी उसके लेखक के नाम से प्रसिद्ध हुई होगी। **यद्यपि ग्रन्थकार की प्रस्तावना में निघण्टु का नाम "द्रव्यावल्ली समुच्चय" स्पष्ट होता है।**
• **धन्वन्तरी निघण्टु**	धन्वन्तरी वन्दना से प्रारम्भ होने के कारण इसका नाम धन्वन्तरी निघण्टु पड़ा होगा।

ग्रन्थकार

निम्न 4 विद्वानों में मतमतान्तर है–

• **आदि देव धन्वन्तरी**	ग्रन्थ के प्रथम श्लोक में ही धन्वन्तरी जी कि वन्दना की गई है, अतः वो लेखक नहीं हो सकते हैं।
• **धन्वन्तरी (चिकित्सक)**	आचार्य विश्वनाथ द्विवेदी जी के अनुसार इसके लेखक धनवन्तरी नामक कोई चिकित्सक होंगे, परन्तु प्राचीन काल में जाने माने वैद्य को धन्वन्तरी कहा जाता था। किसी राजा ने अपने नाम से इसकी रचना करवाई होगी या किसी वैद्य ने अपने नाम से इसे प्रसिद्ध किया होगा।
• **धन्वन्तरी वक्ता**	काशी राज धन्वन्तरी इसके वक्ता हो सकते हैं।
• **धन्वन्तरी शिष्य (संग्रहकर्ता)**	धन्वन्तरी नामक कोई अज्ञात् शिष्य इसका रचयिता हो सकता है, परन्तु सुवर्णादिषष्टवर्ग के अन्त में लिखा है–**"द्रव्यावल्ली समादिष्टाः धन्वन्तरीः मुखौदगतः"** अतः शिष्य इसका रचयिता नहीं हो सकता, क्योंकि इस प्रसंग के अनुसार धन्वन्तरी के मुख से द्रव्यावल्ली कही गई है।

निष्कर्ष– धन्वन्तरी इस ग्रन्थ के कर्ता नहीं है। – प्रियव्रत शर्मा

पूणे की कई पाण्डुलीपियों के अनुसार इस निघण्टु के तन्त्रकर्ता निम्नलिखित हैं–

• तन्त्रकर्ता – माहेन्द्र भौगिक
• पिता – कृष्ण भौगिक
• स्थान – स्थाण्वीश्वर

काल

बाह्य साक्ष्य

- हेमाद्री तथा अरुणदत्त ने इसे उद्धरित किया है, अतः यह 13 Cent A.D. के बाद का नहीं हो सकता है।
- हेमाद्री ने अभिद्धानचिन्तामणि की व्याख्या में तथा वर्धमानगुणरत्न महोददी ने इसे उद्धरित किया है, अतः यह 12 Cent A.D. से पूर्व का है।
- अमरकोष के व्याख्याकार क्षीर स्वामी ने इसे उद्धरित किया है, अतः यह 11 Cent A.D. के पूर्व का है।
- **बाह्य साक्ष्य के अनुसार यह रचना 11 Cent A.D. के पूर्व की है।**

आभ्यान्तर साक्ष्य

- ग्रन्थकर्ता ने अपनी प्रस्तावना में लिखा है कि इस निघण्टु के पूर्व अन्य निघण्टु भी लिखे जा चुके हैं जिनका आधार लेकर यह बना है, अत: यह ग्रन्थ अनेक निघण्टुओं की अनुक्रमणीय रचना है।
- ग्रन्थ के प्रारम्भ में धन्वन्तरी को नमस्कार किया गया है तथा ग्रन्थ को धन्वन्तरी के मुख से अवतरित कहा गया है। तत्पश्चात् मध्य में ही धन्वन्तरी वन्दना की गई है, इससे यह प्रमाणित होता है कि यह परवर्ती लेखक द्वारा जोड़ा गया है।
- इसमें अहिफेन, जयपाल, अग्निसार, विजया आदि रस द्रव्य तथा मलेच्छ, यशद शब्दों का वर्णन मिलता है जो मुगल काल में प्रचलित हुए।
- पारद के संस्कारों का वर्णन रसशास्त्र की विकसित अवस्था का घोतक है। रसरत्नसमुच्च्य (1250 Cent A.D.) के पद्य इसमें मिलते हैं।
- **आभ्यान्तर साक्ष्य के अनुसार यह 13 Cent A.D. के पूर्व का नहीं हो सकता है।**

निष्कर्ष

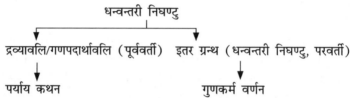

धन्वन्तरी निघण्टु

द्रव्यावलि/गणपदार्थावलि (पूर्ववर्ती) → पर्याय कथन

इतर ग्रन्थ (धन्वन्तरी निघण्टु, परवर्ती) → गुणकर्म वर्णन

- पुन: नमस्कारात्मक प्रसंगों से यह सिद्ध होता है कि द्रव्यावल्ली पूर्ववर्ती तथा धन्वन्तरी निघण्टु परवर्ती रचना है।
- 7 वर्ग की औषधियों की गणना के पश्चात् द्रव्य का प्रारम्भ से वर्णन करने का उल्लेख है, परन्तु ऐसा न कर धन्वन्तरी वन्दना के पश्चात् गुण-कर्म का वर्णन किया गया है।
- अत: द्रव्यावल्ली पर्यायशैली का तथा इतर ग्रन्थ गुणकर्म वर्णन का ग्रन्थ है।
- इतरग्रन्थ की संज्ञा "धन्वन्तरी निघण्टु" ही है, जो गुणकर्म के वर्णन के कारण प्रमुख होकर द्रव्यावल्ली में समाविष्ट किया गया होगा।
- आभ्यान्तर साक्ष्य के तथ्य द्रव्यावल्ली में नहीं मिले। सम्भवत: क्षीर स्वामी ने द्रव्यावल्ली भाग को दृष्टि में रखा होगा, क्योंकि अमरकोष में पर्याय प्रसंग का वर्णन है।
- यशद शब्द प्रथम बार आढ़मल (14 Cent.) की टीका में मिला है तथा भावप्रकाश के पूर्व इसे सप्तधातु में स्थान नहीं मिला।
- अत: धन्वन्तरी निघण्टु का काल - 10–13 Cent AD होगा।

विषयवस्तु

धनवन्तरी निघण्टु को सात वर्गों में विभाजित किया गया है।

इस निघण्टु में द्रव्यों का वर्गीकरण विशेष क्रम से किया गया है। इसमें विशिष्ट रूप से एक प्रकार के कार्य करने वाले द्रव्यों का निर्देश है। जैसे - गुडूची, अतिविषा, मूर्वा, मंजिष्ठा, धन्वयास, वासा, निम्ब का क्वाथ वातज्वर में लाभदायक है, इससे कहा जा सकता है कि वातज्वरहर कर्म में 8 द्रव्यों की गणना की गई है। यह वर्गीकरण गुणों के आधार पर है इसमें एक प्रकार के कार्य करने वाले द्रव्यों को एकत्रित किया गया है, अत: हम इस निष्कर्ष पर पहुँचते हैं कि धन्वन्तरी निघण्टु के लेखक ने वानस्पतिक क्रम से द्रव्यावल्ली विरचित नहीं की है, कहीं तो गुडूची जैसी लता का वर्णन आरम्भ करता है, तो आगे चलकर उसे अलसी, धन्वयास जैसे वृक्षों, क्षुपों आदि से अनुग्रहित करता है।

वर्गीकरण

7 वर्गों में 35 गण हैं जिनमें 373 द्रव्यों का पाठ है।

क्र. सं.	वर्ग	वर्णन	गण	विशेष
1.	गुडूच्यादिवर्ग	वात-पित्त-कफ-सन्निपात ज्वरहरगण, रक्तपित्तहरगण, रक्तवातहरगण, वमनगण, विरेचनगण, शिरोविरेचनगण, आस्थापन-अनुवासन गण का वर्णन है। • आधार – दोष प्रत्यनिक चिकित्सा। • रक्त को भी दोष माना है। • **संशोधन चिकित्सा** की महत्वता। • **क्वाथ कल्पना** की प्रधानता।	11	Bitter drugs
2.	शतपुष्पादिवर्ग	• **सर्पी तथा चूर्ण कल्पना** की प्रधानता। • प्रथम वर्ग में वर्णित संशोधन के पश्चात् अब संशोधन से उत्पन्न रुक्षता तथा कायाग्नि दीपन के लिए सर्पी तथा चूर्ण के रूप में अन्तः प्रयोग की औषधियों का वर्णन है।	2	Spices
3.	चन्दनादिवर्ग	• 3 कल्पनाओं का वर्णन है– 2 तैल कल्पनाएं–महासुगन्धि तैल, पामादिहर तैल 1 अञ्जन कल्पना–नैत्राञ्जन • गन्ध गुण प्रधान द्रव्यों का वर्णन है। • आभ्यान्तर प्रयोगार्थ द्रव्यों के पश्चात् बाह्य प्रयोगार्थ द्रव्यों का वर्णन है। • वाजीकरण प्रधान द्रव्यों का वर्णन है।	3	Fragrant drugs & Aphrodisiacs
4.	करवीरादिवर्ग	• क्रमवधवर्णन करते हुए **शारीरिक एवं मानसिक** रोगों को शान्त करने वाले विविधा द्रव्यों का वर्णन किया गया है। • **तैल, धूम, नस्य तथा चूर्ण कल्पना का वर्णन है।** • धूम को सर्वभूत नाशक बताया गया है। **इस वर्ग की विशेषता धूम से ही है।**	4	Small plants
5.	आम्रादिवर्ग	• त्वक् प्रयोज्याङ्ग वाले वृक्षों का प्रयोग बताया है। • फल व पुष्प आश्रित चिकित्सा का संग्रह किया गया है। हृद्य फल तथा सुंगधित पुष्पों का वर्णन है।	3	Fruity trees

जारी है...

जारी है...

क्र. सं.	वर्ग	वर्णन	गण	विशेष
6.	सुवर्णादिवर्ग	• आहार के साथ धातु उपकरण का वर्णन है। • स्वर्णादि धातु, वैक्रान्त आदि रत्न पारद एवं हिंगुल का वर्णन है। • शल्यादि आहार द्रव्य तथा तैलादि द्रव्य का वर्णन है। • आहार द्रव्य के अन्तर्गत जान्तव द्रव्यों का वर्णन है। • विणमूत्रादि के प्रयोग का वर्णन है।	10	Mineral & dietary substances
7.	मिश्रकवर्ग	• त्रिफला, स्वादुत्रिफला, सुगन्धि त्रिफला, त्रिकुट, चतुर्भद्र इत्यादि पारिभाषिक शब्दों का उल्लेख करते हुए विष, उपविष तथा शुक्लवर्ग, रक्तवर्ग आदि अनेकविध कल्पनाओं का वर्णन किया गया है।	2	Groups of drugs & poisons
	7 वर्ग		35 गण	373 द्रव्य

द्रव्य वर्णन क्रम–धन्वन्तरी निघण्टु में वर्णित द्रव्यों का नियमित क्रम है।

1. पर्याय पाठ – यह सर्वप्रथम मिला है, जिसमें द्रव्य के पत्र, पुष्प, बीज, काष्ठ आदि के आधार पर द्रव्यों का परिचय मिलता है, तत्पश्चात् उन द्रव्यों के अन्य ज्ञात्वय विषय बताए गए हैं, यथा–रस, गुण, वीर्य, विपाक, प्रभावादि का वर्णन है।
2. साहित्य वर्णन – 373 द्रव्यों को 35 गण एवं 7 वर्गों में वर्गीकृत किया गया है, परन्तु इन द्रव्यों की गणना करने पर 381 द्रव्य बनते हैं, जो 373 के लगभग हैं। यदि त्रिफला आदि को 3 न मान कर एक माना जाए, तो भी 373 द्रव्य नहीं होते हैं। द्रव्यों के भेद, उपभेद पृथक् हैं यदि उनको मिलाकर देखा जाए, तो 527 द्रव्य हो जाते है।

ग्रन्थ निर्माण वैशिष्टय

- यह निघण्टु उस काल के प्राचीन निघण्टुओं का सार है।
- इसका वर्गीकरण कर्म प्रधान है, द्रव्य प्रधान नहीं।
- संस्कृत, प्राकृतिक या देश-देशान्तर की विभिन्न भाषाओं में एक ही द्रव्य की विभिन्न संज्ञाएँ देखकर ही लेखक एक सम्मुचित निघण्टु के निर्माण के लिए प्रेरित हुआ।
- अन्य चिकित्सकों को भी लेखक ने कहा है कि जिस द्रव्य के नाम का ज्ञान न हो उसका निर्णय संस्कृत व प्राकृति के ग्रन्थों और कोषों को देखकर, स्पर्शकर, अन्य तद्वविज्ञों से पूछकर तथा उसकी जाति, लिंग आदि की जाँच करके नामनिर्धारण करें।
- चरक, सुश्रुत आदि में एक द्रव्य कई गणों में आता है, परन्तु ऐसा धन्वन्तरी निघुण्ट में नहीं है वहाँ एक द्रव्य एक ही गण में वर्णित है।
- इस ग्रन्थ का उद्येश्य चिकित्सा प्रधान है।

भावप्रकाश निघण्टु

परिचय

- भावप्रकाश "लघुत्रयी" का अन्तिम ग्रन्थ माना गया है।
- आयुर्वेद साहित्यकारों के अनुसार भावप्रकाश निघण्टुकाल तथा आधुनिककाल के ज्ञान के बीच में एक पुल है।
- भावमिश्र ने संहिताओं का अनुसरण किया है तथा अपने ग्रन्थ के संहिताभाग का मौलिक सिद्धान्त शार्ङ्गधर संहिता के आधार पर लिखा है। जैसे–शार्ङ्गधार ने कहा–
  "द्रव्ये रसो गुणोवीर्य विपाकः शक्तिरेव च।" संबंधेन क्रमादेताः पंचावस्था प्रकीर्तिताः॥ तथा भाव मिश्र ने कहा- "द्रव्ये रसो गुणोवीर्य विपाकः शक्तिरेव च। पदार्था पञ्चतिज्ठन्ति स्वं स्वं कुर्वन्ति कर्म च॥"
- भावप्रकाश में वाग्भट की तरह ही युगानुरुप आयुर्वेद के विकास के प्रमाण प्राप्त होते हैं। **"युगान्नुरूपसंदर्भो ह्यम् सारः प्रकाश्यते।"** फिरंग रोग, नवीन द्रव्य, आयात-निर्यात वाले द्रव्यों का वर्णन इसमें मिलता है, जो इससे पहले उपलब्ध नहीं था।

नामकरण

• भावप्रकाश	भावमिश्र ने लिखा है- **भावेन भावमिश्रेणकृत प्रकाशः भावप्रकाशः। "भावयते ज्ञे स्वरूपेण ज्ञायन्ते इति भावः तेषां भावनां प्रकाशः अस्मिन अनेन वा इति भाव प्रकाशः।"** जो जानने योग्य पदार्थ होता है, वह भाव है, अतः आयुर्वेद के रहस्य रूप भाव का प्रकाश जिस ग्रन्थ के द्वारा हो, उसे भाव प्रकाश कहते हैं। प्राचीन काल में चिकित्सा रत्न, मणियों आदि के द्वारा होती थी, परन्तु भावमिश्र ने आयुर्वेद के भाव का संग्रह करके, उस पर प्रकाश डाला तथा ग्रन्थ का नाम अपने नाम के अनुरूप ही रखा है।
• हरीतक्यादि निघण्टु	प्रथम वर्ग हरीतक्यादि होने से निघण्टु भाग को हरीतक्यादि निघण्टु भी कहते हैं।

ग्रन्थकार

लेखक ने ग्रन्थ में अपना परिचय न देकर सृष्टिप्रकरण के प्रयन्त प्रत्येक प्रकरण में लिखा है-
इति श्री मिश्र लटकन तनय श्रीमनमिश्र भाव विरच्येत भाव प्रकाशे ....

- **ग्रन्थकार** - श्री भाव मिश्र
- **पिता** - श्री लटकन मिश्र
- **जाति** - ब्राह्मण

भावमिश्र जी की विशेषताएं

- एक सुयोग्य चिकित्सक, सिद्ध गुरु, दयावान, विचारक, समाज में अति प्रतिष्ठित एवं उत्तम संहिता के रचयिता थे।
- मिश्र शब्द जाति वाचक है, अतः भावमिश्र उच्च कुल के ब्राह्मण थे, जो कर्मकाण्ड आदि कराने में सहायक होते हैं।
- ग्रन्थ के आरम्भ में "विघ्नविनाशक-गणेश" तथा विष्णु, श्रीपति मधुसूदनादि का वर्णन किया गया है, अतः लेखक परमास्तिक थे।
- शीतला चिकित्सा के प्रकरण में मन्त्र चिकित्सा का विधान बताया गया है, अतः वह सुयोग्य तथा ख्यात चिकित्सक थे, तभी तो उन्होंने फिरङ्ग जैसे रोग की सफल चिकित्सा का उल्लेख किया है।

- इनकी चिकित्सा पद्धति आयुर्वेद के मूलभूत सिद्धान्तों पर आधारित थी, अतः उन्होनें नये रोगों एवं उनकी चिकित्सा के वर्णन में उसी सारणी का अवलम्बन किया है।
- यह वनौषधि चिकित्सक के साथ-साथ रसौषधि चिकित्सक भी थे।

भावमिश्र जी का स्थान

पण्डित भावमिश्र जी ने अपने जन्मस्थान का उल्लेख नहीं किया है, अतः निम्नलिखित स्थानों में मतमतान्तर है:

• वाराणसी/कन्याकुब्ज	कई विद्वान इन्हें वाराणसी या कन्याकुब्ज का मानते हैं।
• गया	ग्रन्थ के प्रारम्भ में लेखक ने विष्णुपद का उल्लेख किया है, जो गया में है। कृतान्नवर्ग में पेरकिया शब्द का वर्णन आया, यह शब्द मगधा में प्रचलित है, अतः यह गया के निवासी हो सकते हैं।
• बिहार	कदली, चम्पक आदि के भेदों का वर्णन किया है, वह बिहार के हनिपुर क्षेत्र में होते हैं। इसमें क्षेत्र के नाम भी बिहार के हैं, इसमें वर्णित "मक्खान" आदि द्रव्य प्रायः बिहार के क्षेत्र में अधिक पाया जाता है।
• काशी	उनके पिता का नाम लटकन था तथा लटकन आदि नाम काशी या गोरखपुर में होते हैं। **आचार्य विश्वनाथ जी नाम के आधार पर इन्हें काशी का मानते हैं।**

काल

बाह्य साक्ष्य

- भावमिश्र ने सैद्धान्तिक भाग शार्ङ्गधार संहिता (13th Cent. A.D.) से लिया है।
- निघण्टु भाग में अहिफेन, जयफल, भंगा, पारसीकयवानी मदनपाल निघण्टु से लिए गए हैं। (1347 Cent. A.D.)
- चरक, दृढ़बल आदि को ग्रन्थ में उद्धरित किया, अतः यह निघण्टु (13th Cent. A.D.) के बाद का है।
- योगचिन्तामणी, योगरत्नाकार, योगतरङ्गणी ने भावप्रकाश को उद्धरित किया। (17th Cent. A.D.)
- **बाह्य साक्ष्य के अनुसार यह निघण्टु (13th Cent. A.D.) के बाद का तथा (17th Cent. A.D.) के पहले का होगा।**

आभ्यान्तर साक्ष्य

- इसमें पश्चात् देश, पश्चिम देश का वर्णन है तथा मुगलों के लिए मुद्गल, मलेच्छ और यवन शब्द का प्रयोग किया गया है, अतः यह मुगल काल का प्रतीत होता है।
- भावप्रकाश में फिरङ्ग रोग का वर्णन है जो पुर्तगलियों के आने के बाद (15th Cent. A.D.) में भारत आया।
- फिरङ्ग रोग की चिकित्सा के लिए चोपचीनी, रसकूर्पर का वर्णन भावप्रकाश में प्रथम बार आया है, जो (1536 Cent. A.D.) में चीनी व्यापारियों द्वारा भारत में लाए गए।
- फिरङ्ग रोग सर्वप्रथम सम्राट चार्ल्स VIII की सेना में (1494–95 Cent. A.D.) में देखा गया। इस रोग को Syphilis की संज्ञा (1530 Cent. A.D.) में Heronius की Syphilis नामक कविता के आधार पर दी गई, यह घटना क्रम इस बात को सिद्ध करता है कि यह ग्रन्थ (15 Cent. A.D.) के बाद लिखा गया है।
- **आभ्यान्तर साक्ष्य के अनुसार यह ग्रन्थ (१५ Cent. A.D.) के बाद लिखा गया है।**

निष्कर्ष

- इसकी एक पाण्डूलीपि जम्मू पुस्तकाल्य में (1661 Cent. A.D.) में मिली है।
- अतः बाह्य साक्ष्य, आभ्यान्तर साक्ष्य एवं उपलब्ध पाण्डुलीपि के आधार पर:

भावप्रकाश निघण्टु का काल - 16 Cent AD

विषय वस्तु

- इस ग्रन्थ के निर्माण का उद्देश्य चिकित्सार्थ है तथा यह एक योग्यतम ग्रन्थ है।
- इस ग्रन्थ का संहिता भाग सम्पूर्ण रूप से निदान तथा चिकित्सात्मक है तथा निम्न खण्ड़ों में विभाजित है–

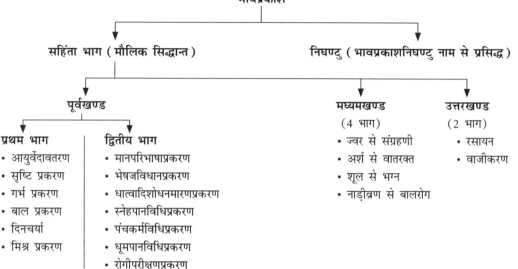

भावप्रकाश

- **सहिंता भाग (मौलिक सिद्धान्त)**
  - **पूर्वखण्ड**
    - **प्रथम भाग**
      - आयुर्वेदावतरण
      - सृष्टि प्रकरण
      - गर्भ प्रकरण
      - बाल प्रकरण
      - दिनचर्या
      - मिश्र प्रकरण
    - **द्वितीय भाग**
      - मानपरिभाषाप्रकरण
      - भेषजविधानप्रकरण
      - धात्वादिशोधनमारणप्रकरण
      - स्नेहपानविधिप्रकरण
      - पंचकर्मविधिप्रकरण
      - धूमपानविधिप्रकरण
      - रोगीपरीक्षणप्रकरण
  - **मध्यमखण्ड** (4 भाग)
    - ज्वर से संग्रहणी
    - अर्श से वातरक्त
    - शूल से भग्न
    - नाड़ीव्रण से बालरोग
  - **उत्तरखण्ड** (2 भाग)
    - रसायन
    - वाजीकरण
- **निघण्टु (भावप्रकाशनिघण्टु नाम से प्रसिद्ध)**

मिश्र प्रकरण: रोग की साध्यता-असाध्यता, चिकित्सा, रोगी, वैद्य, दुग्ध वर्णन औषध के रस, गुण, वीर्य, विपाक, कर्म एवं प्रभाव, प्रतिनिधी द्रव्य तथा दीपनपाचनादि कर्मों की परिभाषाओं का वर्णन किया गया है।

भावप्रकाश निघण्टु

मिश्रप्रकरण के अन्तर्गत द्वितीय वर्ग में निघण्टु भाग का समावेश होता है, जिसका स्वतन्त्रत: उल्लेख है तथा भावप्रकाश निघण्टु संज्ञा द्वारा नामकरण किया गया है।

भावप्रकाश निघण्टु का वर्गीकरण

निघण्टु भाग में 23 वर्ग, 1758 श्लोक तथा 744 कुल द्रव्य वर्णित हैं, जिनमें 494 औषध द्रव्य तथा 250 आहार द्रव्य हैं।

क्र. सं.	वर्ग = 23	विषयवस्तु
1.	हरीतक्यादिवर्ग	फल व कन्द प्रयोज्याङ्ग वाले 89 द्रव्य वर्णित हैं, लवण व क्षार का भी वर्णन है।
2.	कर्पूरादिवर्ग	57 गन्ध द्रव्य तथा निर्यास, सार आदि का भी वर्णन है।
3.	गुडूच्यादिवर्ग	पञ्चाङ्ग व मूल प्रयोज्याङ्ग वाले 134 द्रव्यों का वर्णन है।
4.	पुष्पादिवर्ग	कमलादि पुष्प प्रयोज्याङ्ग वाले 40 द्रव्यों का वर्णन है।
5.	वटादिवर्ग	क्षीरीवृक्ष, विशालवृक्ष एवं त्वक प्रयोज्याङ्ग वाले 45 द्रव्यों का वर्णन है।
6.	आम्रादिवर्ग	आम्रादि फल प्रयोज्याङ्ग वाले 61 द्रव्यों का वर्णन है।
7.	धात्वादिवर्ग	धातु, उपधातु, रस, उपरस, विष आदि का वर्णन है।

जारी है...

जारी है...

क्र. सं.	वर्ग = 23	विषयवस्तु
8.	धान्यवर्ग	34 धान्यद्रव्यों का वर्णन है।
9.	शाकवर्ग	पत्र, पुष्प, कन्द, नाल आदि 70 शाक द्रव्यों का वर्णन है।
10.	मांसवर्ग	44 प्राणियों के मांस का वर्णन है।
11.	कृत्तान्नवर्ग	निरामिष एवं समिष आहार द्रव्यों का वर्णन है।
12.	वारीवर्ग	जल के 23 भेदों का वर्णन है।
13.	दुग्धवर्ग	9 प्राणियों के दुग्ध का वर्णन है।
14.	दधिवर्ग	दधि के 5 प्रकार का वर्णन है।
15.	तक्रवर्ग	तक्र के 5 प्रकार का वर्णन है।
16.	नवनीतवर्ग	नवनीत के 5 प्रकार का वर्णन है।
17.	घृतादि वर्ग	गोघृत आदि द्रव्यों का वर्णन है।
18.	मूत्रादि वर्ग	गोमूत्र आदि 8 प्रकार के मूत्रों का वर्णन है।
19.	तैलादि वर्ग	8 प्रकार के तैलों का वर्णन है।
20.	सन्धानवर्ग	काञ्जी आदि विभिन्न प्रकार के सन्धान द्रव्यों का वर्णन है।
21.	मधुवर्ग	8 प्रकार के मधु का वर्णन है।
22.	इक्षुवर्ग	इक्षु की 13 जातियों एवं इक्षु के विकारों का वर्णन है।
23.	अनेकार्थवर्ग	एकार्थ, द्वयार्थ, त्रयार्थ, बहुअर्थ का वर्णन है।

ग्रन्थ निर्माण वैशिष्टय

- द्रव्यों के वर्णन के अन्तर्गत द्रव्यों के प्रकार, अवस्थाभेद, देशभेद, प्रतिनिधीद्रव्य, द्रव्यपरीक्षणविधि आदि विषयों का विचार भावप्रकाश ने किया है।
- भूमि विवेचन के प्रसंग में वर्ण के आधार पर चतुर्विध भूमि का वर्णन किया है, यथा - ब्राह्मण भूमि, क्षत्रिय भूमि आदि एवं तत्-तत् भूमि में उत्पन्न द्रव्यों के प्रयोग का भी वर्णन किया गया है।
- द्रव्यगुणविज्ञान के 5 मौलिक पदार्थो (रस, गुण, वीर्य, विपाक, प्रभाव) को एक ही पद्य में बताया गया है।
- दीपन पाचनादि कर्मो की परिभाषाएँ स्पष्ट दी गयी हैं।
- भावप्रकाश में अन्न द्रव्यों की अपेक्षा औषध द्रव्यों को अधिक प्रधानता दी गई है एवं लवण व क्षार का औषध रूप में अधिक प्रयोग होने के कारण वनस्पति वर्ग के साथ ही वर्णन किया गया है।
- अष्टवर्ग दुर्लभ होने पर उसके स्थान पर प्रतिनिधी द्रव्यों का वर्णन किया गया है।
- भावप्रकाश निदानचिकित्सात्मक ग्रन्थ है।
- इसमें नए-नए रोगों के लिए नवीन औषधियों का वर्णन है, जैसे गन्धकोकिला, गन्धमालती, द्विपान्तरवचा आदि।

राज निघण्टु

परिचय

यह निघण्टु सब निघण्टुओं से विस्तारित है, अतः लेखक ने इसे सब निघण्टुओं का राजा कहा है।

नामकरण

- **राज निघण्टु** – { सर्व निघण्टुः राजा। विस्तृत, बृहत राजावत् होने के कारण।
राजा द्वारा निर्मित होने के कारण।
- **अभिधानचूड़ामणि**
- **द्रव्याभिधानगणसंग्रह**
- **शेखरमणि**
- **केरेटमण्डनमणि**

ग्रन्थकार

लेखक – श्री नरहरी पण्डित
पिता – श्री ईश्वर पण्डित
वंश – राजवंश
स्थान – काश्मीर

ग्रन्थकार की विशेषताएं

- लेखक शौर्य, वीर, पराक्रमी, कविराज, भक्त तथा 18 भाषाओं के ज्ञाता थे।
- आनन्द आश्रम ग्रन्थावल्ली में छपे ग्रन्थ में लिखा गया है कि श्री नरहरी पण्डित ईश्वर सूरी के शिष्य थे तथा श्री काठ जी के सेवक थे। उन्होनें शिष्य परम्परा से गद्दी प्राप्त की थी, किन्तु लेखक द्वारा स्वयं ही अपना परिचय प्रत्येक अध्याय में दिया गया है कि ईश्वर नाम के व्यक्ति ने नरहरी को जन्म दिया।

वंश परिचय

- लेखक ने 21 वें वर्ग (सत्वादिवर्ग) में अपने वंश का परिचय दिया है– काश्मीर वंश के श्रेष्ठ विद्वान, शासक, शौर्य तथा पराक्रमी थे। जिस संग्राम में यह जाते थे वहाँ अश्वों के खुरों से उठी धूली से शत्रुओं के दिल दहल जाते थे, शत्रुओं का सत्व समाप्त हो जाता था, ऐसे नरहरी के ग्रन्थ का 21वां वर्ग समाप्त हुआ। ऐसा पराक्रम राजवंश का द्योतक है, वह महान् चिकित्सक भी थे।
- वह भगवान शंकर के भक्त थे, ऐसा वर्णन मिलता है कि इन्होंने शंकर व भवानी की उपासना से सब प्राप्त किया था।

स्थान

श्री वापालाल जी ने इन्हें कर्नाटक या महाराष्ट्र का निवासी कहा है, लेखक 18 भाषाओं के ज्ञाता थे, अतः शब्द चयन से इन्हें कर्नाटक का कह पाना तर्कसंगत नहीं है। लेखक स्वयं को काश्मीर का कहते थे, वह कश्मीर के ही निवासी थे।

काल

ग्रन्थ प्रस्तावना में धन्वन्तरी निघण्टु, मदनपाल निघण्टु (1374 cent. A.D.) के अनुसरण के साक्ष्य मिलते हैं (अतः राजनिघण्टु 13 Cent. A.D. के बाद विरचित हुआ होगा।

इनका काल भावप्रकाश के बाद का होने के तथ्य

- भावप्रकाश में करवीर के श्वेत व रक्त दो ही भेदों का वर्णन है, परन्तु राजनिघण्टु में पीत करवीर का भी वर्णन मिलता है। इन आई अकबरी में श्वेत व रक्त करवीर का वर्णन है, बाबरनामा में भी दो ही करवीर वर्णित हैं, जबकि तज्जुक ऐ जहांगिरी में पीत करवीर का उल्लेख है, उस समय में यूरोपीय भी भारत में प्रवेश कर चुके थे।
- इसमें कुलंजन शब्द का उल्लेख है जो भावप्रकाश में महाभरीवचा के नाम से वर्णित है।
- झण्डु का उल्लेख इस ग्रन्थ में आया है, जो भावप्रकाश में नहीं है, अतः झण्डु 16 Cent. A.D. के बाद ही भारत में आया।
- कर्पूरतैल, कृष्णबीज इत्यादि का वर्णन राजनिघण्टु में आया है, जो भाव प्रकाश में नहीं है।

राज निघण्टु का काल - १७ Cent AD

विषयवस्तु

- गणों का नाम धन्वन्तरी निघण्टु के गण क्रम के अनुसार ही किया गया है।
- लौकिक शब्दों को व्यवहार में लाया गया है।

उन्होंने द्रव्य नामकरण के सात आधार किये हैं–

नामानि क्वचिदिह रुढ़ितः प्रभावाद्। देश्योक्तया क्वचिदिह लोञ्छनोपमाभ्याम्।।
वीर्य्येण क्वचिदितराह्वयादिदेशात् द्रव्याणामिह सप्तधोदितानि।। (रा॰ नि॰ ग्रन्थप्रस्तावना/13)

वर्गीकरण

23 वर्ग, वनौषधियों के भेदों के अतिरिक्त 703 औषधियों का वर्णन है।

क्र. सं.	वर्ग = 23	विषयवस्तु
1.	आनूपादिवर्ग	वनौषधि की उत्पत्ति के लिए देशों का वर्णन है।
2.	धर्ण्यादिवर्ग	पर्वत, वन, उपवन तथा वृक्षों के अव्यवों का वर्णन है।
3.	गुडूच्यादिवर्ग	52 वल्ली द्रव्यों का वर्णन है।
4.	शतावरयादि	80 पृथु (बड़े) क्षुपों का वर्णन है।
5.	पर्पटादिवर्ग	60 क्षुद्र क्षुपों का वर्णन है।
6.	पिप्लयादिवर्ग	पण्यौषधि (market drugs) पीपल आदि का वर्णन है।
7.	मूलकादिवर्ग	104 शाक द्रव्यों (मूल, कन्द, फल, पत्रादि) का वर्णन है।
8.	प्राभद्रादिवर्ग	इसे वन्यमहीरुह नाम से पड़ा गया है। 61 वृक्षों का आकार के आधार पर वर्णन है। यथा - बड़ा-मध्य-छोटा वृक्ष (निम्ब, अग्निमन्थ आदि)।
9.	शाल्मल्यादिवर्ग/ अरण्यकवर्ग	62 कण्टंक-युक्त द्रव्यों का वर्णन है, यथा - शाल्मली, इंगुदी, खदिर आदि।
10.	करवीरादिवर्ग	86 पुष्प प्रयोज्यांग वाले द्रव्यों का वर्णन है। विभिन्न द्रव्यों की सुगन्ध कितने समय तक रहती है, इसका भी वर्णन है, यथा - जाति - 2 महुर्त तक, नवमलिका - 1 दिन, चम्पक- 3 दिन, केतकी - 8 दिन तक।
11.	आम्रादि वर्ग	109 आम्र, लकुच आदि द्रव्यों का वर्णन है।

जारी है...

जारी है...

क्र. सं.	वर्ग = 23	विषयवस्तु
12.	चन्दनादिवर्ग (गन्धा द्रव्य)	57 सुगन्धित द्रव्यों का वर्णन है।
13.	स्वर्णादिवर्ग (रसायन)	74 स्वर्ण, रजत आदि लौह का वर्णन है। हरताल, शिलाजतु, पारद आदि का भी वर्णन है।
14.	पानियादि वर्ग (रस वर्ग)	19 नदी, समुद्र, तालाब, कूपादि के जल, इक्षु के भेद, मधु, मद्यादि का वर्णन है।
15.	क्षीरादि वर्ग	दुग्ध, दधि, घृत, नवनीत, तक्र, तैल, गोमूत्रादि का वर्णन है।
16.	शाल्यादि वर्ग (भोज्यवर्ग)	25 प्रकार की शालि धान्य तथा अन्य खाद्य पदार्थों का भी वर्णन है।
17.	मांसादिवर्ग	15 प्रकार के मत्स्य तथा आनूपादि देशों के मांस का वर्णन है।
18.	मनुष्यादिवर्ग	पुरुष, स्त्री, नपुंसक, राजा, वैश्य, ब्राह्मण आदि का तथा शरीराव्यव का उल्लेख है।
19.	सिंहादिवर्ग	151 प्राणियों (मनुष्य, सिंह, युका आदि) का वर्णन है।
20.	रोगादिवर्ग	64 प्रकार के रोग, वैद्य तथा औषध के रस, विपाकादि का वर्णन है।
21.	सत्वादिवर्ग	सत्वादि गुणत्रय, वातादि दोषत्रय तथा काल, दिशा, मन आदि का वर्णन है।
22.	मिश्रकवर्ग	61 गण-त्रिकटु, त्रिफला, सन्धानादि का वर्णन है।
23.	एकार्थादिवर्ग	एक से 11 तक अर्थ का वर्णन है।

ग्रन्थ निर्माण वैशिष्टय

- राज निघण्टु को नरहरी ने अपने समय का सर्वोत्तम निघण्टु बनाने का प्रयत्न किया है।
- नरहरी पण्डित ने निघण्टु का महत्व बताया है–
  निघण्टुना विना वैद्यो विद्वान् व्याकरणं विद्वान विना। अभ्यासेन च धानुष्कस्त्रयो हास्य भाजनम्।।
- नरहरी पण्डित ने द्रव्यगुण की प्रधानता बताई है, उन्होंने इसे अष्टांग में प्रथम स्थान प्रदान किया है।
- औषधियों के पर्याय विवेचन में तत्कालीन उपलब्ध सभी निघण्टुओं से शब्दसंग्रहण किया है, इस दशा में कहीं ये शब्द द्रव्य परिचय में सहायक हैं तो कहीं पर भ्रम उत्पन्न करते हैं।
- राज निघण्टु का वर्गीकरण सभी निघण्टुओं से उत्तम है। उनका वर्गीकरण आधुनिक विज्ञान की तरह प्रत्येक द्रव्य की जाति के आधार पर है तथा इसमें बाजार में उपलब्ध द्रव्यों का भी एक वर्ग है।
- वैज्ञानिक वर्गीकरण के रूप में क्षुद्रक्षुपवर्ग, मूलकादिवर्ग, पुष्पवर्ग, कण्टकीवृक्षवर्ग, बृहतवृक्षवर्ग, सुगन्धितद्रव्य वर्ग, पानियवर्ग, शाल्यादिवर्ग, क्षीरादिवर्ग, मांसादिवर्ग अलग-अलग लिखे गए हैं।
- धन्वन्तरी निघण्टु की त्रुटियों को परिपूरित करते हुए अन्य कई अध्याय लिखे गए हैं।
- उपमा के क्रम में नरहरी पण्डित सभी निघण्टुओं से विशेषता रखते हैं। पशु, पक्षी, पतंग, कीट को आधार बनाकर द्रव्यों की संज्ञाएं बनाई गई हैं। यथा:

गो	–	गोलोमी	पक्षी	–	काकपर्वत
अश्व	–	अश्वगन्धा, ह्यगन्धा	कृमी	–	कृमिधन, घुणप्रिय
सर्प	–	सर्पाक्षी, नागकुमारिका	जलजीव	–	मत्स्याक्षी
नकुल	–	नाकुलीकन्द	मण्डूक	–	मण्डूकपर्णी

- भिन्न वर्णों की भूमि से उत्पन्न औषधियाँ उन्ही वर्णों के रोगियों को देने का निर्देश किया है।

- स्थावर द्रव्य के 5 भाग कहे गये हैं यथा - वनस्पति, वानस्पत्य, क्षुप, वल्ली एवं औषध तथा औषधि के 3 प्रकार–पुरुष, स्त्री, नपुंसक कहे गये हैं। रोगी को लिंगानुसार ही तत् तत् औषधि को प्रयोग करने का विधान बताया गया है। पुरुष द्रव्य सभी के लिए प्रयोज्य कहे गए हैं।

दीर्घ-उत्तरीय प्रश्न

1. निघण्टु शब्द की निरुक्ति एवं परिभाषा का वर्णन करते हुए, विभिन्न कालों में विरचित निघण्टुओं के नामों का उल्लेख करें।

2. निम्नलिखित निघण्टुओं के काल का निर्धारण साक्ष्यों सहित करें - भावप्रकाश निघण्टु, धन्वन्तरी निघण्टु, राजनिघण्टु।

3. धन्वन्तरी निघण्टु की विषयवस्तु, वर्गीकरण एवं निर्माण वैशिष्टय का वर्णन करें।

लघु-उत्तरीय प्रश्न

1. भावप्रकाश संहिता की विषयवस्तु का वर्णन करें।

2. भावप्रकाश के लेखक का परिचय दें।

3. राजनिघण्टु के नामकरण का वर्णन करें।

बहुविकल्पीय प्रश्न

1. निघण्टु के पर्याय हैं-

a. निगम् b. निरुक्त् c. निगन्त् d. उपरोक्त सभी

2. धन्वन्तरी निघण्टु के नाम हैं-

a. गुडूच्यादि निघण्टु b. द्रव्यावल्ली समुच्चय c. धन्वन्तरी निघण्टु d. उपरोक्त सभी

3. भाव प्रकाश निघण्टु में कितने वर्ग हैं?

a. 7 b. 21 c. 23 d. 8

4. द्रव्यावल्ली किस शैली का ग्रन्थ है?

a. गुणशैली b. कर्मशैली c. पर्यायशैली d. प्रयोगशैली

5. भाव प्रकाश किस का अन्तिम ग्रन्थ है?

a. ब्रहत्रयी b. लघुत्रयी c. किसी का नहीं d. दोनों का

6. भाव प्रकाश निघण्टु का अन्य नाम क्या है?

a. भावमिश्र निघण्टु b. मुगल निघण्टु c. हरीतक्यादि निघण्टु d. निघण्टु राज

7. राज निघण्टु किस काल का है?

a. 15 वीं सदी b. 17 वीं सदी c. 13 वीं सदी d. 19 वीं सदी

8. अभिधानचूड़ामणि किस ग्रन्थ का नाम है?

a. धन्वन्तरी निघण्टु b. भाव प्रकाश c. राज निघण्टु d. मदनपाल निघण्टु

9. पण्यौष्धी का वर्णन राज निघण्टु के निम्नलिखित वर्ग में है-

a. पिप्पल्यादि वर्ग b. पानियादि वर्ग c. आम्रादि वर्ग d. सुवर्णादि वर्ग

10. राज निघण्टु ने द्रव्य गुण को निम्नलिखित स्थान दिया गया है -

a. प्रथम b. द्वितिय c. तृतीय d. अज़्टम

उत्तरमाला (बहुविकल्पीय प्रश्न)

1. d 2. d 3. c 4. c 5. b 6. c. 7. b 8. c 9. a 10. a

लुप्तप्रायःद्रव्यविज्ञानीयाध्याय

CULTIVATION/कृषिकरण

Definition

Production of food and medicinal plants by preparing land to grow crops is called as cultivation. It includes planting, tending, improving and harvesting of crops.

Synonyms: Breeding.

Examples: Many crude drugs obtained from cultivation, such as clove, tea, ginger, etc.
Cultivation of vegetable drugs involves convergence of various factors from agriculture and pharmaceutical sphere such as soil, climate, rainfall, irrigation, temperature, use of fertilizer, pesticides, biochemical aspect of natural drugs. When all such factors are applied, the new approach to cultivation technology emerges out.

Advantages

- It ensures quality and purity of crude drugs. If uniformity is maintained in all operations during the process of cultivation, then drug of highest quality can be obtained.
- If the collection of crude drugs is done from cultivated plants by skilled labor, the high yield and good therapeutic quality of drugs can be maintained.
- It ensures regular supply of crude drugs.
- Cultivation of medicinal plants leads to industrialization up to the greater extent.
- Cultivation permits application of modem technological aspects such as mutation, polyploidy and hybridization.

Disadvantages

- High cost of cultivation.
- Loss of the yield due to ecological disturbances, such as earthquake, flood, drought, etc.

Organic Farming

It is a method of cultivation which avoids the use of synthetic products like fertilizers, pesticides, etc.

Factors responsible for successful organic farming:

- Crop rotation
- Use of manure
- Water-holding capacity
- Biological pest control methods
- Organic matter (food of earthworm, microorganisms of soil responsible for N_2 fixation).

Methods of Cultivation

1. *Sexual method (Seed propagation)*: In this method, plants are raised from seeds and such plants are known as seedlings.

    Advantages of sexual propagation:
    - Long-lived seedlings.
    - Cheaper and easy to raise.
    - Sometimes, this method gives production of highly superior merits.
    - It is useful where vegetative propagation is not possible.

    Disadvantages of sexual propagation:
    - Not uniform in growth.
    - Requires more time to bear as compared to grafted plants.
    - Cost of harvesting, spraying of pesticides is more as compared to grafted plants.

    Requirements for sexual propagation:
    - *Quality*: Seeds must be of good quality.
    - *Germination rate*: It should be high.
    - *Diseases*: It should be free from diseases.
    - *Seed germination capacity*: It should be tested by rolled towel test and excised embryo test.
    - *Storage*: In order to maintain germination process, it should be stored in a cool and dry place.
    - *Chemical treatment with stimulant*: Dormant seeds are given this treatment by ethylene, gibberellin, potassium nitrate, etc.
    - *Soaking treatment*: Freshly harvested seeds can germinate better after soaking with KN_3 solution.
    - *Thiourea treatment*: Used for seeds which do not germinate in dark and high temperature.
    - *Soaking treatment in water and H_2SO_4*: Germination of castor seed and henbane seeds respectively.
    - *Pounding seeds with coarse sand,* e.g. Indian senna.

2. *Asexual method*: In this method vegetative parts of the plant (stem, root) are placed in such an environment which develops it into a new plant.

    Advantages of asexual propagation:
    - No variation in parent plant and propagated plant.
    - Seedless varieties of fruits can be produced.
    - Plants start bearing earlier.
    - Disease-resistant varieties can be produced.

    Disadvantages of asexual propagation:
    - They do not have vigorous growth as compared to seedling trees.
    - Not long-lived.
    - No new varieties can be evolved by this method.

    Methods of asexual propagation:

    (a) *Vegetative propagation:* It is done by sowing parts of a plant in well-prepared soil.

e.g.	• Bulb	-	Squill, etc.	• Corm	-	Saffron, etc.
	• Stolon	-	Arrowroot, etc.	• Tuber	-	Aconite, etc.
	• Rhizome	-	Ginger, etc.	• Offset	-	Aloe, etc.
	• Runner	-	Peppermint, etc.	• Suckers	-	Mint, etc.

(b) *Aseptic method*: It is done by developing plants from fine pieces of plants like single cells, callus, seeds, embryo, root tips in artificial medium with aseptic conditions provided with nutritional and hormonal requirements.
- It is a novel method of propagation.

Factors affecting cultivation:
- Altitude
- Temperature
- Humidity
- Rainfall or irrigation
- Soil and fertility
- Pest and pest control
- Growth regulators

Altitude		Temperature		Humidity, Rainfal or irrigation
Plant	*Altitude (m)*	*Plant*	*Temp (°F)*	
Cardamom	600–1600	Cardamom	50–100	Except xerophytic plants, rainfall and proper
Saffron	Up to 1250	Tea	70–90	irrigation is needed for better yield.
Clove	Up to 900	Coffee	55–70	
Cinnamon	250–1000	Saffron	Cold weather	
Camphor	1500–2000	Pyrethrum	Dry weather	
Tea	1000–1500			
Coffee	1000–2000			

Soil: Plant growth depends upon physical arrangement, nature of soil particles, organic matter, content of soil and its living organisms.

Types of soil:
- Clay soil
- Sandy loam soil
- Loamy soil
- Sandy soil
- Slit loam soil
- Calcareous soil

Good soil:
- Organic matter needed ←
  - → 1.5 – 5% [Richsoil]
  - → 0.5 – 1.5% [Intermediate soil]
  - → 0.5 – 1% [Poor soil]
- Half pores filled with water and rest with air, which is good for root development.
- pH range needed in best soil is 6.5–7.5.

Soil fertility: It is the capacity of soil to provide nutrients in adequate amount and in balanced proportion to plants.

Reasons of loss of fertility:
- If cropping is done by fortification of soil with plant nutrients.
- Leaching and erosion.

Maintenance of fertility:
- Addition of animal manure.
- Nitrogen-fixing bacteria.
- Chemical fertilizers.

Fertilizers

Chemical
- Primary nutrients,
  e.g. Nitrogen, phosphorus, etc.
- Secondary nutrients
  e.g. Calcium, sulphur, etc
- Trace elements
  e.g. Copper, iron, etc

Manures
- Farmyard manure
- Castor seed cake
- Neem and karanj seed cakes
- Fish meal
- Blood meal

Biofertilizers
Different microorganisms which fixe N_2 in soil and plants
e.g. Rhizobium, blue-green algae, etc

Pest and pest control:
- *Pest* is an undesirable animal or plant species.
- *Pesticides* are chemicals derived from synthetic and natural sources effective in small concentration against pests.

Types of pests:
- Insects
  - Rauwolfia attacked by *Diaphania nilgirica*.
  - Belladonna loses leaves by *Gonocephalum* species and *Agrotis flammatra*.
- Weeds — It leads to loss of nutrients, water, light, space and increases labor cost.
- Non-insect pests — Vertebrates (rat, monkey and birds, etc.) and invertebrates (crabs, snails, etc.)
- Fungi-viruses
  - *Ascochyta atropae* causes formation of greyish white irregular spots which leads to necrosis of leaves.
  - *Cercospora atropae* causes roundish brown spots, spots with chestnut-colored margins on both sides of leaves.
  - *Phytophthora nicotiane* causes dropping of younger leaves, yellowing of older leaves and drying of whole apical portion of belladonna.
  - *Phytophthora erythroseptica* causes damping off in young seedlings and wilting in mature plants.
  - *Cercospora dioscorea* causes spots on dioscorea leaves.
  - *Alternaria tenuissima* causes spots on datura leaves.

Methods of pest control

Mechanical
- Handpicking
- Burning
- Trapping
- Pruning
- Destruction of larvae, insects, etc.

Biological
Combating the pests, mostly the insects with other organisms, e.g. Large number of male insects are sterilized by exposure to radioactivity to compete with normal males of that area for mating. This leads to ineffective mating and sharp decline in progeny

Chemical
- Rodenticides,
  e.g. Strychine, red squill, etc.
- Insecticide
  e.g. DDT, rotenoids
- Acaricides
  e.g. Tetradifon
- Fungicides
  e.g. Chlorophenols, antibiotics
- Herbicides
  e.g. Calcium arsenate, H_2SO_4

Agricultural
- Genetic manipulation resulting in production of pest-resistant species
- Ploughing should be deep so as to eradicate weeds as well as early stage of insects

Growth Regulators

- Auxin
- Gibberellin
- Cytokinin
- Ethylene
- Abscisic acid

CULTIVATION OF SOME MEDICINAL PLANTS IN INDIA

- *Zedoary* (कर्चूर) – Eastern Himalayas and Karnataka
- *Isabgol* (इसबगोल) – Sandy-loam soil-Gujarat, Rajasthan
- *Castor oil* (एरण्ड तैल) – Gujarat, Andhra Pradesh and Tamil Nadu
- *Solanum khasianum* (बृहती) – Andhra Pradesh, Karnataka, Maharashtra and Gujarat
- *Cassia angustifolia* (सनाय) – Tamil Nadu, Andhra Pradesh
- *Papaver Somniferum* (अहिफेन) – MP, UP and Rajasthan
- *Indian Hemp* (भंगा) – MP, UP, Bihar and Kashmir
- *Papain enzyme* – Manufactured in Maharashtra from Ram Papaya Fruits
- *Pectin* - From Thalamus of Sunflower in (Jalgaon, Maharashtra)
- *Mentha arvens* (पुत्तिहा) – Uttar Pradesh, Punjab, Haryana and MP.
- *Oil of Palmarosa* - Obtained from Cymbopogon Martini (कतृण) in Madhya Pradesh, Karnataka, AP.
- *Eucalyptus oil* – Tamil Nadu, Karnataka and Kerala
- *Cinnamomum zeylanicum* – Kerala, Tamil Nadu
- *Vetiver Oil* – From the Roots of Vetiveria Zizanioides (उशीर) in Kerala and Tamil Nadu
- *Coriandrum Sativum* – Madhya Pradesh
- *Sandalwood oil (Liquid Gold)* – Karnataka, Tamil Nadu, Kerala
- *Pepper, Ginger, Cardamom, Cinnamon* - Kerala and Arecanut

लुप्तप्रायःद्रव्य/ENDANGERED SPECIES

Definition

Species which have been categorized by the International Union for Conservation of Nature (Red List) (IUCN) as likely to be extinct are called as endangered species.

Reasons of Becoming Endangered

- Lack of application of scientific methods in systemic cultivation.
- Over-exploitation from nature.
- Ignorance about life cycle of the species.
- Increasing demands all over the world leading to over-harvesting.
- Some other factors increase in population, trade, export and habitat loss due to wildfires, cleaning of forests for agriculture and severe droughts, etc.

Measures to Save Endangered Species

Action plan has been prepared by the Government of India, for which the World Bank has indicated assistance.

Objectives of this Plan

* Harnessing the plant wealth in view of promoting industries for production of phytochemicals, medicines, volatile oils, cosmetics, etc.
* Identification of commercially viable species in various agroclimate zones.
* Standardization of agro-practices in view of their cultivation and, in turn, preservation.
* Measures to boost up research and development for the purpose of involving new herbal products and technology in manufacturing.

Plants declared as endangered due to unscientific exploitation and ignorance about life cycle are:

* *Belladona (Atropa acuminata)*
* *Kapur kachri (Hedychium acuminatum)*
* *Dhoop (Jurinea macrocephala)*
* *Tejbal (Zanthoxylum alatum)*
* *Kala jeera (Carum carvi)*
* *Bhojpatra (Betula utilis)*

Medicinal plants prohibited to export from India since 1998 by the Government of India:

* *Cycas beddomei*
* *Vanda coerulea*
* *Saussurea costus*
* *Paphiopedilum species*
* *Nepenthes khasiana*
* *Rauwolfia serpentina*
* *Dioscorea deltoidea*
* *Podophyllum hexandrum*
* *Euphorbia species*
* *Coptis teeta*
* *Orchidaceae species*
* *Pterocarpus santalinus*
* *Taxus wallichiana*
* *Aconitum species*
* *Gentiana kurroo*
* *Panax pseudo ginseng*
* *Aquilaria malaccensis*
* *Cyatheaceae species*
* *Frerea indica*
* *Cycadaceae species*
* *Dactylorhiza hatagirea*
* *Swertia chirata*
* *Coscinium fenestratum*
* *Kaempferia galanga*
* *Ceropegia species*

List of Endangered Species

Latin Name	Common Name	Place
1. *Polygala irregularis*	Milkwort	Gujarat
2. *Lotus corniculatus*	Bird's foot	Gujarat
3. *Amentotaxus assamica*	Assam catkin yew	Arunachal Pradesh
4. *Psilotum nudum*	Fork fern	Karnataka
5. *Diospyros celebica*	Ebony tree	Karnataka
6. *Actinodaphne lawsonii*		Kerala
7. *Acacia planifrons*	Umbrella thorn (kudai vel)	Tamil Nadu
8. *Abutilon indicum*	Indian mallow	Tamil Nadu
9. *Chlorophytum tuberosum*	Shweta musli	Tamil Nadu
10. *Chlorophytum malabaricum*	Malabar lily, Shweta musli	Tamil Nadu
11. *Nymphaea tetragona*	Pygmy water lily	J & K
12. *Belosynapsis vivipara*	Spiderwort	MP
13. *Colchium luteum*	Autumn crocus	HP
14. *Pterospermum reticulatum*	Malavuram	Kerala, Tamil Nadu
15. *Ceropegia odorata*	Jimikand	Gujarat
16. *Atropa acuminata*	Belladona	Himalaya
17. *Jurinea macrocephala*	Dhoop	Himalaya
18. *Betula utilis*	Bhojpatra	Himalaya
19. *Carum carvi*	Kala jeera	Kashmir
20. *Swertia chirayita*	Chirayita	Himalaya

CONSERVATION

Definition

Conservation is the ethical use and protection of valuable resources such as trees, minerals, wildlife, water and other resources.

Types of Conservation

1. *Ex situ* **conservation**

   It is a process of protecting endangered species outside their natural habitat.

   It is also called off-site conservation, e.g. herbal gardens, etc.

   Advantages
   - Organisms are completely protected from predation and poaching.
   - Health of individuals can be monitored.
   - Genetic diversity of the population can be measured.
   - Plants can breed to increase their number if endangered.
   - Conservation sites can be used for education.
   - Easier to supply plant material for propagation.

   Disadvantages
   - Conserved species may suffer genetic erosion.
   - Need continued human care.
   - Method is often costly.
   - Nutrition issues may arise.
   - Correct surviving environmental conditions may be difficult to achieve.

2. *In situ* **conservation**
   - It is a process of conservation of endangered species in natural habitat.
   - It is also called on-site conservation, e.g. forests, etc.

   Advantages
   - Plants are conserved in their natural environment.
   - Biodiversity is permanently protected.
   - Natural and cultural heritage is permanently protected.
   - Ecological integrity is maintained and managed.
   - Facilitates scientific research of the site.

   Disadvantages
   - Conditions that threatened the organisms in the area may still be present, e.g. diseases, etc.
   - Poachers and eco tourists may see the thriving area as an opportunity and may cause damage.
   - Genetic diversity may be decreased.

Long Questions

1. **Define cultivation, methods of cultivation and describe factors affecting cultivation.**
2. **Why cultivation is advantageous as compared to cold crops?**
3. **Give brief description of endangered species of medicinal plants and describe methods of conservation.**

Short Questions

1. **What are soil fertility and fertilizers?**
2. **Describe methods of pest control in cultivation.**
3. **What are the advantages of *ex situ* conservation?**
4. **What are the reasons of becoming medicinal plants endangered?**
5. **Describe organic farming.**

Multiple Choice Questions

1. **Viable material of endangered species can be preserved by:**
   (a) Gene bank   (b) Gene library   (c) Gene pool   (d) Herbarium
2. **One of the endangered species of Indian medicinal plants, is:**
   (a) Garlic   (b) Ocimum   (c) Nependenthes   (d) Podophyllum
3. **Castor seed is germinated in:**
   (a) Water   (b) H_2SO_4 (c) Coarse sand   (d) None of the above
4. **Consider the following statements and identify the right ones:**
   (i) Organic farming does not use chemical fertilizers and pesticides.
   (ii) Organic farming can reverse soil degradation and improve soil health.
   (a) i only   (b) ii only   (c) Both   (d) None
5. **Example of plant in which vegetative propagation is occurred by leaves?**
   (a) Cannabis   (b) Bryophyllum   (c) Chrysanthemum   (d) Brassica
6. **Which is the best suitable pH for good soil?**
   (a) 4.5–6.0   (b) 6.5–7.5   (c) 2.2–4.6   (d) 9.0–10.0
7. **In which type of conservation species often suffer genetic erosion?**
   (a) In-situ   (b) Ex-situ   (c) Cloning   (d) None

8. **Which of following is the biosphere reserves?**
   (a) Mahagiri Hills Ranges
   (b) Mount Valley
   (c) Both (a) and (b)
   (d) None

Answers Key

1. a   2. d   3. a   4. c   5. b.   6. b.   7. b   8. a

अध्याय 17

भैषजविकल्पविज्ञानीयाध्याय

भैषज कल्पना

कल्पना: युक्तिव्यापाश्रय चिकित्सा के अंतर्गत भैषज के प्रयोज्यांग का, रोगी द्वारा ग्रहण करने के लिए तथा रोगशमनार्थ एंव स्वास्थयरक्षणार्थ, उत्कृष्ट प्रभाव की प्राप्ति के लिए जो स्वरूप तथा गुणों का अन्तरधान संस्कार के द्वारा किया जाता है, उसे कल्पना कहते हैं।

कल्पना की आवश्यकता

1. कुछ द्रव्य हृल्लास, आस्यवैरस्य, अरुचि के उत्पादक होते हैं, ऐसे द्रव्यों का प्रयोग संयोग तथा संस्कार के पश्चात करना चाहिए। यथा-एरण्ड बीज को घृत तथा शर्करा आदि से साधित कर वह हृद्य होता है।
2. कुछ द्रव्य स्थूल तथा गुरु होने से चिरपाकी तथा व्याधिप्रशमन में प्रयुक्त नही होते हैं। यथा-दशमूल का प्रयोग व्याधिप्रशमन के लिए क्वाथ तथा आसव रूप में होता है। इन कल्पनाओं में दशमूल सूक्ष्म तथा लघु होकर अल्प मात्रा में प्रयुक्त होता है।
3. कुछ द्रव्य प्राकृतावस्था में धातु वैषम्यकारक होते हैं, उनका प्रयोग संस्कारोपरान्त तथा संयोग से ही होता है। यथा-वत्सनाभ विष का प्रयोग गोमूत्र से शोधनोपरान्त होता है।
4. वनस्पतिद्रव्य प्राय: वर्षोपरान्त हीनवीर्य तथा विगतरस हो जाते हैं, उनकी रक्षा के लिए कल्पना आवश्यक होती है। यथा-आसव अरिष्ट से द्रव्यों की दीर्घकाल तक रक्षा होती है।
5. द्रव्यों की उपलब्धि (उत्कृष्ट वीर्यता) प्राय: सभी वस्तुओं में नहीं होती है, अत: सदैव सुखोपलब्धनार्थ कल्पनायें आवश्यकता होती हैं।
6. रोगियों की रुचियाँ भिन्न होती हैं। अर्थात् किसी को चूर्ण कल्पना, किसी को वटी, किसी को स्वरस कल्पना आदि। प्रिय होती है, अत: सभी रोगियों को औषध उपलब्ध हो, इसलिए कल्पना आवश्यक होती है।
7. व्याधि के स्वभाव से भी कल्पनाएँ हितकर होती हैं।
   यथा-ज्वर में कषाय कल्पना, शोष में घृत एवं मद्य कल्पना, कास में लेह कल्पना, गुल्म में चूर्ण कल्पना

पंचकषाय योनियाँ:- लवण रस के अतिरिक्त पांच रसों की कषाय योनियाँ होती हैं।

1. मधुर कषाय
2. अम्ल कषाय
3. कटु कषाय
4. तिक्त कषाय
5. कषाय कषाय

कषाय कल्पना

कषायाणां यथोक्तद्रव्याणां कल्पनमुपयोगार्थ संस्करण कषायकल्पनम्। (च० सू० 416- चक्रपाणि)
कषायों (महाकषाय) में प्रयुक्त होने वाले द्रव्यों का प्रयोग के निमित संस्कार करना, जिससे गुणान्तरधान हो, उसे कषाय कल्पना कहते हैं।

पंचविध कषाय कल्पना

अर्थातः स्वरसः कल्कः क्वाथश्च हिम फाण्टकौ। ज्ञेयाः कषायाः पञ्चैतै लघवः स्युर्यथ्योतरम्॥ (शा० म० 1/1)
स्वरस, कल्क, क्वाथ, हिम, फाण्ट यह पाचँ कषाय कल्पनाएँ उत्तरोत्तर लघु होती हैं।

कल्पना	निर्माण विधि	गुरुता	प्रक्षेप	सामान्य मात्रा
1. स्वरस (Juice) (शा॰ म॰ 1)	अहत (दोष रहित), तत्क्षण ग्रहित यंत्र आदि से निष्पीडन करके वस्त्र छन करते हैं।	+++++	1 कोल मधु, सिता, गुड, क्षीर, जीरक, लवण, घृत, तैल	अर्धपल = 20 ml
2. कल्क/प्रक्षेप/आवाप (Paste) (शा॰ म॰ 5)	आर्द्र (सरस) द्रव्य या शुष्क द्रव्य को जल मिला कर सिला पर पिष्ट करते हैं।	++++	सिता, गुड - समप्रमाण मधु, घृत - द्विगुण द्रव द्रव्य - चतुर्गुण	1 कर्ष = 10 ml
3. क्वाथ/श्रृत निर्युह/कषाय (Decoction) (शा॰ म॰ 2)	यवकुट द्रव्य का 16 गुणा जल में मन्दाग्नि पाक करने पर अष्टमांश शेष रहने पर छानते हैं।	+++	**रोग शर्करा मधु** वात्तरोग 1/4 1/16 पित्तरोग 1/8 1/8 कफरोग 1/16 1/4 क्षीर, घृत, गुड, तैल, मूत्र, चूर्ण = 1 कर्ष, जीरक, गुग्गुल, क्षार, लवण, शिलाजीत, हिंगु, त्रिकटु = 1 शण	1 पल = 40 ml
4. हिम (Cold infusion) (शा म॰ 4)	कूटे हुए द्रव्य को 6 गुणा शीतल जल में रात्रि पर्यन्त भिगो कर छानते हैं।	++	–	2 पल = 80 ml
5. फाण्ट/चूर्णाद्रव (Hot infusion) (शा॰ म॰ 3)	कूटे हुए द्रव्यों को 4 गुणा उष्ण जल में भिगो कर छानते हैं।	+	–	2 पल = 80 ml

अन्य कल्पनाएँ

स्वरस कल्पना के अन्तर्गतः

पुटपाकस्वरस विधि	द्रव्य के कल्क को बरगदादि के पत्र में लपेट कर उस पर 2 अंगुल मृत्तिका लेप कर तत्पश्चात् अग्नि पर लालवर्ण होने तक पाक कर पत्र हटा कर निचोड़ते हैं।	मात्रा —1 पल = 40 ml

क्वाथ के अन्तर्गतः

कल्पना	निर्माण विधि	प्रयोग
प्रमथ्या	द्रव्य के कल्क का 8 गुणा जल में पाक कर चतुर्थाशं शेष का प्रयोग करते हैं। यथा-मुस्तकादि क्वाथ-रक्तातिसार	2 पल = 80 ml
औषधीय यवागु (च॰ सू॰ 2/17)	औषध द्रव्य को 16 गुणा जल में पका कर आधा शेष रहने पर उसमें चावल आदि डाल कर घन करके प्रयोग करें। यथा-आम्रादि यवागु- ग्रहणीरोग	
यूष	कुलत्थ, मूँगादि द्रव्य को 16 गुणा जल में पका उसमें शुण्ठी, पिप्पली आदि आधा कर्ष डाल कर चतुर्थाशं शेष रहने पर वस्त्रपूत करें। कृत-यूष- स्नेह युक्त यूष अकृत-यूष- स्नेह रहित यूष **यूष के भेदः-** काश्यप- 25 , दोषभेद- 75, रसाश्रयनुसार-50	
तण्डुलोदक	कूटे हुए चावल को 8 गुणा जल में भिगो कर पुनः मसलते हैं।	रक्तप्रदर, श्वेतप्रदर
षड़ंगपानीय	मुस्तक, पर्पट, उशीर, चन्दन, उदीच्य, नागर से क्वाथ किए हुए जल को शीतल करके प्रयोग करते हैं।	पिपासा, ज्वरनाशक
उष्णोदक	केवल जल का क्वाथ कर चतुर्थांश या अष्टमांश शेष रहे तब प्रयोग करते हैं।	रात्री में पान से- कफ, आमवात, मेदोरोग बस्तिशोधन, दीपन, कास, श्वास, ज्वरहर, पीनस, विबन्धहर
लाक्षारस	पीपल की लाख को दोलायन्त्र में 6 गुणा जल में लटकाएँ, चतुर्थांश शेष रहने पर कपडछन करते हैं।	अस्थिभग्न
मांसरस	अस्थिरहित मांस को जल डाल कर पकाते हैं।	तृप्तिकर, प्राणजनक, श्वासकासहर, श्रमनाशक
वेसवार	अस्थिरहित मांस को जल में पकाकर सिला पर पीसते हैं, तत्पश्चात् स्नेह में पकाते हैं।	वातरोगहर

फाण्ट के अन्तर्गतः

मन्थ	कूटे हुए द्रव्य को 4 गुणा शीतल जल में रख कर मसलते हैं।	2 पल = 80 ml

कल्क कल्पना के अन्तर्गतः

कल्पना	निर्माण विधि	प्रक्षेप	भावना द्रव्य	अनुपान	मात्रा
चुर्ण/रज/क्षोद्र	अत्यन्त शुष्क द्रव्य पीस कर कपड-छन करते हैं।	गुड-समप्रमाण शर्करा-द्विगुण हिगुंभुर्जित- उत्क्लेद शमनार्थ	जिस द्रव्य में चूर्ण प्लुप्त हो जाए।	घृत- 2 गुणा	1 कर्ष = 10 gm

जारी है...

जारी है...

वटी/गुटिका/ मोदक/ पिण्डी/गुड/ वर्ती	गुड, शर्करा, गुग्गुल के लेह में साधित चूर्ण से गोलियां बनाई जाती हैं।	गुग्गुल, मधु- समभाग गुड, द्रव- 2 गुणा सिता-4 गुणा	–			1 कर्ष = 10 gm

अवलेह/लेह/रसक्रियाः

निर्माण	अवलेह में मान	सिद्धि लक्षण	अनुपान	मात्रा
क्वाथादि को पुनः पाक करके घन करते हैं।	सिता, द्रव- 4 गुणा गुड- 2 गुणा	- तन्तुत्व (तार बनना) - जल मे डूबना - स्थिरत्व - पीडित करने से निशान की उत्पत्ति - गन्धवर्णरसोद्भव	दुग्ध, इक्षुरस, यूष, पंचमूल क्वाथ	1 पल

आहार कल्पनाएँः

मण्ड	सिक्थविरहित	14 गुणा जल	दीपन, पाचन
पेया	सिक्थसमन्वित	14 गुणा जल	ग्राही,धातुपुष्टिकर
विलेपी	बहुसिक्थ	4 गुणा जल	तर्पणी, बृंहणी, पित्तनाशनी
यवागु	विरलद्रव	6 गुणा जल	ग्राही,बल्य, तर्पणी, वातनाशनी
अन्न	सिक्थ सिद्ध होने पर मांड निकालकर पुनः पाक करते हैं	5 गुणा जल	अग्निवर्धाक, तर्पण, रोचन
कृशरा	घन (तण्डूल, मुद्ग, लवण व द्रवयुक्त)	6 गुणा जल	शुक्रल, बल्य, वातनाशनी, विष्टम्भी, मलमूत्रकारी
भक्त	सिक्थ सिद्ध होने पर मांड निकाल कर पुनः पाक करते हैं।	14 गुणा जल	मधुर, लघु

संधान कल्पना

जलादि द्रव पदार्थों में गुड, धातकीपुष्प, मधूकपुष्प आदि द्रव्यों के चिरकाल तक पड़े रहने से संधान होता है।

1. **आसव** - अपक्व औषध तथा जल से सिद्ध मद्य।
2. **अरिष्ट** - औषध तथा जल के क्वाथ से सिद्ध मद्य।
3. **शीतरससीधु** - अपक्व मधुर रस द्रव (इक्षुरस, द्राक्षारस) से निर्मित संधान।
4. **पक्वरस सीधु** - पक्व मधुर द्रव से निर्मित संधान।
5. **सुरा** - परिपक्व अन्न के संधान से निर्मित मद्य।

सुरा के भेद-यह सुरा उत्तरोत्तर मद्यहीन होती है।

1. सुरामण्ड 2. प्रसन्ना 3. कादम्बरी 4. जगल 5. वक्कस

6. **वारूणी** - ताल व खजुर के रस का संधान करके निर्मित मद्य।
7. **शुक्त** - कन्द (सूरण), मूल (मूली आदि), फल (लौकी आदि) को स्नेह तथा लवण में डाल कर संधान करके निर्मित मद्य।

8. विनष्ट - इक्षु आदि द्रव जब खट्टे हो जाते हैं।
9. चुक्र - इक्षु आदि द्रव का विनष्ट होने पर उसमें संधान हो जाए।
10. मधुशुक्त - पिप्पली से 4 गुणा मधु, मधु से 4 गुणा निम्बु स्वरस का संधान।
11. गुडशुक्त - कन्द, मूल, फल, तैल तथा गुड का संधान।
12. तुषाम्बु - तुषयुक्त यव का सधांन।
13. सौवीरक - तुषरहित परिपक्व यव का संधान।
14. काञ्जिक - कुल्माष, धान्य के मान्ड से बना हुआ द्रव काञ्जिक कहा जाता है।
15. शण्डाकी - मूली, सर्षप से बनी हुई काञ्जी।

मात्रा- 1 पल

स्नेह कल्पना

<table>
<tr><th>विधी</th><th>स्नेह के सिद्धि लक्षण</th><th>प्रकार</th><th>मात्रा</th></tr>
<tr>
<td>कल्क से 4 गुणा स्नेह तथा स्नेह से 4 गुणा द्रव का मन्दाग्नि पर पाक करते हैं।
क्वाथ निर्माण विधि
यवकुट द्रव्य से 4 गुणा जल चतुर्थांश शेष रहे।
मृदु द्रव्य-
4 गुणा जल कठिन,
मघ्य द्रव्य-
8 गुणा जल
अत्यन्त कठिन-16 गुणा जल</td>
<td>- बासी होने पर उचित स्नेह सिद्धि होती है।
- अंगुली से मर्दन करने पर वर्ति के समान बने।
- अग्नि मे शब्दहीन
- उचित गन्ध, वर्ण, रसोत्पति
तैल-फेनोत्पत्ति
घृत-फेन का शमन</td>
<td>
<table>
<tr><th>प्रकार</th><th>प्रयोग (सु॰ चि॰ 31/11)</th><th>प्रयोग (शा॰ म॰ 9/17)</th></tr>
<tr><td>मृदु पाक-
ईषत रसयुक्त</td><td>पान,
अभ्यंग</td><td>नस्य</td></tr>
<tr><td>मध्य पाक-
निरस, कोमल</td><td>नस्य,
अभ्यंग</td><td>पान, बस्ति</td></tr>
<tr><td>खर पाक-
ईषत् कठिन</td><td>बस्ति,
कर्णपूरण</td><td>अभ्यंग</td></tr>
</table>
दग्धपाक-(खरपाक के पश्चात् पुनः पाक)- दाह कृत, निष्प्रयोजन
आमपाक-(सामान्यपाक से कम पाक)- अग्निमांद्यकर
</td>
<td>1 पल</td>
</tr>
</table>

भैषज योग के सिद्धान्तः

योग-

दो या अधिक द्रव्यों के संयोग को योग कहा जाता है।

रोग, रोगी तथा औषध के गुणकर्मों का विचार करके दो या दो से अधिक द्रव्यों का संहतीभाव करना योग कहलाता है।

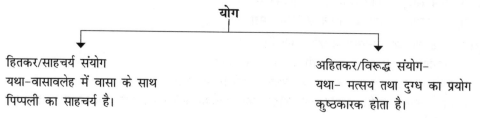

योग

- हितकर/साहचर्य संयोग
  यथा-वासावलेह में वासा के साथ पिप्पली का साहचर्य है।
- अहितकर/विरूद्ध संयोग-
  यथा- मत्सय तथा दुग्ध का प्रयोग कुष्ठकारक होता है।

आवश्यकता

रोगः

1. रोग की उत्पत्ति दोषों के संसर्ग तथा अन्य कई सहायक वस्तुओं के द्वारा होती है। अतः उसके निवारण के लिए औषध द्रव्यों का संहती भाव आवश्यक है।
2. शरीर पंचभौतिक है, अतः चिकित्सा तथा पोषण में सम्पूर्ण पंचमूहाभूतों की प्राप्ति के लिए योग निर्माण आवश्यक है।
3. रोगों के रूपों, उपद्रवों की शान्ति तथा सम्प्राप्ति के विघटन के लिए औषध योग निर्माण आवश्यक है।

रोगीः

4. एकरसयुक्त औषध, हृल्लासकारक औषध, अरुच्य, अप्रिय औषध को सेवन योग्य बनाने लिए योग निर्माण आवश्यक है।
5. रोग तथा रोगी के बलानुसार औषध के कर्म में तीव्रता, मन्दता या आशुकारित्व लाने के लिए योग निर्माण आवश्यक है।

औषधः

1. औषध द्रव्यों की वीर्यतावधि की वृद्धि तथा संरक्षण के लिए योग निर्माण आवश्यक है।
2. विषाक्त एवं अहितकर औषध द्रव्यों को सेवनोपयोगी बनाने हेतु योग निर्माण आवश्यक है।
   यथा- त्रिभुवनकीर्तिरस में वत्सनाभ के साथ टंकण का प्रयोग होता है।

योग नामकरण विधि के आधार

1. **घटक द्रव्य**
   - **प्रधान द्रव्य- यदौषधं तु प्रथमं यस्य योगस्य कथ्यते। तन्नाम्नैव स योगो हि कथ्यतेपुत्र विनिशायः।।** (शा॰पू॰ 1/36)
     योग के प्रारम्भ में जिस घटक द्रव्य का वर्णन हो, उसी के आधार पर नामकरण होता है। यथा–वासावलेह, तालीसादि चूर्ण।
   - **संख्या**–घटक द्रव्यों की संख्या के आधार पर नामकरण होता है। यथा–त्रिकटु, त्रिफला, षडूषण, नवायसचूर्ण।
   - **मान**–घटक द्रव्यों के प्रमाण के आधार पर नामकरण होता है। यथा–पंचकोल चूर्ण- पांचों घटक द्रव्य 1–1 कोल प्रमाण।
   - **प्रयुक्त अंग**–यदि घटक द्रव्यों के रूप में एक ही प्रकार के प्रयोज्यांग लिए जाए। यथा–पंचपल्लव चूर्ण, चतुर्बीज चूर्ण, पंचवल्लकल क्वाथ।
   - **गुण**–घटक द्रव्यों के सामूहिक गुणों के आधार पर नामकरण होता है। यथा- सुगन्धि त्रिफला, मधुर त्रिफला, षडूषण।
   - **स्वरूप**–घटक द्रव्यों के सामूहिक स्वरूप के आधार पर नामकरण होता है। यथा- तृणपंचमूल, वल्लीपंचमूल, कण्टकपंचमूल।
2. **मात्रा**–योग की सामान्य मात्रा के आधार पर नामकरण होता है। यथा–षड्बिन्दुतैल, षड्बिन्दुघृत, सुचिकाभरण रस (सूई के अग्र भाग मे जितनी औषध भरी जाए उतनी मात्रा।)
3. **मुख्य कर्म**–योग के मुख्य रोगाधिकार पर नामकरण होता है। यथा–नवज्वरांकुश रस, विषमज्वरान्तक लौह, वृष्यवटि।
4. **उपमा**–योग के प्रभाव की उपमा के आधार पर नामकरण होता है। यथा–नारायण तैल (जिस प्रकार नारायण दैत्यों का नाश करते हैं उसी प्रकार नारायण तैल वातरोग का नाशक है।), संजीवनी वटी (मरते हुए प्राणी को

जीवित करने से), सुदर्शनचूर्ण (सभी राक्षसों के नाश के लिए भगवान विष्णु का चक्र विख्यात है उसी प्रकार यह सर्वज्वरनाशक है।)

5. **सादृश्य**-अन्य गणों के सदृश दिखने से उसकी तरह नामकरण होता है। यथा-स्वर्णवंङ्ग, रसपर्पटी, लौहपर्पटी।
6. **आविष्कर्ता**-जिसने प्रथम उस योग का निर्माण किया उसके नाम पर नामकरण होता है। यथा-कांकायन वटी, (कांकायन), अगस्तय हरितकी (अगस्तय ऋषि), ब्रह्म रसायन (ब्रह्मदेव), लवणभास्कर (आचार्य भास्कर)
7. **प्रथम प्रयोग कर्ता**-जिसने प्रथम प्रयोग किया हो, उसके नाम पर नामकरण होता है। यथा च्यवनप्राश अवलेह (प्रथम च्यवन ऋषि द्वारा प्रयोग किया गया था)

योग निर्माण के घटक द्रव्यों का सिद्धान्तः

1. **मुख्य घटक/Main ingredients**-रोग के नाश के उत्कृष्ट वीर्य युक्त घटक द्रव्य या मात्रा में अधिक द्रव्य प्रमुख घटक कहलाता है।
   यथा-अरोग्यवर्धनी वटी- कुटकी, वासावलेह-वासा, कैशोर गुग्गुल- गुडूची, हिंगुलेश्वर रस- हिंगुल।
2. **सहकार्य घटक/Synergic ingredients**-जो द्रव्य मुख्य घटक की रोगनाशक शक्ति को बढ़ाएं। यथा-हिंगवाष्टक चूर्ण में अन्य सात दीपन-पाचन द्रव्य हिंगु के सहायक द्रव्य हैं।
3. **वैरोधिक द्रव्य/Antagonists**-जो द्रव्य अन्य घटक द्रव्यों के कर्मों के आशुकारित्व को मन्द, उत्कृष्टता को हीन, विषाक्त लक्षणों को अल्प करते हैं। यथा-त्रिभुवनकीर्तिरस में वत्सनाभ के साथ टंकण का प्रयोग होता है।

औषध मात्रा/Posology/Drug Dosage

"मात्रा मूल चिकित्सितम्।" (का० खि०)

मात्रा ही चिकित्सा का मूल है। रोग, रोगी तथा औषध चिकित्सा के मुख्य घटक हैं। इन घटकों के अनुसार ही कुशल वैद्य मात्रा का निर्धारण करके सफल चिकित्सा करता है।

या भेषज मात्रा व्याधिं प्रशमयति न तु अन्यान् उदीरयति सा तस्य भेषजस्य मात्रा। (द्र॰ गु॰ शा॰)

जो औषध मात्रा व्याधि का नाश करे परन्तु अन्य व्याधि को उत्पन्न न करे वही उस भैषज की मात्रा कहलाती है।

नाल्यं हन्त्यौषधं व्याधि यथाऽऽपोऽल्पा महानलम्। दोषवच्चात्तितमात्रं स्थान् स्यात्सस्यस्यात्युदकं यथा। सम्प्रधार्य बलं तस्मादामयस्यौषधास्य च। नैवात्तिबहुं नात्यल्पं भैषज्यमवचारयेत्। (च० चि० 30/313-314)

हीन मात्रा	रोग शमन में असमर्थ	हीन मात्रा में जल का छिड़काव अत्याग्नि को नही बुझा सकता
अतिमात्रा	उपद्रव जनक	अतिमात्रा में जल कृषि को बर्बाद करता है।
श्रेष्ठ मात्रा	रोग शामक, उपद्रव उत्पन्न नहीं करती है	मध्यम मात्रा

यतो मन्दाग्नयो ह्रस्वा हीनसत्वा नराः कलौ। अतस्तु मात्रा यद् योग्या प्रोच्यते सुज्ञसम्मता॥ (शा॰ पू॰ 1/38)

कलियुग में मनुष्य मन्दाग्नि, हरस्व तथा हीनसत्व हो गया है, अतः औषध तथा आहार द्रव्यों के सेवन के लिए वही मात्रा योग्य होती है, जो चिकित्सक द्वारा तत्काल बताई जाए।

भैषज मात्रानिर्धारण

तत्र सर्वाण्यवौषधानि व्याध्यग्निपुरुषबलान्यभि समीक्ष्य विदध्यात्। (सु॰ सू॰ 39/10)

सभी प्रकार की औषधियों की मात्रा का निर्धारण व्याधिबल, अग्निबल तथा रोगीबल के आधार पर करना चाहिए।

स्थितिर्नास्त्येव मात्रायाः कालमग्निं वयो बलम्। प्रकृतिं दोष देशो च दृष्ट्वा मात्रांप्रकल्पयेत्।। (शा॰ पू॰ 1/37)
काल, अग्नि, वय, बल, प्रकृति, दोष, देश के आधार पर औषध मात्रा का निर्धारण करना चाहिए।

मात्राया नास्त्यवस्थानं दोषमग्नि बलं वयः। व्याधि द्रव्य च कोष्ठं च वीक्ष्य मात्रांप्रयोजयेत्।। (कै॰ नि॰ मि॰ 178)
औषध मात्रा निश्चित नही होती है, उसका निर्धारण रोगी के दोष, अग्नि, बल, वय, व्याधि, कोष्ठ तथा औषध द्रव्य के आधार पर करना चाहिए।

दूष्यं देशं बलं कालमनल प्रकृतिं वयःसत्वं सात्मयं तथाऽऽहारमवस्थाश्च पृथग्विधाः। (अ॰ हृ॰ सू॰ 12/67)
औषध तथा दोष का निर्णय करने में निम्नलिखित तथ्यों का विचार करना चाहिए। दूष्य, देश, बल, काल, अग्नि प्रकृति, वय, सत्व, सात्मय तथा आहारावस्था।

उपरोक्त सभी तथ्यों के आधार पर औषध मात्रा का निर्धारण निम्नलिखित स्तर पर हो सकता है-

रोगी के स्तर पर-
1. वय के आधार पर (Acc. to Age)
2. लिंग के आधार पर (Acc. to Sex)
3. प्रकृति के आधार पर (Acc. to constitution)
4. शारीरिक बल के आधार पर (Acc. to strength)
5. सत्व के आधार पर (Acc. to psychology)
6. अग्निबल के आधार पर (Acc. to power of digestive juice)
7. कोष्ठ के आधार पर (Acc. to digestive system)
8. सात्मय के आधार पर (Acc. to acquired homologation)
9. देश के आधार पर (Acc. to habitat)

व्याधि के स्तर पर-
1. व्याधि बल के अनुसार (Acc. to severity of the disease)
2. व्याधि काल के अनुसार (Acc. to duration of the disease)
3. दोष दूष्य के अनुसार (Acc. to pathology of the disease)
4. देश के अनुसार (Acc. to site of the disease)

औषध के स्तर पर-
1. औषध के गुण-दोष के अनुसार (Acc. to effectiveness and harmful effect of drug)
2. औषध के देश (Acc. to habitat of drugs)
3. औषध कल्पना के अनुसार (Acc. to formulation of drugs)

- **रोगी के स्तर पर:**

1. वय के अनुसार: (Acc. to Age)

वय विभाजनः

वयस्तु त्रिविधा- बाल्यं मध्यं वृद्धमिति। (सु॰ सू॰ 35/34)

	चरक	सुश्रुत	वाग्भट्ट
बाल्यावस्था	अपिरपक्व धातु- 1-16 वर्ष परिपक्व धातु 16-30 वर्ष	क्षीरप- 1 वर्ष तक क्षीरान्नाद- 2-4 वर्ष अन्नाद- 4-16 वर्ष	कुमार-जन्म से 16 वर्ष तक यौवन-16-34 वर्ष तक

जारी है...

जारी है...

	चरक	सुश्रुत	वाग्भट्ट
मध्यावस्था	30-60 वर्ष	16-70 वर्ष वृद्धि- 16-20 वर्ष यौवन- 20-30 वर्ष सम्पूर्णता- 30-40 वर्ष हानि- 40-70 वर्ष	34-70 वर्ष
वृद्धावस्था	60-100 वर्ष	70 वर्ष के बाद	70 वर्ष के ऊपर

तत्रोत्तरोतरासुवयोऽवस्थासूत्तरोत्तरा भेषज मात्रा विशेषा भवन्ति। (सु॰ सू॰ 35/37)

वृद्धावस्था को छोड़कर जिस प्रकार आयु की वृद्धि होती है, उसी प्रकार औषध मात्रा की भी वृद्धि होती है।

तत्र मासादूर्ध्वं क्षीरपायाङ्गुलिपर्वद्वयग्रहणसंमितामौषधामात्रा विद्ध्यात् कोलास्थिसंमितां कल्कमात्रां क्षीरान्नादाय कोलसंमितामन्नदयेति।। (सु॰ शा॰ 10/43)

क्षीरप (एक मास से ऊपर 1 वर्ष तक) क्षीरान्नाद (2-4 वर्ष) अन्नाद	अंगुलिपर्वद्वयग्रहण (चुटकी भर) कोलास्थि प्रमाण कोल प्रमाण

• आचार्य चरक के अनुसार औषध मात्रा-

द्रव्यप्रमाणं तु यदुक्तमस्मिन्मध्येषु तत् कोष्ठवयोबलेषु। तन्मूलमालम्ब्य भवेद् विकलप्यं तेषां विकल्प्योऽभ्यधिकोनभावः।।

(च॰ क॰ 12/82)

शास्त्रोक्त द्रव्यप्रमाण मध्यवय मध्यकोष्ठ तथा मध्यबल वाले व्यक्ति के लिए है, इससे हीन के लिए अल्पमात्रा तथा इससे अधिक के लिए अधिक मात्रा लेनी चाहिए।

दोष दूष्यमलाश्चैव महतां व्याधयश्च ये। त एव सर्वे बालानां मात्रात्वल्पतरां मता।। (च॰ चि॰ 30/282)

बालकों में दोष, दूष्य, मल तथा व्याधि की मात्रा मध्यम आयु की अपेक्षा कम होती है अतः उनमें औषध मात्रा भी अल्प ही प्रयोग करनी चाहिए।

• आचार्य शार्ङ्गधर के अनुसार-

बालस्य प्रथमे मासि देया भेषजरक्तिका। अवलेहीकृतैकैव क्षीरक्षौद्र सिताघृतैः।
वर्धयेत् तावदेकैकां यावद् भवति वत्सरः। माषैर्वृद्धिस्तदूर्ध्वं स्याद् यावत् षोडशवत्सरः।
ततः स्थिरा भवेत् तावद् यावद्वर्षाणी सप्ततिः। तत्तो बालकवन्मात्रा ह्रासनीया शनैः शनैः।
मात्रेयं कल्कचूर्णानां कषायाणां चतुर्गुणा। (शा॰ पू॰ 6/49-52)

चूर्ण तथा कल्क के लिए मात्रा

प्रथम मास	1 रती (125 gm) क्षीर, घृत, मधु, सिता के साथ अवलेह रूप में प्रयोग
2 मास-1 वर्ष तक	मासानुसार उत्तरोत्तर 1-1 रती की वृद्धि
1 वर्ष	12 रती (1.5 gm)
1 वर्ष-16 वर्ष	वर्षानुसार उत्तरोत्तर 1-1 माशा की वृद्धि
16 वर्ष	16.5 gm
16-70 वर्ष	स्थिरमात्रा 16.5 gm
70 वर्षोपरान्त	क्रमशः वर्षानुसार पूर्वोतर ह्रास (1-1 gm) बाल्यावस्था मात्रा प्रयत्न

• विश्वामित्र के अनुसार औषध मात्रा-

विडंगफलमात्रं तु जातमात्रस्य भेषजम्। एतेनैव प्रमाणेन मासि मासि विवर्द्धयेत्।
कोलास्थिमात्रं क्षीरादेदद्यात् भेषजकोबिदैः क्षीरान्नादेः कोलमात्रमन्नादोदुम्बरोमतम्। (विश्वामित्र)

जातमात्र (अभी जन्मं हुआ)	विड्गफलप्रमाण
प्रतिमास	1-1 विड्गफलप्रमाणवृद्धि
क्षीरप	कोलास्थि प्रमाण
क्षीरान्नाद	कोल प्रमाण
अन्नाद	उदुम्बर प्रमाण

• काश्यपमतानुसार औषध मात्रा- (का॰ खि॰ 77/86)

1-10 दिन	बदरीफलबीजतुल्यप्रमाण
10-20 दिन	अर्धबदरीफलतुल्यप्रमाण
1 मास	बदरीफलप्रमाण
1-2 मास	1.5 बदरीफलप्रमाण
3 मास	2 बदरीफल प्रमाण
4 मास	शुष्क आमलकी फल समान
5-6 मास	आमलकी फल समान
7-8 मास	आमलकी फल से अधिक

2. लिङ्ग के आधार पर: (Acc. to Sex)

दृढेन्द्रियशरीरत्वात् नराणां भेषजमात्रा वृद्धा। नारीणां तु सौकुमार्यात् ह्रस्वा। ऋतुकाले, गर्भिण्यावस्थायां सुतिकावस्थायां, च ह्रस्वा मात्रा प्रशस्ता॥ (द्र॰ गु॰ शा॰)

- दृढ़ेन्द्रिय होने से पुरुष में औषध मात्रा – वृद्ध मात्रा
- सुकुमार होने से स्त्री में औषध मात्रा – ह्रस्व मात्रा
- गर्भिणी, सूतिका, ऋतुकाल में औषध मात्रा – ह्रस्व मात्रा
- गर्भिणी में तीक्ष्य औषध, तिक्त द्रव्य की मात्रा – ह्रस्व मात्रा

3. प्रकृति के अनुसार औषध मात्रा: (Acc. to Constitution)

- वातज प्रकृति – वातवर्धक औषध की अल्प मात्रा
- पित्तज प्रकृति – पित्तवर्धक औषध की अल्प मात्रा
- कफज प्रकृति – कफवर्धक औषध की अल्प मात्रा

4. शरीरिक बल के अनुसार औषध मात्रा: (Acc. to Strength)

भेषज प्रमाणविकल्पोबलप्रमाण विशेषापेक्षा भवति। सहसा ह्रतिबलमौषधमल्पबलमातुरमतियापातयेत्॥ (च॰ वि॰ 8/14)

रोगी के बल प्रमाण के अनुसार ही भैषज की मात्रा निर्धारित की जाती है। सहसा अति मात्रा में प्रयुक्त औषध दुर्बल रोगी को मार डालती है।

पुरुषबलादधिक ग्लानिमूर्च्छाम दानावहत्ति संशमनम् एव सशोधानम् अतिपातयत्ति। हीनमेभ्यो दत्तमकिञ्चित्करं भवति तस्मात्सममेव विदध्यात्॥ (सु॰ सू॰ 39/10)

- रोगी के बल से अधिक सशंमन औषध – ग्लानि, मूर्च्छा, मदकारक
- रोगी के बल से कम सशंमन औषध – निष्फल
- रोगी के बल से अधिक सशोधन औषध – अतियोग
- रोगी के बल से कम संशोधन औषध – निष्फल

सबलाय वृद्धा मात्रा हीनबलाय तु ह्रस्वा मात्रा प्रशस्ता। (द्र॰ गु॰ शा॰)

बलवान रोगी को औषध मात्रा अधिक दे सकते हैं परन्तु हीन बल युक्त रोगी भेषज के वीर्य को सहन नहीं कर पाता है इसलिए उसमें ह्रस्व मात्रा प्रशस्त होती है।

5. सत्व के अनुसार औषध मात्रा (Acc. to Psychology)

- प्रवर, मध्यम सत्व - मध्यम मात्रा
- हीन सत्व - हीन मात्रा

6. अग्निबल के अनुसार औषध मात्रा (Acc. to Power of Digestive Juices)

अग्निबलादधिकमजीर्णं विष्टम्भ्यं वा पच्यते। (सु॰ सू॰ 30/10)

तस्मात् मन्दाग्नौ अल्प प्रमाणं, तीक्ष्णाग्नौ अत्तिप्रमाणं भेषजस्य कर्तव्यम्। (द्र॰ गु॰ शा॰)

- रोगी के अग्नि बल से हीन औषध मात्रा - निष्फल
- रोगी के अग्नि बल के समान औषध मात्रा - गुणकारी
- रोगी के अग्नि बल से अधिक औषध मात्रा - अर्जीण, विष्टम्भकारक
- मन्दाग्नि में औषध प्रमाण - अल्प मात्रा
- समाग्नि में औषध प्रमाण - सम मात्रा
- तीक्ष्णाग्नि में औषध प्रमाण - अति मात्रा

7. कोष्ठ के अनुसार औषध मात्रा- (Acc. to Power of Digestive System)

- मृदु कोष्ठ, रिक्त कोष्ठ - अल्प मात्रा
- मध्यम कोष्ठ - मध्यम मात्रा
- क्रूर कोष्ठ, पूर्ण कोष्ठ - वृद्ध मात्रा

8. सात्मय के अनुसार औषध मात्रा- (Acc. to Acquired Homologation)

- सात्मय द्रव्य - मध्यम मात्रा
- असात्मय द्रव्य - अल्प मात्रा
- ओक सात्मय द्रव्य - अति मात्रा

9. देश के अनुसारः- (Acc. to Habitat)

- उष्ण देश का रोगी - शीत द्रव्य की अधिक मात्रा
- शीत देश का रोगी - उष्ण द्रव्य की अधिक मात्रा

• व्याधि के स्तर पर औषध मात्रा

1. व्याधि बल के अनुसार- (Acc. to Severity of Disease)

   तत्र व्याधिबलादधिकमौषधमुपयुक्तं तमुपशम्य व्याधिं व्याधिमन्यमावहति। (सु॰ सू॰ 39/10)

   - बलवान व्याधि - श्रेष्ठ मात्रा
   - अल्पबल व्याधि - हीन मात्रा
   - व्याधि बल से अधिक मात्रा - उपद्रवजनक
   - व्याधि बल से कम मात्रा - निष्फल

2. व्याधि काल के अनुसार- (Acc. to Duration of Disease)

   - नवीन व्याधि उपद्रव रहित - अल्प मात्रा
   - नवीन व्याधि उपद्रव युक्त - अति मात्रा
   - जीर्ण व्याधि उपद्रव रहित - मध्यम मात्रा
   - जीर्ण व्याधि उपद्रव युक्त - अति मात्रा

3. दोष दूष्य के अनुसार– (Acc. to Pathology of Disease)

दोषप्रमाणानुरूपो हि भेषज प्रमाण विकल्पो। (च० वि० 8/14)

- भेषज के प्रमाण का निर्धारण दोषों की अशांश कल्पना के अनुसार करना चाहिए।
- बहुदोषयुक्त व्याधि – अति मात्रा
- अल्पदोषयुक्त व्याधि – अल्प मात्रा
- दोषों की संख्या अधिक, अधिक दूषित, दोष से भिन्न प्रकृति – अति मात्रा
- दूष्यों की संख्या कम, दोष के समान प्रकृति – अल्प मात्रा

4. देशानुसार व्याधि उत्पन्नः (Acc. to Site of Disease)

- गम्भीर देश में उत्पन्न व्याधि – श्रेष्ठ मात्रा
- अन्य देश में उत्पन्न व्याधि – अल्प मात्रा

- **औषध के स्तर पर औषध मात्राः-**

1. औषध के गुण–दोष के अनुसार (Acc. to Effectiveness and Harmful Effects of Drugs)

- तीक्ष्ण वीर्य औषध की सामान्य मात्रा – 1 तोला
- मध्यम वीर्य औषध की सामान्य मात्रा – 2 तोला
- मृदु वीर्य औषध की सामान्य मात्रा – 4 तोला
- अधिक दोष (अहितकर प्रभाव) युक्त औषध की सामान्य मात्रा– अल्प मात्रा
- कम दोष युक्त औषध की सामान्य मात्रा – अति मात्रा

2. औषध के उत्पादक देश (Acc. to Habitat of Drugs)

- रोगी के सात्मय देश में उत्पन्न औषध – मध्यम मात्रा
- अन्य देश में उत्पन्न औषध – अधिक मात्रा

3. औषध कल्पना के अनुसार (Acc. to Formulations of Drugs)

शांर्ङ्गधर के अनुसार भैषज कल्प के प्रमाण–

स्वरस	–	1/2 पल	चूर्ण	–	1 कर्ष
पुटपाकस्वरस	–	1 पल	अवलेह	–	1 पल
कल्क	–	1 कर्ष	प्रमथ्या	–	2 पल
क्वाथ	–	1 पल	स्नेह	–	1 पल
हिम	–	2 पल	संधान	–	1 पल
फाण्ट	–	2 पल	वटी	–	1 माशा

सुश्रुतानुसार औषध कल्प प्रमाण

मध्यम व्याधि में क्वाथ प्रमाण – अञ्जली (4 पल)

मध्यम व्याधि में चूर्ण प्रमाण – 1 विडालक (1 कर्ष)

मध्यम व्याधि में कल्क प्रमाण – 1 अक्ष (1 कर्ष)

आयुर्वेदिक फार्मेकोपिया के अनुसार कुछ प्रमुख औषध योगों की मात्राः

	API	
चूर्ण– सामान्य मात्रा	5 से 10 ग्राम	
बालचर्तुभद्र चूर्ण	0.5 gm	(0.5–1 gm AFI)
श्रृंगयादि चूर्ण, भल्लातक रसायन	0.5–1 gm	

नवायस चूर्ण, चन्दनादि चूर्ण	2 gm	(0.5-1 gm AFI)
नरसिंह चूर्ण	2-5 gm	(1.5 gm AFI)
जातीफल चूर्ण, त्रिकटु	1-3 gm	
पञ्चसम चूर्ण	3-5 gm	(1-3 gm AFI)
नारायण चूर्ण, न्यग्रोधादि चूर्ण पुष्यानुग चूर्ण, वैश्वानर चूर्ण सितोपलादि चूर्ण, निम्बादि चूर्ण, हिंगवाष्टक चूर्ण	3-6 gm	
गोमूत्रहरितकी	2-4 gm	
जातीफलादि चूर्ण	2-5 gm	
भास्कर लवण	2-10 gm	
आसव, अरिष्ट-सामान्य मात्रा	15 से 30 ml	
अहिफेनासव	5-10 drops	
अरविन्दासव	3-12 ml over one year of the age 10-20 drops under one year of the age	
कर्पूरासव	5-10 drops	
मृतसंजीवनीसुरा	20-60 drops	
अवलेह-सामान्य मात्रा	6-12 gm	
अष्टांग अवलेह	3-5 gm	
भल्लातकादि मोदक	2-5 gm	
बिल्वादि अवलेह	6 gm	
व्याघ्रिहरितकी	5-10 gm	
च्यवनप्राश, मृद्विका अवलेह	25 gm	
सूरणावलेह, कुष्माण्ड रसायन	20 gm	
वासावलेह, पूगखण्ड, कल्याणवलेह	12 gm	
घृत-सामान्य मात्रा	6-12 gm	
छागल्यादि घृत, मिश्रकस्नेह	3 gm	
महातिक्त घृत, बीजक घृत	6 gm	
दाडिम घृत, धान्वन्तर घृत	4-8 gm	
गुग्गुल कल्पना-सामान्य मात्रा	2-3 gm	
पञ्चामृत गुग्गुल	125-250 gm	
पञ्चतिक्त गुग्गुल	6-12 gm	
महायोगराज गुग्गुल	500 mg - 1 gm	
मरिचादि गुग्गुल, कैशोर गुग्गुल	3 gm	

POSOLOGY

Dose: Drug dose is an appropriate amount of drug which is needed to produce certain degree of response in a given patient with minimum side effects or adverse effect.

Types of drug dosage:

1. **Standard dose:** Dose which is almost same in most of the patient population with wider safety margins, e.g. Oral contraceptives.
2. **Regulated dose:** Dose which is accurately adjusted by repeated measurement of affected physiological parameters, e.g. hypoglycemic drugs.
3. **Target level dose:** Dose which is given to maintain a certain concentration of drugs in plasma. Dose attaining a target level is given in the beginning and later adjustments are made by monitoring plasma concentration of drug, e.g. Theophylline
4. **Titrated dose:** Dose needed to produce maximum therapeutic effect is obtained by titrating it with an acceptable level of adverse effect.

Upward titration: In no critical situation initially low dose is followed by gradual increase in dose till maximum therapeutic effect is reached.

Downward titration: In critical situation, initially maximum dose is followed by gradual decrease in dose.

Factors Modifying Drug Dosage:

1. **Body size:** It influences the drug concentration at the site of action. Dose referring to medium-built individuals is called as Average adult dose.
   For obese, lean, children, dose is calculated as–
   Individual's dose = Body weight (kg)/70 × Average adult dose
   Clark's formula = Wt.of child (kg)/150 × Average dose
2. **Age:** Dose of drug for children according to age is calculated by:
   Young's formula, Child dose = $\dfrac{\text{Child age}}{\text{Child age} + 12} \times$ adult dose
   Dilling's formula, Child dose = Age/20 × adult dose
   Cowlling formula, Age + 1/24 × adult dose

   Fried's rule (for children under 1 one year), Child dose = $\dfrac{\text{Age (months)}}{150} \times$ adult dose
3. **Sex:** Female requires dose of lower range due to her smaller body size. In a woman consideration should be given to pregnancy, lactation and menstruation due to marked physiological changes in pregnancy.
4. **Species and races:** In India, few cases of aplastic anemia have been reported as compared to the West by use of chloramphenicol.
5. **Genetics:** Transporters, enzymes, ion channels and reporter involved in drug metabolism are controlled genetically. Hence, Genetics has important role in drug dosage.
6. **Route of drug administration:** It governs the rate of absorption, speed and intensity of drug response. Hence it also plays a role in determining drug dosage.

7. **Environmental factor:** Many factors are responsible to interfere or enhance drug metabolism, e.g. Food interfere absorption of ampicillin but fatty meals enhance absorption of griseofulvin.
8. **Psychological factor:** Efficacy of a drug depends upon the patient's belief, attitude and expectation.

अनुपान

व्युत्पत्ति - अनु + पान-अनुपान = पश्चात पान

परिभाषा - अनुपश्चात्पीयते इत्यनुपानम्।। (अ॰ हृ॰ सू॰ 8/47-हेमाद्रि)

- अनुपानं तु नियतकालं विधिवशादेवं पीयते। (द्र॰ गु॰ शा॰)

जिस पदार्थ को प्रधान आहार या औषध के सेवनोपरान्त या सेवनकाल में विधिवश तथा नियतकाल के अनुसार ग्रहण किया जाता है, उसे अनुपान कहते हैं।

यथा- कास, श्वास में मरिच चूर्ण (प्रधान औषध) का मधु (अनुपान) के साथ लेह रूप में प्रयोग करना।

उत्तम अनुपान के गुणः

विपरीतं यदन्नस्य गुणैः स्यादाविरोधि च। अनुपानं समासेन सर्वदा तत्प्रशस्यत्ते।। (अ॰ हृ॰ सू॰ 8/51)

जो अनुपान आहार और औषध से विपरित गुण वाला हो, परन्तु विरोधी न हो, ऐसा अनुपान उत्तम कहलाता है।
यथा-मांस का अनुपान मद्य

- मांस के गुण-स्थूल, गुरु, मन्द, स्निग्ध
- मद्य के गुण-लघु, रुक्ष, व्यवायि, सुक्ष्म
- मद्य और मांस का संयोग उत्क्लेशी नही होता है।

अनुपान का प्रयोजनः

यथा तैलं जले क्षिप्तं क्षणेनैव प्रसर्पत्ति। अनुपानबलादाङ्गे तथा सर्पति भेषजम्।। (शा॰ म॰ 6/5)

जिस प्रकार जल में डाली हुई तेल की बूदें क्षण भर में फैल जाती हैं उस प्रकार अनुपान के बल से औषध भी सम्पूर्ण शरीर में शीघ्र ही फैल जाती है।

सुखेन पानार्थनुपानस्य प्रयोजनम्। (द्र॰ गु॰ शा॰)

चूर्ण आदि औषधों का सुखपूर्वक पान करने के लिए अनुपान का प्रयोग किया जाता है।
यथा-

- चूर्ण लिहेत् (चाटना) हो तो - 2 गुणा घृत, मधु आदि
- चूर्ण पिबेत् (द्रव आदि के साथ पान) - 4 गुणा जल तक्र आदि

अनुपानेनघनौषधस्य विद्रावणं विक्लेदनं च भवति। (द्र॰ गु॰ शा॰)

घन प्रधान औषध के विद्रावण, विक्लेदन के लिए अनुपान का प्रयोग किया जाता है।

सद्य उरःक्षत-लाक्षा (घन) + क्षीर (विद्रावण, विक्लेदनार्थ)

अनुपानं प्रधानस्यौषधस्य दुर्गुणान् दुर्गन्धाश्य दुवर्णाश्च निर्वायती। (द्र॰ गु॰ शा॰)

अनुपान प्रधान औषध के दुर्गुण, दुर्गन्ध, दुर्वरण के निवारणार्थ प्रयोग किया जाता है।
यथा- एरण्ड तैल का अनुपान शुण्ठी क्वाथ है, जो उसके दुर्गन्ध तथा वामक दुर्गुण का नाश करता है।

यत्रनुपानद्रव्यस्य गुणाःः प्रधानस्य द्रव्यस्य तु समानाः सन्ति तत्र सामान्यात् गुणवृद्धिर्भवत्ति।। (द्र॰ गु॰ शा॰)

प्रधान औषध के समान गुणयुक्त तत् गुणों की वृद्धि करता हुआ, उस औषध की कार्यशक्ति को बढ़ाता है।
यथा- विदारीकन्द चूर्ण का अनुपान क्षीर होने से वह पुष्टीकारक गुण की वृद्धि करता है।

एकमप्यौशधमनुपानभेदाद् विविधानि कर्माणि करोति। (द्र॰ गु॰ शा॰)

एक औषध अनुपान भेद से विविध कर्मों को करती है।

यथा–

द्रव्य	अनुपान	रोगशमन
गुडूची (ध॰ नि॰)	घृत सिता मधु गुड एरण्ड तैल शुण्ठी	वातजरोग पित्तजरोग कफजरोग विबन्ध रोग उग्रवातरक्त आमवात
हरितकी (भा॰ प्र॰)	लवण शर्करा घृत गुड	कफजरोग पित्तजरोग वातजरोग सर्वरोगहर
गुड (भा॰ प्र॰)	आर्द्रक हरितकी शुण्ठी	कफज रोग पित्तज रोग वातज रोग
नारायण चूर्ण (च॰ चि॰ 13)	सुरा बदरजल दधिमण्ड उष्ण जल वृक्षाम्ल उष्ट्री दुग्ध, गोतक्र प्रसन्ना दाडिम क्वाथ घृत	आध्मान गुल्म विड्भेद अर्जीण परिकर्त्तिका उदररोग वातरोग अर्श विष (स्थावर, जांङ्गम)

अनुपान के कर्मः

- **अनुपानं हितंयुक्तं तर्पयत्याशु मानवम्। सुखं पचत्ति चाहारमायुषे च बलाय च।**
- **अनुपानं तर्पयत्ति, प्रीणयत्ति उर्जयत्ति बृंहयत्ति देहस्य पर्याप्तिमभिनिर्वर्तयत्ति भुक्तमवसादयत्ति अन्नसङ्घातं भिनत्ति मार्दवमापादयत्ति क्लेदयत्ति जरयत्ति सुखपरिणामितामायवायितां चाहारस्योपजनयतीति।**

(च॰ सू॰ 27/325)

- **अनुपानं करोत्यूर्जा तृप्तिं व्याप्तिं दृढाङ्गगाताम्। अन्नसङ्घातशैथिल्यविक्लित्तिजरणानि च।** (अ॰ हृ॰ सू॰ 8/52)

तर्पयत्याशु मानवम्	–	शीघ्र ही मानव को तृप्त करता है।
सुखंपचति आहारे	–	आहार का शीघ्रपाचन
आयुष्य	–	आयुवर्धक
प्रीणयत्ति, उर्जयत्ति	–	शरीर का प्रीणन तथ उर्जा प्रदान करना
बृंहण, दृढाङ्गताम्	–	शरीर का बृंहण तथा अंगों को दृढ़ करता है।

भुक्तमवसादयति	–	आहार को आमाशय तक ले जाता है
अन्नसंघात भिन्नति मार्दवमापादयत्ति		
क्लेदयत्ति जरयत्ति	–	अन्नसंघात का भेदन, क्लेदन करता है।
आशुव्यवायिता	–	आहार को शरीर में शीघ्र फैलाता है।
रसादिधातुन् वर्धयत्ति	–	धातुवर्धक
मनः प्रहर्षणं करोति	–	मन को हर्षित करता है।

अनुपान रूप में प्रयुक्त द्रव्यः

अन्तरिक्ष जल (सु॰ सू॰ 46/426)	सर्वश्रेष्ठ अनुपान
शीतल जल	सर्वरस योनि, जीवनीय, मदात्य, ग्लानि, मूर्च्छा, छर्दि, श्रम, भ्रम, तृष्णा, सूर्यताप, दाह, पित्त, रक्तज रोग
उष्ण जल	वातकफज रोग, कास, श्वास, हिक्का, आध्मान, अर्जीण, पीनस, पार्श्वशूल, नवज्वर, तृष्णा, कफरोग, अग्निमांद्य, मूत्राशयरोग निषेध– पित्तजरोग, दाह, मोह, विष, रक्तपित्त
नारीकेल जल	पित्तज, रक्तपित्त, मूर्च्छा, छर्दि, तृष्णा, मूत्राघात।
तण्डुलोदक	तृष्णा, छर्दि, मूत्रकृच्छ्र, प्रवाहिका, अतिसार, श्वेतप्रदर, रक्तप्रदर
तक्र	गुदरोग, ग्रहणी, गौरव, अरुचि, मन्दाग्नि, शोफ, अर्श, अतिसार, मूत्रग्रह।
मस्तु	कफवातरोग, गौरव, अरुचि, आनाह, दौर्बल्य।
नवनीत	वातपित्त, क्षीण, अर्श, अर्दित, कास, रक्तार्श, जीर्ण, वृद्ध, बाल
घृत	वातपित्त, क्षीण, अग्निमांद्य, ओजक्षय, नेत्ररोग
शर्करा	पित्त, वातपित्त, दाह, तृष्णा, छर्दि, मूर्च्छा, रक्तपित्त, कास
मधु	कफजरोग, मेह, कुष्ठ, छर्दि, हिक्का, कास, श्वास, अतिसार
तैल	वातरोग, वातजकास
आर्द्रक स्वरस + मधु	कफवातविकार, ज्वर, सन्निपात, अग्निमांद्य, कास, श्वास, प्रतिशाय, अरुचि।
तुलसी स्वरस + मधु	हिक्का, कास, श्वास, विषमज्वरहर
भृंगराज स्वरस + मधु	बालकों के कास एवं श्वास में प्रयोग
दाडिम अवलेह	पित्त, दाह, रक्तपित्त, ग्रहणी, आमातिसार, अरुचि
धात्रीलेह	पित्त, दाह, रक्तपित्त, मूर्च्छा, पाण्डुरोग
निम्बु रस + शर्करा	अग्निमांद्य, अरुचि, अतिसार, छर्दि, शूल, अर्जीण
बीजपुर अवलेह	अरुचि, हत्पार्श्वबस्तिशूल, कोष्ठगतवा
वासावलेह	कफपित्त, रक्तपित्त, ज्वरकासश्वास
कुष्माण्ड पाक	हृदयरोग, रक्तपित्त, चित्तविकार
ब्राह्मी पाक	उन्माद, अपस्मार, निद्रानाश, मानसरोग

अनुपान निर्धारण:

1. भैषज के अनुसार निर्धारण
2. रोग के अनुसार निर्धारण
3. रोगी के अनुसार निर्धारण

1. भैषज के अनुसार निर्धारण:

आहार अनुपान निर्धारण:

शालिधान्य, मुद्गादि	दुग्ध, मांसरस (सु॰ सू॰ 46/431)
माषादि गरिष्ठ पदार्थ	धान्याम्ल, दधि (सु॰ सू॰ 46/431)
मांस (मद्याभ्यासी)	मद्य (सु॰ सू॰ 46/432)
मांस (मद्ययनाभ्यासी)	जल, फलाम्ल (सु॰ सू॰ 46/432)
शाक, मुद्गादि	मस्तु, तक्र (सु॰ सू॰ 46/438)
शुकधान्य, कुधान्य, शमीधान्य	बदराम्ल, कलाय (सु॰ सू॰ 46/438)
मुद्गादि द्विदल धान्य	धान्याम्ल (सु॰ सू॰ 46/438)
जाङ्गंल मरुस्थल देश मांस	पिप्पल्यासव (सु॰ सू॰ 46/438)
विष्किर मांस	कोलासव, बदरासाव (सु॰ सू॰ 46/438)
प्रतुद मांस	क्षीरी वृक्षासव (सु॰ सू॰ 46/438)
दुग्धाविकार, पिष्टान्न, मदात्य, विष	सुखोदक (मन्दोष्ण जल) (सु॰ सू॰ 46/438)
गुह्या मांस	खर्जुरासव, नारीकेलासव (सु॰ सू॰ 46/438)
प्रसह मांस	अश्वगंधासव (सु॰ सू॰ 46/438)
पर्णमृग	कृष्णगन्धासव (सु॰ सू॰ 46/438)
बिलेशय मांस	मृद्विकादि, शालसारदि आसव (सु॰ सू॰ 46/438)
एकशफ मांस	त्रिफलासव (सु॰ सू॰ 46/438)
अनेकशफ मांस	खदिरासव (सु॰ सू॰ 46/438)
कूलेचर	श्रृङ्गाटक कूशेरूकासव (सु॰ सू॰ 46/438)
नादेयमत्सय	मृणालासव (सु॰ सू॰ 46/438)
समुद्र मत्सय	मातुलुगांसव (सु॰ सू॰ 46/438)
अम्लफल	पदमौत्पलकन्दासव (सु॰ सू॰ 46/438)
कषायफल	दाडिमवेत्रासव (सु॰ सू॰ 46/438)
मधुरफल	त्रिकुट युक्त खण्डासव (सु॰ सू॰ 46/438)
तालफलादि	धान्याम्ल (सु॰ सू॰ 46/438)
कटुफल	दूर्वानलवेत्रासव (सु॰ सू॰ 46/438)
कुसुम्भ, जीवन्ती आदिशाक	त्रिफलासव (सु॰ सू॰ 46/438)

मण्डूकपर्णी	बृहत्पंचमूलासव (सु॰ सू॰ 46/438)
सैन्धावादि लवण	सुरासव, आरनाल (सु॰ सू॰ 46/438)
यव, गोधूम, दधि, मद्य विष, मधु, पिष्टान्न	शीतल जल (अ॰ ह॰ सू॰ 8/47)

विहार का अनुपान निर्धारण:

युद्ध, सन्ताप, आतप, विष, मद्य	दुग्ध, मांसरस (सु॰)
मैथुन, लू आदि से व्यथित	दुग्ध (च॰ सू॰)
अनिद्रा, भय, शोक, तन्द्रा	मद्य (च॰ सू॰)
लंघन, आतप, क्षीण, बाल, वृद्ध	दुग्ध (अ॰ ह॰ 8/50)

औषध का अनुपान निर्धारण:

तैल	उष्ण जल (भल्लातक तैल, तुवरक तैल के अतिरिक्त) (सु॰) यूष, अम्लकांजी (वा॰)
अवलेह	दुग्ध, जल (API)
एल्यादिमोदक	दुग्ध, मुद्ग यूष (API)
चूर्ण	मधु, जल, दुग्ध (API)
हिंगवाष्टक चूर्ण	घृत (API)
निम्बादि चूर्ण	गुडूची क्वाथ (API)
पुष्यानुग चूर्ण	तण्डुलोदक (API)
भास्करलवण चूर्ण	मस्तु, तक्र, आसव, जल (API)
वैश्वानर चूर्ण	कांजी, तक्र (API)
घृत	उष्ण जल, दुग्ध (API)
इन्दुकान्त घृत	गुडूची स्वरस (API)
त्रिकण्टक घृत	तृणपंचमूल क्वाथ (API)
गुग्गुल	उष्णजल, दुग्ध (API)
त्र्योदशांग गुग्गुल	त्रिफला क्वाथ, लहसुन स्वरस, यूष (API)
गोक्षुरादि गुग्गुल	मुस्तक क्वाथ, पाषाणभेदक्वाथ, खदिरसार क्वाथ (API)
कैशोर गुग्गुल	मुद्गयूष (API)
क्षार	जल, तक्र, घृत (API)

रोग के अनुसार अनुपान निर्धारण:

सुश्रुतानुसार (46/436)

रक्तपित्त   –   दुग्ध, इक्षुरस

विष   –   अर्क, शिरीषासव, शैलूषासव

चरकानुसार

शोष – मांसरस

वैद्यवतंस में कविराज लोलिम्बराज द्वारा अनुपान का वर्णन

शूल – हिंग, घृत	प्रमेह – शर्करा, त्रिफला	गरविष – स्वर्णपत्र
जीर्णज्वर – मधु, पिप्पली	सन्निपात – मधु, आर्द्रक	छर्दि – धान्यलाजा
वातव्याधि – घृत, रसोन	ज्वर – मुस्तक, पर्पट	अतिसार – कुटज
श्वास – मधु, त्रिकटु	ग्रहणी – तक्र	अर्श – चित्रकमूल
शीत – ताम्बुल, मरिच	रक्तपित्त – वासा	अर्जीर्ण – उष्णोदक
	कृमि – विडंग	पाण्डु – पुर्ननवा

योगरत्नाकर में अनुपान का विस्तृत वर्णनः

ज्वर – पर्पट, किरातिक्त, सुगन्धबाला	क्षय – शुद्ध शिलाजतु	व्रण – गुग्गुल
ग्रहणी – तक्र	पाण्डु – मण्डूर	शोक – मद्य
कृमिरोग – विडंग	श्वास – भार्ङ्गी	निद्रानाश – महिषदुग्ध
अर्श – चित्रक, भल्लातक	प्रमेह – आमलकी, हरिद्रा	नेत्ररोग – त्रिफला क्वाथ
अतिसार – कुटज त्वक	शूल – हिंगु, घृत	श्वित्र – बाकुची
तृष्णा – षडंगपानीय	प्लीहारोग – पिप्पलीचूर्ण	हिक्का – लाक्षारस
आमवात – एरण्डतैल	कास रोग – कण्टकारी स्वरस	मूत्रकृच्छ्र – कुष्माण्ड स्वरस
विष – शिरीषत्वक चूर्ण	रक्तपित्त – वासास्वरस	कुष्ठ – खदिर
वातरोग – लहसुन, शुद्ध गुग्गुल	गरविष – स्वर्णभस्म	पार्श्वशूल – पुष्करमूल
अपस्मार – वचा, ब्राहमी	उदररोग – विरेचनद्रव्य	गुल्म – शिग्रुत्वक
उन्माद – पुराणघृत	मेदोरोग – सुखोष्णजल, मधु	
अरूची – मातुलुंग स्वरस	अम्लपित्त – द्राक्षा	

3. रोगी के अनुसार अनुपान निर्धारणः

कृश – सुरा

स्थूल – मधूदक

स्वस्थ मनुष्य – दुग्ध, भोजन के मध्य में (अनेक मधुरादि रस तथा गुण युक्त अनुपान सेवन)।

प्रकृति के अनुसारः

	च० क० 1/12	सु० सू० 46/431
वातज प्रकृति	सुरा, सौविरक, तुषोदक, मैरेय, मेदक, धान्याम्ल, अम्लदधि, अम्लफल	स्निग्ध, उष्ण
पित्तज प्रकृति	मुनक्का, आमलकी, मधु, मधुयष्टि, फालसा, दुग्ध	मधुर, शीतल
कफज प्रकृति	मधु, गोमूत्र, कफशामक द्रव्य	रुक्ष, उष्ण

अनुपान प्रयोग कालः

भोजन के पूर्व - कृशताकारक
भोजन के मध्य - साम्यावस्थाकर
भोजन के पश्चात् - पुष्टिकारक

अनुपान निषेधः

उर्ध्वजत्रुगतविकार, श्वास, कास, उरःक्षत, शीत, भाष्यप्रसंग, स्वरभेद। (अ॰ हृ॰ सू॰ 8/53)

अनुपान सेवनकाल में निषेधः

भाषण, शयन, मुस्तापिष्टी, निद्रा, आतप, सवारी। (अ॰ हृ॰ सू॰ 8/54)

भैषज सेवन काल (Time of Drug Administration)

परिभाषाः जिस काल में सेवन करने से भैषज अत्यन्त गुणकारी होती है, उस काल को भैषज सेवन काल कहा जाता है। यथा मदनफल का सेवन प्रातःकाल करना चाहिए।

महत्व

न ह्यतिपतितकालमप्राप्तकाले वा भेषजमुपयुज्यमानं यौगिकं भवति कालो हि भैषज्य प्रयोगपर्योप्तिमभिनिर्वतयति।

(च॰ वि॰ 8/128)

औषध का प्रयोग उचितकाल मे करना चाहिए। समय से पूर्व या पश्चात् औषध सेवन लाभकारी नहीं होता है। भैषज सेवन काल के अन्तर्गत दो प्रकार के काल होते हैं।

- औषध सेवन का समय (प्रातः, मध्य, सांय)
- भैषज प्रयोग की अवधि (सप्ताह, मास, वर्ष आदि)
  - रसायन का प्रयोग- 1-70 वर्ष तक की आयु तक करना चाहिए।
  - घृत का प्रयोग- तरुणावस्था में करना चाहिए।
  - पिप्पली, क्षार, लवण का प्रयोग चिरकाल तक हानिकारक होता है।

विभिन्न आचार्यों के अनुसार भैषज सेवन काल

- **भैषज्यकालो भुक्तादौ मध्ये पश्चान्मुहुर्मुहुः। सामुदगं भक्तसयुक्तं ग्रासग्रासान्तरे देश॥** (च॰ चि॰ 30/298)
- **तत्राभक्तम् प्राग्भक्तम् अधोभक्तम मध्येभक्तम् अन्तरभक्तम् सभक्तं सामुद्गम् मुहुर्मुहुः ग्रासं ग्रासान्तरं चेति दशौषधकालः** (सु॰ उ॰ 64/67)
- **युञ्जयादकादौ मध्येऽन्ते कवलान्तरे। ग्रासे ग्रासे मुहुः सामुदंग निशि चौषधम्** (अ॰ हृ॰ सु॰ 13/36)
  सायन्तने भोजने च मुहुश्चापि तथा निशि।
- **अभक्तंप्रागभक्तं मध्यभक्तं अधोभक्तं समभक्तं अनन्तरभक्तं सामुद्गम् मुहुर्मुहुः सग्रास ग्रासान्तरं निशि च।** (अ॰ सं॰ सू॰ 23/12)
- **ज्ञेयः पंचविधः कालो भैषज्यग्रहणे नृणाम्। किञ्चित् सूर्योदये जाते तथा दिवसभोजने।** (शा॰ पू॰ 2/2)

चरक 10	सुश्रुत 10	अ॰ हृ॰ 10	अ॰ स॰ 11	शार्ङ्गधर 5
भक्तादि 1	अभक्त	अनकम	अभक्त	—
भक्तादि 2	प्राग्भक्त	आदि	प्राग्भक्त	—
मध्यभक्त	मध्यभक्त	मध्य	मध्यभक्त	—
पश्चात्भक्त (2)	अधोभक्त	अन्त	अधोभक्त	—
सामुद्ग	समुदग्	समुदग	सामुद्ग	—
भक्त् संयुक्त	सभक्त्	सान्न	सभक्त्	—
ग्रास	ग्रास	ग्रासे ग्रासे	सग्रास	—
ग्रासान्तर	ग्रासान्तर	कवलान्तर	ग्रासान्तर	—
	अन्तरभक्त्		अन्तरभक्त्	—
मुहुर्मुहु	मुहुर्मुहु	मुहुर्मुहु	मुहुर्मुहु	मुहुर्मुहु

–	–	निशि	निशि	निशि
–	–	–	–	सूर्योदय
–	–	–	–	दिवसभोजन
–	–	–	–	सायंकाल

चरक (च॰ चि॰ 30/299-301)

काल	परिभाषा	उपयोग
भक्तादि	बिना भोजन किए हुए औषध सेवन	
भक्तादि 2	भोजन के पूर्व औषध सेवन	आपानवायु विकृति
मध्यभक्त	आदि में भोजन सेवन के पश्चात औषध सेवन फिर पुनः भोजन सेवन करना।	समान वायु विकृति
पश्चात् भक्त (प्रातः काल)	भोजन के पश्चात् औषध सेवन	व्यानवायु विकृति
पश्चात् भक्त (सांय काल)	भोजन के पश्चात् औषध सेवन	उदानवायु विकृति
सामुदग	आहार के आदि तथा अन्त में औषध सेवन	हिक्का
भक्तसंयुक्त	पूर्ण आहार में औषध मिलाकर सेवन	अरुचि
ग्रास	दो ग्रासों में मिलाकर औषध सेवन	प्राणवायु विकृति
ग्रासान्तर	दो ग्रासों के अन्तर में औषध सेवन	प्राणवायु विकृति
मुहुर्मुहु	बार-बार जल्दी-जल्दी औषध सेवन	श्वास, कास, पिपासा

सुश्रुत (सु॰ उ॰ 64/68-84)

काल	परिभाषा	उपयोग
अभक्त	केवल औषध प्रयोग	औषध अधिक वीर्यवान होती है, बालक, वृद्ध, तथा स्त्री आदि में ग्लानिकारक
प्राग्भक्त	भोजन के पूर्व औषध सेवन	शीघ्र विपाक को प्राप्त, बल हानि नहीं करती, बाल, वृद्ध, सुकुमार में प्रशस्त
अधोभक्त	भोजन के अन्त में सेवन	उर्ध्वजत्रुगत विकार, बलवर्धक
मध्यभक्त	भोजन के मध्य में सेवन	कोष्ठगत विकार
अन्तरभक्त	प्रातः और सांय भोजन के मध्य सेवन	हृदय के लिए हितकर, दीपन, मनोबलकर
सभक्त	भोजन के साथ सिद्ध की हुई औषध	स्त्री, दुर्बल पुरुष, बालक तथा वृद्ध में पथ्य
समुद्म	भोजन के प्रारम्भ तथा अन्त में सेवन	दोषों की उर्ध्व तथा अधोस्थिति में प्रयोग
मुहुर्मुहु	सभक्त, अभक्त दोनों बार-बार प्रयोग	श्वास, कास, हिक्का, वमन
ग्रास	ग्रास के साथ सेवन	दीपनीय, वाजीकरण चूर्ण
ग्रासान्तर	दो ग्रासों के मध्य सेवन	वमनीय औषध, धूम, दृष्टगुण, अवलेह

अष्टांग हृदय (अ० हृ० 13/37-40)

काल	परिभाषा	उपयोग
अनन्न	केवल औषध प्रयोग	कफोद्रेक, बलवान रोग, बलवान रोगी
आदि	भोजन के पूर्व औषध सेवन	आपान वायु वैगुण्य
मध्य	भोजन के मध्य औषध सेवन	समान वायु वैगुण्य
अन्त	भोजन के अन्त में औषध सेवन	प्रातःकाल-व्यानवायु वैगुण्य सायंकाल-उदानवायु वैगुण्य
कवलान्तर	दो ग्रासों के मध्य में औषध सेवन	प्राणवायु वैगुण्य
ग्रासे-2	प्रत्येक ग्रास के साथ औषध सेवन	प्राणवायु वैगुण्य
मुहुर्मुहु	बार-बार औषध सेवन	विष, छर्दि, हिक्का, तृष्णा, श्वास, कास
सान्न	भोजन में मिलाकर औषध सेवन	अरूचि
सामुद्ग	अन्न को सम्पुटित करके औषध सेवन	कम्प, आक्षेप, हिक्का
निशि	रात्री में सोने के पूर्व औषध सेवन	उर्ध्वजत्रुगत विकार

अष्टांग संग्रह (अ० सें० सू० 23/13-21)

काल	परिभाषा	उपयोग
अभक्त	केवल औषध पान	अतिवीर्य युक्त औषध, कफोउद्रेककारी आमास्थय स्रोतों शुद्धि के पश्चात् प्रातः काल सेवन, अन्न संसर्ग से ग्लानिकारक।
मध्यभक्त	भोजन के मध्य में सेवन	समान वायु विकृति, कोष्ठगत, पैतृक रोग
अधोभक्त	भोजन के अन्त में	प्रातः व्यानवायु विकृति, उर्ध्वकायबलवर्धनार्थ सांय उदानवायु विकृति, कफज रोग, स्थूलीकरण।
समभक्त	अन्न के साथ साधित औषध	बाल, सुकुमार, अरुचि, औषध द्वेष, सर्वाङ्ग रोग
अन्तभक्त	पूर्वकृतआहार के जीर्ण होने पर औषध सेवन, औषध के जीर्ण होने पर आहार सेवन	दीप्ताग्नि पुरुषों में व्यानवायु विकृति
सामुद्ग	भोजन के आदि, तथा अन्त में औषध सेवन	हिक्का, कम्प, आक्षेप, उर्ध्वधः दोष संश्रय
मुहुर्मुहु	पुनः-2 औषध सेवन	श्वास, कास, हिक्का, तृष्णा, छर्दि, विषविकार
सग्रास	ग्रास के साथ मिलाकर औषध सेवन	प्राणवायु विकृति, चूर्ण, अवलेह, वटी, अग्निदोषज, वाजीकरण औषध
ग्रासान्तर	प्रत्येक ग्रास के बीच में औषध सेवन	प्राणवायु विकृति, हृद्रोग, वमन, धूम
निशि	रात्रि में औषध सेवन	उर्ध्वजत्रुगतविकार
प्रागभक्त	भोजन के तुरन्त पूर्व औषध सेवन	आपानवायु विकृति, अधः काय बलवर्धनार्थ, अधः काय रोग, कृशीकरणार्थ

शार्ङ्गधर (शा० पू० 2/3-12)

काल	परिभाषा	उपयोग
प्रथमकाल	सूर्योदय	पित्तकफोद्रेक, विरेचनवमनार्थ, लेखनार्थ
द्वितीय काल	दिवस भोजन	भोजनाग्र (भोजन से पूर्व) - आपान वायु विकृति भोजन में मिश्रित औषध - अरूचि भोजन के मध्य - समान वायु विकृति, मन्दाग्नि भोजन के अन्त में - व्यानवायु विकृति भोजन के पूर्व व अन्त में - हिक्का, आक्षेप, कम्प
तृतीय काल	सायंकाल भोजन	ग्रास, ग्रासान्तर - उदानवायु विकृति (स्वरभंगआदि) भोजन के अन्त में - प्राणवायु विकृति
चतुर्थकाल	मुहुर्मुहु भोजन	तृष्णा, छर्दि, हिक्का, गरविष
पञ्चमकाल	निशि	उर्ध्वजत्रुगतविकार, लेखनार्थ, बृंहण

भैषज प्रयोग मार्ग (Routes of Drug Administration)

आस्यादामाशयस्थान् हि रोगान् नस्तः शिरोगतान्। गुदात्पक्वाशयस्थांश्च हन्तयाशुदत्तमौषधम्।। (च० चि० 30/294)

आमाशयगतरोग - मुख द्वारा औषध सेवन
शिरोगतरोग - नस्य मार्ग द्वारा औषध सेवन
पक्वाशयगतरोग - गुद मार्ग द्वारा औषध सेवन

शरीरावयवोत्थेषु विसर्पपिडकादिषु। यथादेशं प्रदेहादि शमनं स्याद्विशेषतः।। (च० चि० 30/295)

शरीर के विभिन्न अवयवों में उत्पन्न विसर्प, पीडका आदि रोगों में तत्-2 अवयवों में प्रदेह आदि रूप में प्रयोग होता है।

विमर्श- आ० चरक ने अन्तः प्रयोग के लिए मुख, नस्य, तथा गुद मार्ग द्वारा औषध सेवन का संकेत दिया है। तथा बाह्य प्रयोग के लिए स्थानिक प्रदेह, प्रलेपादि का प्रयोग वर्णित किया है।

औषध प्रयोग मार्ग

- आभ्यांतर (Internal use)
  नवस्त्रोतों में औषध प्रवेश
  यथा-लेप, प्रदेह आदि
- बाह्य/External use
  त्वक् मार्ग द्वारा औषध प्रवेश
  यथा-वटी, चूर्ण आदि

आभ्यांतर प्रयोग

1. **मुखमार्ग**- स्थानिक-गण्डूष, कवल, प्रतिसारण- मुखकण्ठगत रोगों में प्रयोग करते हैं।
   सार्वदैहिक - धूमवर्ती - श्वसन रोगों मे प्रयोग करते हैं।
   सम्पूर्ण शारीरिक सस्थानिक एंव सार्वदैहिक कर्मार्थ- चूर्ण, वटी पञ्चविधिकषाय कल्पना-
2. **नासामार्ग** - स्थानिक - नस्य, शिरोविरेचन
   सार्वदैहिक - नस्य- बन्धायत्व, शिरोरोग, मूर्च्छा आदि में प्रयोग करते हैं। ।
   धूम्रपान - श्वसन संस्थानगत रोगों मे प्रयोग करते हैं।

3. **नेत्रमार्ग** - सेक, आश्च्योतन, विडालक, तर्पण, पुटपाक, अंजन आदि
4. **कर्णमार्ग** - कर्णपूरण, कर्णधूपन, कर्णधावन आदि
5. **मूत्रमार्ग** - उत्तरबस्ति - क्लीवता, शुक्रदोष, योनिरोग आदि में प्रयोग करते हैं।
6. **गुदमार्ग** - स्थानिक - फलवर्ती - मल वात अनुलोमनार्थ
   सार्वदैहिक - अनुवासन, आस्थापन बस्ति - वातरोग रोगों मे प्रयोग करते हैं।
7. **योनिमार्ग** - स्थानिक - पिचु, धूपन, पूरण, धावन, अदि।
   फलवर्ती - श्वेतप्रदर, रक्तप्रदर, बन्धयत्व आदि रोगों में प्रयोग करते हैं। ।

Routes of Drug Administration according to Modern Science
Factors Governing Choice of Routes:

1. Pharmacokinetic property of drug
2. Rate of drug absorption through different routes
3. Severity of disease
4. Approach to the site of action—localized or generalized
5. Condition of the patient

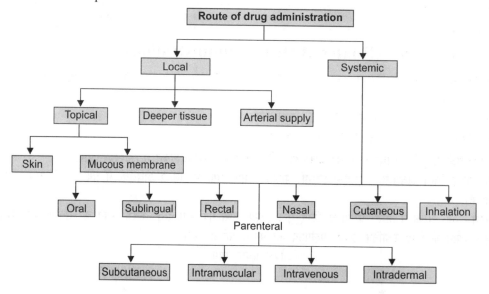

Local Route

A. Topical

Skin - Drug applied on skin as cream, powder, lotion, etc.

Mucous membrane

Eye, ear, nose	Drops, ointments, spray
Mouth, throat	Gargles, washes, lozenges
Lungs, bronchii	Aerosol, inhalers
Gastrointestinal tract	Neomycin, magnesium hydroxide given orally
Urethra	Jelly (lignocaine etc.)
Anal canal	Suppositories
Vagina	Vaginal pessaries, cream etc.

B. **Deeper tissue:** Intra-articular injection, intrathecal injection, retrobulbar injecton
C. **Arterial supply:** Intra-arterial injections in angiography

Systemic Route

1. **Oral:** Solid– Tablets, capsule, spansules, dragees etc.
   Liquid– syrups, elixirs, mixtures, emulsions
2. **Sublingual or buccal:** Some lipid-souble and non-irritating drugs are placed in mouth or placed under the tongue, e.g. Nitroglycerin, etc.
3. **Rectal:** Some irritants, unpleasant drugs are given as suppositories or enemal. e.g. Diazepam, ergotamine etc.
4. **Cutaneous:** Highlylipid-soluble drugs are applied over skin for slow and prolonged absorption. e.g. Transdermal patches of nitroglycerin, nicotine, etc.
5. **Inhalation:** Gases and volatile oil can be given, e.g. General anesthetics
6. **Nasal:** Nebulization, spray or snuff, e.g. Insulin, GnRH agonists, etc.
7. **Parenteral route:** Route which is beyond intestine is called as parenteral route.
   - **Subcutaneous:** Drug deposited in loose subcutaneous tissue which is richly supplied by nerves testosterone, contraceptives.
   - **Intramuscular (IM):** Drug injected in one of the large muscles, e.g. Gluteus maximus, deltoid etc.
   - **Intravenous (IV):** Drug injected in superficial veins as a bolus or infused slowly for hours.
   - **Intradermal:** Drug is injected into skin raising bleb, e.g. BCG injection.

दीर्घ-उत्तरीय प्रश्न

1. **भैषज सेवन काल के महत्व को बताते हुए विभिन्न आचार्यो के अनुसार वर्णन कीजिए।**
2. **अनुपान का विस्तृत वर्णन करते हुए गुड़ का अनुपान भेद से प्रयोग बताइए।**
3. **औषध मात्रा के निर्धारण के लिए विभिन्न आधारों का वर्णन कीजिए।**

लघु-उत्तरीय प्रश्न

1. वय अनुसार मात्रा का निर्धारण समझाइए।
2. पचंविधाकषायकल्पना का वर्णन कीजिए।
3. योग निर्माण के सिद्धांतों का वर्णन कीजिए।
4. औषध द्रव्यों के अनुपान निर्धारण का वर्णन कीजिए।
5. अ० संग्रह के अनुसार औषध सेवन काल का वर्णन कीजिए।
6. औषध प्रयोग मार्ग का वर्णन कीजिए।

बहुविकल्पीय प्रश्न

1. **स्वरस में प्रक्षेप द्रव्य की मात्रा कितनी होती है।**
   a. 1 कोल b. 2 कोल c. 3 कोल d. 4 कोल
2. **काश्यप के अनुसार यूष के कितने भेद होते हैं?**
   a. 75 b. 100 c. 25 d. 75
3. **अवलेह क्रिया में गुड का प्रक्षेप मान क्या होता है?**
   a. 2 गुणा b. 4 गुणा c. 6 गुणा d. 8 गुणा

4. शार्ङ्गधर के अनुसार मृदु स्नेहपाक का प्रयोग होता है–

a. पान, अभ्यगं b. नस्य c. नस्य, अभ्यगं d. सभी

5. भैषज योग के कितने प्रकार होते हैं?

a. 2 b. 3 c. 4 d. 5

6. इनमें से कौन सा योग प्रथम प्रयोगकर्ता के आधार पर है?

a. कांकायन वटी b. लवण भास्कर c. च्यवनप्राश d. ब्रह्मरसायन

7. विश्वामित्र के अनुसार जातमात्र के लिए औषध मात्र होती है–

a. विडंगफलप्रमाण b. उदुम्बर प्रमाण c. बदरीफलप्रमाण d. सभी

8. API के अनुसार नवायस चूर्ण की मात्रा है–

a. 0.5–1 gm b. 3–6 gm c. 2 gm d. 4 gm

9. API के अनुसार अरविन्दासव की मात्रा होती है–

a. 10 to 20 drops b. 5 to 10 drops c. 10 to 15 drops d. All

10. API के अनुसार घृत की मात्रा है–

a. 3 gm b. 6 gm c. 4.8 gm d. All

11. According to modern science, types of drug dosage–

a. 3 b. 2 c. 6 d. 4

12. Young's formula for drugs dosage–

a. Age × adult dose b. Age/24 + 12 × adult dose

c. Age/Age + 12 × adult dose d. All

13. सर्वश्रेष्ठ अनुपान है:

a. शीतल जल b. उष्ण जल c. आन्तरिक्ष जल d. मधु

14. API के अनुसार इन्दुकान्त घृत का अनुपान है–

a. उष्ण जल b. गुडूची स्वरस c. वासा स्वरस d. निम्ब स्वरस

15. API के अनुसार कैशोर गुग्गुल का अनुपान है–

a. दुग्ध b. घृत c. मुद्गयूष d. सभी

16. API के अनुसार क्षार का अनुपान है–

a. जल b. तक्र c. घृत d. सभी

17. योगरत्नाकार में आमवात का अनुपान है–

a. एरण्ड तैल b. गुडूची स्वरस c. निम्बस्वरस d. निम्ब तैल

18. शार्ङ्गधर के अनुसार औषध सेवन काल होते हैं–

a. 5 b. 10 c. 11 d. 9

19. पक्वाशयगत रोगों में किस द्वार से औषध ली जाती है?

a. मुख द्वार b. नस्य द्वार c. गुदद्वार d. सभी

उत्तरमाला (बहुविकल्पीय प्रश्न)

1. a	2. c	3. a	4. b	5. a
6. c	7. a	8. c	9. b	10. c
11. d	12. c	13. c	14. b	15. c
16. d	17. a	18. a	19. c	